Impactos da Pandemia na Aviação Civil Brasileira

Impactos da Pandemia na Aviação Civil Brasileira

CRISE, DESAFIOS E PERSPECTIVAS

2021

Mauro César Santiago Chaves
Tiago Sousa Pereira
Coordenadores

ALMEDINA

IMPACTOS DA PANDEMIA NA AVIAÇÃO CIVIL BRASILEIRA
CRISE, DESAFIOS E PERSPECTIVAS

COORDENADORES: Mauro César Santiago Chaves e Tiago Sousa Pereira

DIRETOR ALMEDINA BRASIL: Rodrigo Mentz
EDITORA JURÍDICA: Manuella Santos de Castro
EDITOR DE DESENVOLVIMENTO: Aurélio Cesar Nogueira
ASSISTENTES EDITORIAIS: Isabela Leite e Larissa Nogueira

DIAGRAMAÇÃO: Almedina
DESIGN DE CAPA: FBA

ISBN: 9786556272276
Junho, 2021

Dados Internacionais de Catalogação na Publicação (CIP)
(Câmara Brasileira do Livro, SP, Brasil)

Impactos da pandemia na aviação civil brasileira : crise, desafios e perspectivas / coordenação Mauro César Santiago Chaves, Tiago Sousa Pereira. -- 1. ed. – São Paulo : Almedina, 2021.

Bibliografia.
9786556272276

Índice:
1. Aviação civil 2. Aviação civil - Brasil 3. Aviação civil - Leis e legislação - Brasil 4. Coronavírus (COVID-19), aspecto social, político e econômicos, doenças pandêmicas 5. Coronavírus (COVID-19) - Transporte aéreo I. Chaves, Mauro César Santiago. II. Pereira, Tiago Sousa.

21-60046 CDD-387.616

Índices para catálogo sistemático:

1. Brasil : Aviação civil : Coronavírus : COVID-19 : Transportes aéreos 387.616

Maria Alice Ferreira - Bibliotecária - CRB-8/7964

Este livro segue as regras do novo Acordo Ortográfico da Língua Portuguesa (1990).

EDITORA: Almedina Brasil
Rua José Maria Lisboa, 860, Conj.131 e 132, Jardim Paulista | 01423-001 São Paulo | Brasil
editora@almedina.com.br
www.almedina.com.br

SOBRE OS COORDENADORES

Mauro César Santiago Chaves
Mestre em Direito pela Universidade de Brasília. Pós-graduado em Gestão Pública pela Escola Nacional de Administração Pública-ENAP e em Defesa da Concorrência e Direito da Regulação pelo Centro Universitário de Brasília-Uniceub. Graduado em Direito pela Universidade de Brasília. É Professor do IDP Brasília. Membro da carreira de Procurador Federal. Coordenador-Geral Jurídico de Aviação Civil na Consultoria Jurídica do Ministério da Infraestrutura. Secretário-Geral da Comissão de Direito Aeronáutico, Aeroportuário e Espacial da OAB/DF. Membro da delegação brasileira nas reuniões do Comitê Jurídico da Organização da Aviação Civil Internacional (OACI). Foi membro do Conselho de Administração do Aeroporto de CONFINS (BH Airport) entre os anos de 2016 a 2019.

Tiago Sousa Pereira
Economista, mestre em economia e doutorando em economia na Universidade de Brasília. Servidor da carreira de Especialista em Políticas Públicas e Gestão Governamental, ocupa o cargo de Diretor da Agência Nacional de Aviação Civil (ANAC) desde o início de 2020. Na Agência já ocupou os cargos de Superintendente de Regulação Econômica de Aeroportos e Superintendente de Planejamento Institucional. Também atuou no Banco Central e no Ministério do Planejamento. Também é professor do curso de Economia do Instituto Brasileiro de Desenvolvimento, Ensino e Pesquisa – IDP.

SOBRE OS AUTORES

Adalberto Febeliano

Engenheiro, Mestre em Economia do Transporte Aéreo e pós graduado em administração. Professor do curso de aviação civil da Universidade Anhembi Morumbi por 7 anos, tem mais de 25 anos de experiência em aviação e transporte aéreo, tendo trabalhado em empresas como Mesbla Aviação, Líder Táxi Aéreo e GE Celma. Foi Diretor Executivo da ABAG – Associação Brasileira de Aviação Geral, Diretor de Relações Institucionais da Azul Linhas Aéreas e atualmente é Vice-Presidente de Operações Aéreas da MODERN Logistics, da qual é um dos sócios fundadores. É Diretor Adjunto da Divisão de Logística e Transportes do Departamento de Infraestrutura da FIESP e membro do Conselho Superior da Indústria da Construção Civil da mesma entidade.

Alessandro V. M. Oliveira

Doutor em Economia pela Warwick University, Mestre em Engenharia de Infraestrutura Aeronáutica pelo Instituto Tecnológico de Aeronáutica. Professor Associado do Instituto Tecnológico de Aeronáutica.

Dante M. Aldrighi

Doutor e Mestre em Economia pela Universidade de São Paulo. Professor Titular do Departamento de Economia da Universidade de São Paulo.

Dany Henrique Lima de Oliveira

Dany é pós-graduado MBA Executivo pela FGV. Engenheiro Industrial-Mecânico pela EEI. Diretor Brasil da International Air Transport Association.

David Joshua Krepel Goldberg
Possui mestrado e bacharelado em engenharia pela USP. Possui MBA pela IESE Business School. É diretor responsável pela área de aeroportos e aviação da consultoria Terrafirma.

Dyogo Henrique de Oliveira
Mestre em Ciências Econômicas pela Universidade de Brasília (UnB), especialista em Comércio Exterior, Negociações Internacionais e Câmbio pela Fundação Getúlio Vargas (FGV), e economista de formação. Foi Presidente do BNDES e Ministro do Ministério do Planejamento, Desenvolvimento e Gestão. Atualmente preside a Associação Nacional da Administradoras de Aeroportos – ANEAA. Servidor público federal desde 1998, com atuação também no Ministério do Desenvolvimento, Indústria e Comércio, no Ministério da Fazenda, tendo ocupado posições do alto escalão. Foi secretário-adjunto de Política Econômica e, Secretário-Executivo do Ministério da Fazenda e do Ministério do Planejamento. Atuando também como conselheiro do Conselho Nacional de Seguros Privados (CNSP) e do Conselho Nacional de Previdência Complementar (CNPC) e como presidente do Conselho de Administração do Banco do Nordeste, presidente do Conselho da Cobra Tecnologia e Presidente do Conselho de administração do IRR.

Eduardo Sanovicz
Graduado em história, é mestre e doutor em Ciências da Comunicação pela USP e professor doutor do curso de turismo da Escola de Artes e Humanidades da USP. Foi diretor da Reeds Exhibitions Alcântara Machado, Presidente da Embratur e Presidente da Anhembi Turismo e Eventos. É Presidente da ABEAR.

Erika Spoljaric
Mestre em Engenharia de Infra-Estrutura Aeronáutica na Área de Transporte Aéreo e Aeroportos pelo ITA – Instituto Tecnológico de Aeronáutica. Engenheira Civil pela USP-São Carlos. Engenheira de Vendas na área de Inteligência de Mercado – Aviação Comercial da Embraer.

Fabiana Todesco
Mestre em Engenharia Aeronáutica pelo ITA. Engenheira de Produção pela UFSCar. Especialista em Regulação de Aviação Civil da ANAC. Atualmente é Diretora do Departamento de Planejamento e Gestão da Secretaria Nacional de Aviação Civil do Ministério da Infraestrutura.

Fabio Faizi Rahnemay Rabbani
Diretor Regional para a América do Sul da Organização de Aviação Civil Internacional (OACI). Desempenhou o cargo de Superintendente de Infraestrutura Aeroportuária da Agência Nacional de Aviação Civil (ANAC). Foi Diretor de Gestão Aeroportuária na Secretaria de Aviação Civil da Presidência da República do Brasil, Gerente Técnico de Facilitação da ANAC e Gerente de Infraestrutura da Secretaria de Aviação Civil do Ministério da Defesa do Brasil. Atuou como Diretor da Secretaria de Estado de Transportes e Integração Metropolitana de Sergipe e foi Coordenador de Estudos e Projetos da Superintendência Municipal de Transportes e Trânsito de Aracaju. Possui Mestrado em Aeronáutica e Astronáutica do Massachusetts Institute of Technology – MIT e é formado em Engenharia Civil pela Universidade Federal da Paraíba – UFPB.

Fabio Szoke Nahas
Fabio é bacharel em engenharia pela USP e possui especialização em modelos preditivos pela FGV. É sócio da área de aeroportos da consultoria Terrafirma.

Filipe Coutinho Pereira dos Reis
Pós-graduado MPA pela FGV. Economia pela UFRJ. Diretor Regional de Aeroportos da International Air Transport Association, baseado em Miami-EUA.

Humberto Gimenes Branco
Administrador, mestre em Política, piloto de aeronaves de asa fixa. Preside a AOPA Brasil (Associação de Pilotos e Proprietários de Aeronaves). É sócio, no Brasil, de consultoria internacional especializada em transformação organizacional e desenvolvimento de capital humano.

Jorge Eduardo Leal Medeiros
Engenheiro Aeronáutico – Aeronaves (ITA 1969), Attestation d'Études Approfondies – Pesquisa Operacional e Estatística (Institut de Mathématiques Appliquées de Grenoble, 1972), Doutorado – Engenharia Naval (Poli-USP, 1981). Professor-Doutor Poli-USP desde 1980. Trabalhou no PAR-CTA, Hidroservice, VASP, VARIG, Translor-Ryder, Fundação Atech e ANAC.

Luca J. Santos
Engenheiro de Transportes e Logística pela UFSC. Pesquisador no Núcleo de Economia do Transporte Aéreo do Instituto Tecnológico de Aeronáutica (NECTAR-ITA).

Mariana Silveira de Menezes
Advogada, com formação em relações internacionais, responsável pelo jurídico-regulatório da Associação Nacional da Administradoras de Aeroportos – ANEAA.

Mauricio Emboaba Moreira
Engenheiro Civil pela Escola Politécnica da USP, especialista em Engenharia de Transportes Urbanos pela UnB, mestre em Administração Pública pela FGV-SP e doutor em Administração de Empresas pela FGV-SP. Foi Diretor de Marketing da VASP e Diretor de Planejamento da GOL. É consultor de transporte aéreo e turismo.

Paulo Henrique Possas
Mestre em Administração de Empresas, com ênfase em Tecnologia e Gestão da Produção pela Universidade Federal do Rio Grande do Sul. É especialista em Gestão da Aviação Civil pela UNB e em Gestão Pública pela Escola Nacional de Administração Pública. Possui formação em Master Business Administration em Gestão por Processos pela Escola Superior de Propaganda e Marketing. É formado em Engenharia Elétrica pela Pontífice Universidade Católica do Rio Grande do Sul. Especialista em Regulação de Aviação Civil da ANAC. Atualmente é Coordenador-Geral de Facilitação e Desempenho do Departamento de Planejamento e Gestão da Secretaria Nacional de Aviação Civil do Ministério da Infraestrutura.

Raul Marinho
Administrador de Empresas pela FEA-USP e Piloto Comercial de Avião, atuando atualmente como consultor aeronáutico. Foi Representante da Aviação Geral e de Instrução do Sindicato Nacional dos Aeronautas (SNA) e é Gerente Técnico da Associação Brasileira de Aviação Geral (ABAG).

Ricardo Bernardi
Advogado Sócio Fundador do Escritório Bernardi e Schnapp Advogados; Graduado e Pós-graduado pela Pontifícia Universidade Católica de São Paulo; Membro da Comissão de Especialistas do Senado Federal para Reforma do Código Brasileiro de Aeronáutica (2015); Professor de Direito Comercial no Complexo Jurídico Damásio de Jesus (1995-2006).

Ricardo Sampaio S. Fonseca
Economista, com MBA em Finanças, Especialização em Compliance e Governança Corporativa e Mestrado em Economia. Atualmente é Diretor de Políticas Regulatórias da Secretaria Nacional de Aviação Civil, responsável pelo programa de concessões aeroportuárias e pela adoção de medidas relativas aos serviços aéreos no Brasil.

Ronei Saggioro Glanzmann
Economista do Banco Central do Brasil, com pós-graduação em Análise Macroeconômica e MBA em Mercado de Capitais. Atualmente ocupa o cargo de Secretário Nacional de Aviação Civil do Ministério da Infraestrutura e de Presidente do Conselho de Administração da Infraero.

APRESENTAÇÃO

O Brasil pode ser considerado uma potência mundial quando o assunto é aviação. O brasileiro Alberto Santos Dumont foi o inventor do primeiro avião autônomo, sendo considerado o pai da aviação. Além de, historicamente, fazermos parte do Conselho da Organização de Aviação Civil Internacional (OACI)[1], desde sua fundação, o Brasil é membro do Grupo I do Conselho e estamos entre os dez países do mundo em termos de quantidade de passageiros, malha aeroportuária, frota de aeronaves, entre outros indicadores gerais. Em termos de indústria, somos um dos cinco principais países produtores de aeronaves, temos as empresas aéreas com os melhores indicadores de eficiência operacional (atrasos e cancelamentos) e um dos mais competitivos mercados aeroportuários do mundo, com mais de uma dezena de operadores privados, nacionais e estrangeiros, oriundos de quase todos os continentes, com a exceção da Oceania.

No entanto, mesmo com tamanho protagonismo na aviação civil internacional, o setor aéreo brasileiro também é marcado por algumas carências difíceis de explicar. Em que pesem a baixa concorrência com outros modais de transporte[2] e a existência de regiões remotas cujo acesso só pode ocorrer por meio do transporte aéreo, ainda temos uma aviação regional bastante incipiente, com um potencial de crescimento ainda inexplorado.

[1] O Conselho da OACI é o grupo responsável pela condução e acompanhamento dos trabalhos da entidade. É composto por 36 países eleitos trienalmente na Assembleia da Organização, por votação de todos os países membros. Compõe o Gupo I do Conselho, o seleto grupo de 11 países de maior importância no transporte aéreo mundial.

[2] O transporte ferroviário de passageiros, por exemplo, é praticamente inexistente, em comparação com a maioria dos países de grande porte.

Talvez, pela baixa abertura econômica de nossa economia, o transporte aéreo internacional também tem muito a se desenvolver, ficando abaixo de todos os países com porte similar[3]. Há, também, um sentimento geral de que a magnitude da demanda interna por transporte aéreo poderia ser atendida por uma maior quantidade de empresas aéreas.

Nesse contexto, é geral a percepção de que, a despeito da posição de destaque do setor aéreo brasileiro no cenário internacional e do recente processo de popularização desse modal, o setor ainda possui um grande potencial de desenvolvimento futuro, em termos de expansão de rotas, novos modelos de negócios, aumento do transporte internacional, regional e de cargas, intensificação da popularização, com expansão da base de usuários (não apenas as mesmas pessoas voando mais, mas mais pessoas começando a voar), reposicionamento da indústria aeronáutica nacional frente aos recentes movimentos de fusão de fabricantes estrangeiros, entre outros aspectos de mudança. Essa perspectiva de mudança se reforça, inclusive, pela expectativa de retomada do crescimento econômico nos anos 2020, depois das reformas econômicas implementadas na segunda metade da década passada.

E foi justamente nesse contexto de perspectiva de crescimento e mudança que a pandemia do coronavírus atingiu o setor aéreo brasileiro. De uma perspectiva de crescimento superior a 5%[4], o mercado de transporte aéreo brasileiro apresentou encolhimento brusco e repentino em abril de 2020, superior a 90%.

Importante lembrar que, neste caso, o fenômeno foi mundial. Afinal, na ausência de uma vacina ou um tratamento farmacêutico comprovadamente eficaz, a principal (se não única) saída para conter a proliferação do vírus e seus efeitos foi manter o distanciamento social, reduzindo a mobilidade das pessoas. De uma hora para outra, em todos os países – obviamente em momentos distintos, na medida em que o vírus vinha avançando do leste para o oeste –, as pessoas tiveram de mudar bruscamente seus hábitos diários, confinando-se em suas residências na maior parte do tempo, de lá saindo apenas quando eminentemente necessário.

Os setores de serviços foram, então, mais impactados do que os demais, e o transporte aéreo também mais impactado que os outros modais. A pan-

[3] Situação análoga ao que ocorre no mercado carga aérea.

[4] Vide previsões mencionadas por Oliveira e Menezes no capítulo 2 deste livro.

demia de covid-19 acarretou, então, **a maior crise da história do transporte aéreo**, superior aos efeitos da 2ª Guerra Mundial (quando o setor ainda estava em processo de consolidação e naturalmente não possuía a capilaridade atual) e dos atentados de 11 de setembro de 2002 (quando os efeitos foram imediatos, porém com magnitude e duração bem menores).

A despeito do espanto, todos os agentes que atuam no setor aéreo – seja na iniciativa privada ou no poder público – tiveram de responder aos acontecimentos com a mesma agilidade dos efeitos da pandemia, de forma a mantê-lo minimamente respirando sob aparelhos (para fazer uma analogia com o principal sintoma do vírus causador da pandemia), garantindo, neste país de dimensões continentais, uma malha aérea mínima capaz de manter em funcionamento os corredores logísticos para o transporte de insumos e profissionais necessário para o combate à pandemia.

Passada essa fase inicial de combate imediato e sobrevivência, começamos a refletir sobre tudo o que aconteceu e o que pode ser o futuro pós-pandemia. Como será o transporte aéreo no futuro? As referidas alterações de hábito necessárias para a contenção do avanço do vírus tornar-se-ão definitivas, ou as pessoas vão voltar à vida "normal", sob a ótica anterior à pandemia, após a ciência prover o remédio ou vacina eficaz no combate ao vírus? O crescimento das empresas aéreas *low costs* permanecerá no futuro? Como ficarão as malhas das empresas aéreas e os perfis das aeronaves? O que dizer do futuro dos segmentos mais específicos do setor: aviação geral, aviação de negócios, transporte de cargas etc.?

Enfim, questões como essas e várias outras passaram a ocupar a mente dos agentes que atuam no setor aéreo. Nesse contexto, por volta de outubro de 2020 vislumbramos que uma obra como esta poderia ter o condão de reunir e difundir o intenso – porém difuso – conhecimento de nossos colegas de aviação, além de compartilhar as perspectivas de cada segmento do setor. Apesar do mérito da proposta, o desafio à época era conseguir que nossos colegas especialistas no setor pudessem dedicar o escasso tempo para contribuir com esse projeto de disseminação de conhecimento, haja vista que todos eles ainda estavam (aliás, ainda estão) intensamente envolvidos nas ações de resposta à pandemia e sobrevivência do setor aéreo.

Considerando a grande quantidade de nuances do setor aéreo, buscamos diversificar. Contatamos, então, especialistas que pudessem compartilhar seus conhecimentos nas diversas nuances do setor, o que inclui autoridades públicas, autoridades internacionais, representantes dos vários segmentos da indústria (empresas aéreas, operadores aeroportuários, transporte de cargas, indústria aeronáutica, aviação geral e executiva), acadêmicos e consultores especializados em aviação.

Felizmente, a receptividade dos autores ao projeto foi surpreendentemente positiva. Mesmo envolvidos na maior crise do setor, os autores conseguiram dedicar suas noites e fins de semanas para compartilhar o conhecimento e as informações sobre os efeitos da pandemia e as perspectivas que possuem sobre o futuro da aviação, o que tornou, então, possível a realização deste projeto de disseminação de conhecimento. Em geral, os capítulos foram escritos pelos autores entre dezembro de 2020 até a primeira quinzena de fevereiro de 2021.

Embora a leitora ou o leitor possa escolher, sem qualquer prejuízo, a ordem de leitura de cada capítulo de acordo com a sua preferência, buscamos organizar os textos de forma a criar um enredo para o livro que buscasse: (i) descrever os impactos da pandemia sobre a aviação e as ações de resposta a emergência, do mercado internacional para o doméstico ("de fora para dentro") e, internamente, partindo dos segmentos mais populares (aviação comercial, aeroportos e seus usuários) para os mais específicos (cargas e aviação geral) e, por fim, abordando as ações governamentais; e, posteriormente, (ii) fazer as reflexões sobre o futuro e os desafios da aviação.

Assim, o livro foi dividido em duas partes. A primeira, composta de oito textos, destina-se a tratar dos efeitos da pandemia sobre os diversos segmentos do setor aéreo, além das ações adotadas para fazer frente aos desafios de curto prazo. Já segunda parte, com mais seis textos, tem como foco o futuro do setor, em um contexto pós-pandemia. Esses cenários futuros, obviamente, devem ser lidos com a devida cautela, na medida em que é naturalmente difícil fazer previsões sobre o futuro, sobretudo em um contexto de crise. No entanto, ainda assim, entendemos ser importante o compartilhamento dessas perspectivas, uma vez que o público leitor, naturalmente apaixonado pela aviação como nós, certamente também se encontra nesse exercício de reflexão sobre o que virá a ser a aviação brasileira após a pandemia.

Por fim, torna-se imprescindível agradecer a todos aqueles que acreditaram neste projeto, desde seu início, e sem o qual esta obra não teria se tornado realidade, em especial, aos nossos familiares, pelo apoio permanente, a cada um dos autores e autoras, por terem aceito generosamente o convite formulado, a Ozires Silva pela gentileza do prefácio e ao Instituto Brasileiro de Desenvolvimento, Ensino e Pesquisa – IDP (onde somos professores), que muito nos auxiliou no contato com a editora, particularmente aos professores João Paulo Bachur, Atalá Correia e Janete Ricken, bem como o colaborador Júlio Paschoal.

Acima de tudo, é necessário agradecer a todos aqueles que lutam diuturnamente para tornar a aviação um sonho possível – do passageiro ao piloto, do mecânico ao controlador de tráfego aéreo. Sem vocês, essa obra não teria sentido. Muito obrigado!

Mauro César Santiago Chaves
Tiago Sousa Pereira
Organizadores

PREFÁCIO

Tendo toda minha vida envolvida pela Aviação e pela Educação, fico muito honrado por ter sido convidado para oferecer alguns aspectos e reflexões que possam ser úteis ao desenvolvimento futuro da nossa aviação, tanto impactada por esse evento extraordinário e impensado, que é a pandemia do coronavírus.

Não tenho dúvidas de que o mundo humano está mudando numa velocidade nunca vista em face da pandemia que transformou nossas vidas. No passado, a revolução industrial, realmente disruptiva, ocorreu causando crises sociais, políticas, econômicas, revoltas e guerras. Hoje, não será assim e o que levaria séculos pode ocorrer em instantes. Não tenho dúvidas de que um contingente apreciável das populações mundiais ficará para trás. O Brasil se tornará um país afetado, entre muitos. E um dos fatores críticos para o nosso processo de retomada é a insuficiente qualidade de nossa Educação.

Nesse contexto, o presente livro se encaixa como uma luva. Ele reúne uma vasta gama de reflexões sobre os efeitos da pandemia na aviação e seus possíveis desdobramentos no futuro, servindo, então, como um mecanismo de disseminação de conhecimentos tendo como público-alvo a comunidade da aviação civil brasileira, além de apaixonadas e apaixonados por esse setor tão vibrante. A propósito, encaro este livro como o início de um processo muito importante para a sustentabilidade futura não apenas da aviação no Brasil, mas também de vários outros setores econômicos: a disponibilidade, que deve ser crescente, de massa crítica imprescindível à formação de capital humano especializado, necessário para o desenvolvimento de soluções eficientes para os problemas contemporâneos. Apesar de termos uma aviação muito desenvolvida e sermos uma das potências mundiais no assunto, ainda carecemos de obras como esta, acessíveis ao público em geral e que reúne os pontos de vistas e percepções dos diversos segmentos que compõem a aviação.

Não por acaso, o desenvolvimento de uma empresa de ponta como a Embraer teve de ser acompanhado da criação de um centro de excelência em engenharia aeronáutica como o Instituto Tecnológico de Aeronáutica (ITA), com todas as externalidades positivas geradas em termos de criação e disseminação dos conhecimentos necessários para disponibilizar à empresa um capital humano capaz de tornar possível desenvolver produtos com tamanha competitividade mundo afora.

Assim, a pergunta-chave deve ser: como lidar com toda a soma de problemas que temos pela frente? É certo que a Educação é a solução, mas, sem dúvidas, ela tem de vir de escolas de excelência, dos professores, dos alunos, da cultura em geral. Muitos dirão que leva tempo. Mas temos de compreender que para resolver tudo muito empenho será necessário durante longo tempo. Mas é importante que se inicie e que seja continuado. Ou seja, um trabalho competente e contínuo!!!

Na Aviação temos muito o que pensar, sobretudo agora, sob o grave problema da pandemia que nos assola. O direito de ir e vir integrou-se na vida do cidadão, seja na cidade ou no campo, servindo a aviação como o principal meio capaz de tornar concreto esse direito na vida das pessoas. Depois de 1906 a humanidade desenvolveu os problemas do voo e precisa continuar, pois a mobilidade é essencial na vida de cada cidadão do planeta. Todavia, torna-se cada vez mais difícil voar por ação dos mais variados fatores, os quais podem vir das normas e regras governamentais, da educação da nossa população e dos profissionais.

Temos de nos lembrar que a Aviação Comercial existe sob as condições legais de concessões públicas e depende da legislação e das normas fixadas pelo Governo. E cabem aos Governantes a autoridade para emitir obrigações a serem observadas pelos dirigentes das Linhas Aéreas. O resultado é que a Aviação Comercial não possui um patrimônio tangível e não pode, por conseguinte, oferecer garantias para entidades financiadoras. Os aviões que operam são usados sob o sistema de "leasing", os aeroportos também são concessões públicas, os fornecedores de combustíveis são de outras empresas. A manutenção dos aviões tem seus serviços prestados por empresas privadas.

Em resumo, quando as empresas aéreas precisam de capital de giro têm de recorrer aos bancos ou de empresas financeiras, que não emprestam dinheiro sem garantias patrimoniais. Nos países estrangeiros a garantia patrimonial é, em geral, fornecida pelos Governos, pois estes entendem o caráter estratégico do setor aéreo, bem como as nefastas consequências para a economia trazidas uma quebradeira generalizada no setor, decorrente de um evento tão imprevisível e adverso como esta pandemia.

Nesse contexto difícil, tornam-se cada vez mais importantes os conhecimentos apresentados pelos autores deste livro, o qual, agora, o leitor tem em suas mãos. Assim, finalizando, cara Leitora e caro Leitor, as palavras de solução devem vir de muitos, mas também de você. A inovação, a tecnologia, o pensamento natural e lateral são a base da nova realidade. Continuar fazendo o mesmo sem repensar em 2021 pode representar um grande risco de fracasso. Então, todos precisamos refletir e buscar encontrar novos caminhos e soluções. Você apenas tem que colaborar e ajudar a encontrar novas rotas pessoais ou coletivas, em quaisquer campos, com coragem. Temos de estar presente com nossas contribuições e destemor. Enfrentar o presente e fazer o novo!

Fevereiro de 2021

OZIRES SILVA
Instituto ÂNIMA

SUMÁRIO

Introdução

Mauro César Santiago Chaves
Tiago Sousa Pereira

PARTE I
IMPACTOS DA PANDEMIA NA AVIAÇÃO E AÇÕES DE RESPOSTA IMEDIATA

Embora o presente livro tenha como foco os efeitos e perspectivas da pandemia sobre o transporte aéreo brasileiro, optamos por iniciá-lo a partir de uma abordagem internacional. Tal abordagem permite ao leitor obter uma percepção mais ampla do que representa a indústria de transporte internacional em termos de importância para a economia global, de forma a deixar claro quão dramática foi a crise decorrente da pandemia do Coronavírus.

CAPÍTULO 1
OS IMPACTOS DA PANDEMIA SOBRE O TRANSPORTE AÉREO INTERNACIONAL

Oliveira, Dany, e Pereira dos Reis, Filipe Coutinho.

O primeiro capítulo, de autoria de Oliveira e Pereira dos Reis inicia com um breve histórico da evolução recente do transporte aéreo internacional. Caracterizando-se por uma alta e positiva correlação com crescimento do PIB, o setor aéreo apresentou até 2019 um processo de significativo crescimento, com redução de preços.

Diante dessa realidade, os autores apresentam uma série de informações que ilustram o quão relevante é o transporte aéreo para a economia internacional: gastos com turismo, comércio internacional, carga aérea, entre outros indicadores, multiplicação de empregos em outros setores, entre outros aspectos. No entanto, os autores argumentam que, apesar do crescimento até 2019 e da importância do setor aéreo, as margens operacionais das empresas aéreas situam-se historicamente abaixo do custo de capital internacional.

E é justamente nesse contexto de alta dependência da atividade econômica e baixas margens que a chega a pandemia, praticamente devastando os indicadores do setor de aviação civil e as já desgastadas finanças das empresas aéreas mundo a fora. Segundo os autores, nenhum fenômeno mundial foi tão devastador para o transporte aéreo quanto a pandemia de Covid-19, a qual só pode ser comparada à Segunda Guerra Mundial – em cuja época, diga-se de passagem, a importância do setor era significantemente menor que a atual.

Assim, Oliveira e Pereira dos Reis mostram com uma série de informações e gráficos a magnitude da crise do transporte aéreo internacional em 2020, incluindo elementos que descrevem o cenário de retomada do setor após a primeira grande onda internacional da doença. O impacto foi tamanho, que a importância do setor em termos de prover soluções logísticas para o transporte de carga para o enfrentamento da pandemia foi prejudicado em razão do groundeamento das aeronaves.

Os autores abordam também as ações de apoio ao setor implementadas pelos governos nacionais, as quais se mostraram bastante heterogêneas entre as diversas regiões. Cabe ressaltar que a nossa América Latina apresentou, de acordo com os dados apresentados pelos autores, o menor suporte financeiro entre todas as regiões do mundo, que ainda incluem América do Norte, Europa, África e Ásia-Pacífico.

Como conclusão, os autores argumentam que, em razão das incertezas inerentes à pandemia, capacidade de planejamento das empresas aéreas encontra-se muito prejudicada, tendo estas de viver "de mês a mês". Tal situação constitui-se um ambiente muito prejudicial a um setor que, em razão das baixas margens, altos custos fixos e baixos custos marginais, necessita de um horizonte de planejamento a médio e longo prazo. Dessa maneira, os autores enfatizam a importância das ações de suporte governamental para que as empresas aéreas consigam superar essa crise. Por fim, todavia, Oliveira e Pereira dos Reis lembram que o processo de vacinação tem sido encarado pela indústria como a "luz do fim do túnel".

CAPÍTULO 2
OS IMPACTOS DA CRISE SANITÁRIA SOBRE AS EMPRESAS AÉREAS BRASILEIRAS

SANOVICZ, Eduardo, e MOREIRA, Mauricio Emboaba.

O Capítulo 2, de Sanovicz e Moreira, faz uma avaliação pormenorizada dos impactos da pandemia sobre o transporte aéreo brasileiro, com foco nas empresas aéreas, tendo como referencial o quadro analítico desenvolvido pela Organização de Aviação Civil Internacional (OACI), além de apresentar as ações adotadas pela Associação Brasileira das Empresas Aéreas (Abear) para lidar com os referidos impactos. Ademais, os autores fazem uma breve avaliação da evolução das reclamações dos passageiros e da propensão do público a realizar novas viagens no transporte aéreo.

Segundo os autores, a OACI segregou os impactos da Covid-19 em quatro grupos:

a) impacto operacional;
b) impacto econômico;
c) utilização de aeronaves e
d) tráfego de pares de países.

As informações utilizadas foram extraídas das bases de dados da ANAC.

No que tange aos impactos operacionais, Sanovicz e Moreira apresentam informações sobre as quantidades de voos e de assentos ofertados no Brasil, as quais em abril em 2020 (ápice do impacto da pandemia sobre o setor aéreo brasileiro) apresentaram redução de 92% e 93%, respectivamente, em relação ao mesmo mês de 2019. Essa redução foi bastante similar à da utilização das aeronaves (horária) no Brasil, que foi na ordem de 91%. Tais números reforçam a importância das ações que facilitaram o groundeamento das aeronaves, realizadas pelo Governo (Infraero e Comando da Aeronáutica), tendo em vista que do dia para a noite mais de 90% da frota ficou em terra.

Partindo para os impactos financeiros, os autores utilizaram dados de receitas por passageiros das empresas aéreas (trimestrais) e de tarifa média (mensais). As receitas por passageiros atingiram queda de 77% no segundo trimestre de 2020, em comparação com o mesmo período do ano anterior, ao passo que a tarifa média teve o seu ápice de queda em julho de 2020 (37%) – em abril, segundo vale da amostra, a redução foi de 35%.

Em termos de tráfego entre os pares, o primeiro ponto a ser ressaltado é que, no âmbito dos impactos anteriormente mencionados, em todos os casos a redução no transporte internacional foi muito mais substancial e duradoura que a doméstica. No âmbito desse "novo mercado internacional", o *share* de voos entre os países foi alterado, aumentando-se a dispersão dos destinos. A título ilustrativo, Estados Unidos e Argentina, que respondiam por quase 50% das decolagens com origem no Brasil, em março, passaram a representar 20% em outubro de 2020.

Ainda, no que concerne às reclamações dos passageiros brasileiros, Sanovicz e Moreira apresentam um substancial aumento em abril, o qual foi sendo consistentemente reduzido até outubro de 2020. Cabe lembrar que o fato de as reclamações ainda se encontrarem em níveis três ou quatro vezes superiores ao nível mensal pré-pandemia sinaliza que seus efeitos ainda continuam gerando problemas nas relações de consumo no transporte aéreo.

Apesar de todos esses impactos visivelmente abruptos e negativos sobre o transporte aéreo nacional, é importante destacar que a retomada vem acontecendo em um ritmo maior que as expectativas que se tinham no início da pandemia e que a comparação internacional, conforme pode ser constatado no primeiro capítulo (Oliveira e Pereira dos Reis). Tal comportamento se deve à predominância, no mercado brasileiro, do tráfego doméstico, o qual pôde se recuperar muito mais rapidamente que o internacional, duramente afetado pelas barreiras sanitárias entre os países.

Nesse contexto, os autores finalizam o Capítulo ressaltando a importância das ações adotadas pelas empresas, com o apoio do setor público, para lidar com a inevitável deterioração das condições financeiras das empresas aéreas. Entre essas ações, destacam-se: a redução de custos trabalhistas com os acordos celebrados com as categorias sindicais que representam os tripulantes; a postergação dos prazos de reembolso aos passageiros pelos voos cancelados, com a possibilidade de remarcação dos bilhetes sem multa; a redefinição da malha aérea nacional, com a criação da chamada "malha aérea essencial" (pequena o suficiente para garantir um funcionamento minimamente sustentável, mas suficiente para atender todos os estados da federação); a postergação dos prazos de pagamento das tarifas de permanência em decorrência do groundeamento das aeronaves e dos pagamentos de tributos ao setor público; a prorrogação dos acordos referentes ao imposto de circulação de mercadorias e serviços incidentes sobre o querosene de aviação, celebrados com as 27 unidades federadas.

Os autores finalizam o Capítulo argumentando que o setor não logrou êxito em obter crédito público para as empresas aéreas, as quais tiveram de recorrer ao mercado financeiro. Ainda, sustentam que o senso de solidariedade e a resiliência de todos os envolvidos foram essenciais nessa travessia tão difícil para o setor, prevendo um retorno das operações ao nível de 75% do cenário pré-pandemia.

CAPÍTULO 3
IMPACTOS DA PANDEMIA DO CORONAVÍRUS NO SETOR AEROPORTUÁRIO

OLIVEIRA, Dyogo Henrique, e MENEZES, Mariana Silveira.

Oliveira e Menezes, no Capítulo 3, fazem uma avaliação dos impactos da pandemia sobre o setor aeroportuário brasileiro.

Os autores começam o capítulo com uma contextualização histórica do setor aeroportuário, contemplando o surgimento do primeiro aeroporto do país – Santos Dumont, no Rio de Janeiro –, o surgimento da Infraero na década de 1970 e, por fim, o processo de concessões empreendido pelo Governo Federal na década de 2010.

Adentrando mais especificamente no processo de concessões aeroportuárias, Oliveira e Menezes traçam um breve histórico das cinco rodadas já realizadas, além da previsão governamental (já anunciada) de realização de duas rodadas adicionais, de forma a conceder todos os aeroportos federais atualmente sob gestão da Infraero. Sobre a evolução da modelagem das concessões aeroportuárias, os autores argumentam que os contratos da quarta rodada em diante apresentam grande evolução em relação às três primeiras, tendo estas sido marcadas por vultosos investimentos, não atrelados à demanda e, portanto, em alguns casos com a consequência de geração de capacidades ociosas nos aeroportos.

Na abordagem dos efeitos da pandemia sobre os aeroportos, os autores relatam que havia no início do ano um relativo otimismo na indústria, com expectativa de crescimento em torno 5%, após a delicada segunda metade da década. O ano de 2020 seria então, na visão dos autores, o início de um crescimento mais robusto no setor aeroportuário, esperado desde o início das concessões, mas afetado pelas diversas crises políticas e econômicas que o Brasil havia enfrentado nos anos 2010. O crescimento médio de 2,5% dos passageiros transportados em janeiro e fevereiro de 2020, em relação aos mesmos meses de 2019, corroboram a expectativa da indústria destacada pelos autores.

E foi justamente nesse contexto de otimismo, após um longo período de dificuldade para as concessionárias, que veio a pandemia do Coronavírus e seus devastadores efeitos para o transporte aéreo. Após relatarem os diversos acontecimentos relacionados à pandemia e seus efeitos na economia como um todo, além das respostas governamentais para lidar com esses efeitos, Oliveira e Menezes passam a se ater mais detidamente aos efeitos do Covid ao setor aeroportuário. Tendo informações disponíveis até outubro de 2020, os autores constatam uma redução média, em 2020, de 55% de passageiros e de 50% de aeronaves processados nos aeroportos brasileiros. No que tange aos passageiros, em linha com o primeiro capítulo, os autores observam uma redução muito mais substancial no transporte internacional (em razão dos fechamentos de fronteiras) que no doméstico.

Toda essa redução de movimentação acabou impactando severamente as finanças dos aeroportos: os autores estimam uma queda de quase R$ 4,6 bilhões de receitas nos aeroportos, sendo R$ 3,1 bilhões dos aeroportos concedidos (primeira a quarta rodadas) e R$ 1,5 bilhão dos aeroportos da Infraero. Nesse contexto, Oliveira e Menezes realçam a importância das medidas governamentais, em especial a postergação da data de pagamento das outorgas para dezembro de 2020, além do novo processo de reprogramação das outorgas, mantido o valor presente original – ambas possibilitadas pela Lei nº 14.034/2020, que foi resultado da conversão da Medida Provisória nº 925/2020.

Ao final, os autores discorrem sobre os processos de reequilíbrio econômico-financeiro dos contratos de concessão aeroportuária implementados pela ANAC em 2020 (totalizados em R$ 1,8 bilhão em 2020). A matriz de risco desses contratos aloca ao Poder Concedente o risco decorrente de evento de caso fortuito ou força maior, situação na qual a pandemia foi enquadrada pelas autoridades competentes – Consultoria Jurídica do Ministério de Infraestrutura, em contexto mais geral, e ANAC, no âmbito das concessões aeroportuárias. Diante disso, Oliveira e Menezes argumentam que a recomposição do equilíbrio contratual se constitui a mera aplicação prática de cláusulas contratualmente estabelecidas, não podendo ser encarada como um benefício concedido às concessionárias, sendo necessária no futuro para a viabilidade dos contratos de concessão, em face das incertezas e os impactos duradouros da pandemia.

CAPÍTULO 4
PERCEPÇÃO DO PASSAGEIRO EM RELAÇÃO AO COVID-19

TODESCO, Fabiana e POSSAS, Paulo Henrique.

Os três primeiros capítulos buscaram apresentar, de forma detalhada, os efeitos da pandemia sobre os dois elos mais imediatamente impactados na indústria da aviação: as empresas aéreas e os aeroportos. O quarto capítulo propõe-se a analisar os efeitos da pandemia sobre a percepção de outro elo ainda mais importante: o passageiro.

Em razão das barreiras de isolamento impostas pela necessidade contenção da transmissão do Coronavírus, a Secretaria Nacional de Aviação Civil (SAC) decidiu redirecionar sua pesquisa de satisfação, ora focada na avaliação de satisfação dos passageiros nos aeroportos, para medir a impressão dos passageiros em relação à pandemia e o desejo de voar.

Nesse contexto, o Capítulo 4, de autoria de Todesco e Possas, tem por objetivo analisar as principais lições fornecidas por essa pesquisa. Essa nova pesquisa foi aplicada no Brasil nos meses de outubro e dezembro de 2020 e pôde ser comparada a pesquisa similar aplicada pela IATA em outros onze países.

Após mostrar inúmeros indicadores das pesquisas aplicadas, bem como sua comparação com os questionários aplicados nos outros países, a autora conclui, em linhas gerais, que o retorno mais intenso da vontade de voar esbarra na sensação de que a pandemia ainda não está controlada e, portanto, no receio de contaminação no ato de voar. Assim, em que pese a importância das ações de comunicação destinadas a mostrar a segurança sanitária das aeronaves e do transporte aéreo, Todesco e Possas ponderam que medidas e resultados claros em termos de efetividade do controle da pandemia são necessárias para a retomada do transporte aéreo.

CAPÍTULO 5
A PANDEMIA E O TRANSPORTE AÉREO DE CARGAS NO BRASIL: IMPACTOS E PERSPECTIVAS

FEBELIANO, Adalberto.

Os capítulos anteriores mostraram, de forma bastante clara, os efeitos devastadores da Pandemia do Coronavírus sobre o transporte aéreo de passageiros, no Brasil e no mundo, tendo em vista que em 2020 a principal arma de humanidade para conter o avanço da doença era o isolamento social. Não necessariamente, no entanto, foi essa a tônica para o mercado de transporte de cargas, uma vez que a aviação se constituiu um importante modal para o deslocamento de insumos de saúde essenciais ao combate à pandemia, bem como para o crescente movimento de cargas oriundas do comércio eletrônico.

Nesse contexto, o Capítulo 5, de Febeliano, tem o propósito de apresentar e detalhar os efeitos da pandemia sobre o transporte aéreo nacional de cargas. Para tanto, o autor começa mostrando o histórico do segmento no Brasil, partindo do final da década de 1950. O autor explica que, desde então até meados o início da década de 2000, o mercado de carga aérea apresenta crescimento muito atrelado ao mercado de passageiros. Tal aderência deixa de ser tão explícita com o processo de desregulamentação econômica do transporte aéreo, iniciado no Brasil na década de 2000. Em 2005, o crescimento dos passageiros se descola do crescimento das cargas, levando o autor a ponderar que o excesso de regulamentação econômica do mercado de passageiros – maior, em sua visão, que no mercado cargueiro – acabou gerando frustração de demanda, que só passou a ser revertida com a maior competição e redução dos preços do transporte aéreo de passageiros decorrente da desregulamentação.

Após esse processo, o autor explica que a expansão da demanda por transporte de passageiros foi naturalmente acompanhada pela expansão da oferta de voos, a qual, em última instância, acabou ensejando a expansão da oferta de transporte de cargas nos porões das aeronaves até 2020. Assim, a brusca redução da malha aérea verificada nesse ano acabou gerando impactos imediatos também no transporte de carga aérea, acarretando dificuldades na manutenção das linhas regulares de suprimento domésticas. Nesse contexto, argumenta Febeliano, tanto o aumento das frequências de empresas exclusivamente cargueiras quanto as medidas de flexibilização regulatória (com vistas a permitir o transporte de cargas em cabines) implementadas pela ANAC foram essenciais para manter funcionando esses corredores logísticos para o transporte de carga aérea durante a pandemia.

Posteriormente o autor discorre sobre a principal rota doméstica de transporte de carga aérea no Brasil: Manaus – São Paulo. Após abordar a evolução histórica da operação dessa rota – passando pela debacle, durante os anos 1950, do mercado de borracha decorrente da concorrência com países asiáticos e pela criação e evolução da Zona Franca de Manaus –, Febeliano mostra que antes da pandemia a rota estava sendo operada tanto por aeronaves mistas de dois corredores das três principais empresas aéreas nacionais – Gol, Latam e Azul – quanto por aviões cargueiros puros das empresas Latam Cargo, Azul Cargo e Modern. Em que pese a alta aderência do movimento dessa rota aos ciclos econômicos do país, o autor mostra que em 2020, ano marcado pela recessão decorrente da pandemia, a movimentação de carga entre Manaus e São Paulo apresentou o mesmo nível dos anos anteriores, o que demonstra a importância da rota para a manutenção dos corredores logísticos de suprimentos no enfrentamento da pandemia.

Febeliano também aborda as tendências futuras para o mercado de carga aérea, considerando os efeitos duradouros que podem decorrer da pandemia. São destacadas possibilidades como: a intensificação do comércio eletrônico; a "uberização" dos serviços de transporte de carga; a utilização do transporte de carga por drones tanto na última milha quanto em distâncias mais longas – voos autônomos –; a reestruturação da cadeia de comercialização dos serviços de transporte de carga (sem a necessidade do agente intermediador, em linha com a tendência recente do transporte de passageiros); o crescimento relativo das operações cargueiras exclusivas; e o aumento das operações de carga decorrente do crescimento da malha de transporte de passageiros.

Diante de todo o potencial desse mercado, o autor finaliza o capítulo argumentando que o transporte aéreo de cargas é o meio mais apropriado para permitir que os países cumpram o hercúleo desafio logístico da vacinação contra o Coronavírus.

CAPÍTULO 6
A AVIAÇÃO DE NEGÓCIOS NO BRASIL

MARINHO, Raul.

Os capítulos anteriores detalharam os efeitos da pandemia com foco na chamada aviação comercial, de passageiros e cargas. O foco dos capítulos 6 e 7, por sua vez, é a aviação geral, que exclui os segmentos regulados pelos Regulamentos Brasileiros de Aviação Civil (RBAC's) 121 (empresas aéreas domésticas) e 129 (empresas aéreas internacionais). Enquanto o capítulo 6 aborda os modelos de negócios da aviação geral, o seguinte possui um foco mais voltado aos operadores individuais desse segmento – pilotos e proprietários de aeronaves.

O capítulo 6, de autoria de Marinho, inicia com a definição e delimitação do que ele denomina aviação de negócios. Posteriormente, o autor discorre sobre os efeitos da pandemia sobre esse segmento, detalhando por cada subsegmento (atividade aeronáutica privada, aeronaves operadas pelo poder público, aviação agrícola, instrução de voo e táxis aéreos), analisando, para tanto, os dados de movimentação de aeronaves. Em linhas gerais, o autor mostra que, além de ter sido menos impactada pela pandemia do que a aviação comercial, a aviação de negócios ainda apresentou uma retomada mais acelerada.

Tal comparação se corrobora quando o autor utiliza os dados de consumo de combustível: querosene de aviação (QAV) e gasolina de aviação (AVGAS). Enquanto o consumo do primeiro tipo está mais relacionado à aviação comercial, o segundo relaciona-se à aviação de negócios. Novamente, o autor detecta o menor impacto da pandemia sobre a aviação de negócios, bem como sua retomada mais rápida que a comercial. O autor lembra, ainda, que o consumo de AVGAS só não foi maior em 2020, em razão da crise de fornecimento ocorrida em julho, quando um lote do combustível disponibilizado apresentou suspeita de corrosão de peças de aeronaves, fazendo com que a ANAC soltasse um comunicado alertando os operadores da necessidade de ficarem atentos e, em caso de problemas, procurassem imediatamente uma oficina aeronáutica.

Para atestar de vez sua hipótese, Marinho apresenta posteriormente informações sobre venda e revenda, e entrada e saída de aeronaves em 2020. Novamente, as informações apresentadas indicam que a aviação geral não foi tão negativamente impactada pela pandemia em 2020 quanto a comercial.

Como possíveis causas, o autor aborda ao longo do capítulo alguns fatos específicos que possibilitaram esse melhor desempenho da aviação de negócios. No caso da aviação agrícola, o crescimento da demanda internacional por alimentos e a inesperada praga dos gafanhotos mantiveram esse subsegmento mais aquecido. Em relação ao táxi aéreo, Marinho destaca a liberação pela ANAC para que as empresas desse mercado pudessem vender assentos individuais, o que contribuiu para o aproveitamento de "pernas vazias" e a possibilidade de surgimento de ligações pré-determinadas (ou sistemáticas). Ademais, também contribuíram para a maior resiliência da aviação geral novas tendências de mercado – como a utilização de aplicativos para o fretamento de aeronaves, o aumento da demanda por encomendas expressas e as operações regulares em voos regionais – e o aumento da demanda por transporte aeromédico. Assim, o autor finaliza o capítulo com certa dose de otimismo, argumentando que essa expansão dos horizontes de negócio da aviação geral pode ser uma tendência que veio para ficar, haja vista as facilidades tecnológicas que permitem uma maior popularização dos aviões particulares, bem como flexibilizações regulatórias que caminham no mesmo sentido.

CAPÍTULO 7
AVIAÇÃO GERAL, PANDEMIA COVID-19 E PERSPECTIVAS

BRANCO, Humberto Gimenes.

O Capítulo 7, de Branco, enfatiza a importância e o papel da aviação geral no contexto macro da aviação civil. O autor recupera as principais diretrizes da Organização de Aviação Civil Internacional (OACI) a respeito da aviação geral, delineadas inicialmente na 15ª Assembleia Geral da Organização, em 1965, na parte II do Anexo 6, e posteriormente revisadas em 2005 e 2006. Em linhas gerais, tais diretrizes remetem à necessidade de a aviação geral seguir, no que for possível, os princípios de segurança da Parte I do Anexo 6, além de preconizarem a liberdade de ação dos operadores (com a manutenção dos níveis aceitáveis de segurança operacional) e a imposição de responsabilidade pela segurança da operação ao proprietário da aeronave e ao piloto em comando

Feita essa contextualização conceitual, o autor passa a realçar a importância da aviação geral, sobretudo no que tange à capacidade de formar novos aviadores (papel de formação), conectar as regiões menos acessíveis (papel de integração nacional) e gerar crescimento econômico. Branco argumenta que, no entanto, essa importância pode ser mais ou menos potencializada pela atuação do Estado, principalmente no que se refere aos fatores: (i) dificuldades econômicas e operacionais para acesso a aeroportos; (ii) custos dos serviços de navegação aérea; e (iii) impedimentos regulatórios ou burocráticos à incorporação de novas tecnologias às aeronaves da aviação geral.

Ao abordar os efeitos da pandemia, o autor ressaltou que, ao contrário da aviação comercial, drasticamente afetada, a aviação geral apresentou-se rapidamente como um meio de formação de redes de apoio "para a operacionalização ou manutenção de canais logísticos de materiais, pessoas e demais recursos necessários para se responder à emergência", aliando-se às instituições do Poder Público no bojo das diversas ações de combate à pandemia. Destaca-se o engajamento imediato de 240 aeronaves para apoiar as ações de resposta à emergência pandêmica verificada em meados de março e abril de 2020.

O autor finaliza o capítulo refletindo sobre o futuro da aviação geral no cenário pós-pandemia elencando três linhas de ação nas quais, em sua visão, devem atuar as instituições públicas para que o segmento possa voltar a crescer e, cada vez mais, cumprir o seu papel na aviação civil:

(i) redução dos custos (tarifas) para acesso e uso da infraestrutura aeroportuária nacional;
(ii) redução dos custos com combustível de aviação, por meio de ampliação da concorrência na distribuição – inclusive com a proposta de permissão de fornecimento pelos próprios operadores aéreos – e redução na carga tributária;
(iii) redução dos custos tarifários na navegação aérea, sobretudo para aeronaves de menor porte (com peso máximo de decolagem inferior 5.700 kg).

CAPÍTULO 8
POLÍTICAS PÚBLICAS DE RESPOSTA RÁPIDA EM MEIO À PANDEMIA NO SETOR AÉREO

GLANZMANN, Ronei Saggioro, e FONSECA, Ricardo Sampaio S.

Os sete primeiros capítulos do livro mostraram os efeitos imediatos, em 2020, da pandemia sobre a aviação civil, considerando as diversas perspectivas do setor: empresas aéreas, aeroportos, passageiros, carga aérea, aviação de negócios e aviação geral. Diante desse cenário desolador, o oitavo capítulo, de autoria de Glanzmann e Fonseca, apresenta as ações adotadas pelo Governo Brasileiro para lidar com esses efeitos.

Os autores iniciam o capítulo descrevendo as dificuldades financeiras que operadores aéreos e aeroportuários nacionais começaram a enfrentar desde o início dos reflexos da pandemia no Brasil, em meados de março de 2020. Os aeroportos concedidos teriam, a partir de abril e maio, de honrar os compromissos de outorga devidos ao governo pela prerrogativa de exploração da infraestrutura aeroportuária. Por seu turno, as empresas aéreas se depararam com o fenômeno da "receita negativa": situação na qual as saídas de caixa decorrentes dos reembolsos por voos cancelados superam as entradas decorrentes da venda de novos bilhetes.

Dado o aumento da percepção de risco do setor, a busca de solução de crédito, por parte desses operadores, mostrava-se cada vez menos provável. Nesse contexto, contam os autores, o Governo Federal editou emergencialmente a Medida Provisória (MP) nº 925, de 18 de março de 202, que adotou medidas emergenciais para lidar com esses dois problemas, permitindo a postergação para o final do ano da data de pagamento das outorgas pelos aeroportos concedidos e a ampliação, de sete dias para doze meses, do prazo de desembolso devido pelas empresas aéreas aos passageiros em razão do cancelamento dos voos.

Adicionalmente, Glanzmann e Fonseca mencionam diversas outras medidas regulatórias e governamentais, adotadas para permitir que os operadores pudessem sobreviver aos efeitos nefastos da pandemia e, concomitantemente, garantir a prestação de um serviço aéreo mínimo o suficiente para manter em funcionamento os principais corredores logísticos do país. Entre quase uma dezena de medidas citadas, destacamos aqui algumas adotadas pela ANAC, como a flexibilização dos requisitos de performance das empresas aéreas para manutenção dos seus slots em aeroportos coordenados, e de alguns requisitos de segurança (como renovação de licenças, habilitações e credenciamento de pessoal da aviação civil), além da autorização excepcional do transporte de carga na cabine de passageiros e da venda de assentos por empresas de táxi aéreo. Ademais, a coordenação da hangaragem de aeronaves a céu aberto e a renegociação dos débitos das empresas aéreas com tarifas aeronáuticas também foram medidas emergenciais importantes adotadas pela Infraero e Comando da Aeronáutica, com vistas a desafogar o caixa das companhias brasileiras.

Após o momento inicial de adoção de medidas emergenciais, argumentam os autores, o Governo Federal passou a se debruçar sobre medidas de cunho mais estruturante, as quais puderam ser negociadas no Congresso Nacional, no bojo da tramitação da MP nº 925, a qual resultou na Lei nº 13.034/2020. Como principais resultados, do ponto de vista das empresas aéreas os autores detalham a delimitação da indenização por dano moral oriundo de falha na execução do contrato de transporte – assunto também detalhado por Bernardi no capítulo 14; a definição de caso fortuito ou força maior; e a extinção do Adicional da Tarifa de Embarque Internacional (ATEI). Sob a perspectiva dos aeroportos, Glanzmann e Fonseca destacam a possibilidade de reprogramação das outorgas das concessões, com a oportunidade de postergar o pagamento para outros anos, o que, com os reequilíbrios contratuais calculados pela ANAC (conforme explicado no capítulo 3 por Oliveira e Menezes), evitou o desembolso pelas concessionárias das primeiras rodadas – que possuem outorgas anuais mais altas.

Diante de todo esse conjunto de acontecimentos, os autores concluem o capítulo com a avaliação de que a aviação brasileira conseguiu sobreviver ao primeiro teste da pandemia. Na visão deles, para o desenvolvimento da aviação civil de longo prazo, além de um arcabouço institucional adequado, o Governo também deve dispor de meios de ação imediata quando o contexto assim exigir.

PARTE II
PERSPECTIVAS E DESAFIOS DA AVIAÇÃO CIVIL BRASILEIRA APÓS O COVID-19

Enquanto os capítulos da primeira parte do livro apresentaram os efeitos da pandemia sobre a aviação, os capítulos da segunda parte dedicam-se a traçar visões de futuro sobre os diversos segmentos do setor aéreo. Escolhemos para iniciar essa segunda parte do livro o capítulo de autoria de Rabbani, Diretor do Escritório Regional da OACI para a América Latina, por sua abordagem mais geral, que leva em conta a atuação de diversos Estados na regulação e formulação de políticas públicas para a aviação.

CAPÍTULO 9
THE AFTERMATH OF A CRISIS: THE CIVIL AVIATION TAKE-OFF TOWARDS RECOVERY FROM A RUNWAY PAVED LONG AGO

Rabbani, Fábio Faizi Rahnemay.

O autor busca avaliar nesse capítulo três questões-chave, relacionadas a: (i) o papel dos processos institucionais de facilitação do transporte aéreo e de planejamento estratégico holístico do setor aéreo; (ii) a capacidade dos mecanismos de gerenciamento de segurança, adotados por entes reguladores, de substituir ou pelo menos aliviar requisitos normativos, sobretudo em contextos de crise; e (iii) o potencial de tais mecanismos de conferir aos entes reguladores a credibilidade necessária para liderar o processo de retomada.

Rabbani inicia sua análise avaliando o papel de entes reguladores, que naturalmente devem ser independentes – a fim de assegurar sua capacidade de emitir regulação de cunho técnico, menos suscetível a pressões políticas e do mercado –, porém não isolados da sociedade, do setor regulado e de outras instituições públicas – tendo em vista que a aviação é um setor econômico integrado aos demais e que os impactos das políticas regulatórias entre os diversos agentes devem ser medidos, discutidos e comunicados.

Buscando ilustrar a importância de coordenação entre o setor de aviação e outros setores econômicos, o autor menciona a recomendação da OACI, no âmbito da pandemia, para que as autoridades de aviação civil buscassem integrar suas decisões às políticas dos organismos responsáveis pela gestão da saúde pública. Além disso, o autor ressalta a importância dos mecanismos de facilitação no transporte aéreo, como forma de minimizar na prática os efeitos sobre a aviação de outras políticas restritivas.

Posteriormente, Rabbani argumenta que, a despeito dos profundos impactos na aviação civil, a crise decorrente da pandemia provou ser capaz de gerar oportunidades improváveis de surgir em tempos de normalidade. Como exemplos, o autor menciona: a adoção temporária, pelos países da Comissão Latino-Americana de Aviação Civil, da 7ª Liberdade do Ar para o transporte aéreo de cargas, com a finalidade de atender a demanda de suprimentos necessários ao combate à pandemia; as ações de flexibilização dos requisitos de *safety* durante o auge da pandemia, adotadas com o intuito de manter o funcionamento do setor e acompanhadas de outras medidas mitigatórias responsáveis por manter o risco operacional em condições aceitáveis; outras iniciativas adotadas por reguladores nacionais, como mecanismos de regulação responsiva, com o objetivo de tornar a regulação mais inteligente e efetiva, sem onerar tanto os agentes regulados.

O autor ainda discorre a respeito da importância da maturidade dos órgãos reguladores, no intuito de prover um ambiente regulatório seguro e de qualidade na aviação civil, o que, em sua visão, possibilita não apenas respostas mais céleres e efetivas aos problemas da pandemia, mas sobretudo uma retomada mais robusta e sustentável. Rabbani apresenta, nesse contexto, um paralelo entre as recomendações de boas práticas regulatórias da Organização para Cooperação e Desenvolvimento Econômico (OCDE) e os princípios do *Safety State Program* (SSP), preconizados pelo Anexo 19 da OACI.

Como considerações finais, Rabbani pondera que a capacidade dos Estados de planejar a aviação de forma holística e integrada com outros setores econômicos, consultando e interagindo com todos os stakeholders, e os mecanismos intergovernamentais de coordenação se demonstraram fundamentais para a pronta resposta no cenário de crise. Ademais, políticas públicas e ações regulatórias baseadas em risco e evidência possuem maior probabilidade de sucesso, mesmo não sendo possível avaliar imediatamente seus impactos. E por último conclui o autor que a maturidade do órgão regulador e adoção de um programa de segurança efetivo são essenciais para o desenvolvimento sustentável do setor no longo prazo.

CAPÍTULO 10
PERSPECTIVAS DE RETOMADA NO TRANSPORTE AÉREO: NOVOS MODELOS DE NEGÓCIOS

Oliveira, Alessandro V. M., Santos, Luca L., e Aldrighi, Dante M.

Com o objetivo de nos propiciar uma reflexão sobre as perspectivas de retomada do transporte aéreo, bem como o possível surgimento de novos modelos de negócio, o Capítulo 10 apresenta os principais resultados do "*Testing the differentiated impact of the COVID-19 pandemic on air travel demand according to social inclusion*", de autoria de Santos, Oliveira e Aldrighi.

Os autores iniciam descrevendo os severos impactos da pandemia sobre o transporte aéreo brasileiro. Após abordar os impactos gerais – também apresentados, sob diferentes perspectivas, em outros capítulos deste livro –, os autores buscaram avaliar os efeitos da pandemia sobre os diversos segmentos de público do transporte aéreo, sob a perspectiva da inclusão social do transporte aéreo.

Com base nas análises econométricas do referido artigo, os autores mostram que historicamente, desde 2001, o segmento de alta inclusão social no transporte aéreo tem apresentado volatilidade muito maior que a dos segmentos de média e baixa inclusão – ou seja: quando a demanda por transporte aéreo cresce, o segmento de alta inclusão cresce muito mais que os demais, ao passo que, em situações de redução de demanda, o referido segmento também cai muito mais. Tal configuração foi igualmente encontrada na redução de demanda em 2020, decorrente da pandemia.

A propósito, no que tange especificamente a essa recente redução de demanda, Oliveira, Santos e Aldrighi também argumentam que pelas estimações econométricas a incidência de casos de Covid afetou de forma efetiva a redução de demanda nas rotas, após os devidos tratamentos estatísticos para enfrentar eventual problema de endogeneidade[1]. Ademais, os autores identificaram que a distância da rota apresentou efeito negativo sobre a redução de demanda, o que sugere o caráter essencial do transporte aéreo para deslocamentos mais longos.

Tais achados são importantes para a prospecção de novos modelos de negócio no transporte aéreo no futuro pós-pandemia. A primeira hipótese abordada pelos autores é um possível aumento da elasticidade-preço da demanda por viagens aéreas, em razão do desenvolvimento de soluções de tecnologia de informação que possibilitam reuniões a distância, aumentando a sensibilidade das empresas em relação aos custos das reuniões presenciais. Tal possibilidade pode desencadear uma maior atenção das empresas aéreas à demanda por lazer, bem como às rotas regionais. Nesse sentido, observam os autores os recentes movimentos das empresas Azul e Gol no sentido de fortalecerem sua atuação nos mercados de baixa densidade.

Ademais, o maior foco do segmento de lazer também pode ensejar a entrada de empresas *low-costs* (de baixo custo), tendo em vista a alta elasticidade-preço desse público específico. A esse respeito, os autores ainda lembram que as exigências sanitárias de distanciamento podem ensejar uma menor propensão das pessoas a ficar nos aeroportos, favorecendo então os voos diretos, em aeroportos menores, característicos das empresas *low-costs*.

Por fim, os resultados sobre o segmento da demanda de alta inclusão social indicam, segundo os autores, a maior dificuldade que as empresas devem ter em trazer de volta ao transporte aéreo os estratos mais baixos da pirâmide de renda. Apenas após um crescimento mais robusto da malha, as empresas teriam condições de escala necessárias para oferecer descontos que possibilitem o retorno desse público.

Diante dessas perspectivas, os autores concluem o capítulo 10 reforçando a importância da continuidade de políticas que promovam a competição no transporte aéreo, bem como a redução de custos. Assim, pode

[1] Nota dos organizadores: o problema da endogeneidade ocorre quando a variável explicativa do modelo econométrico apresenta correlação com o termo de erro, o que na prática coloca em xeque a relação de causalidade estimada. Nesse contexto, a resolução do problema de endogeneidade confere ao econometrista maior confiança a respeito da consistência dos efeitos estimados da variável explicativa (no caso, incidência de casos de Covid) sobre a variável dependente (redução de demanda do transporte aéreo).

ser possibilitada a continuidade do processo de redução tarifária verificado neste século até a pandemia, bem como o aumento da capilaridade da malha aérea nacional.

CAPÍTULO 11
PERSPECTIVAS DE RETOMADA E MENSURAÇÃO DOS IMPACTOS DA PANDEMIA SOBRE A DEMANDA DOMÉSTICA DE PASSAGEIROS

GOLDBERG, David, e NAHAS, Fabio Szoke.

Goldberg e Nahas são os autores responsáveis pelo Capítulo 11, no qual analisam os diferentes componentes do impacto da pandemia sobre a demanda (sob a ótica dos aeroportos) e a contribuição de cada um para o ritmo de recuperação do tráfego aéreo, com foco no mercado doméstico. De forma complementar, os autores propõem uma forma de mensurar o impacto da pandemia e o peso destes componentes.

Essa análise foi feita com base nas premissas utilizadas para a nova estimação da demanda no âmbito da elaboração dos estudos viabilidade técnica, econômica e ambiental (EVTEAs) da sexta rodada de concessões aeroportuárias. Cabe lembrar que a primeira versão desses estudos havia sido apresentada pelo consórcio vencedor – no qual atuaram os autores do Capítulo 11 – do processo de manifestação de interesse (PMI), conduzido em 2019 pela Secretaria Nacional de Aviação Civil - SAC. Os estudos foram apresentados à ANAC no início de 2020, sendo posteriormente submetido a consulta pública, juntamente com os documentos jurídicos da rodada de concessões – edital de licitação e contratos de concessão dos blocos Norte, Central e Sul. Acontece que a pandemia eclodiu no Brasil enquanto a consulta pública ainda estava em andamento, motivo pelo qual a Agência e a SAC optaram pela revisão dos estudos e de algumas regras do leilão de aeroportos e, por conseguinte, pela realização de novo procedimento de consulta pública. Foi, então, com base nessa nova versão dos EVTEAs que os autores elaboraram a análise desse capítulo.

Goldberg e Nahas propõem uma decomposição do impacto da pandemia em dois fatores principais: (i) redução da demanda potencial, por sua vez decomposta em redução na renda (aproximada por redução do PIB) e em mudanças permanentes de hábito de viagem dos passageiros; e (ii) repressão da demanda potencial, de mais curto prazo, associada às restrições temporárias à circulação.

A partir do exame desses componentes os autores estimam que o tráfego doméstico retorne aos níveis de 2019 no final do primeiro semestre de 2021. Isso, todavia, não significa que o impacto da pandemia se extinga no ano corrente: os efeitos da redução de demanda potencial fazem com que as novas curvas de demanda estejam abaixo das vislumbradas antes da pandemia.

De forma a ilustrar essas premissas, os autores apresentam um estudo de caso baseado nos EVTEAs para a concessão do Aeroporto Internacional de Curitiba (SBCT). O confronto entre os fluxos de passageiros domésticos de origem e destino projetados antes e após a pandemia revelou um impacto total de 23,6% do "valor presente" dos passageiros domésticos de origem e destino no longo prazo (considerando taxa de desconto real de 7,23%, a mesma adotada no EVTEA). A redução da curva de PIB acumulado responde por 50% do impacto, seguido das restrições à circulação de curto prazo (32%) e das mudanças de hábito dos passageiros (18%).

Apresentadas essas estimativas de demanda de longo prazo, Goldberg e Nahas salientam ao final que, a despeito das simplificações adotadas, os efeitos de longo prazo da pandemia sobre os negócios aeroportuários tendem a ser relevantes, o que enseja a necessidade de olhar atento por parte do Governo para a adoção de políticas regulatórias que possibilitem a sustentabilidade do setor.

CAPÍTULO 12
O FUTURO DO TRANSPORTE AÉREO NO BRASIL

MEDEIROS, Jorge Eduardo Leal.

O Capítulo 12, de autoria de Medeiros, analisa as tendências de futuro na aviação brasileira e internacional, abordando aspectos concernentes ao comportamento dos passageiros no cenário pós-pandemia, ao tipo de aeronaves – tamanho e tipo de fonte energética utilizada –, à interação entre piloto e máquina, ao papel da aviação na mobilidade urbana, ao papel dos aeroportos e, por último, às repercussões de alguns desses aspectos na regulação da aviação civil.

No que tange ao comportamento dos passageiros, baseado em pesquisas de opinião implementadas pela Secretaria Nacional de Aviação Civil, o autor argumenta que, embora o tratamento vacinal ao Coronavírus tenha o potencial de possibilitar uma retomada mais robusta do transporte aéreo, novos hábitos de consumo devem surgir. Destacam-se entre essas novas possibilidades a menor importância das viagens por motivo de negócios, além da menor propensão dos passageiros de permanecerem aglomerados nos aeroportos. Esta última possibilidade pode implicar mudanças na malha das empresas aéreas, no sentido de fortalecer as ligações diretas, reduzindo o modelo "*hub-and-spoke*".

Nesse contexto, Medeiros pondera que tais mudanças tendem a ensejar uma redução no tamanho das aeronaves utilizadas na aviação comercial. Esta tendência, a propósito, já vinha ocorrendo antes da pandemia, num passado recente, com a proliferação das aeronaves de fuselagem estreita (*narrow bodies*) em detrimento das aeronaves de fuselagem maior (*wide bodies*). Um desafio para essa tendência é a redução do custo por assento, dada a maior possibilidade de ganhos de escala das *wide bodies*, mas o desenvolvimento tecnológico tem apresentado soluções que possibilitam essa convergência de custos, sobretudo no que tange ao consumo de combustíveis.

A respeito das fontes de combustíveis, Medeiros relata a pressão internacional pela redução das emissões na aviação, haja vista que o setor, antes da pandemia, era responsável por cerca de 2,5% de toda a emissão de gases estufa em todo o planeta. Nesse cenário, o autor discorre sobre as possibilidades e limitações atuais das alternativas de fontes energéticas para a aviação que atualmente estão em desenvolvimento, como os biocombustíveis para os atuais motores a pistão e turbinas, além do desenvolvimento de motores elétricos, que podem ser alimentados por fontes alternativas (como hidrogênio, energia solar e eletricidade). Em geral, atualmente essas opções energéticas alternativas esbarram no nível de custo demandado pelas tecnologias correntes – embora o autor reconheça que o desenvolvimento tecnológico tende a gerar reduções de custos no futuro.

Outro aspecto que na visão de Medeiros pode ser representar uma ruptura no setor aéreo é o desenvolvimento das tecnologias de inteligência artificial e seus efeitos sobre a quantidade de tripulação requerida nos voos comerciais. Dado o alto custo de mão de obra, a continuidade do processo de automatização da operação aérea pode ensejar a redução de pilotos em comando das aeronaves, criando, inclusive, novas possibilidades de pilotagem, como os pilotos remotos nos aeroportos, prontos para assumir remotamente as operações em caso de falhas nos sistemas automatizados. Essa e outras possibilidades, bem como seus potenciais efeitos na operação e na regulação, são abordadas pelo autor.

Medeiros também faz uma breve discussão a respeito do perfil da regulação de segurança operacional adotada no Brasil. Segundo ele, várias recomendações da Organização de Aviação Civil Internacional (OACI) são adotadas pela ANAC como obrigações, o que acaba ensejando um alto custo de *compliance* e, em instância final, inviabilizando a operação em regiões com maior precariedade de infraestrutura. Assim, sugere o autor que o órgão regulador brasileiro olhe para experiências internacionais com vistas a adotar boas práticas de flexibilização regulatória que permitam o desenvolvimento da aviação em níveis aceitáveis de segurança operacional.

Após essa ampla e interessante abordagem sobre possíveis tendências de futuro da aviação, o autor finaliza o capítulo elencando as principais linhas de pesquisa e desenvolvimento atuais, implementadas conjuntamente pela indústria e a academia, a saber: eletrificação, voo autônomo, serviços baseados em plataformas, UAM – *urban air mobility*, IA (inteligência artificial) & ciência de dados, segurança cibernética, experiência do passageiro, eficiência da fuselagem (*airframe*), concepções e manufaturas avançados.

CAPÍTULO 13
O NOVO TRANSPORTE AÉREO BRASILEIRO: NOVA DÉCADA, NOVA INFRAESTRUTURA, NOVAS OPORTUNIDADES

Spoljaric, Erika Adriane.

O Capítulo 13, de autoria de Spoljaric, analisa o potencial de desenvolvimento novas ligações aéreas do mercado de transporte aéreo brasileiro, com foco especial nas possibilidades de desenvolvimento da aviação regional. A autora inicia detalhando as mudanças estruturais que, em sua visão, deverão ocorrer no mundo pós-pandemia, constituindo-se então oportunidades para o reposicionamento do Brasil na economia global: reposicionamento da cadeia global de suprimento (com a proeminência do modelo *nearshoring*), economia verde, agronegócio e turismo.

Posteriormente, a autora discorre sobre a importância da mobilidade para o crescimento econômico, para então argumentar, com base na comparação com os mercados norte-americano, chinês e indiano, que o Brasil possui grande potencial de expansão de rotas no futuro. Tal potencial decorre do baixo número de ligações aéreas existentes no Brasil, da grande quantidade de localidades com acesso restrito e da quase ausência de ligações ferroviárias. Assim, Spoljaric passa a detalhar esse potencial de novas rotas, apresentando previsões de crescimento da demanda por transporte aéreo no Brasil até o final desta década e analisando a evolução recente dos mercados atendidos e do mix de aeronaves – que passou a contar com um maior percentual de rotas operadas com aeronaves de até 120 assentos.

Nesse contexto, a autora argumenta que a utilização de aeronaves menores é condizente com a formação de hubs, nos quais as aeronaves menores funcionam como *feeders* de rotas com menor densidade de passageiros. São apresentados os três principais hubs da empresa Azul Linhas Aéreas, onde a autora constata a utilização de várias aeronaves de menor porte.

Por fim, Spoljaric menciona a política de concessões de aeroportos no Brasil, ressaltando o seu caráter amplo, não direcionado apenas aos aeroportos maiores, de forma que possibilita a expansão da infraestrutura aeroportuária de toda a malha aeroportuária nacional, contribuindo então para o desenvolvimento da aviação regional. Todavia, a autora pondera que as políticas já anunciadas para aviação regional brasileira ainda carecem de maior efetividade, merecendo então, a seu ver, maior atenção por parte do poder público.

CAPÍTULO 14
INSEGURANÇA JURÍDICA E OS SEUS EFEITOS NO SERVIÇO DE TRANSPORTE AÉREO

BERNARDI, Ricardo.

Após apreciarmos a visão de relevantes especialistas a respeito do futuro da aviação no período pós-pandemia, não poderíamos deixar de abordar um dos mais importantes entraves ao desenvolvimento do transporte aéreo brasileiro, responsável pelo aumento do valor dos bilhetes aos passageiros e, por conseguinte, por atrapalhar o surgimento de novos mercados e de novas empresas: a excessiva judicialização existente no setor.

Há algum tempo, desde muito antes da pandemia, esse problema tem sido uma das pautas prioritárias do setor e das instituições governamentais da aviação civil, em razão da pressão sobre o preço das passagens aéreas decorrente dos custos com o excesso de judicialização. Tendo em vista os efeitos muito adversos da pandemia no setor aéreo, bastante explorados na primeira parte deste livro, certamente essa pauta da judicialização continuará ainda mais importante, como uma condição necessária para que o mercado retome com o máximo de vigor no pós-pandemia.

Nesse contexto, o capítulo 14, de autoria de Bernardi, busca proporcionar um panorama dessa temática, a qual, em suas palavras, trata-se de "vírus jurídico" que adoece o Poder Judiciário em prejuízo de consumidores e contribuintes. Para tanto, o autor apresenta uma comparação do índice de judicialização das relações de consumo do mercado de transporte aéreo brasileiro com o norte-americano. Em suma, mesmo apresentado indicadores de atraso e cancelamento mais satisfatórios que o de outros mercados internacionais, os índices de judicialização domésticos são absurdamente superiores. Cabe salientar que isso também ocorre com empresas aéreas internacionais que operam no Brasil: a quantidade de processos judiciais por voos ou por passageiros, em operações com origem e destino no Brasil, é muito maior que a de operações realizadas em outras bases dessas companhias.

Ao longo do capítulo o autor tenta demonstrar as causas desse fenômeno, em muito decorrentes da concessão indiscriminada de indenização por dano moral "in re ipsa" (presumido), com caráter punitivo ou pedagógico, a despeito de decisão já exarada pelo Supremo Tribunal Federal no âmbito do julgamento do Tema 210, a qual confirmou a prevalência dos princípios da Convenção de Montreal nas relações de consumo na aviação civil. Nesse contexto, o autor descreve as interpretações exaradas por tribunais brasileiros a respeito do dever de indenizar em situações de atraso e cancelamento de voo e algumas ocorrências com bagagem, em contradição com as disposições da referida Convenção.

Bernardi também aborda as alterações introduzidas pela Lei nº 14.034/2020, decorrente da conversão da Medida Provisória nº 925/2020, conforme explicado também nos capítulos 2 e 8. Tal medida legislativa pode representar o início de uma trajetória de superação desse problema.

PARTE I

IMPACTOS DA PANDEMIA NA AVIAÇÃO E AÇÕES DE RESPOSTA IMEDIATA

Capítulo 1
Os Impactos da Pandemia sobre o Transporte Aéreo Internacional em 2020

Dany Henrique Lima de Oliveira
Filipe Coutinho Pereira dos Reis

2019 – Um Recorde Mundial no Número de Passageiros Transportados e Cidades Conectadas

Em 2019, as companhias aéreas aumentaram, em todo o mundo, o número de ligações entre localidades servindo mais de 22.000 pares de cidades regularmente – um crescimento expressivo de quase 1.000 novas ligações em relação ao número de pares de cidades atendidas em 2018. Enquanto isso, o custo das viagens aéreas, ajustado pela inflação, diminuiu mais 2,3% em 2019, acompanhando a tendência de redução desde 2012.

Nos últimos 20 anos, a duplicação do número de ligações entre localidades e a redução pela metade dos custos das viagens aéreas levaram à democratização do transporte aéreo, possibilitando que mais pessoas pudessem voar para mais destinos e mais vezes ao redor do planeta.

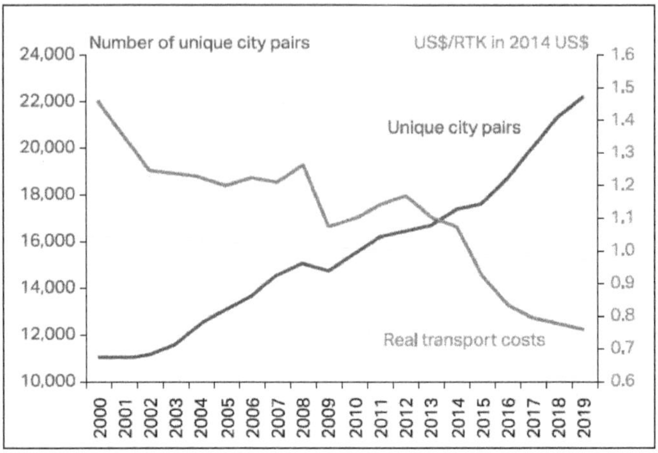

Figura 1: Evolução dos pares de cidades e custo real do transporte

Fonte: IATA

O número de passageiros continuou a tendência de crescimento em 2019 ultrapassando 4,5 bilhões de passageiros transportados. Em 2000, cada cidadão voava em média apenas uma vez a cada 44 meses. Em 2019, o tempo entre as viagens caiu para apenas 20 meses.

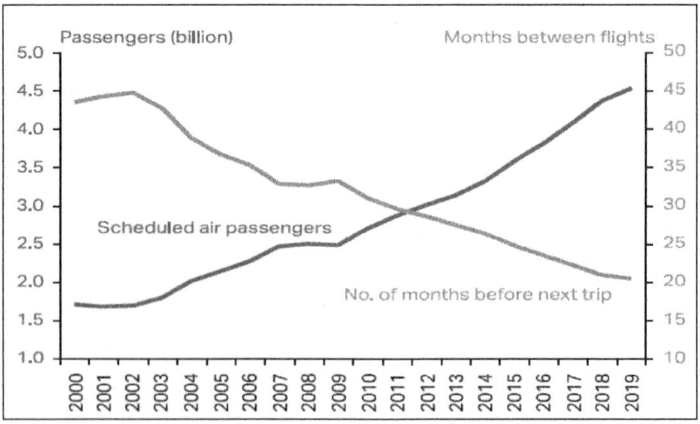

Figura 2: Evolução da acessibilidade do transporte aéreo

Fonte: IATA e FMI

A demanda por serviços aéreos manteve-se sólida em 2019, com o número de passageiros pagantes-quilômetro (RPKs) em todo o mundo aumentando 4,2% comparado a 2018. O crescimento do RPK, no entanto, ficou abaixo da taxa média de crescimento de longo prazo da indústria – estimada entre 5,25% a 5,50% – pela primeira vez em sete anos. A demanda por viagens aéreas em 2019 foi afetada negativamente por um cenário econômico global mais adverso e uma confiança nos negócios mais fraca em meio às tensões comerciais internacionais, especialmente entre os Estados Unidos e a China.

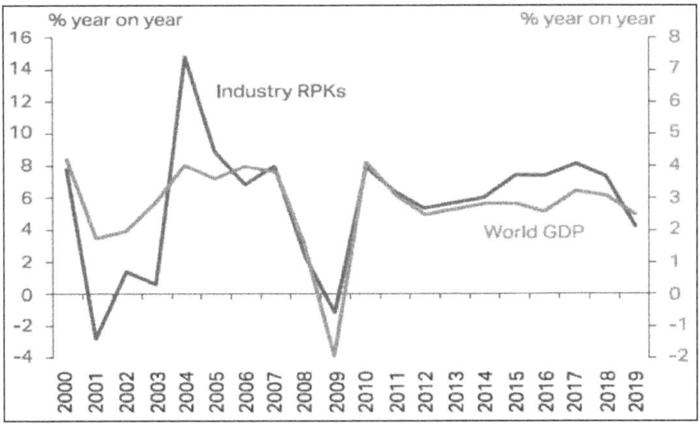

Figura 3: Evolução dos RPKs e PIB mundial
Fonte: IATA e FMI

Apesar da moderação no crescimento global do RPK, as rotas domésticas dentro da China proporcionaram, novamente, o maior aumento incremental nas viagens de passageiros. O mercado chinês adicionou mais de 30 milhões de viagens durante o ano, em comparação com 2018, uma taxa de crescimento anual de 5,8%. Já o mercado doméstico dos EUA acompanhou, em segundo lugar, com quase 27 milhões de viagens de passageiros a mais que em 2018, crescendo a um ritmo de 4,6% no ano.

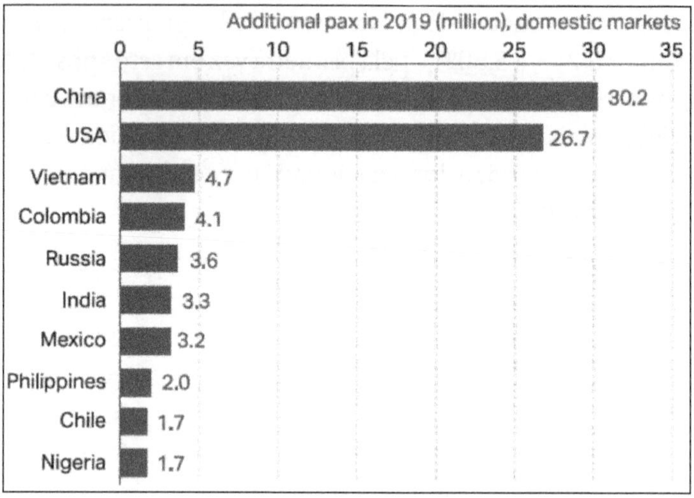

Figura 4: Top 10 mercados O-D (adicionado)
Fonte: IATA

Embora o mercado doméstico da China tenha adicionado o maior número de viagens de passageiros em 2019, o mercado doméstico dos EUA permaneceu como o maior mercado de viagens aéreas do mundo. Sem surpresa, os maiores mercados domésticos de viagens dominaram o ranking de 2019 sendo que os 12 principais mercados representaram quase metade do número total de viagens de passageiros no planeta.

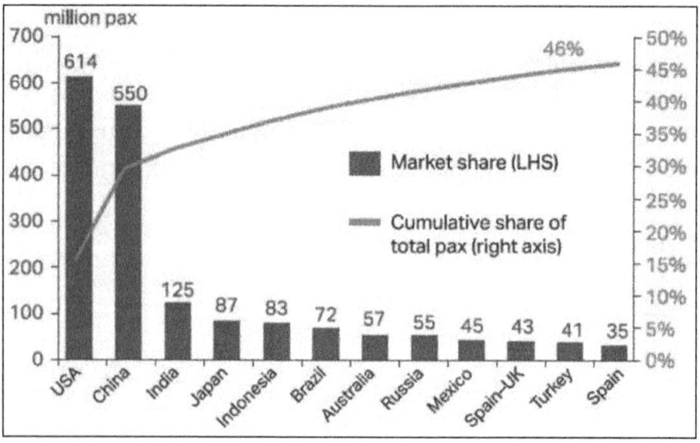

Figura 5: Maiores mercados de passageiros O-D em 2019
Fonte: IATA

Benefícios para a Indústria do Turismo e Comércio Mundial

O transporte aéreo é fundamental para o desenvolvimento do turismo e o comércio mundial. Estima-se que os turistas que viajam internacionalmente, por via aérea, tenham gasto cerca de US$ 900 bilhões em 2019, um aumento consistente de cerca de 7% em relação a 2018.

O número adicional de conexões entre cidades e o menor custo do transporte aéreo também impulsionam o comércio de bens e serviços, além de aumentar o investimento estrangeiro direto e outros fluxos econômicos. No tocante a movimentação de cargas em todo o mundo, o transporte aéreo é responsável por apenas uma pequena porção quando mensurado pelo volume, menos de 1% do comércio mundial; mas ao considerar o valor transportado, a participação é extremamente relevante, chegando a 35% do valor total dos bens. Em 2019, estima-se que o valor das mercadorias transportadas por via aérea tenha sido ligeiramente superior a US$ 6,7 trilhões.

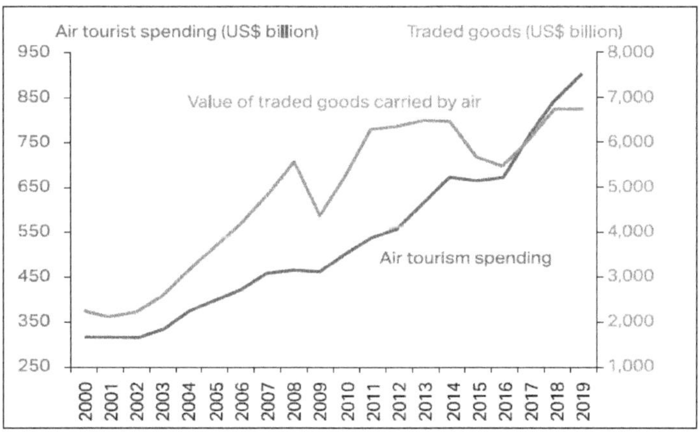

Figura 6: Evolução dos gastos de turistas do modal aéreo e valor das mercadorias transportadas

Fonte: IATA, WTTC e IHS Markit.

Os volumes de carga aérea transportada começaram a declinar no quarto trimestre de 2018 e continuaram a diminuir ao longo de 2019. Isso resultou no pior desempenho para o segmento desde a crise financeira global em 2009. No entanto, nem todos os setores do transporte de cargas aéreas foram igualmente afetados. Os setores de *e-commerce* e farmacêutico, por exemplo, tiveram um bom desempenho em 2019.

No geral, porém, as toneladas de carga-quilometro (CTKs) contraíram 3,2% ano a ano, o primeiro resultado negativo para as CTKs desde 2012. O crescimento do comércio de bens globais também desacelerou, de 3,7% em 2018 para apenas 0,9% em 2019, o desempenho mais fraco desde 2009.

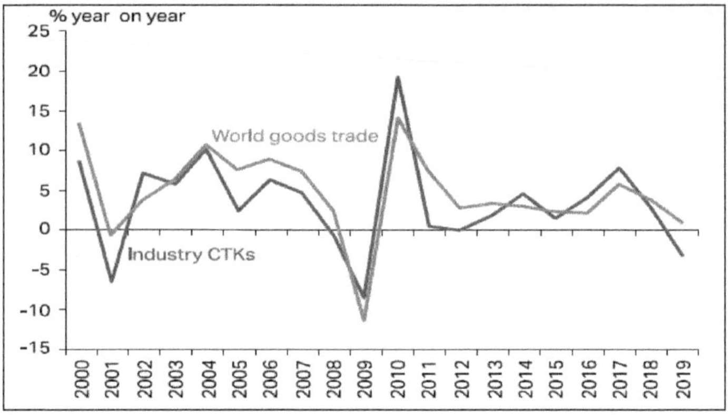

Figura 7: Evolução das cargas aéreas e outras cargas

Fonte: IATA e CPB da Holanda

Diferenças Regionais Evidentes no Transporte de Passageiros e, em Especial, nos Resultados Da Carga Aérea

As diferenças dos mercados aéreos de passageiros e de cargas, a nível global, foram refletidas nos resultados a nível regional. Os resultados do mercado de passageiros, no entanto, mostraram menor variação regional do que a carga.

Com exceção do Oriente Médio, o desempenho do crescimento dos RPKs foi consistente em todas as regiões. Variou entre 3,9% para a América do Norte e 4,8% para a Ásia-Pacífico. Já o desempenho do crescimento dos CTKs, em todas as regiões, foi mais diverso. Apenas as companhias aéreas africanas viram seus CTKs aumentarem em relação a 2018, a uma forte taxa de 7,4%. Em contrapartida, as companhias aéreas sediadas na Ásia-Pacífico e no Oriente Médio sofreram as maiores quedas em 2019, com volumes caindo 5,6% e 4,6%, respectivamente. Como as tensões comerciais entre os EUA e China têm um efeito profundo no transporte de carga aérea, não é surpresa que o mercado da Ásia-Pacífico – um centro global de manufatura e distribuição – tenha sido intensamente impactado em 2019.

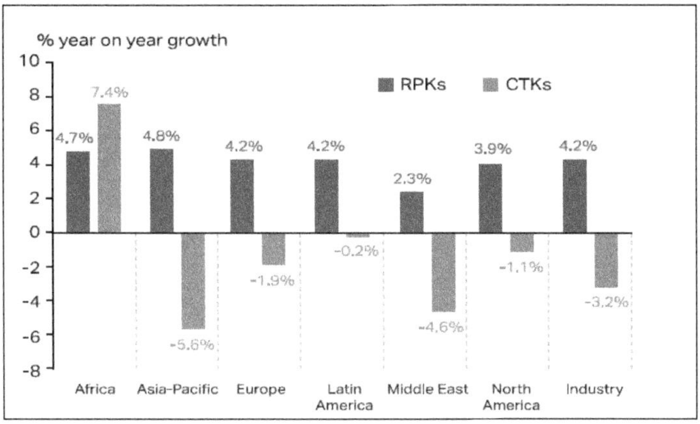

Figura 8: Resultados regionais da demanda de passageiros e cargas aéreas

Fonte: IATA

Fator de Ocupação para Passageiros Atingiu Recorde em 2019

Os assentos quilômetro-disponíveis (ASKs) do mercado de passageiros aéreos aumentaram 3,4% globalmente em 2019 em comparação com 2018 – o ritmo mais lento desde 2009. A proibição de voos das aeronaves Boeing 737 MAX impactou diretamente a expansão de capacidade em todo o setor. O avanço da demanda, refletido no crescimento de 4,2% nos RPKs, superou o crescimento da capacidade e aumentou o fator de ocupação das aeronaves (PLF) em torno de meio ponto percentual, para 82,6% em 2019. Este foi o oitavo aumento anual consecutivo no PLF.

Por outro lado, as diferenças regionais contrastantes para carga aérea fizeram com que as toneladas de cargas quilometro-disponível (ACTKs) aumentassem 2,2% ano a ano, um ritmo que foi cerca de 5,4 pontos percentuais mais rápido do que a taxa de crescimento da demanda. Como consequência, o fator de ocupação da carga (CLF) diminuiu substancialmente em 2019, cerca de 2,5 pontos percentuais.

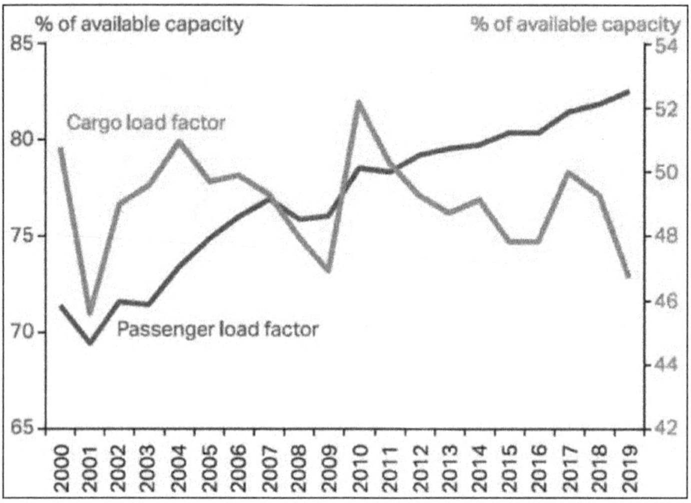

Figura 9: Evolução do fator de ocupação de passageiros e de cargas
Fonte: IATA

O fator de ocupação alcançado permaneceu solidamente acima do ponto de equilíbrio financeiro. Os principais contribuintes para os custos das companhias aéreas, incluindo preços do barril de petróleo, taxas de juros e custos trabalhistas, ficaram estáveis em 2019. O recorde de PLF em 2019 foi descompensado pelo acentuado declínio do CLF. Como resultado, o fator combinado de ocupação em todo o setor – medido como uma parte das tonelada disponíveis-quilômetros (ATKs) – diminuiu cerca de meio ponto percentual, para 69,4%.

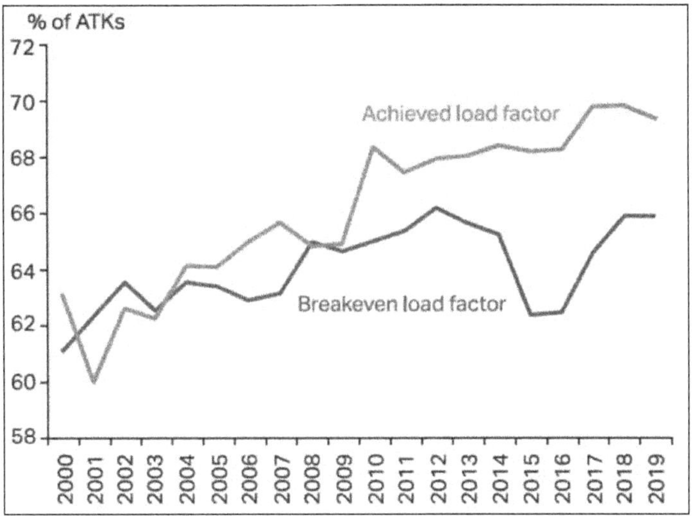

Figura 10: Evolução do fator de ocupação e ponto de equilíbrio financeiro

Fonte: IATA e The Airline Analyst

O Desempenho Financeiro do Transporte Aéreo Foi Robusto, Mas os Retornos Permaneceram Abaixo do Custo de Capital Global

O setor aéreo experimentou mais um ano de resultados financeiros robustos em 2019. As companhias aéreas geraram um lucro líquido de US$ 25,9 bilhões com uma margem operacional (EBIT) de 5,1%.

Enquanto isso, o retorno do capital investido (ROIC) ficou em 5,7% e apesar de um arrefecimento pelo quarto ano consecutivo após seu pico em 2015 permaneceu elevado em relação aos valores históricos. Já o custo do capital (WACC) diminuiu em 2019, voltando aos níveis de 2017, mas continuou superior ao ROIC.

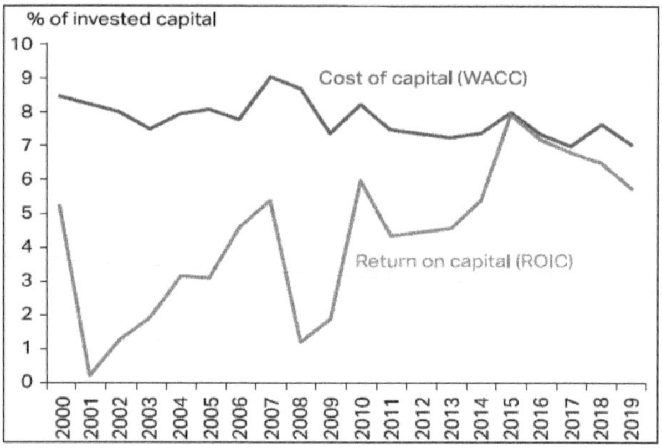

Figura 11: Evolução do ROIC e WACC

Fonte: IATA, Datastream e The Airline Analyst

Globalmente, o EBIT do setor diminuiu. Em todas as regiões o desempenho financeiro do setor permaneceu heterogêneo. As companhias aéreas norte-americanas continuaram liderando esse índice, entregando uma margem operacional de quase 10% em 2019, um aumento de cerca de meio ponto percentual em relação ao ano anterior.

Assim como em 2018, as companhias aéreas da Europa, Ásia-Pacífico e América Latina registraram rentabilidade moderada, com margens operacionais variando de 3,5% a 4,7%. Já as companhias aéreas no Oriente Médio e na África enfrentaram condições de negócios mais desafiadoras, sendo que as do Oriente Médio, em particular, tiveram uma margem operacional negativa de -5,2%. A América Latina e América do Norte foram as duas únicas regiões onde as margens operacionais das companhias aéreas melhoraram em 2019 em relação a 2018.

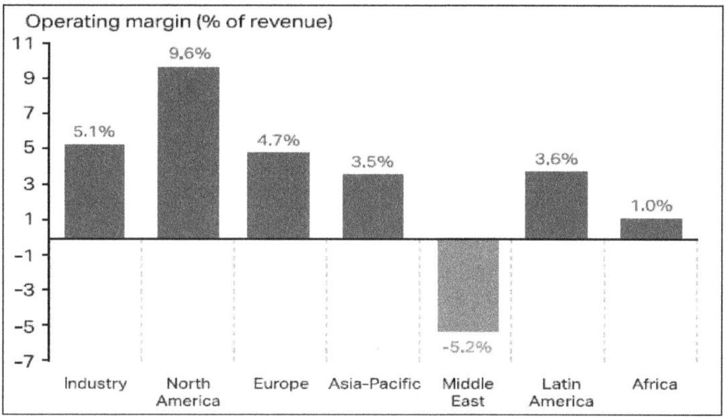

Figura 12: Performance financeira regional

Fonte: IATA e The Airline Analyst

Os Impactos da Pandemia sobre o Transporte Aéreo Internacional

A grande desconexão da sociedade: o COVID-19 é o maior choque para o transporte aéreo desde a Segunda Guerra Mundial

Em 2020, a pandemia causou o maior choque às viagens aéreas e à indústria da aviação desde a Segunda Guerra Mundial. Os eventos adversos dos ataques terroristas de 11 de setembro de 2001 e da crise financeira global de 2008, até o ano de 2019, eram considerados os mais impactantes na história da aviação. Entretanto, nenhum dos dois teve um choque tão intenso, levando a uma queda anual de 66% nos RPKs em 2020.

O mercado doméstico de aviação da China foi o primeiro a sentir os impactos, já no início do ano. À medida que a pandemia avançava, seu choque no transporte aéreo foi sentido globalmente, intensificando-se em fevereiro até chegar ao ponto mais baixo em abril, quando o tráfego de passageiros caiu 94% em relação ao ano anterior, e grande parte da indústria foi paralisada. A recuperação desde então tem sido decepcionantemente lenta para a maioria dos mercados.

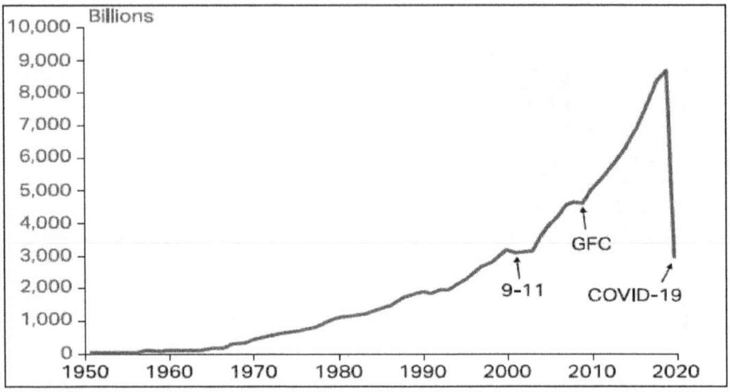

Figura 13: Evolução dos RPKs mundial

Fonte: IATA

As consequências das restrições de viagem que suspenderam grande parte do setor aéreo em abril foram amplamente sentidas. As conexões de serviço aéreo entre cidades em todo o mundo entraram em colapso. Alguns serviços continuaram nos mercados domésticos da China – que começou a se recuperar em março, dos Estados Unidos e Brasil. Mas a maioria das conexões intercontinentais simplesmente desapareceu. A aviação cargueira continuou a voar, mas como cerca de metade da carga aérea é transportada nos porões dos voos comerciais de passageiros, a quase extinção desses voos causou um sério problema para as cadeias globais de suprimentos, da qual nossa economia moderna tanto depende.

Boa parte dos serviços aéreos que conectam cidades e cruzam fronteiras nacionais sofreu com as restrições impostas às viagens, impedindo uma retomada significativa das operações. Mais importante para o comércio mundial, as densas conexões de cidade através do Atlântico Norte e entre a Europa e a Ásia têm sofrido muito para retomar as operações devido às restrições, especialmente aquelas resultantes da segunda e terceira ondas de COVID-19. Muitos dos 87,7 milhões de empregos que a aviação suportava antes da crise estão em setores da economia que dependem de bons serviços de transporte aéreo. Estima-se que mais da metade desses empregos estava em risco em 2020.

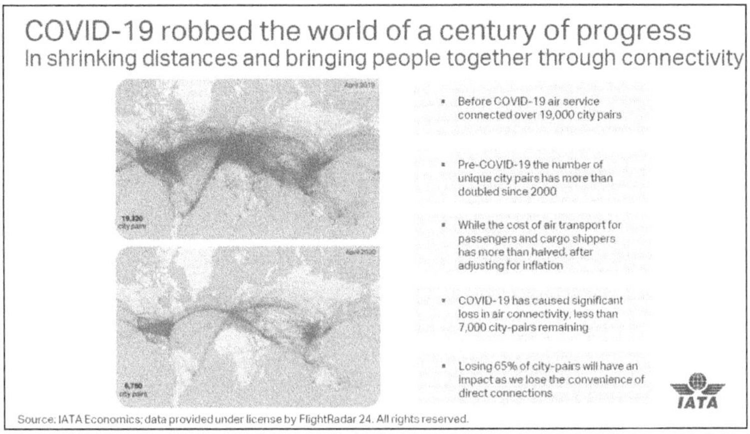

Figura 14: Pares de cidades conectados em abril de 2019 e 2020
Fonte: IATA (dados FlightRadar 24)

As viagens aéreas internacionais foram atingidas em um grau muito maior do que as viagens aéreas domésticas ou a carga aérea global como consequência das restrições de viagens impostas pelos governos. Os RPKs internacionais começaram a cair em fevereiro e logo em seguida entraram em colapso – um nível 98% menor do que no ano anterior. A subsequente recuperação letárgica das viagens aéreas internacionais tem sido extremamente decepcionante para a conectividade da economia global. Em setembro de 2020, os RPKs globais permaneceram quase 89% abaixo do mesmo período do ano anterior.

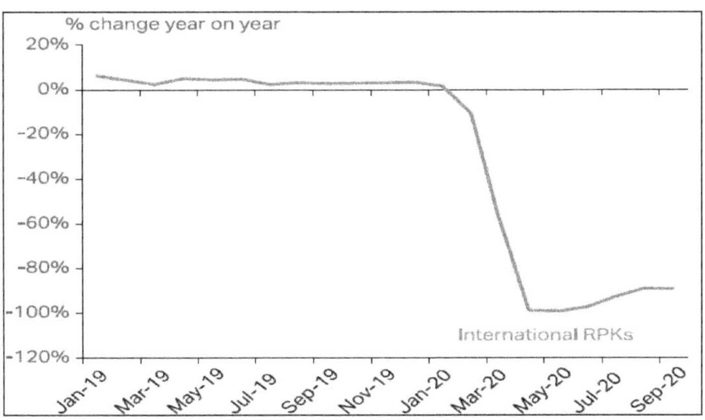

Figura 15: Evolução dos RPKs internacionais
Fonte: IATA

As viagens aéreas domésticas mostraram uma melhora mais encorajadora em relação ao seu ponto mais baixo em abril, quando ficou 87% menor do que o mesmo período do ano anterior. Nesse mês, o mercado doméstico da China – o segundo maior do mundo depois dos EUA – estava se recuperando há dois meses uma vez que o COVID-19 encontrava-se sob controle e as viagens aéreas foram retomadas. Outros mercados domésticos também têm visto desde abril um retorno das viagens aéreas, o que demonstra que há uma demanda reprimida pelo menos para viagens a lazer ou para visitar parentes e amigos.

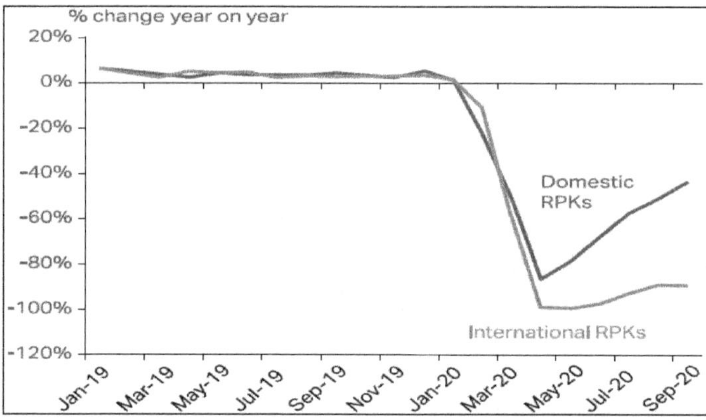

Figura 16: Evolução dos RPKs internacionais e domésticos
Fonte: IATA

Com o passar dos meses em 2020, vimos resultados muito diferentes para viagens aéreas nos principais mercados domésticos de transporte aéreo do mundo. A China começou sua recuperação mais cedo, tendo atingido seu ponto mais baixo em fevereiro, e em setembro estava 3% menor de seu nível pré-crise. O mercado doméstico de viagens aéreas da Rússia se recuperou totalmente no final do verão, uma vez que o fluxo normalmente substancial de turistas russos que viajam para fora do país não ocorreu e, em vez disso, dirigiu-se ao mercado doméstico. Já a recuperação do maior mercado doméstico de viagens aéreas do mundo, os Estados Unidos, tem sido claudicante, em grande parte porque as viagens aéreas foram atingidas pela segunda e terceira ondas de casos de COVID-19.

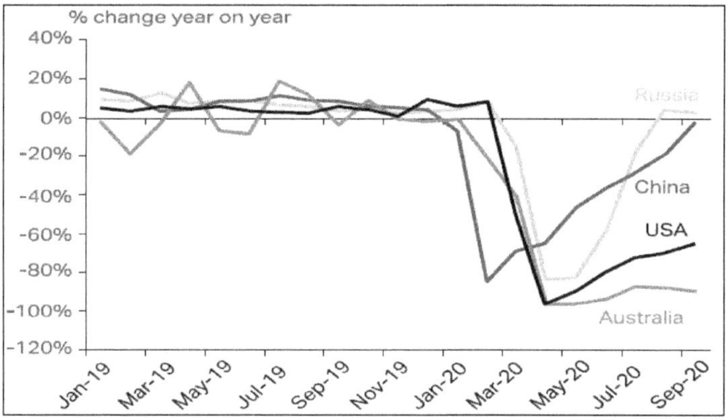

Figura 17: Evolução dos RPKs domésticos
Fonte: IATA

O controle da pandemia na maioria dos países tem sido o principal fator que molda a retomada das viagens aéreas em 2020. Muitos mercados internacionais de viagens aéreas permanecem perto de suas baixas de abril. Isso ocorre, principalmente, por causa das restrições de viagem. Em maio, a flexibilização das restrições na Europa para entrada de viajantes de países com baixo risco de exportar casos de COVID-19 gerou otimismo para retomada de viagens aéreas, mas uma segunda onda de COVID-19 inverteu abruptamente a tendência e trouxe novamente as restrições de viagem. O único outro mercado internacional a mostrar sinais de recuperação foi entre a América do Norte e Central. Isso provavelmente reflete a introdução, especialmente por vários países da América Central, de testes de COVID-19 em vez de requisitos de quarentena no destino para os voos internacionais.

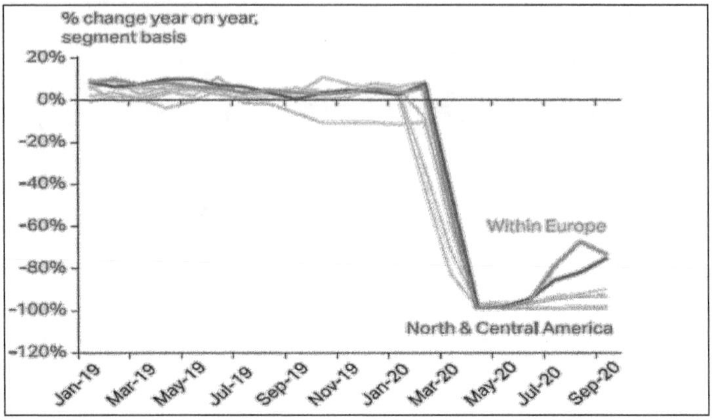

Figura 18: Evolução dos RPKs, mercados internacionais
Fonte: IATA

O Tráfego de Carga Aérea Continuou Sendo Essencial

A história da carga aérea em 2020 difere das viagens aéreas de passageiros. Os volumes de carga caíram, mas nem próximo ao colapso no número de passageiros. No ponto mais baixo da carga aérea, em abril, os CTKs desabaram 25% e em setembro, os volumes de carga aérea estavam 8% abaixo do ano anterior. A carga aérea permanece essencial para sustentar as cadeias globais de suprimentos e para o transporte de equipamentos médicos, farmacêuticos e, mais recentemente, distribuição de vacinas.

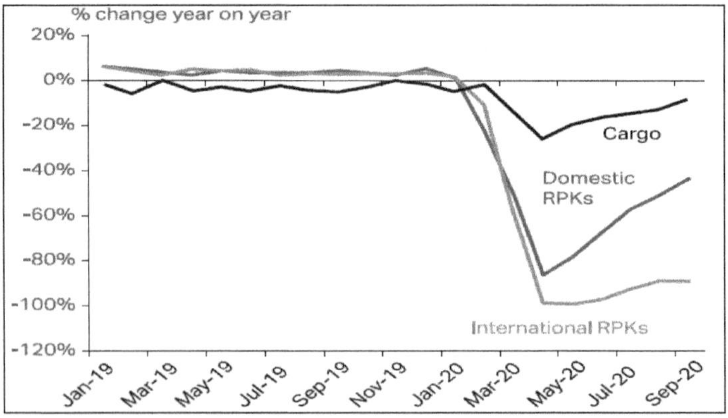

Figura 19: Evolução dos RPKs e CTKs globais
Fonte: IATA

O principal desafio da carga aérea em 2020 foi a grave escassez de capacidade devido à redução de voos da frota de aeronaves para transporte de passageiros. Cargueiros aéreos estão sendo usados ao máximo, com um adicional de 20% de capacidade extra devido ao aumento do número médio de horas voadas por dia e adição de novas aeronaves cargueiras à frota. Em um ano normal, quase metade dos volumes de carga seriam transportados nos porões de aeronaves de passageiros. Essa capacidade, no entanto, foi fortemente impactada em abril, e as aeronaves de longo curso, que geralmente fornecem a maior capacidade de carga, têm demorado a retornar aos céus em função da baixa demanda por transporte aéreo internacional. Como resultado, a capacidade de carga aérea ainda estava 25% menor em setembro do que mesmo período em 2019.

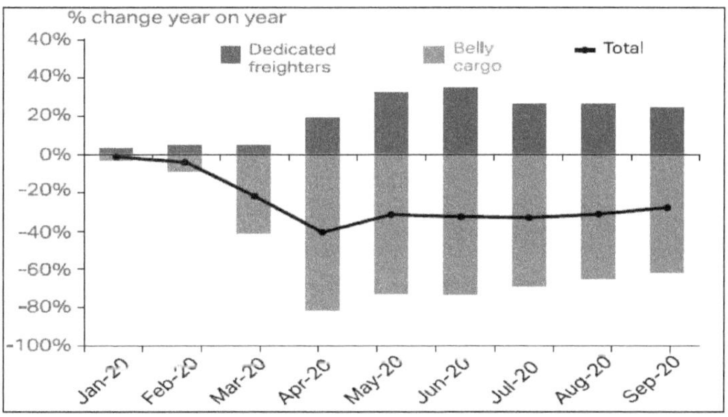

Figura 20: Evolução dos CTKs
Fonte: IATA

O desempenho robusto da carga aérea em relação ao tráfego de passageiros é desigual nas principais vias de comércio. O mais resistente tem sido o mercado do Pacífico Norte, onde tipicamente 90% da carga aérea é transportada por cargueiros dedicados. Este mercado, claramente, foi marginalmente afetado em 2020 pela redução dos voos. Em contrapartida, a cadeia de suprimentos e manufatura da Ásia são tipicamente servidos pela capacidade de carga em voos internacionais de passageiros. Essa via, portanto, foi duramente atingida em abril e está se recuperando gradualmente. Destacam-se as recuperações mais fortes entre o Oriente Médio e a Ásia e no Atlântico Norte, onde um maior poder de precificação viabilizou voar aeronaves de passageiros dedicadas exclusivamente ao transporte de cargas.

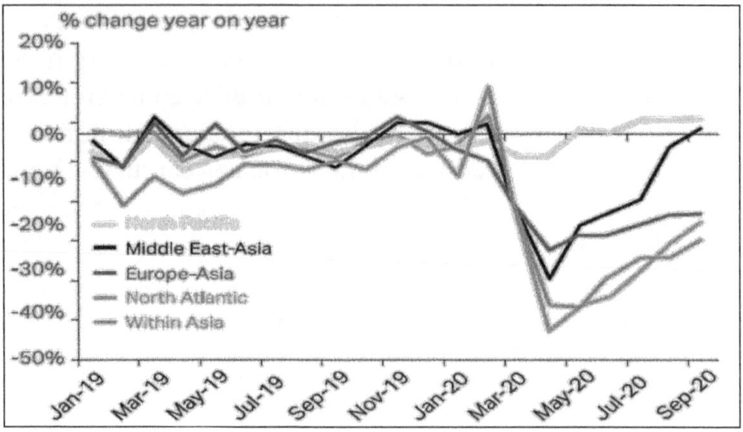

Figura 21: Evolução dos CTKs nas principais vias mundiais de comércio
Fonte: IATA

O Impacto nas Finanças das Companhias Aéreas é Devastador

As fortes receitas de carga em 2020 pouco ajudaram a compensar o colapso nas receitas de passageiros. Globalmente, as receitas operacionais da indústria do transporte aéreo caíram mais de 60% em 2020. Como inúmeros custos que são difíceis de reduzir, incluindo frota de aeronaves e força de trabalho, o colapso das receitas mergulhou toda a indústria em um nível de perdas sem precedentes.

A IATA estima que o prejuízo líquido ultrapassará US$ 118 bilhões em 2020. O segundo trimestre do ano foi o pior para a indústria e a melhora tem sido lenta durante os trimestres consecutivos. As restrições de viagem, em muitos mercados, continuam a deprimir as receitas.

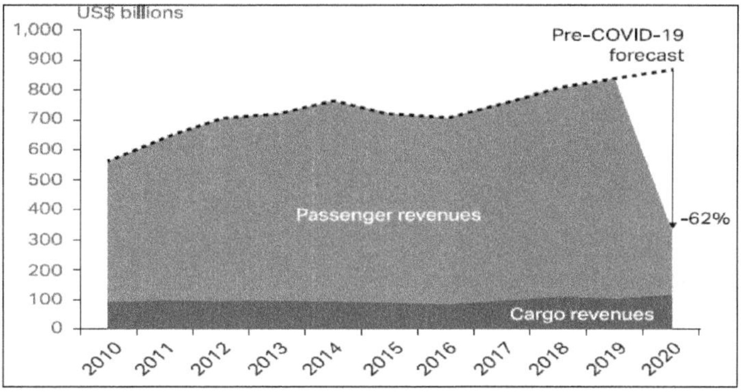

Figura 22: Evolução das receitas das companhias aéreas.
Fonte: IATA

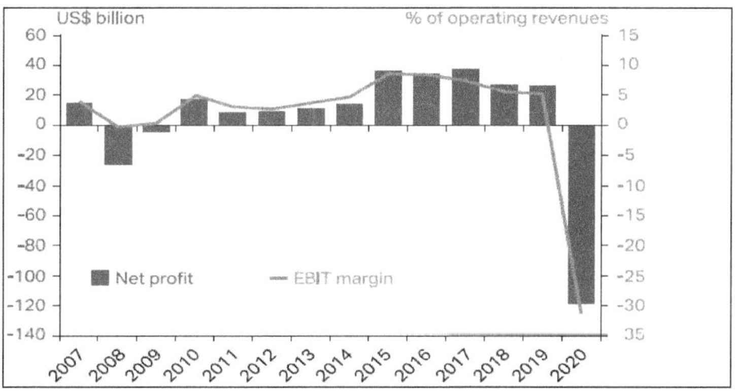

Figura 23: Evolução do resultado financeiro das companhias aéreas
Fonte: IATA

Dada a escala sem precedentes dos prejuízos da indústria de transporte aéreo, muitas companhias aéreas teriam quebrado se não fosse pela ajuda dos governos. De fato, quando o apoio dos governos foi mínimo, como no caso da América Latina, várias companhias aéreas tiveram que se reestruturar financeiramente ou decretarem falência. Na América do Norte, Europa e partes da Ásia, as companhias aéreas receberam injeções substanciais de apoio financeiro dos governos. A ajuda total para as companhias aéreas em 2020 foi de cerca de US$ 173 bilhões e aconteceu de várias formas. Importante ressaltar que mais da metade deste valor corresponde ao diferimento de dívidas ou pagamentos que precisarão ser reembolsados à medida que a indústria tenta se recuperar.

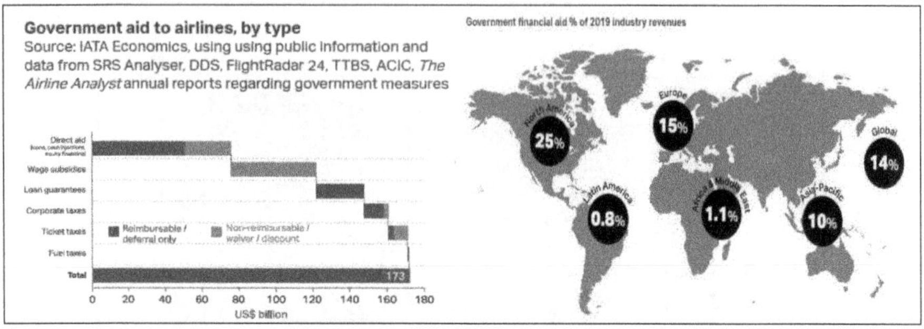

Figura 24: Principais tipos de apoio governamental
Fonte: IATA, TTBS, ACIC e The Airline Analyst

A ajuda governamental para a indústria do transporte aéreo é um investimento sólido para os países que buscam impulsionar suas economias que entraram em recessão. Globalmente, cada colaborador das companhias aéreas suporta 24 empregos na economia mais ampla.

O peso do serviço e pagamento da dívida incorrida em 2020 se soma ao contínuo escoamento de dinheiro das operações aéreas. Estima-se que as companhias aéreas queimaram mais de US$ 50 bilhões no segundo trimestre do ano. Essa queima foi a pior da crise, mas os resultados financeiros do terceiro trimestre revelam que a queima de caixa não diminuiu significativamente, uma vez que o reinício das operações em muitos mercados foi adiado por restrições contínuas às viagens. À medida que as companhias aéreas seguem seus processos de reestruturação de custos durante o quarto trimestre de 2020 a queima de caixa começa a diminuir.

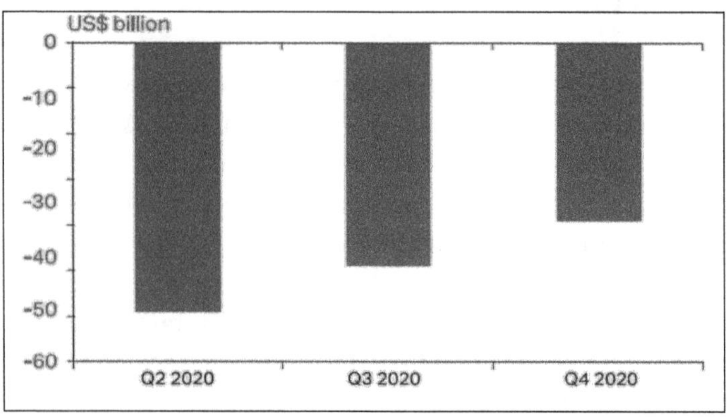

Figura 25: Estimativa da queima de caixa das companhias aéreas
Fonte: IATA

A queima contínua de caixa terá sérias consequências para a capacidade de sobrevivência de muitas companhias aéreas no início de 2021. Uma comparação do caixa disponível e ativos em dinheiro em uma amostragem de companhias aéreas frente à queima de caixa estimada para o segundo semestre de 2020 mostra que a mediana das companhias aéreas tem apenas oito a nove meses antes de suas reservas financeiras se esgotarem.

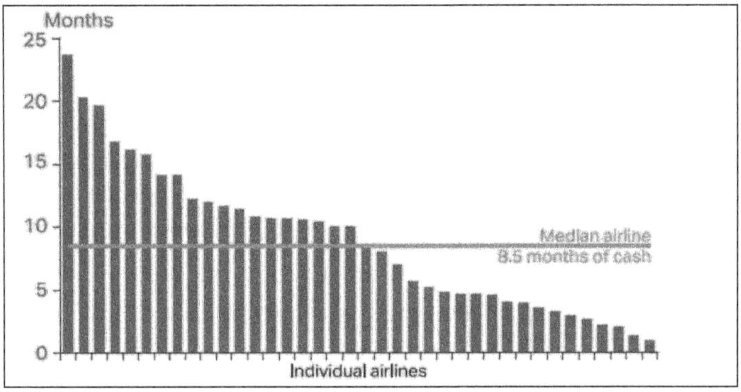

Figura 26: Comparativo da disponibilidade e queima de caixa
Fonte: IATA e The Airline Analyst

Muitos programas de apoio do governo, no entanto, não foram projetados para uma crise tão profunda e de longa duração. Estima-se que as companhias aéreas tenham um prejuízo recorde de US$ 118 bilhões em 2020, e adicionais US$ 38 bilhões em 2021. Assim, o contínuo apoio dos governos – em formas que não inflem ainda mais os níveis de dívida das companhias aéreas – é necessário para ajudar a sobrevivência da indústria. Sem companhias aéreas viáveis, a recuperação econômica do COVID-19 será mais longa e dolorosa para as economias locais e global.

Em junho, a IATA divulgou sua primeira previsão financeira para 2020: uma perda de US$ 84,3 bilhões e uma queda de 50% nas receitas para US$ 419,0 bilhões. Em novembro, devido a extensão da crise e à medida que o impacto da pandemia COVID-19 ficou mais claro, a IATA revisou suas perspectivas para 2020 para um prejuízo, sem precedentes, de US$ 118,5 bilhões, e uma queda das receitas da indústria para um total US$ 328,0 bilhões.

Conclusões

Como indicado ao longo deste capítulo, ainda é cedo para que se possam tirar conclusões sobre o real impacto sobre o transporte aéreo internacional e seus efeitos de longo prazo. As incertezas sobre a evolução da pandemia no momento em que escrevemos este artigo não permitem que as companhias aéreas sequer façam um planejamento crível de malha de curto prazo, uma total inversão da lógica operacional até então vigente. A indústria está literalmente vivendo mês a mês, tratando de adaptar-se às condições do momento, lentamente reconstruindo a conectividade perdida, mas enormemente sujeita aos solavancos que a pandemia impõe.

Este processo será longo e doloroso, e o apoio dos governos seguirá sendo um fator fundamental para que as companhias aéreas possam sobreviver à crise, e por sua vez apoiar na recuperação econômica.

Há, entretanto, uma luz no fim do túnel: a vacinação global contra o COVID-19, um processo no qual as companhias aéreas serão atores relevantes propiciando o transporte das vacinas por todo o mundo, e que pode igualmente representar o início do ciclo de recuperação da indústria.

Referências

IATA Annual Review 2020, nov. 2020. Disponível em: <https://www.iata.org/contentassets/c81222d96c9a4e0bb4ff6ced0126f0bb/iata-annual-review-2020.pdf>. Acesso em 6 jan. 2021

IATA Economic Performance of the Airline Industry, nov. 2020. Disponível em: <https://www.iata.org/en/pressroom/pr/2020-11-24-01>. Acesso em 6 jan. 2021

Capítulo 2
Os Impactos da Crise Sanitária sobre as Empresas Aéreas Brasileiras

Eduardo Sanovicz
Mauricio Emboaba Moreira

Metodologia

A ICAO (2020) classificou os impactos da Covid-19 sobre o transporte aéreo da seguinte forma:

- Impacto operacional: impacto no número de voos, assentos oferecidos, para voos de passageiros e carga segmentados em operações internacionais e domésticas.
- Impacto econômico: impacto nas receitas de transportadoras aéreas, aeroportos e provedores de serviços de navegação aérea (ANSP).
- Utilização de aeronaves: utilização de aeronaves e aeronaves em solo por categoria de aeronaves.
- Tráfego de pares de países: voos semanais segundo os pares de países.

Considerando ser o escopo deste artigo o impacto da Covid-19 sobre as transportadoras aéreas, tanto os aeroportos como os provedores de serviços de navegação aérea não foram analisados. Por outro lado, embora a utilização das aeronaves tivesse sido contemplada, seu recorte por tipo de aeronave não foi feito por não haver dados públicos disponíveis no Brasil para isso.

Para melhor fundamentar a análise foram acrescentados neste artigo a evolução do PIB brasileiro no período e o comportamento das tarifas aéreas. Além disso, foi acrescentada uma breve análise das quantidades de reclamações dos passageiros e a propensão atual do público à realização de novas viagens pelo modal aéreo.

Impacto Operacional

Iniciando no primeiro trimestre de 2020, o impacto operacional da pandemia foi devastador para as empresas aéreas por ter provocado uma redução sem precedentes na demanda de passageiros quer seja por razões comportamentais (as pessoas se recolheram para cuidar da saúde, e cresceu o receio em voar, por exposição a contatos com grupos), quer seja por razões econômicas, esta última decorrente da abrupta redução das atividades cotidianas de empresas e empreendedores com impacto direto na capacidade de consumo e no PIB. Outro aspecto importante foi a mudança dos hábitos dos passageiros viajando a negócios, os quais passaram a substituir as reuniões presenciais por reuniões virtuais. As ferramentas para a realização das reuniões virtuais já existiam antes da pandemia, mas sua utilização ainda era reduzida. Os efeitos conjuntos desses fatores sobre a demanda das empresas aéreas brasileiras podem ser vistos nos gráficos seguintes, os quais apresentam as evoluções recentes do PIB brasileiro, do número de voos, dos assentos oferecidos, segmentados em operações internacionais e domésticas.

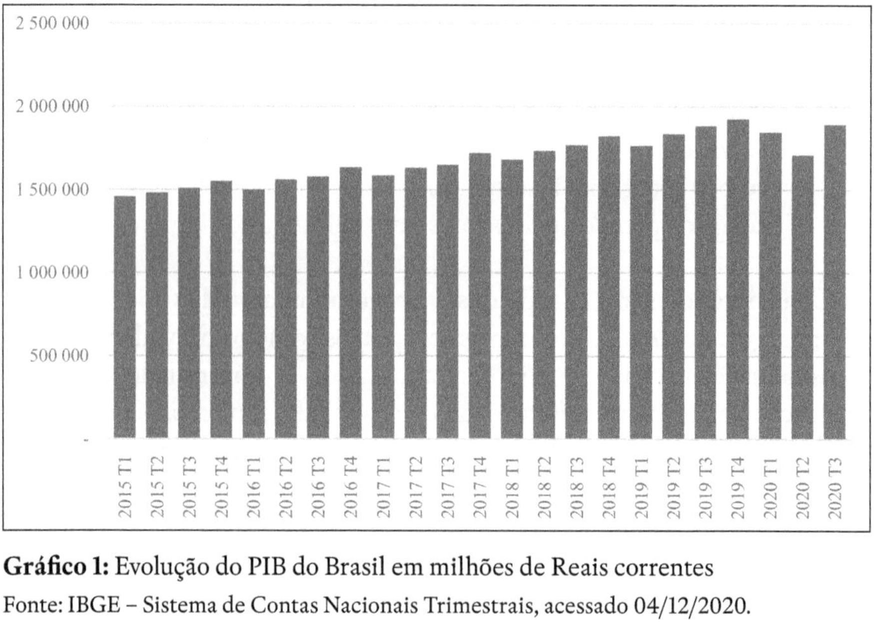

Gráfico 1: Evolução do PIB do Brasil em milhões de Reais correntes
Fonte: IBGE – Sistema de Contas Nacionais Trimestrais, acessado 04/12/2020.

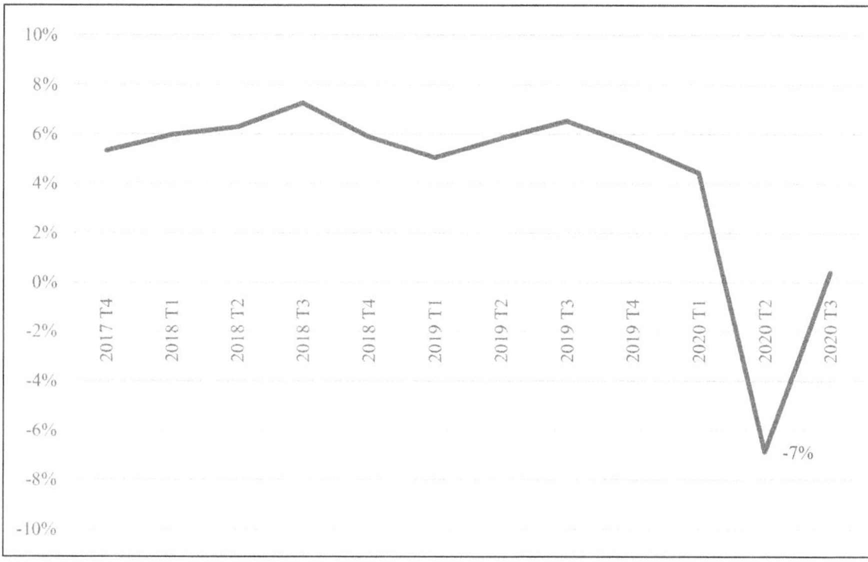

Gráfico 2: Variações dos valores do PIB em relação ao mesmo trimestre do ano anterior (em Reais correntes)

Fonte: IBGE – Sistema de Contas Nacionais Trimestrais, acessado 04/12/2020.

Como se pode observar nos gráficos acima, o PIB do Brasil sofreu uma queda drástica no segundo trimestre de 2020 de cerca de R$126 bilhões em relação ao segundo trimestre de 2019, o equivalente a cerca de 7% do seu valor nominal. Considerando estudos anteriores realizados pela Associação Brasileira das Empresas Aéreas (ABEAR, 2020)[1] os quais calculam as elasticidades da demanda de passageiros em relação ao PIB de 2,41 e 2,35 para voos domésticos e internacionais, respectivamente, conclui-se que, mantidas as demais condições constantes, a demanda total deveria recuar cerca de 17%, apenas levando em conta o efeito econômico da pandemia.

[1] Disponível em https://www.abear.com.br/wp-content/uploads/2020/10/Panorama2019.pdf. Acesso em 14/12/2020.

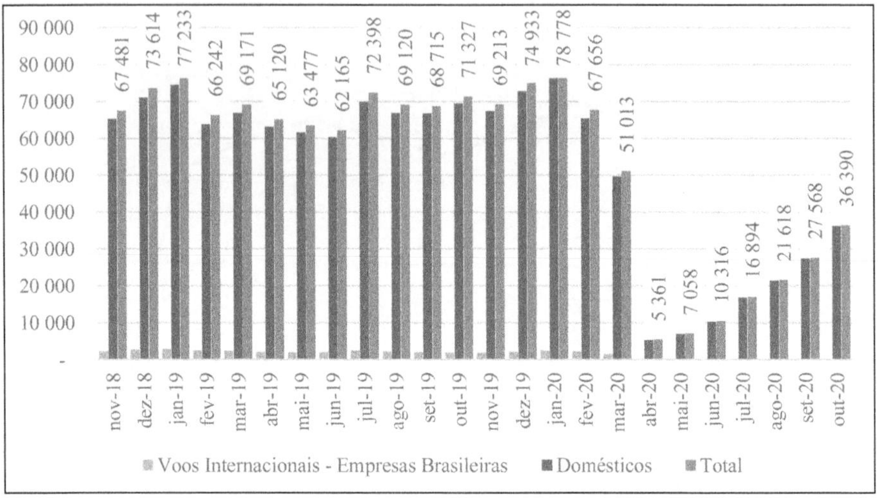

Gráfico 3: Evolução das quantidades de partidas de empresas brasileiras de voos domésticos e internacionais do Brasil
Fonte: ANAC – Dados Estatísticos, acessado em 11/12/2020.

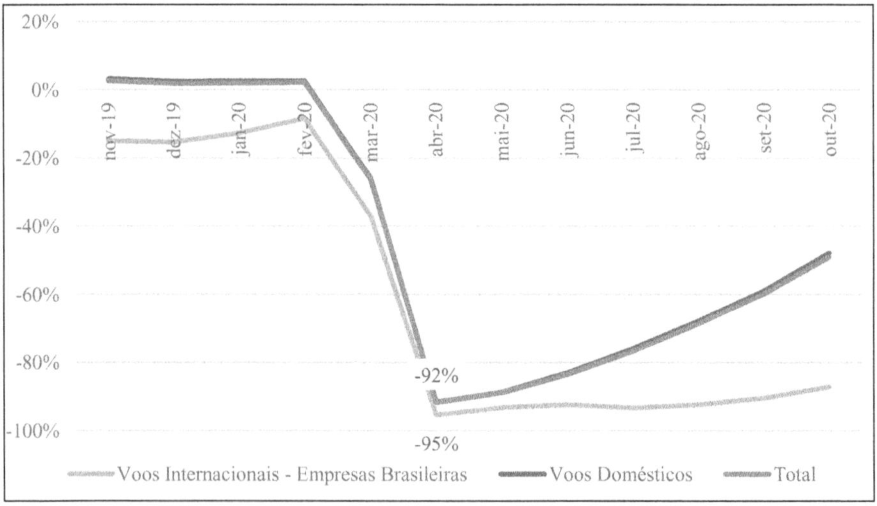

Gráfico 4: Variação das quantidades de partidas de empresas brasileiras de voos domésticos e internacionais do Brasil em relação ao mesmo período do ano anterior
Fonte: ANAC – Dados Estatísticos, acessado em 11/12/2020.

Os gráficos 3 e 4 acima mostram a abrupta queda do número de partidas de empresas aéreas brasileiras nos voos domésticos e internacionais do Brasil a partir do mês de abril de 2020. Como se verifica, essa queda correspondeu a uma redução de cerca de 60 mil partidas mensais em relação a abril de 2019, sendo 58 mil em voos domésticos e 2 mil em voos internacionais. Em termos relativos essas reduções ocorridas em abril de 2020 em relação a igual período do ano anterior corresponderam a cerca de 92% no total dos voos e nos voos domésticos e 95% nos voos internacionais. Os mesmos gráficos mostram também uma recuperação significativamente mais lenta da atividade no segmento aéreo internacional do que no doméstico. A razão é que a instalação da Covid – 19 em países estrangeiros fez com que inúmeras fronteiras fossem fechadas, superpondo-se à queda geral da atividade econômica em todo o mundo.

Comparando-se a retração da atividade do transporte aéreo no Brasil com a dos Estados Unidos, verifica-se que naquele país o impacto da pandemia no setor foi mais brando. Aplicando-se os mesmos cálculos às estatísticas norte-americanas (considerando o mês de abril), vemos que a retração nas partidas domésticas foi de 69%, 93% nas partidas internacionais e 72% nas partidas totais[2]. Entretanto, a intensidade da pandemia nos Estados Unidos tem sido superior à verificada no Brasil, correspondendo (até 13/12/2020) a 927 e 853 mortes por milhão de habitantes, respectivamente[3].

Para se ter uma dimensão do efeito devastador da Covid – 19 sobre o transporte aéreo é oportuno lembrar que o atentado contra as torres gêmeas de Nova Iorque de 11/09/01, o qual promoveu uma comoção em larga escala na política e na opinião pública norte-americana, impactou a atividade do transporte aéreo nos Estados Unidos, deprimindo-a no quarto trimestre daquele ano em 31% e 35% no transporte aéreo nos segmentos doméstico e internacional, respectivamente[4]. Assim, a Covid -19 provocou

[2] UNITED STATES DEPARTMENT OF TRANSPORTATION (DOT) (2020), **Flights All U.S. Carriers – All Airports**, disponível em https://www.transtats.bts.gov/Data_Elements.aspx?Data=2. Acesso em 14/12/2020.

[3] WORLDOMETER (2020), **Covid-19 Coronavirus Pandemic**, disponível em https://www.worldometers.info/coronavirus/?utm_campaign=homeAdvegas1?%22#countries. Acesso em 14/12/2020.

[4] UNITED STATES DEPARTMENT OF TRANSPORTATION (DOT) (2020), **Flights All U.S. Carriers – All Airports**, disponível em https://www.transtats.bts.gov/Data_Elements.aspx?Data=2. Acesso em 14/12/2020.

um impacto no transporte aéreo muito maior do que os acontecimentos de 11 de setembro.

Voltando ao Brasil, outra maneira de se analisar os impactos da pandemia sobre o transporte é examinar a evolução da *oferta de assentos* no setor, o que pode ser visualizado nos gráficos abaixo.

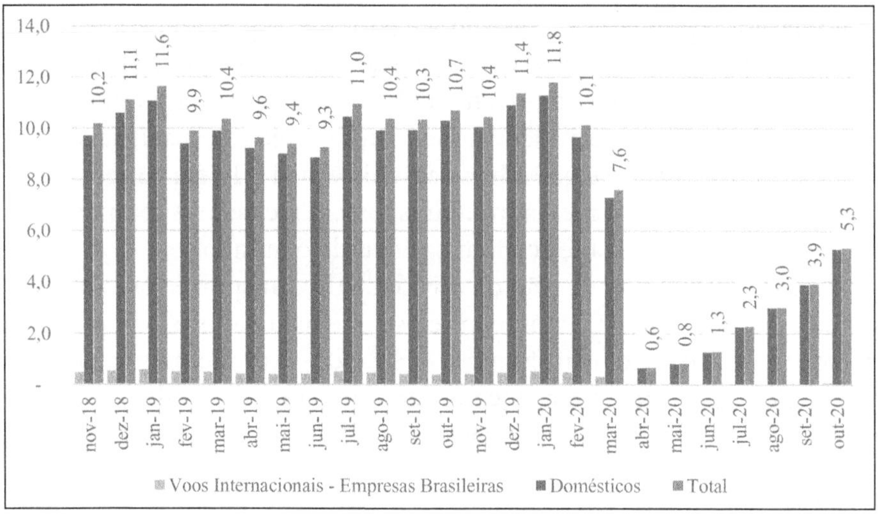

Gráfico 5: Evolução das quantidades de assentos oferecidos por empresas brasileiras em voos domésticos e internacionais do Brasil

Fonte: ANAC – Dados Estatísticos, acessado em 11/12/2020.

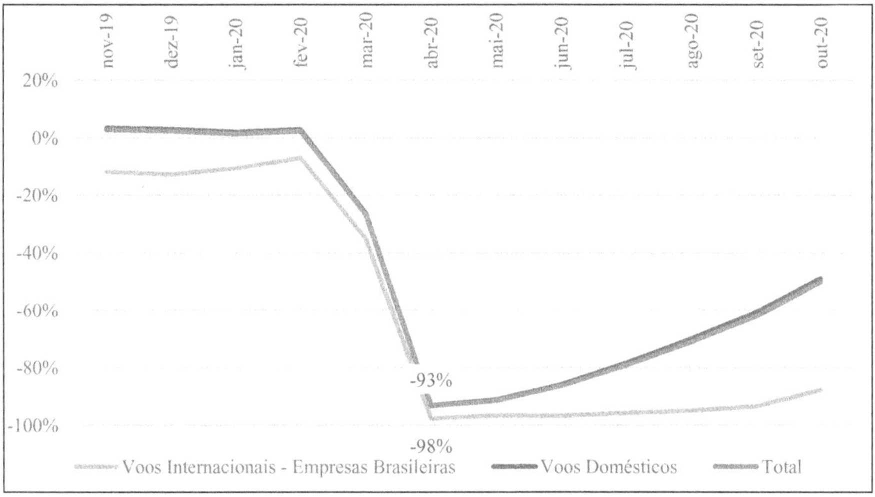

Gráfico 6: Variação das quantidades de assentos oferecidos por empresas brasileiras em voos domésticos e internacionais em relação ao mesmo mês do ano anterior
Fonte: ANAC – Dados Estatísticos, acessado em 11/12/2020.

Como se observa, as variações negativas ano a ano das quantidades de assentos oferecidos e das quantidades de partidas foram muito próximas, indicando que as empresas aéreas brasileiras não tiveram espaço para realocar suas aeronaves como alternativa para mitigar suas perdas econômicas.

Impacto Econômico

Os gráficos abaixo apresentam o comportamento das receitas registrados pela ANAC (2020). As quedas verificadas são um pouco menos desfavoráveis do que as apontadas nos gráficos anteriores porque a apuração das receitas é feita em base trimestral e não mensal, como é o caso das estatísticas operacionais. Seja como for, levando em conta que cerca de 50% dos custos e despesas operacionais do setor são fixos e que a margem de rentabilidade média raramente supera a 5% sobre as receitas, retrações da magnitude das apontadas abaixo têm enorme impacto no caixa. Não fossem as medidas regulatórias emergenciais conduzidas pela ANAC e pela Secretaria de Aviação Civil, no sentido de permitir o parcelamento dos reembolsos dos consumidores que desistiram de suas viagens, assim como a postergação do pagamento das tarifas de navegação aérea, conduzida pelo DECEA e pela Infraero, entre outras medidas, haveria uma inadimplência geral no setor, causando a completa falência das operações do sistema de transporte aéreo brasileiro.

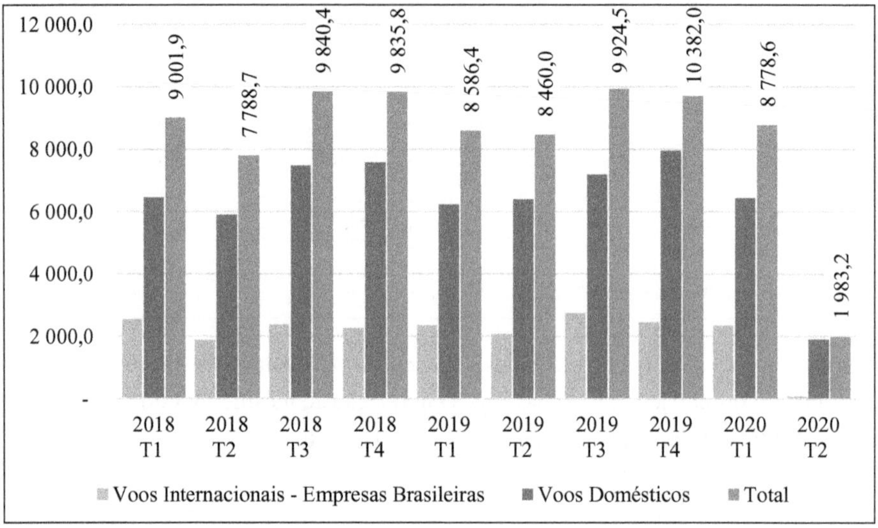

Gráfico 7: Evolução das receitas de passageiros das empresas aéreas brasileiras (milhões de R$ correntes)

Fonte: ANAC – Demonstrações Contábeis das Empresas Aéreas, acessado em 11/12/2020.

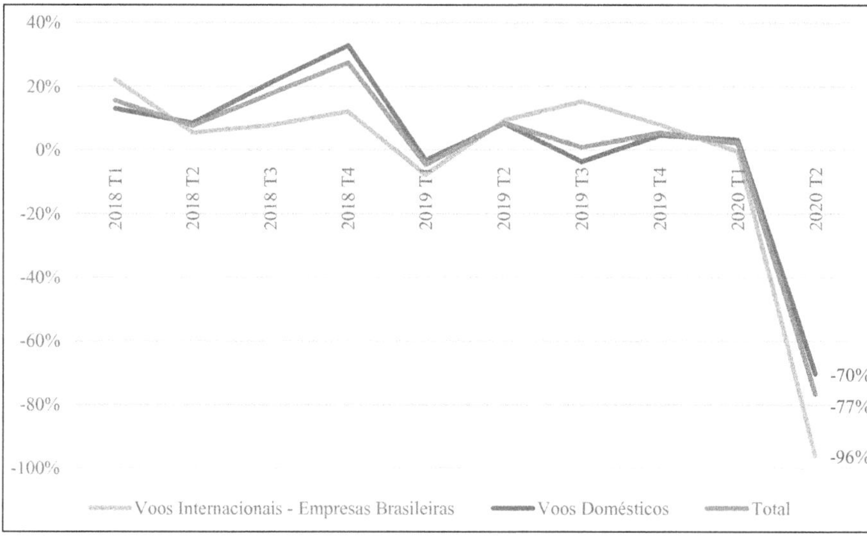

Gráfico 8: Variação das receitas de passageiros das empresas aéreas brasileiras em comparação com igual trimestre do ano anterior

Fonte: ANAC – Demonstrações Contábeis das Empresas Aéreas, acessado em 11/12/2020.

Por outro lado, as tarifas públicas domésticas médias caíram cerca de 37% no seu pior momento (julho de 2020) segundo a ANAC (2020)[5], conforme mostram os gráficos abaixo. Em outras palavras, a quantidade de assentos oferecidos cai juntamente com os seus preços médios de venda, potencializando de forma relevante os impactos econômicos sobre as empresas aéreas brasileiras[6].

[5] AGÊNCIA NACIONAL DE AVIAÇÃO CIVIL (ANAC) (2020), DataSAS – **Download de Arquivos**, disponível em https://sistemas.anac.gov.br/sas/downloads/view/frmDownload.aspx. Acesso em 13/12/2020.

[6] A ANAC não havia disponibilizado até a data da elaboração deste artigo as estatísticas das tarifas aéreas internacionais de períodos recentes.

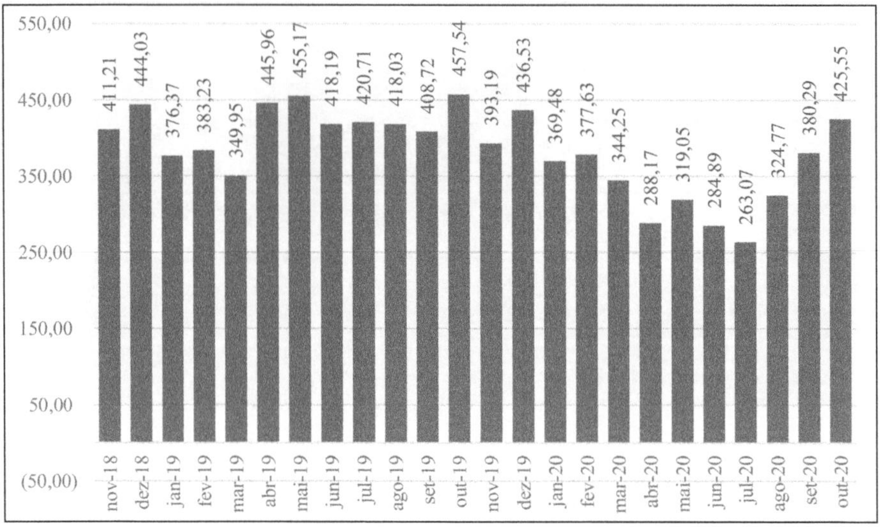

Gráfico 9: Evolução das tarifas aéreas médias domésticas públicas (R$ nominais)
Fonte ANAC – DataSAS, acessado em 13/12/2020.

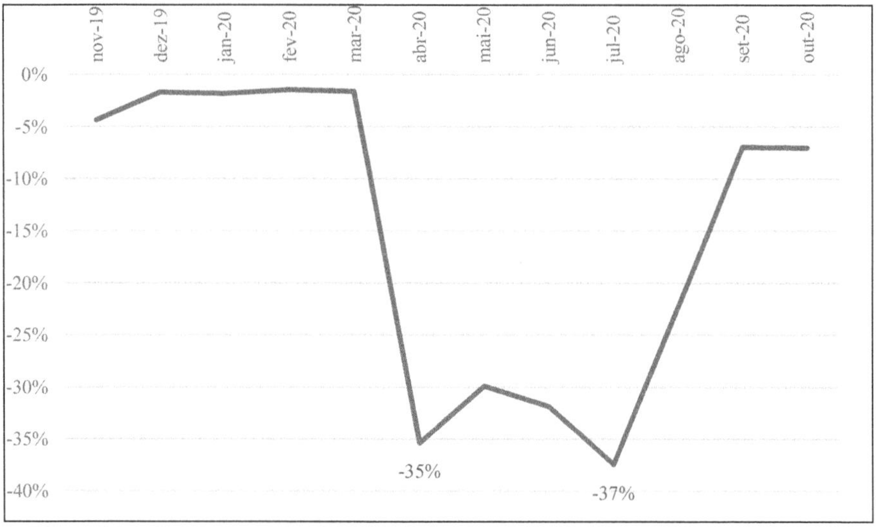

Gráfico 10: Variação das tarifas aéreas médias domésticas públicas em relação ao mesmo mês do ano anterior (R$ nominal)
Fonte: ANAC – DataSAS, acessado em 13/12/2020.

Utilização das Aeronaves

Uma outra dimensão das desastrosas consequências da pandemia é a redução da utilização dos ativos operacionais mais valiosos das empresas aéreas: suas aeronaves. O indicador horas médias voadas pelas aeronaves por um intervalo de tempo (dia, mês, ano etc.) é constantemente usado para se avaliar quão eficiente é uma empresa aérea. Em geral, a média de utilização das aeronaves gira em torno de 280 horas-bloco[7] por mês, dependendo de fatores tais como distâncias médias dos voos, composição da natureza dos voos (se domésticos ou internacionais), entre outros. Dessa maneira, é bordão no transporte aéreo dizer que aeronave voando ganha dinheiro e aeronave no solo o perde.

Os gráficos abaixo ilustram a evolução das utilizações médias das aeronaves que compõem a frota brasileira dedicada ao transporte aéreo regular (designado pela sigla TPR), destacando-se a sua drástica redução a partir de abril de 2020.

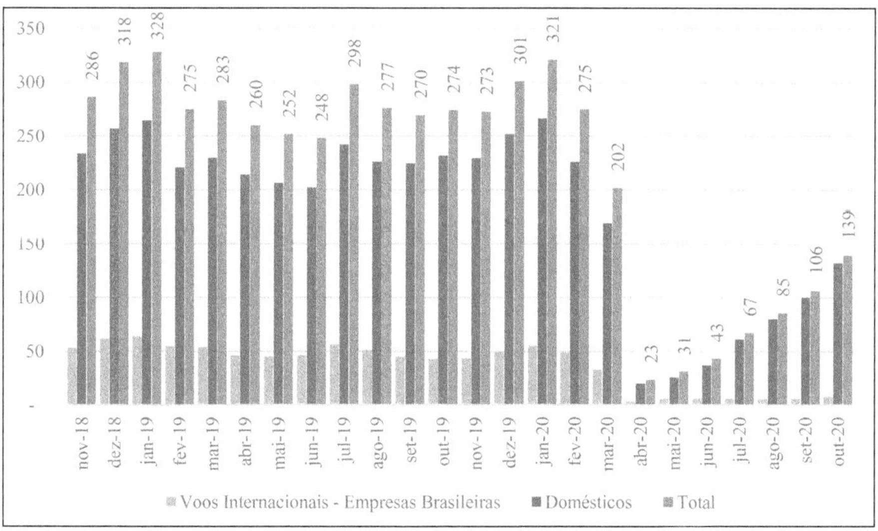

Gráfico 11: Evolução das quantidades médias de horas-bloco voadas mensalmente pelas aeronaves que compõem a frota brasileira (TPR)

Fonte: ANAC – Dados Estatísticos, acessado em 11/12/2020.

[7] Horas-bloco é a unidade de medida que considera o intervalo de tempo decorrido entre a o início da mobilidade de uma aeronave no aeroporto de origem e a sua parada no aeroporto de destino.

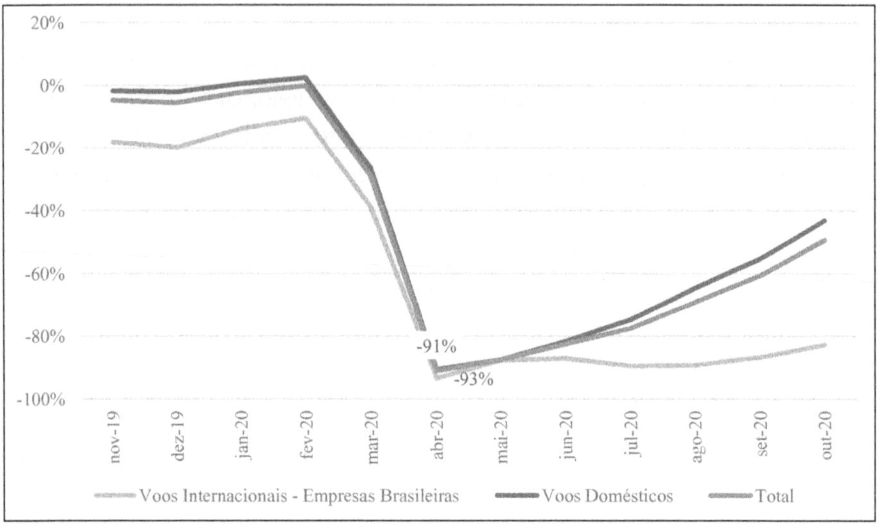

Gráfico 12: Variação das quantidades médias de horas-bloco voadas mensalmente pelas aeronaves que compõem a frota brasileira (TPR) em relação a igual mês do ano anterior

Fonte: ANAC – Dados Estatísticos, acessado em 11/12/2020.

Tráfego entre Países

Como foi visto anteriormente, a redução da atividade do transporte no segmento internacional foi ainda mais intensa do que no segmento doméstico. Entretanto, a participação de cada país de origem ou destino também se modificou sensivelmente. Reproduzindo o cenário de anos anteriores, no ano de 2019 o tráfego internacional mais intenso de e para o Brasil foram, pelo critério de número de decolagens, Argentina, com 30%; Estados Unidos, com 17%; Chile, com 15%; e Uruguai, com 9%. Ou seja, 71% das partidas e chegadas internacionais envolveram estes quatro países. Por outro lado, esses países representaram apenas 44% do total das operações internacionais de e para o Brasil. O gráfico abaixo ilustra essas mudanças nos primeiros dez meses de 2020.

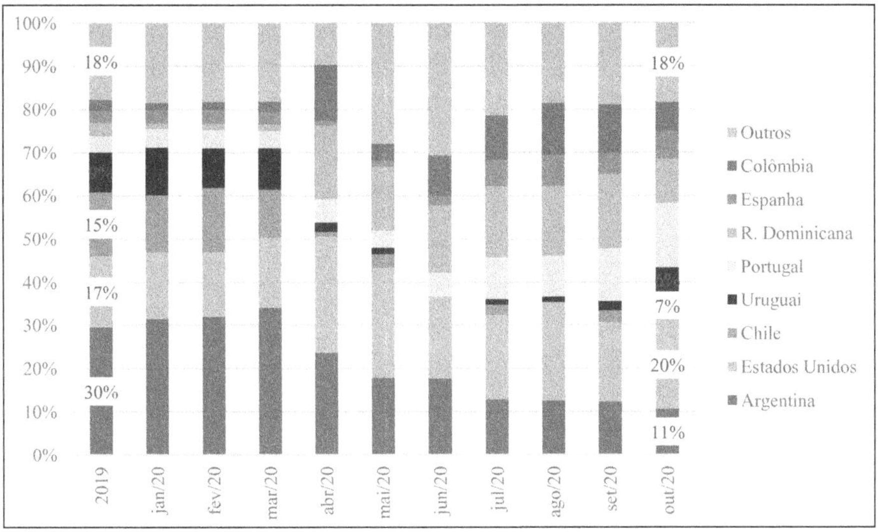

Gráfico 13: Participação dos principais destinos e origens internacionais de e para o Brasil (decolagens)

Fonte: ANAC – Dados Estatísticos, acessado em 11/12/2020.

Reclamações de Passageiros

A quantidade de reclamações de passageiros de passageiros, especialmente no que se relaciona a reembolsos de passagens aéreas, reservas, emissão e embarque se elevaram a patamares inusitados, ocorrendo o mesmo em outras partes do mundo, como os Estados Unidos, onde as reclamações subiram a mais de 600% em relação à média dos 12 meses anteriores a abril de 2020[8]. No Brasil, essa medida foi cerca de 270%[9]. O gráfico abaixo ilustra a evolução da quantidade de reclamações registradas na Secretaria Nacional do Consumidor (SENACON) relacionadas com as empresas aéreas. Este número sobe como seria de se esperar ao início da crise, e cai sensivelmente após os acordos firmados entre ABEAR, Ministério

[8] US DEPARTMENT OF TRANSPORTATION (2020), **Air Travel Consumer Reports**, disponível em https://www.transportation.gov/individuals/aviation-consumer-protection/air-travel-consumer-reports. Acesso em 12/12/2020.

[9] SECRETARIA NACIONAL DO CONSUMIDOR (SENACON) (2020), **Indicadores**, disponível em https://www.consumidor.gov.br/pages/dadosabertos/externo/ Acesso em 12/12/2020.

Público Federal e Ministério da Justiça, por meio da própria SENACOM. Outro fator que influi decisivamente nas relações de consumo é a aprovação da MP 925 pelo Congresso Nacional, que vira Lei 14034/20[10], regulamentando o tema.

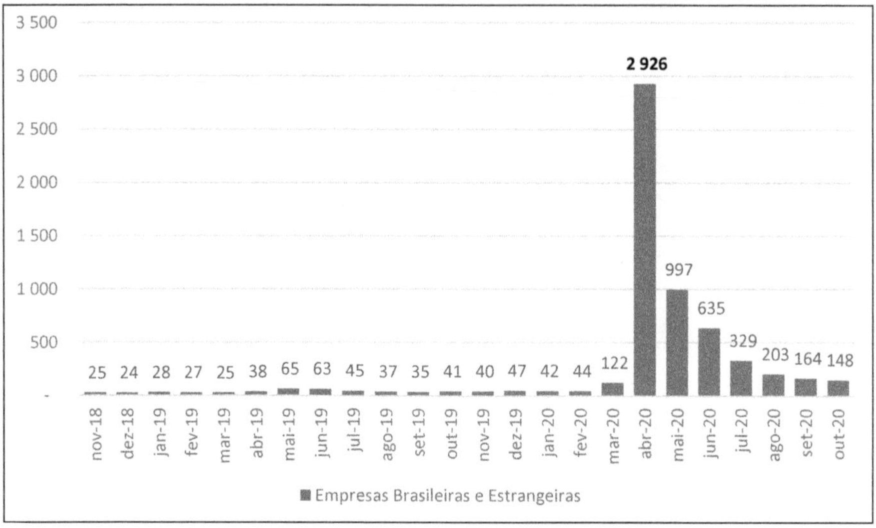

Gráfico 14: Evolução das quantidades de reclamações em voos domésticos e internacionais de e para o Brasil para cada 100 mil passageiros embarcados

Fontes: ANAC – Dados Estatísticos e SENACON – Indicadores, ambos acessados em 12/12/2020.

Conclusões e Ações da ABEAR

Este artigo apresentou de forma sistemática os enormes impactos da Covid – 19 nas empresas aéreas brasileiras seguindo o quadro analítico desenvolvido pela ICAO. Ficou evidenciado por todos os indicadores apresentados que os impactos operacionais, econômicos e comportamentais dos clientes foram devastadores para as empresas aéreas. Ficou claro ainda que o restabelecimento do segmento internacional será mais lento do que o doméstico o que faz com que o peso da pandemia não seja igualmente distribuído por todas as empresas do setor.

[10] CÂMARA DOS DEPUTADOS (2020); **Lei nº 14.034, de 5 de agosto de 2020**; disponível em https://www2.camara.leg.br/legin/fed/lei/2020/lei-14034-5-agosto-2020-790505-publicacaooriginal-161243-pl.html. Acesso em 17/12/2020.

Do ponto de vista do enfrentamento da crise, ainda em março/2020 a ABEAR definiu com suas empresas associadas um painel com 40 medidas para conduzir junto a diversos interlocutores, divididas em 3 grandes blocos.

O primeiro bloco contemplava medidas internas de revisão de custos e uma das mais relevantes foi o acordo celebrado entre as empresas e os diversos sindicatos ligados ao setor, no sentido de pactuar um programa de redução de jornadas de trabalho e salários a fim de manter os postos de trabalho. Com isso, ao longo de mais de um semestre, não ocorreram demissões na aviação brasileira, mesmo com redução da malha aérea a menos de 8% dos níveis pré-pandemia.

O segundo bloco estava focado em medidas ligadas a regulação e infraestrutura e contaram com a parceria e a proatividade do Ministério da Infraestrutura por meio da Secretaria de Aviação Civil e da Infraero, da ANAC, do Ministério da Defesa por meio do DECEA, da ANVISA, do CADE, do Ministério do Turismo e do Ministério da Justiça por meio da SENACOM. Estes foram os agentes públicos centrais na articulação e implementação dos temas que levantamos. Os destaques nesta etapa foram a implementação da malha essencial, o programa de repatriação de passageiros que estavam no exterior, as MPS de número 907[11] e 925[12], ambas tornadas lei, a operação de estacionamento das aeronaves, a revisão e o diferimento de uma série de tributos e tarifas, entre outros. O destaque mais visível para os consumidores aqui, foi o acordo que permitiu a todos os passageiros remarcar bilhetes sem custos nem multa, o que evitou problemas gravíssimos que o setor dificilmente teria como enfrentar. Vale destacar ainda neste bloco a participação dos 27 estados brasileiros, por meio de seus Secretários de Fazenda, que junto ao CONFAZ aprovaram a prorrogação dos acordos no tema ICMS, impedindo reonerações e apoiando assim as ações de retomada.

O terceiro e último bloco é o das medidas econômicas. Infelizmente, esta agenda não obteve os resultados que desejaríamos, ao menos seme-

[11] SECRETARIA GERAL DA PRESIDÊNCIA DA REPÚBLICA / IMPRENSA NACIONAL (2019); **Medida Provisória nº 907, de 26 de novembro de 2019**; disponível em https://www.in.gov.br/en/web/dou/-/medida-provisoria-n-907-de-26-de-novembro-de-2019-229902853. Acesso em 17/12/2020.

[12] CONGRESSO NACIONAL (2020); **Medida Provisória nº 925, de 2020**; disponível em https://www.congressonacional.leg.br/materias/medidas-provisorias/-/mpv/141111. Acesso em 17/12/2020.

lhantes com as políticas e decisões adotadas ao redor do planeta. Dos 20 maiores grupos internacionais de aviação, ao menos 15 foram objeto de alguma atitude por parte dos governos nos países em que estão sediados, levando a capitalização das empresas, vital em um momento em que as receitas evaporaram. No Brasil, não foi possível a nenhuma das empresas acessar a linha de crédito proposta pelo BNDES, por conta das condições estabelecidas.

Definidos os cenários em que atravessamos o ano, chegamos ao momento em que escrevemos – meados de dezembro de 2020 – com todas as empresas brasileiras atravessando a crise, tendo passado por processos duríssimos de ajustes internos, com as equipes tendo construído um ambiente de entregas e resultados extremamente relevantes, ainda mais se considerarmos que não havia manual de instruções para um desafio desta envergadura. Entre as lições aprendidas nesta pandemia, destaque para o senso de solidariedade entre milhares de profissionais que sequer se conheciam, os quais ao verem-se por meio de uma tela, saíram articulando-se em busca de soluções para manter a malha aérea no ar. Destaque ainda para a resiliência de outros milhares de colegas ao redor do planeta, que saíram de suas rotinas para atuar a fim de nos manter a todos conectados. Por fim, destaque para os verdadeiros heróis anônimos deste ano, os profissionais de saúde. A aviação brasileira decidiu transportar a todos estes gratuitamente a qualquer ponto do país onde fossem trabalhar no combate a pandemia e são incontáveis as histórias que acumulamos em terra e a bordo.

Nossas expectativas para o futuro imediato são de continuidade do processo de retomada do setor, nestes dias superando 75% da malha de volta a operação, de superação da pandemia com o início o mais rápido possível de massiva campanha de vacinação e de retomada das atividades econômicas, com a consequente recuperação do volume de viagens no Brasil.

Referências

ANAC. Dados Estatísticos, disponível em https://www.anac.gov.br/assuntos/dados-e--estatisticas/dados-estatisticos/dados-estatisticos. Acesso em 11/12/2020.

_____. DataSAS – Download de Arquivos, disponível em https://sistemas.anac.gov.br/sas/downloads/view/frmDownload.aspx. Acesso em 13/12/2020.

_____. Divulgação de Demonstrações Contábeis de Empresas Brasileiras de Transporte Aéreo Público por Ano, disponível em https://www.anac.gov.br/assuntos/dados-e--estatisticas/demonstracoes-contabeis/divulgacao-de-demonstracoes-contabeis-de--empresas-brasileiras-de-transporte-aereo-publico-por-ano. Acesso em 11/12/2020.

ABEAR. Panorama 2019, disponível em https://www.abear.com.br/wp-content/uploads/2020/10/Panorama2019.pdf. Acesso em 14/12/2020.

CÂMARA DOS DEPUTADOS DO BRASIL. Lei nº 14.034, de 5 de agosto de 2020, disponível em https://www2.camara.leg.br/legin/fed/lei/2020/lei-14034-5-agosto-2020-790505-publicacaooriginal-161243-pl.html. Acesso em 17/12/2020.

CONGRESSO NACIONAL. Medida Provisória nº 925, de 2020, disponível em https://www.congressonacional.leg.br/materias/medidas-provisorias/-/mpv/141111. Acesso em 17/12/2020.

IBGE. Sistema de Contas Nacionais Trimestrais – SCNT / Séries Históricas, disponível em https://www.ibge.gov.br/estatisticas/economicas/contas-nacionais/9300-contas-nacionais-trimestrais.html?=&t=series-historicas&utm_source=landing&utm_medium=explica&utm_campaign=pib#evolucao-pib. Acesso em 4/12/2020.

ICAO. ICAO Economic Development – COVID-19 Air Traffic Dashboard, disponível em https://www.icao.int/sustainability/Pages/COVID-19-Air-Traffic-Dashboard.aspx. Acesso em 14/12/2020.

SECRETARIA GERAL DA PRESIDÊNCIA DA REPÚBLICA / IMPRENSA NACIONAL (2019); Medida Provisória nº 907, de 26 de novembro de 2019, disponível em https://www.in.gov.br/en/web/dou/-/medida-provisoria-n-907-de-26-de-novembro-de-2019-229902853. Acesso em 17/12/2020.

SECRETARIA NACIONAL DO CONSUMIDOR (SENACON) (2020), Indicadores, disponível em https://www.consumidor.gov.br/pages/dadosabertos/externo/. Acesso em 12/12/2020.

UNITED STATES DEPARTMENT OF TRANSPORTATION (DOT) (2020), Flights All U.S. Carriers – All Airports, disponível em https://www.transtats.bts.gov/Data_Elements.aspx?Data=2. Acesso em 14/12/2020.

US DEPARTMENT OF TRANSPORTATION (2020), Air Travel Consumer Reports, disponível em https://www.transportation.gov/individuals/aviation-consumer-protection/air-travel-consumer-reports. Acesso em 12/12/2020.

WORLDOMETER (2020), Covid-19 Coronavirus Pandemic, disponível em https://www.worldometers.info/coronavirus/?utm_campaign=homeAdvegas1?%22#countries. Acesso em 14/12/2020.

Capítulo 3
Impactos da Pandemia do Coronavírus no Setor Aeroportuário

Dyogo Henrique de Oliveira
Mariana Silveira de Menezes

Introdução

No Brasil, país com largas dimensões territoriais, o transporte aéreo representa importante componente da matriz de movimentação de passageiros e cargas, viabilizando a integração nacional e os fluxos comerciais e turísticos, interno e externo.

Desde os primórdios da aviação buscou-se integrar cada ponto do país por meio da conectividade aérea. É bem verdade que o número de aeroportos com voos regulares já foi bem maior que o atual, mas não se pode negar que a aviação hoje representa um importante meio de integração do país e se tornou acessível para a maioria da população.

A disponibilidade de infraestrutura aeroportuária também evoluiu muito nos últimos anos, principalmente em decorrência do programa de concessões aeroportuárias federais. Mas esse processo de crescimento e desenvolvimento está sendo posto a prova neste momento em virtude da pandemia do coronavírus. Em decorrência dessa pandemia, a indústria do transporte aéreo deve finalizar este ano com uma queda de aproximadamente 60% em relação ao volume do ano de 2019.

Diante desta situação, a análise da conjuntura histórica do setor aéreo brasileiro ajuda a entender o presente a fim de se projetar o futuro.

Neste artigo avaliamos a evolução recente da infraestrutura aeroportuária brasileira e os impactos da pandemia do coronavírus nas atividades dessa indústria. O artigo está estruturado em cinco partes incluindo esta introdução e as conclusões. Na segunda seção 0fazemos um breve resumo da evolução histórica da infraestrutura aeroportuária no Brasil. Na terceira, apresentamos as importantes mudanças advindas com o aumento da participação do setor privado por meio do programa de concessões federais. Na quarta seção apresentamos os impactos da pandemia do coronavírus no negócio aeroportuário. Na seção de conclusões fazemos um resumo das questões abordadas e tecemos algumas sugestões de ações para o futuro próximo.

Evolução da Infraestrutura Aeroportuária no Brasil

Brasil, país do "pai da aviação", acompanhou a evolução da infraestrutura aeroportuária desde seus primórdios, possuindo apropriados atributos para se destacar no setor aéreo.

O primeiro aeroporto civil do Brasil recebeu o nome do nosso ilustre representante, Santos Dumont, inaugurado em 30 de outubro de 1936 na então Capital Federal. Localizado na Baía de Guanabara do Rio de Janeiro, a área foi aproveitada por conta da frequência de hidroaviões na época.

A Era Vargas (1930 a 1945) trouxe valiosos avanços para o setor aéreo. Tido como um grande incentivador da aviação brasileira, criou o Ministério da Aeronáutica, em 20 de janeiro de 1941 e seu braço armado a FAB – Força Aérea Brasileira, dando início à institucionalização do setor aéreo no Brasil culminando com a participação do país na emblemática Convenção de Chicago[1], concluída em 7 de dezembro de 1944, promulgada no Brasil por meio do Decreto nº 21.713, de 27 de agosto de 1946.

Desde a Constituição brasileira de 1937 até a atual de 1988 consta a competência privativa da União para explorar a navegação aérea e infraestrutura aeroportuária e legislar sobre o direito aeronáutico, refletindo o posicionamento predominante de preservação da soberania e do mer-

[1] "A Convenção sobre Aviação Civil Internacional, redigida em 1944 por 54 nações, foi estabelecida para promover a cooperação e "criar e preservar a amizade e o entendimento entre as nações e povos do mundo".
Conhecido mais comumente hoje como a 'Convenção de Chicago', este acordo histórico estabeleceu os princípios fundamentais que permitem o transporte aéreo internacional e levou à criação da agência especializada que supervisiona desde então – a Organização da Aviação Civil Internacional (ICAO)." Fonte: <https://www.icao.int/about-icao/History/Pages/default.aspx>. Acesso em dez. 2020.

cado brasileiros. A primeira codificação da legislação sobre o tema foi o Código Brasileiro do Ar (Decreto-Lei nº 483, de 8 de junho de 1938), seguido do Decreto-Lei nº 32, de 18 de novembro de 1966, que precedeu o atual Código Brasileiro de Aeronáutica, criado pela Lei nº 7.565, de 19 de dezembro de 1986.

Diante da necessidade de melhorias na infraestrutura aeroportuária, o setor orginalmente gerido pelas Forças Armadas, mormente com a necessidade de construção de um aeroporto internacional, após estudos de experiências internacionais e discussões sobre o futuro da infraestrutura brasileira aeroportuária, foi formalizada a criação de empresa pública de âmbito nacional, dotada de personalidade jurídica de direito privado, para operar, administrar e explorar comercialmente os aeroportos. Em 1972 foi autorizado ao Poder Executivo constituir a Infraero – Empresa Brasileira de Infraestrutura Aeroportuária, por meio da Lei nº 5.862, de 12 de dezembro de 1972, inicialmente vinculada ao Ministério da Aeronáutica, trazendo grandes avanços ao setor.

Com caráter protecionista até o fim da década de 1980, somente a partir da década de 1990 foram implementadas medidas fomentando a concorrência no setor, reforçadas em 2001, com a liberalização do preço das passagens aéreas, e em 2005, com a criação da Agência Nacional de Aviação Civil (Anac)[2] – criada para regular e fiscalizar as atividades da aviação civil e a infraestrutura aeronáutica e aeroportuária no Brasil, substituindo o Departamento de Aviação Civil (DAC).

Posteriormente, em 2011, foram transferidas todas as atividades da aviação civil para um novo organismo, a Secretaria da Aviação Civil da Presidência da República (SAC-PR)[3], com status de ministério e vinculada à Presidência da República que, além de vincular a Infraero e a Anac, também comanda a Comissão Nacional de Autoridades Aeroportuárias (Conaero)[4].

O início do milênio marca uma nova fase da evolução da infraestrutura aeroportuária que adveio com o desenvolvimento econômico do país, o crescimento do produto interno bruto (PIB) e a ascensão da chamada nova classe média, formada pelas classes C e D. Com o crescimento da renda

[2] Lei 11.182, de 27 de setembro de 2005.
[3] Lei 12.462, de 4 de agosto de 2011.
[4] Decreto nº 7.554, de 15 de agosto de 2011.

dessas classes, em decorrência do controle da inflação pelo Plano Real, do aumento do emprego e de programas de transferência de renda, houve um forte crescimento do número de passageiros e, ao mesmo tempo, uma grande redução do preço das passagens aéreas, resultando em uma grande pressão sobre a infraestrutura aeroportuária, abrindo uma era para o setor aéreo brasileiro – as concessões aeroportuárias.

Concessões Aeroportuárias no Brasil

Majoritariamente operada pelo poder público (federal e estadual) desde o surgimento dos primeiros aeródromos, com destaque para a Infraero que operava 67 aeroportos, a infraestrutura aeroportuária enfrentava desafios na execução de obras, frustrando os investimentos planejados e constatando-se grande déficit de infraestrutura aeroportuária.

Diante de uma expectativa de saturação ainda maior com o aumento da demanda e a ocorrência de grandes eventos mundiais no país[5], o desafio de realizar grandes investimentos, somado às restrições fiscais do poder público e à possibilidade de ganho de eficiência com o setor privado, motivou o processo de concessão dos aeroportos.

Apesar de ter sido efetivamente implementada no setor aéreo duas décadas após sua concepção, a política pública de concessão de aeroportos remonta ao Programa Nacional de Desestatização, criado em 1990 pela Lei nº 8.031, com o objetivo de atrair investimentos para ampliar e aperfeiçoar a infraestrutura aeroportuária brasileira e, consequentemente, promover melhorias no atendimento aos usuários do transporte aéreo do país.

O Aeroporto de São Gonçalo do Amarante (Natal/RN) foi o primeiro aeroporto concedido à iniciativa privada, em leilão realizado em 2011. Considerado um projeto piloto, e primeiro *greenfield*, seu objetivo foi o de testar o modelo antes de expandi-lo.

Em seguida, em 2012, foram leiloados Guarulhos (SP), Viracopos (Campinas/SP) e Brasília (DF) e, em 2014, Galeão (Rio de Janeiro/RJ) e Confins (Belo Horizonte/MG), aeroportos de maior relevância e em situação mais crítica de saturação, que receberiam grande parte do público dos eventos sediados pelo Brasil.

[5] Jogos Mundiais Militares, em 2011; Copa das Confederações de futebol, em 2013, Copa do Mundo de futebol, em 2017; Copa América de Futebol, em 2015; Olimpíadas do Rio de Janeiro, em 2016 e Jogos Paraolímpicos, em 2016.

Os editais das primeiras rodadas eram muito similares, concessões que demandavam grandes investimentos em curto prazo, com a participação da Infraero (49%), que, associados à crise política e econômica de 2014 e consequente redução do número de passageiros, acabou por revelar fragilidades na modelagem, resultando em estruturas com grandes investimentos e capacidade ociosa que, por consequência, levou à devolução da primeira (Natal) e de Viracopos/SP.

Com a expertise advinda das primeiras rodadas, os contratos foram renovados nas quarta e a quinta rodadas a fim de mitigar os riscos para o financiador. Com a criação do Programa de Parcerias de Investimentos (PPI)[6], objetivando ampliar e fortalecer medidas de desestatização, em 2017 foram realizadas as concessões dos aeroportos de Florianópolis (SC), Fortaleza (CE), Porto Alegre (RS) e Salvador (BA).

Seguida da primeira rodada em blocos, em 2019, na denominada Quinta Rodada, foram licitados 12 aeroportos agrupados em três blocos: (i) Nordeste, com seis aeroportos – Recife (PE), Maceió (AL), João Pessoa (PB), Aracaju (SE), Campina Grande (PB) e Juazeiro do Norte (CE) –; (ii) Centro-Oeste, com quatro aeroportos – Cuiabá, Sinop, Rondonópolis e Alta Floresta, todos em Mato Grosso; e (iii) Sudeste, com dois aeroportos – Macaé (RJ) e Vitória (ES). Utilizou-se o princípio de alocação de subsídios cruzados dentro dos blocos, de forma a conceder à iniciativa privada aeroportos menores e menos rentáveis conjuntamente com aeroportos de maior movimentação, os aeroportos-âncoras, que juntos respondem por 9,5% do mercado doméstico.

Com a próxima rodada planejada, apesar dos percalços advindos da Pandemia, a Sexta Rodada de Concessões Aeroportuárias (Blocos Sul, Norte I e Central) trata da concessão de mais 22 aeroportos. Após aprimoramentos na matriz de riscos do contrato e projeção de demanda, a consulta pública com os Estudos de Viabilidade Técnica, Econômica e Ambiental (EVTEA) e as minutas de Edital de Licitação e Contrato de Concessão foi reaberta para contribuições da sociedade, findando com a análise pelo Tribunal de Contas da União. O planejamento é de publicação do edital no primeiro trimestre de 2021, leilão no segundo trimestre e assinatura do contrato no terceiro trimestre de 2021.

[6] Lei nº 13.334, de 13 de setembro de 2016.

Uma sétima rodada seria realizada na sequência, de forma a concluir a concessão de todos os aeroportos da Infraero.

A expectativa futura, exposta no Plano Aeroviário Nacional (PAN) 2018-2038 – não levando em consideração os números da Pandemia, seria de que o setor cresceria, em média, cerca de 4,6% ao ano nos próximos vinte anos, duplicando o número de passageiros atual em 2033, ano em que seria necessária uma nova avaliação da infraestrutura aeroportuária.

Pandemia no Setor Aéreo

O ano de 2020 começou promissor para o transporte aéreo. Após anos de estagnação, parecia finalmente que o setor se recuperaria da crise iniciada em 2015. O biênio 2015/2016 havia sido particularmente duro para o setor. Acompanhando o PIB que havia encolhido 3,6% em cada um desses dois anos, o transporte aéreo viu seu volume de passageiros cair 7,2% em 2016 após ficar praticamente inalterado em 2015 (variação de 0,7% em relação a 2014).

As previsões de crescimento do setor para o ano que apenas começava a se desenrolar eram todas finalmente otimistas. A sensação era de que o pior havia passado e que finalmente o setor se recuperaria das grandes perdas incorridas nesse período. Analistas do setor previam um crescimento em torno de 5% em 2020.

A única restrição relevante no horizonte era a disponibilidade de aeronaves. Àquela altura, os 737-MAX da fabricante Boeing já enfrentavam problemas e apenas no Brasil já havia mais de 30 aeronaves desse tipo estacionadas. A indústria estava igualmente aquecida em outros países e a demanda por aeronaves e tripulação estava em alta no início de 2020. A IATA previa um crescimento de 13,1% para o mercado mundial em 2020[7].

O ano anterior já tinha sido razoavelmente bom, em que pese o crescimento da economia brasileira ter sido um decepcionante 1% naquele ano. Apesar disso, o número total de embarques e desembarques havia alcançado em 2019 a cifra de 218 milhões, superando pela primeira vez o número de 216 milhões que havia sido alcançado quatro anos antes, em

[7] IATA. 2019 End-year report. Disponível em: https://www.iata.org/en/iata-repository/publications/economic-reports/airline-industry-economic-performance---december-2019--report/. Acesso em dez. 2020.

2015. Era um crescimento de apenas 1,5% em relação a 2018, mas não era nada mal para um ano em que a indústria assistiu a quebra da Avianca que representava aproximadamente 15% do mercado.

Para completar esse cenário de grande otimismo na indústria, os primeiros dois meses do ano tiveram consistentes crescimentos de 2,5% tanto em janeiro quanto em fevereiro quando comparados com os mesmos meses no ano anterior, conforme detalhado na tabela 1.

Meses	*2019*	*2020*	*Var % t/t-12*	*Acum. no ano*
Janeiro	20.643.506	21.159.830	2,5%	2,5%
Fevereiro	17.139.064,00	17.564.912,00	2,5%	2,5%
Março	17.908.579,00	11.487.994,00	-35,9%	-9,8%
Abril	16.937.272,00	867.261,00	-94,9%	-29,7%
Maio	16.501.612,00	1.169.544,00	-92,9%	-41,4%
Junho	16.179.127,00	1.906.717,00	-88,2%	-48,6%
Julho	19.629.627,00	3.430.840,00	-82,5%	-53,9%
Agosto	18.108.843,00	4.645.395,00	-74,3%	-56,5%
Setembro	17.814.912,00	6.417.005,00	-64,0%	-57,3%
Outubro	18.944.400,00	8.594.676,00	-54,6%	-57,0%

Tabela 1: Movimentação mensal de passageiros de 2019 e 2020

Fonte: Hórus. SAC/MInfra

Poucos podiam supor que todo esse cenário de otimismo viria por terra em 11 de março de 2020 quando a OMC declarou pandemia de coronavírus. É verdade que as primeiras notícias da existência de um novo tipo desse vírus surgiram ainda nos últimos meses de 2019, mas ninguém poderia supor que essa se tornaria a mais impactante pandemia dos nossos tempos e a maior crise do setor aéreo em toda sua história.

No Brasil, a atenção da imprensa e dos analistas só se voltaram para essa questão quando em meados de fevereiro tomamos conhecimento de que a cidade de Wuhan, na China, iniciava a adoção de severas medidas de restrição à mobilidade dos seus cidadãos. Tornou-se igualmente famosa a rápida construção de um hospital para atender os infectados. Após Wuhan, várias outras cidades chinesas e nos países vizinhos começaram a adotar medidas restritivas. Ainda em fevereiro, um grupo de brasileiros que estava em Wuhan foi repatriado e mantido em quarentena na Base Aérea de Anápolis.

O primeiro caso de Covid-19 no Brasil só foi confirmado em 26 de fevereiro[8]. Tratava-se de um homem de 61 anos que morava em São Paulo/SP e havia viajado à Itália naquele período. Àquela altura, a situação na Europa, em particular na Itália, já era bastante grave e o país já começava a registrar os primeiros casos de óbitos causados pela Covid-19. Em março de 2020 a Itália registrou 11.591 mortes causadas pelo coronavírus[9].

O Brasil registrava apenas 239 casos confirmados[10] quando, no dia 17 de março, o Estado do Rio de Janeiro declarou estado de emergência e adotou as primeiras medidas restritivas que contemplavam a suspensão de aulas na rede pública e privada de ensino, a suspensão da realização de ventos públicos e visitas a pacientes confirmados de Covid-19. Medidas semelhantes seriam adotadas por diversos Estados e Municípios nas semanas seguintes, provocando estarrecimento e paralisia nas atividades econômicas de diversos setores.

No dia 18 de março o Governo Federal solicita ao Congresso Nacional a decretação de estado de calamidade em todo território nacional em virtude da pandemia do coronavírus, formalizada via Decreto Legislativo nº 6. Essa medida, além das implicações na área da saúde, tem implicações importantes do ponto de vista da legislação fiscal do País. Com a decretação de estado de calamidade, ficam afastados os limites de execução fiscal impostos pela Lei Complementar nº 101, de 4 de maio de 2000 (Lei de Responsabilidade Fiscal). Assim, o governo fica desobrigado a cumprir as metas fiscais estabelecidas para o ano. Além disso, as despesas relacionadas com a situação emergencial ficam excluídas do cômputo do teto de gastos estabelecido nos Artigos 106 a 114 dos Atos das Disposições Constitucionais Transitórias da Constituição Federal de 1988.

Assim, a capacidade de ação do governo se ampliou sobremaneira e um amplo conjunto de ações de combate aos efeitos econômicos da pandemia viria a ser adotado nos meses seguintes.

Mas a medida de maior impacto para o setor aéreo foi a publicação da Portaria Interministerial nº 126, de 19 de março de 2020. Por meio desta portaria o governo restringia a entrada de estrangeiros de certas nacionalidades no país por via aérea. Faziam parte da lista inicialmente os seguintes

[8] Ministério da Saúde. Disponível em: https://coronavirus.saude.gov.br/linha-do-tempo/. Acesso em dez.2020.

[9] WHO. Disponível em: https://covid19.who.int/. Acesso em dez.2020.

[10] WHO. Disponível em: https://covid19.who.int/. Acesso em dez.2020.

países: República Popular da China; Membros da União Europeia; Islândia, Noruega, Suíça, Reino Unido da Grã-Bretanha e Irlanda do Norte; Comunidade da Austrália; Japão; Federação da Malásia; e República da Coréia.

Esta lista inicial seria posteriormente ampliada para restringir a entrada de estrangeiros de qualquer nacionalidade. A Portaria nº 126 previa que as restrições tivessem duração de apenas 30 dias, entretanto, somente em 26 de agosto, por meio da Portaria nº 419 é que se permitiu novamente a entrada de estrangeiros no Brasil por via aérea ainda que sob severas exigências dentre as quais a apresentação de seguro com cobertura de no mínimo R$ 30.000,00 (trinta mil reais) para despesas com saúde.

Nesse período o número de casos cresceu rapidamente assim como o número de óbitos, conforme descrito no gráfico 1.

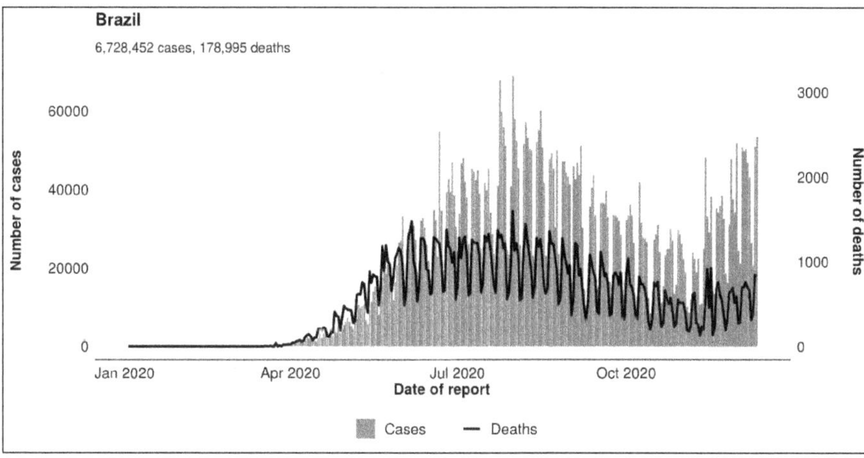

Gráfico 1: Número de casos e mortes por COVID-19 no Brasil
Fonte: WHO

Pari passu com o crescimento do número de casos também foram crescendo as restrições adotadas pelos Estados e Municípios e da mesma maneira seus efeitos na economia e no transporte aéreo.

A produção industrial caiu 19,5% em abril quando comparada ao mesmo mês do ano anterior (gráfico 2). O setor de serviços caiu 11,9% na mesma comparação[11]. O IBC-Br, índice do Banco Central que busca se aproximar

[11] IBGE. Painel de indicadores. Disponível em: https://www.ibge.gov.br/indicadores.html. Acesso em dez.2020.

da medida do PIB caiu de 140,1 em fevereiro para 119,2 em abril (gráfico 3). Uma queda de 14,9% em dois meses. O Ibovespa, principal índice da bolsa de valores B3, caiu de 106.625 pontos no início de março para 63.569 pontos no dia 23 de março (gráfico 4).

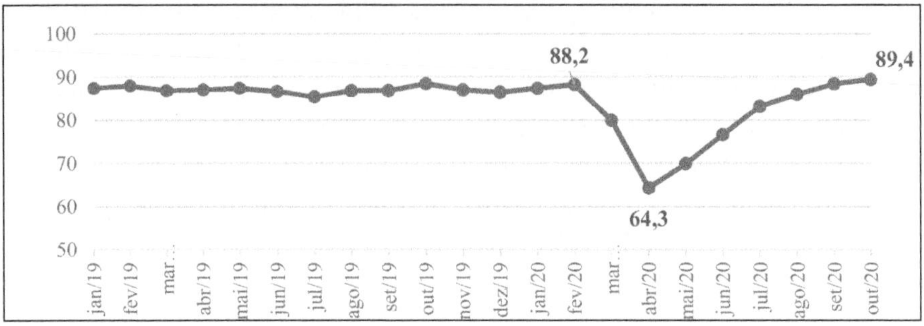

Gráfico 2: Produção Industrial (Indústria Geral – PIM/PF)
Fonte: IBGE

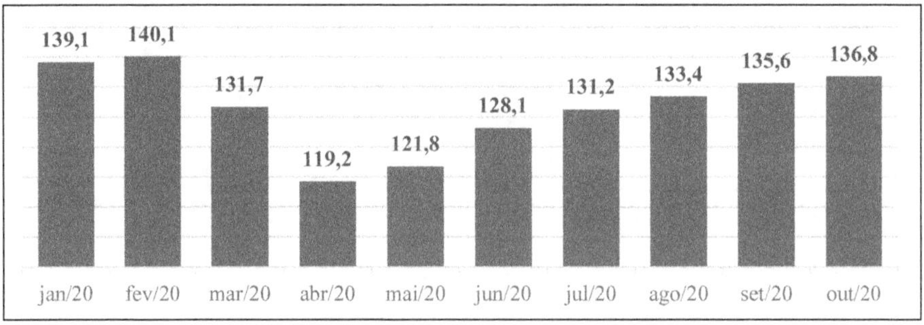

Gráfico 3: IBC-BR
Fonte: BCB

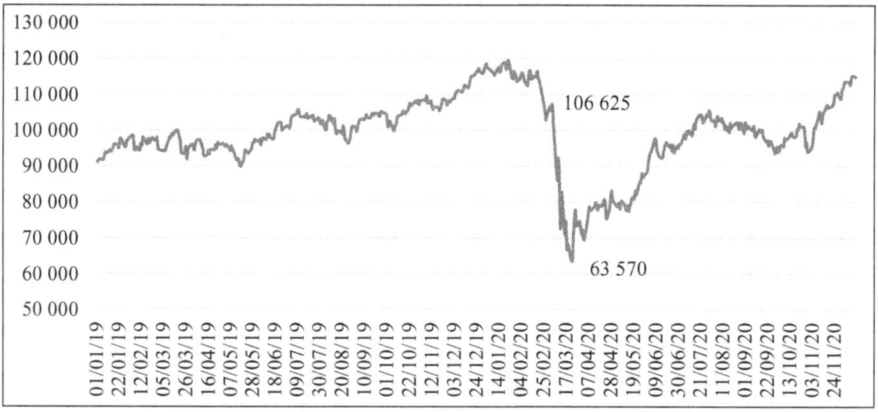

Gráfico 4: Ibovespa – fechamento
Fonte: IBOVESPA

Com a economia em péssima situação, o desemprego em alta e a aumentada capacidade de ação em virtude das exceções obtidas com a decretação do estado de calamidade, o Governo Federal começou a adotar um amplo conjunto de ações que visavam aliviar os impactos da pandemia na economia e na população (tabela 2).

DESPESAS	Acum. Ano (até out/2020)
I. DESPESAS PRIMÁRIAS	**468.915,9**
II.2 Pessoal e Encargos Sociais – Ativo civil	***111,7***
Despesas Adicionais do Ministério da Saúde e Demais Ministérios	111,7
II.3.3 Apoio Fin. Municípios / Estados	***78.123,7***
Auxílio Emergencial aos Estados, Municípios e DF	78.123,7
II.3.8 Créditos Extraordinários (exceto PAC)	***373.772,1***
Ampliação do Programa Bolsa Família	369,3
Auxílio Emergencial a Pessoas em Situação de Vulnerabilidade	257.981,2
Benefício Emergencial de Manutenção do Emprego e da Renda	28.750,7
Despesas Adicionais do Ministério da Saúde e Demais Ministérios	38.771,0
Cotas dos Fundos Garantidores de Operações e de Crédito	47.900,0
II.3.19.27 Demais Subsídios e Subvenções	***15.883,8***
Concessão de Financiamento para Pagamento de Folha Salarial	10.883,8
Programa Emergencial de Acesso a Crédito – Maquininhas	5.000,0

II.3.21 Transferências Multas ANEEL	***900,0***
Transferência para a Conta de Desenvolvimento Energético	900,0
II.4.1 Obrigatórias com Controle de Fluxo	***45,6***
Despesas Adicionais do Ministério da Saúde e Demais Ministérios	45,6
II.4.2 Discricionárias	***79,1***
Despesas Adicionais do Ministério da Saúde e Demais Ministérios	79,1
II. DESPESAS FINANCEIRAS	**770,4**
III. DESPESAS TOTAIS "COVID-19" (I + II)	**469.686,2**

Tabela 2: Despesas do Governo Central relacionadas ao combate ao COVID-19
Fonte: Tesouro Nacional

Este conjunto amplo de medidas emergenciais visou proteger a vida e a saúde das pessoas, bem como preservar empregos, renda e empresas. A maior parte dessas medidas envolveu aumentos de gastos e/ou perda de receitas públicas em magnitude significativa, dentre os quais destacamos o auxílio emergencial à população carente e aos trabalhadores informais; o auxílio financeiro aos entes subnacionais; o Benefício Emergencial de Manutenção do Emprego e da Renda; as despesas adicionais com ações de saúde; e o direcionamento de recursos para os fundos garantidores de operações e de crédito.

Essas medidas, embora tenham sido de fundamental importância não foram suficientes para evitar um grande desastre na atividade do setor aéreo. Já na segunda quinzena de março as atividades foram praticamente paradas. Após importante trabalho de interlocução entre o governo e o setor privado, foi anunciada em 27 de março[12] uma malha aérea mínima que cobriria todas as capitais estaduais e mais 19 cidades e que representava um número de voos diário próximo de 8% da malha existente antes da pandemia.

Desde esse ponto mais crítico, a indústria tem se recuperado lenta e gradualmente. Os dados de outubro de 2020 já mostravam que o número de movimentação de aeronaves e de passageiros transportados representavam respectivamente 50% e 45% dos volumes do mesmo mês do ano anterior (tabela 3).

[12] ANAC. Notícias. Disponível em: https://www.anac.gov.br/noticias/2020/malha-aerea-essencial-comeca-no-sabado-28. Acesso em dez. 2020.

Mês de outubro	2019	2020	Var % t/t-12
Passageiros	18.944.400,00	8.594.676,00	**-55%**
Aeronaves	149.581,00	75.231,00	**-50%**

Tabela 3: Movimentação de passageiros em outubro de 2019 e 2020
Fonte: Hórus. SAC/MInfra

Os impactos da pandemia no setor aeroportuário, no entanto não foram homogêneos. Tanto as perdas iniciais quanto a recuperação da atividade apresentam características marcadamente diferentes entre os aeroportos do País. Naturalmente, os aeroportos centrais do sistema aéreo, os chamados *hubs,* estão tendo uma recuperação mais rápida, enquanto outros aeroportos ainda apresentam um nível de atividade bastante reduzido.

Como se pode ver no gráfico abaixo, dentre os principais aeroportos do País, Guarulhos/SP apresentou em outubro de 2020 55% do nível desse mesmo mês em 2019. O pior desempenho ficou para Galeão que alcançou apenas 62% na mesma comparação (gráfico 5).

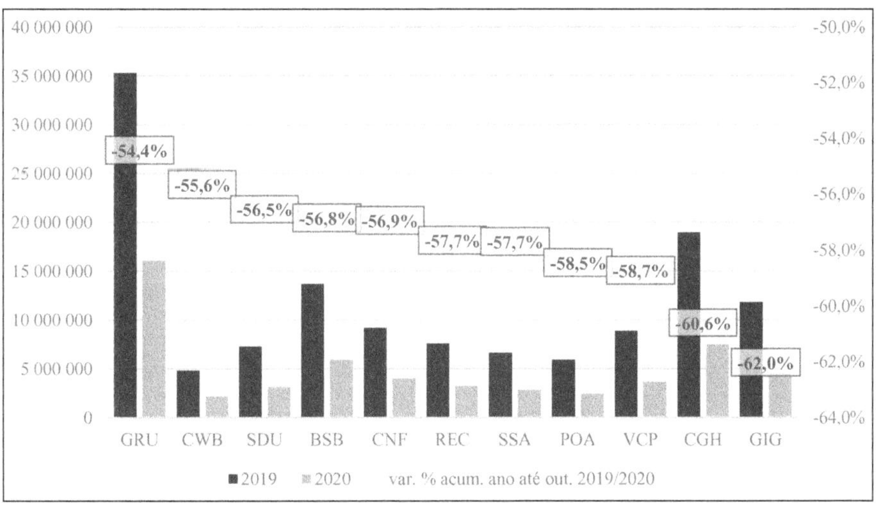

Gráfico 5: Movimentação de passageiros 2019/2020 – acumulado do ano até outubro
Fonte: Hórus. SAC/MInfra

Os efeitos sobre as finanças dos aeroportos foram igualmente severos. Apenas no período de março a outubro de 2020, o transporte aéreo perdeu 103,5 milhões de passageiros se considerarmos apenas o número de passageiros do mesmo período do ano anterior e uma taxa de crescimento de 5% que era esperada pelo setor para 2020.

Considerando que em 2019 a receita média por passageiro foi de R$ 58,81[13], tomando como base apenas o período de janeiro a outubro de 2020, temos que os aeroportos até a 4ª rodada de concessões federais e os aeroportos da Infraero tiveram uma perda total de R$ 4.585.706.396,16 bilhões de reais em termos de receita bruta e de 77.969.622 milhões de passageiros (tabela 4).

Aeroportos	Mov. pax 19	Receita 2019 (R$)	Receita por pax. 19 (R$)	Mov. pax jan/ out.19	Mov. pax jan/ out.20	Mov. pax jan/ out.20 – estimado pré-Covid	Perda pax jan/ out.20	Perda de receita jan/out.20 (R$)
Concessões Federais até 4ª Rodada	124,4M	6,2M	49,48	102,5M	45,2M	107,6M	62,4M	3,1bi
Infraero	30,1M	2,9M	97,46	24,8M	10,5M	26,0M	15,5M	1,5bi
TOTAL	**154,5M**	**9,1M**	**58,81**	**127,3M**	**55,7M**	133,7M	78,0M	4,6bi

Tabela 4: Análise de receita e movimentação de passageiro 2019/2020
Fonte: Elaboração própria.

Quando separamos os dados entre o mercado doméstico e mercado internacional podemos observar, conforme era de se esperar, que a recuperação do mercado doméstico tem sido mais rápida que a recuperação no mercado internacional. Observe na tabela abaixo que os volumes de passageiros internacionais em outubro representavam apenas 10% do volume do mesmo mês de 2019. Já o mercado doméstico apresentava 50% (tabela 5).

Mês de outubro	2019	2020	Var % t/t-12
Doméstico	17.079.624,00	8.399.586,00	**-90%**
Internacional	1.864.776,00	195.090,00	**-51%**

Tabela 5: Movimentação de passageiros nacionais e internacionais 2019/2020
Fonte: Hórus. SAC/MInfra

[13] Fonte: elaboração própria, com base em dados abertos de demonstrativos financeiros dos aeroportos e dados disponíveis no Hórus (SAC/MInfra), circunscritos os aeroportos da 4ª rodada de concessões federais (ASGA, BSB, GRU, VCP, CNF, GIG, FOR, FLN, SSA e POA) e a Infraero.

Essa recuperação mais lenta do mercado internacional era de ser esperada em virtude das restrições ao tráfego internacional que até o momento em que este artigo está sendo escrito ainda persistem. Países como EUA e alguns da Europa ainda restringem a entrada de brasileiros. Para além disso, pesa também a disponibilidade de voos e o receio dos passageiros de permanecerem por longos períodos dentro de uma aeronave. Pesquisas feitas pela Secretaria de Aviação Civil (SAC)[14] e *International Air Transport Association* (IATA)[15] apontam que em média 50% dos passageiros ainda demonstram receio de realizar viagens aéreas.

Face a essa grave crise, o Governo Federal, por meio principalmente do Ministério da Infraestrutura e da Anac, adotou uma série de medidas de auxílio ao setor. Listamos a seguir as principais medidas adotadas (tabela 6).

Março de 2020	• ANAC altera regra de uso de slots por conta do coronavírus; • Prorrogação de prazos de habilitações e certificados para profissionais da aviação; • MP nº 925 prorroga prazo para pagamento de outorga fixa e variável; • Regras emergenciais para alteração e reembolso de passagens aéreas; • Decreto nº 10.284 dilata prazo de vencimento das tarifas de navegação aérea; • Decreto nº 10.282 define serviços públicos e as atividades essenciais; • Malha aérea essencial começa no sábado (28).
Abril de 2020	• Aeroportos abrem vagas para estacionamento de aeronaves fora de operação; • Aprovado transporte de carga em cabine de passageiros.
Maio de 2020	• Regras do transporte aéreo de passageiros no contexto da Covid-19; • Novas medidas sanitárias em aeroportos e aeronaves reforçam uso de máscaras e proteção aos passageiros e profissionais.
Agosto de 2020	• Sanção de Lei 14.034, que institui medidas de apoio ao transporte aéreo.
Setembro de 2020	• Aprovação de ajustes no edital da 6ª rodada de concessão de aeroportos.
Novembro de 2020	• Aprovado reequilíbrio econômico-financeiro para 4 aeroportos em razão da Covid-19.

Tabela 6: Medidas mitigadoras no setor aéreo
Fonte: ANAC.

[14] Fonte: https://www.gov.br/infraestrutura/pt-br/assuntos/noticias/pesquisa-do-minfra-indica-confianca-dos-passageiros-em-medidas-sanitarias-no-setor-aereo. Acesso em dez. 2020.

[15] Fonte: https://www.iata.org/en/publications/store/covid-passenger-survey/. Acesso em dez. 2020.

Dentre essas medidas, a postergação dos pagamentos dos valores devidos de outorga fixa foi a que teve maior impacto financeiro para os aeroportos. Em 2020, a previsão de arrecadação do FNAC – Fundo Nacional de Aviação Civil com as outorgas aeroportuárias era de R$ 5.4 bilhões de reais[16]. A maior parte dos vencimentos é concentrada entre os meses de maio e julho de cada ano. A medida, incluída na Medida Provisória nº 925, de 18 de março de 2020, não contemplava nenhuma redução das obrigações das concessionárias, mas o simples fato de postergar esses pagamentos para dezembro, permitiu que as empresas pudessem administrar de maneira mais eficiente o fluxo de caixa dessas concessões, mantendo em funcionamento e com segurança as operações essenciais ao funcionamento dos aeroportos.

Durante a tramitação da MP 925, foi incluída ainda uma alteração na Lei nº 13.499, de 26 de outubro de 2017, que tornou possível a alteração dos fluxos de pagamentos das outorgas vincendas a partir de 2020 até o final dos contratos. Pelo disposto no Projeto de Lei de Conversão (PLV nº 23, de 2020), as concessionárias poderiam solicitar a postergação do pagamento de até 50% do valor devido originalmente, redistribuindo os valores postergados nos anos remanescentes da concessão desde que os valores postergados não representassem um acréscimo superior a 75% das prestações originalmente previstas para os anos vindouros.

Há que se esclarecer que a lei faz referência aos valores originalmente contratados uma vez que em 2017 já se havia permitido a alteração do cronograma de pagamentos. Assim, a lei tratou de fixar como base de referência para os valores que poderiam ser remanejados, não aqueles vigentes após a primeira alteração do cronograma, mas sim aqueles que estavam previstos no momento da contratação das concessões.

A Lei nº 13.499/2017 traz ainda outras condicionantes para acesso a esta alteração do cronograma de pagamentos. São elas: (i) inexistência de processo de caducidade instaurado; (ii) adimplência do interessado com as outorgas vencidas até a data da assinatura do aditivo; e (iii) manutenção do valor presente líquido das outorgas originalmente assumidas.

A inexistência de processo de caducidade e a adimplência com as outorgas vencidas dispensam maiores explicações. Deve se notar apenas que

[16] Fonte: http://www.portaltransparencia.gov.br/orgaos/62901?ano=2020. Acesso em dez. 2020.

na data de aprovação da Medida Provisória existia apenas uma concessão aeroportuária que não atendia a todos os requisitos que era a do Aeroporto de Viracopos em Campinas/SP.

A manutenção do valor presente líquido, no entanto, suscita um pouco mais de atenção. A primeira questão a ser esclarecida é que essa disciplina é muito importante para manter inalteradas as condições financeiras originais do contrato. Ou seja, do ponto de vista financeiro, a alteração do cronograma não significa um ganho para o concessionário. É verdade que há um efeito no fluxo de caixa, reduzindo-se os pagamentos no curto prazo e aumentando nos anos seguintes. Mas, por esse dispositivo da manutenção do valor presente líquido, assegura-se que os valores postergados serão corrigidos de tal maneira que quando descontados a valor presente, não se tenha nenhuma alteração em relação ao valor contratado no início da concessão.

Surge daí uma segunda questão de suma relevância. Qual taxa deve ser aplicada? A resposta mais simplória para esta pergunta é a aplicação da taxa do custo médio ponderado do capital (WACC em inglês) estabelecido pela ANAC (chamado de WACC regulatório). Entretanto, o WACC regulatório sofreu alteração ao longo do tempo e muitos contratos teriam neste momento um WACC diferente daquele vigente no momento da contratação.

A resposta para essa pergunta só viria a ser conhecida com a publicação da Portaria nº 157, de 23 de outubro de 2020, que regulamentou este dispositivo da lei e definiu que deveria ser adotado o WACC vigente no momento da contratação. Essa escolha se justifica tecnicamente uma vez que a lei fala em "manutenção do valor presente original". O valor presente de um pagamento futuro é o resultado da divisão do valor do pagamento pela taxa de juros acumulada no período. Conforme a seguinte fórmula:

$$VP = \frac{VF}{(1+i)^n}$$

onde: VP = Valor Presente; VF = Valo Pago no Futuro; i = taxa de juros; n = número de período entre o momento presente e a data do pagamento futuro.

Assim, só é possível garantir a manutenção do mesmo valor presente existente na data da contratação se for aplicada a mesma taxa de juros nos pagamentos originalmente contratados e nos valores alterados. A adoção de taxas de juros diferentes, naturalmente geraria valores presentes diferentes.

Deve-se chamar atenção ainda para outra medida de grande importância para a manutenção da viabilidade das concessões aeroportuárias em 2020. Trata-se da suspensão temporária dos pagamentos devidos ao BNDES. Em 2020, era previsto o pagamento de R$ 7770 milhões de reais ao BNDES pelos financiamentos de investimentos nas concessões aeroportuárias. Houve primeiramente uma postergação de seis meses e ao final desse período foi concedida uma segunda postergação também de seis meses. Nem todos os aeroportos puderam aderir a esta iniciativa, mas mesmo assim, segundo informações obtidas junto ao próprio BNDES, o alívio total obtido em 2020 correspondeu a 72% do total dos pagamentos previstos para o ano.

Também se deve ressaltar o processo de reequilíbrio econômico-financeiro dos contratos de concessão. Esse processo é decorrente de cláusulas incluídas nos contratos que definem as responsabilidades do poder concedente e do concessionário frente aos diversos riscos envolvidos nos projetos de concessões aeroportuárias. Esse conjunto de regras forma a assim chamada matriz de risco dos contratos de concessão.

Ao longo do tempo, conforme as rodadas de concessões aeroportuárias foram se sucedendo, a matriz de risco sofreu algumas alterações (tabela 7). A alteração mais significativa refere-se ao risco de demanda. Nos contratos até a terceira rodada, o risco de demanda era totalmente assignado ao concessionário onde, dependendo do montante a ser pago anualmente, a outorga fixa comprometeria a realização de investimentos e o pagamento do serviço da dívida. Reflexo deste modelo foi necessidade de edição da Lei nº 13.499, de 26 de outubro de 2017, dispondo sobre a repactuação da curva de pagamento da outorga.

Já nos contratos da quarta e quinta rodada há um certo mecanismo de compartilhamento de risco entre o poder concedente e o concessionário, no sentido de que parte considerável dos pagamentos de outorga são devidos na modalidade variável e que diferentemente dos contratos das três primeiras rodadas em que a parte mais importante da outorga é na modalidade valor fixo, deixando, portanto, todo risco de demanda sob a responsabilidade do concessionário. Fixou-se a alíquota de outorga variável para todos os ativos em 5% da receita bruta; e para a outorga fixa, adotou-se uma outorga fixa mínima para cada aeroporto (25% no ato da assinatura dos contratos de concessão), onde os 75% da outorga fixa remanescente seriam pagos a partir do sexto ano (depois de um período de cinco anos de carência), de forma escalonada e crescente até o décimo ano, a partir do qual as parcelas ficariam fixas.

Por conseguinte, nas concessões da quinta rodada foi eliminada a outorga fixa anual, fazendo com que 100% de toda a outorga fixa mínima e todo o ágio fossem pagos antecipadamente. Restando apenas a outorga variável, com período de carência de cinco anos, alíquotas crescentes do sexto ano das concessões até o décimo ano, a partir de quando as alíquotas ficam fixas.

	Primeira rodada	Segunda rodada	Terceira rodada	Quarta rodada	Quinta rodada
Participação da (Infraero) (%)	0	49		0	
Outorga	Outorga fixa anual	Outorga fixa anual Outorga variável		Outorga fixa (25% + ágio adiantado; carência; *ramp up*) Outorga variável	Outorga fixa (100% adiantada) Outorga variável (carência e *ramp up*)
Ágio	São Gonçalo do Amarante 229%	Guarulhos 374% Brasília 673% Viracopos 160%	Galeão 294% Confins 66%	Fortaleza 18% Salvador 113% Florianópolis 58% Porto Alegre 852%	Nordeste 1.010% Sudeste 830% Centro-Oeste 4.739%
Gatilhos de *capital expenditure* (Capex)	Com gatilho	Grandes investimentos sem gatilho			Com gatilho
Obras públicas	Anexo 3 ao Contrato de Concessão: obras do poder público			Ausente	
Capital mínimo	5% a 10% do Capex dos primeiros cinco anos			25% da outorga fixa + ágio	
Perfil vencedor	Predomínio de construtoras nacionais			Predomínio de operadoras estrangeiras	

Tabela 7: Comparativos rodadas de concessão aeroportuárias

Fonte: Machado et al. (2019).

Um ponto da matriz de risco, entretanto, não sofreu qualquer alteração em todo esse período. É o risco de caso fortuito e força maior. Não é nosso objetivo adentrar neste artigo em uma profunda discussão jurídica sobre os conceitos aqui envolvidos, basta para o nosso raciocínio asseverar que os riscos decorrentes de situações caracterizadas como caso fortuito e força maior são alocados nos contratos ao poder concedente em todos os contratos de concessões aeroportuárias.

Sendo um risco alocado ao poder concedente, os impactos dessas situações sobre o equilíbrio econômico-financeiro dos contratos de concessão fazem jus a reequilíbrio nas formas previstas nos próprios contratos, à luz da previsão constitucional de manutenção das condições efetivas das propostas dos contratos (art. 37, XXI[17]), da lei que regulamenta as licitações e contratos (Lei nº 8.666/1993, art. 58, §2º[18]), dentre outras legislações.

Cabe esclarecer que o reequilíbrio econômico e financeiro não significa alteração contratual nem benefício ao concessionário. Trata-se apenas da aplicação pura e simples de previsões presentes nos próprios contratos onde, especificamente, nos contratos de concessão aeroportuária possuem um capítulo inteiro para este tema.

Observe-se que a base para o início do processo de reequilíbrio é a ocorrência de um desequilíbrio no contrato causado por um fator de risco que seja alocado ao poder concedente. Cabe, portanto, perguntar se o caso da pandemia do coronavírus se enquadraria neste tipo.

A primeira resposta para essa pergunta veio por meio do Parecer nº 261/2020/CONJUR-MINFRA/CGU/AGU, de 15 de abril de 2020, onde se reconheceu de maneira peremptória que o caso da pandemia se enquadrava no conceito de força maior. O mesmo reconhecimento aparece nos pareceres da ANAC que avaliaram os pedidos de reequilíbrio apresentados por diversos concessionários. Assim, ficou caracterizado do ponto de vista jurídico que de fato a pandemia do coronavírus se enquadrava com um caso de força maior e que, portanto, poderia dar causa a pedido de reequilíbrio dos contratos.

Ultrapassada a questão inicial do enquadramento da pandemia de coronavírus como situação de força maior, surgem duas questões importantes. A primeira é o cálculo do tamanho do desequilíbrio gerado. A segunda é

[17] "Art. 37. A administração pública direta e indireta de qualquer dos Poderes da União, dos Estados, do Distrito Federal e dos Municípios obedecerá aos princípios de legalidade, impessoalidade, moralidade, publicidade e eficiência e, também, ao seguinte:
(...)
XXI – ressalvados os casos especificados na legislação, as obras, serviços, compras e alienações serão contratados mediante processo de licitação pública que assegure igualdade de condições a todos os concorrentes, com cláusulas que estabeleçam obrigações de pagamento, **mantidas as condições efetivas da proposta**, nos termos da lei, o qual somente permitirá as exigências de qualificação técnica e econômica indispensáveis à garantia do cumprimento das obrigações." (grifamos)

[18] "Art. 58 (...)
§ 1º As cláusulas econômico-financeiras e monetárias dos contratos administrativos não poderão ser alteradas sem prévia concordância do contratado.
§ 2º Na hipótese do inciso I deste artigo, as cláusulas econômico-financeiras do contrato **deverão ser revistas para que se mantenha o equilíbrio contratual**". (grifamos)

a forma de fazer o retorno dos contratos ao equilíbrio que existia antes da ocorrência da pandemia.

O tema do cálculo do tamanho do impacto da pandemia exige um exercício contrafactual bastante complexo. Para se efetuar esse cálculo, é necessário estimar qual seria o desempenho econômico-financeiro das concessões se não tivesse ocorrido a pandemia. Em outras palavras, é necessário estimar quais teriam sido, entre outros, a receita bruta, a receita tarifária, a receita comercial, as despesas e o lucro das concessionárias.

Feitas essas estimativas, temos que compará-las com os dados efetivamente realizados ou com novas projeções feitas considerando a existência da pandemia e todos seus efeitos. A diferença entre estes dois cenários é, portanto, o tamanho do reequilíbrio necessário.

Dada a complexidade de se realizar todas essas estimativas para muitos anos à frente, a maioria dos concessionários optou por subdividir os pedidos de reequilíbrio. Assim, foram submetidos em 2020 pedidos de reequilíbrios relativos apenas aos efeitos da pandemia neste ano. O reequilíbrio dos anos subsequentes será discutido em outro pedido de reequilíbrio.

Essa opção se justifica também pelo fato de que grande parte dos concessionários já possuía estimativas bastante bem elaboradas para o desempenho no ano de 2020 antes da pandemia. Estas estimativas já estavam incorporadas nos orçamentos anuais aprovados pelos conselhos de administração da maioria dessas empresas. Assim, esses orçamentos de constituíam em uma fonte confiável e não influenciada pelos efeitos da pandemia ou pelo interesse em eventual pedido de reequilíbrio, uma vez que foram elaborados no segundo semestre de 2019, quando ninguém poderia imaginar todos os impactos que adviriam da pandemia.

Normalmente os contratos preveem quatro maneiras de se realizar o reequilíbrio do contrato: redução dos valores de outorga devidos pelos concessionários; aumento de tarifas; redução dos investimentos; ou ampliação do prazo das concessões.

As concessões das três primeiras rodadas, por terem vultosas obrigações de pagamento de outorga fixa concentraram seus pedidos de reequilíbrio por meio da redução desses pagamentos. As conceções da quarta e quinta rodadas, devido ao formato dos leilões em que participaram, não possuíam valores relevantes de outorgas a pagar nos próximos anos. Assim, seus pedidos de reequilíbrio combinaram várias alternativas incluindo aumento de tarifas em alguns casos.

Ao final, a ANAC aprovou quase todos os pedidos de reequilíbrio somando um montante de 1,8 bilhões de reais.

Conclusões

A infraestrutura aeroportuária brasileira teve importantes desenvolvimentos nos últimos 20 anos, principalmente pelo aumento da participação do setor privado neste ramo da infraestrutura por meio do bem sucedido programa de concessões aeroportuárias do Governo Federal iniciado em 2011.

A pandemia do novo coronavírus teve forte impacto nos aeroportos brasileiros, que apresentaram até outubro de 2020 uma queda de 57,04% sobre a movimentação de passageiros do mesmo período do ano anterior. Entretanto, o amplo conjunto de ações adotadas pelo governo aliado ao reequilíbrio econômico-financeiro dos contratos serviram para mitigar os danos causados nos negócios.

As incertezas sobre o futuro, no entanto continuam presentes no horizonte. É certo que a presente crise representa a maior crise da história da aviação civil no mundo e terá uma duração mais prolongada que outras crises e seus impactos serão sentidos ainda por muitos anos.

Neste ambiente, a viabilidade dos negócios dependera ainda da continuidade das ações de apoio ao setor e principalmente do reequilíbrio econômico-financeiro dos contratos.

Referências

ANAC – AGÊNCIA NACIONAL DE AVIAÇÃO. Concessões. Brasília. (Página Temática). Disponível em: < https://www.anac.gov.br/assuntos/paginas-tematicas/concessoes>. Acesso em dez. 2020.

B3. Bolsa do Brasil. Disponível em: < http://www.b3.com.br/pt_br/market-data-e-indices/indices/indices-amplos/>. Acesso em dez. 2020.

BRASIL. Ministério da Infraestrutura (MInfra). Secretaria Nacional de Aviação Civil (SAC). Sobre o Hórus. Versão 9.5.13.353. Brasília, DF, 2019b. Disponível em: horus.labtrans.ufsc. br. Acesso em dez. 2020.

BRASIL. Ministério da Infraestrutura (MInfra). Plano Aeroviário Nacional (PAN). Brasília, DF, 14 fev. 2019a. Disponível em: https://www.infraestrutura.gov.br/pan.html. Acesso em dez. 2020.

Farias, Hélio de Castro; Paiva; Carlos. Noções Elementares de Direito Aeronáutico. Associação Brasileira de Direito Aeronáutico, Rio de Janeiro, 2011.

IATA. International Air Transport Association. Disponível em:< https://www.iata.org/en/publications/store/covid-passenger-survey/>. Acesso em dez. 2020.

IBGE. Instituto Brasileiro de Geografia e Estatísticas. Disponível em:< https://www.ibge.gov.br/>. Acesso em dez. 2020.

INFRAERO AEROPORTOS. 40 ANOS. 2013. Disponível em:< http://www.infraero.gov.br/portal/images/stories/Iraero/INFRAERO40ANOS.pdf>. Acesso em dez. 2020.

IPEA. Instituto de Pesquisa Econômica Aplicada. Disponível em: < https://www.ipea.gov.br/cartadeconjuntura/>. Acesso em dez. 2020.

LAENDER, Alessandro Azzi; MOURÃO Sérgio Luís; SILVA, Juliano Veloso Leite e. [Orgs.]. **Direito Aeronáutico**. Belo Horizonte: Editora D'Plácido, 2018.

MACHADO, Bernardo Vianna Zurli Machado; INGOUVILLE, Martin; DAMASCENO, Thiago Machado; SALLES, Daniel Cardoso; ALBUQUERQUE, Clarissa Taquette Vaz. A evolução recente do modelo de concessão aeroportuária sob a ótica da financiabilidade. **BNDES** Set., Rio de Janeiro, v. 25, n. 50, p. 7-65, set. 2019.

PPI. **Programa de Parcerias de Investimento.** Disponível em:< https://www.ppi.gov.br/sobre-o-programa>. Acesso em dez. 2020.

WHO. **World Health Organization**. Disponível em:< https://www.who.int/emergencies/diseases/novel-coronavirus-2019/situation-reports/>. Acesso em dez. 2020.

Capítulo 4
Percepção do Passageiro em Relação ao Covid-19

Fabiana Todesco
Paulo Henrique Possas

Introdução

A pandemia de COVID-19 impactou o mundo em 2020, causando crises sanitárias, econômicas e sociais. Os setores da economia que observaram quedas significativas em suas atividades foram a aviação, o turismo e o comércio (CEPAL, 2020). No caso da aviação civil, nenhuma outra epidemia, crise econômica ou guerra regional impactou tão negativamente o tráfego de passageiros no mundo como a pandemia de COVID-19 (ICAO, 2021). No gráfico 1, é possível observar o histórico do tráfego aéreo de passageiros no mundo e no Brasil e o impacto da pandemia de COVID-19 em comparação com os demais eventos.

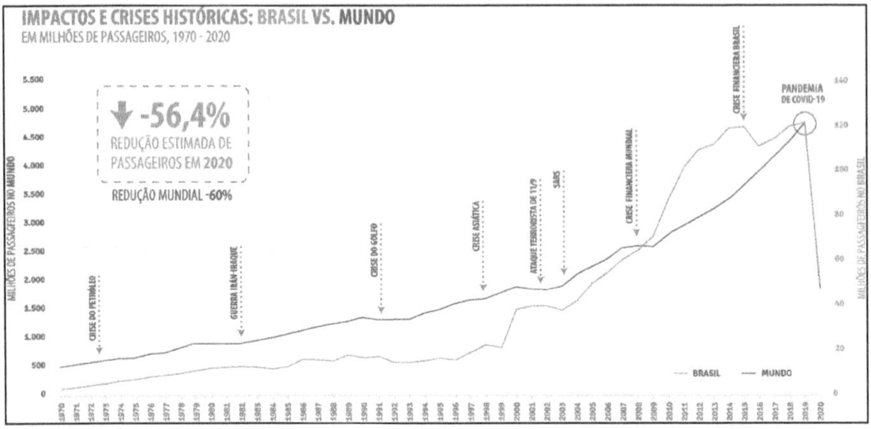

Gráfico 1: Evolução do tráfego aéreo de passageiros no mundo e no Brasil de 1970 a 2020.

Fontes: Ministério da Infraestrutura, Secretaria Nacional de Aviação Civil (SAC/MInfra) e Organização Internacional de Aviação Civil (ICAO, 2021).

Os países, na ausência de tratamentos e vacinas contra o COVID-19, ao longo de 2020, adotaram, dentre outras medidas para controlar a pandemia, restrições à circulação dos indivíduos. Isto afetou diretamente, em diferentes intensidades, as atividades econômicas. Entre as atividades mais afetadas, encontram-se os transportes (CEPAL, 2020).

Assim, os países vêm adotando medidas de fechamento de fronteiras, restrição de entrada de estrangeiros, exigência de teste negativo para o COVID-19 (ex.: teste RT-PCR com 72hs), quarentena para os passageiros internacionais e outras medidas (IATA, 2021), com o propósito de conter a disseminação do novo coronavírus.

Em razão destas medidas, o transporte aéreo internacional apresentou uma redução do tráfego aéreo maior em comparação ao doméstico. Segundo ICAO (2021), comparando o ano de 2020 a 2019, houve uma redução de 66% no número de assentos oferecidos pelas companhias aéreas ao tráfego aéreo internacional e de 38% no tráfego doméstico; e uma redução de 74% do tráfego internacional de passageiros e de 50% do tráfego doméstico.

O Brasil adotou medidas similares aos dos demais países em relação à pandemia de COVID-19. No período 23 de março[1] a 29 de julho de 2020[2], ficou restrita a entrada de estrangeiros pelo transporte aéreo no país. A partir de 30 de dezembro de 2020, passou-se a exigir que os passageiros internacionais apresentem teste negativo RT-PCR de até 72 horas do embarque para o Brasil e que preenchessem a Declaração de Saúde do Viajante – DSV. Além disso, em 25 de dezembro de 2020 ficaram proibidos, em caráter temporário, voos internacionais com destino ao Brasil que tivessem origem ou passagem pelo Reino Unido e Irlanda do Norte[3]. O gráfico 2 demonstra os impactos dessas medidas nos voos internacionais do país. Observa-se que após uma redução de 85,4% em abril de 2020, o tráfego de voos comerciais internacionais recuperou-se apenas 15%, encerrando o ano de 2020 com 30% do tráfego aéreo de 2019.

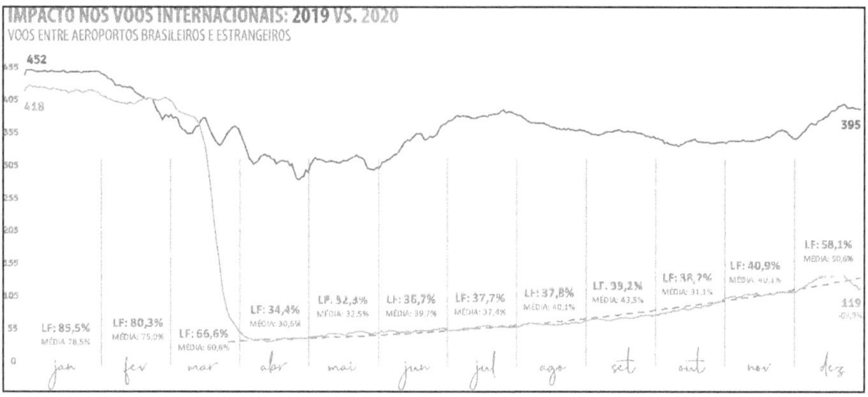

Gráfico 2: Tráfego de voos comerciais internacionais do Brasil.
Fontes: Ministério da Infraestrutura, Secretaria Nacional de Aviação Civil (SAC/MInfra); Agência Nacional de Aviação Civil (ANAC); Ministério da Defesa, Departamento de Controle do Espaço Aéreo (DECEA).

[1] Portaria nº 126, de 19 de março de 2020. Dispõe sobre a restrição excepcional e temporária de entrada no País de estrangeiros oriundos dos países que relaciona, conforme recomendação da Agência Nacional de Vigilância Sanitária – Anvisa.
[2] Portaria CC-PR/MJSP/MINFRA/MS nº 1, de 29 de julho de 2020. Dispõe sobre a restrição excepcional e temporária de entrada no País de estrangeiros, de qualquer nacionalidade, conforme recomendação da Agência Nacional de Vigilância Sanitária – Anvisa.
[3] Portaria nº 648, de 23 de dezembro de 2020. Dispõe sobre a restrição excepcional e temporária de entrada no País de estrangeiros, de qualquer nacionalidade, conforme recomendação da Agência Nacional de Vigilância Sanitária – Anvisa.

Além das restrições impostas às fronteiras do país, a partir de março de 2020, objetivando o controle da disseminação do novo coronavírus, foram adotadas medidas de restrição de funcionamento de atividades no âmbito da administração estadual e municipal (tais como, fechamento de escolas, hotéis, parques, praias). Isto também teve efeito redutor nos voos comerciais domésticos do país, como se pode observar no gráfico 3.

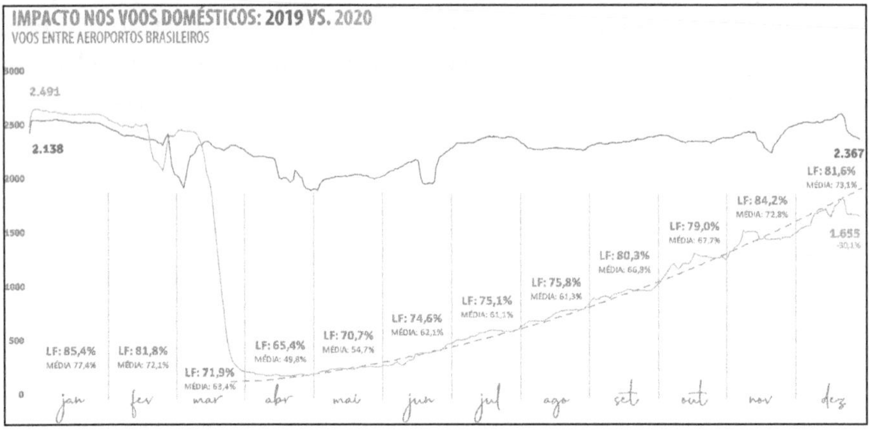

Gráfico 3: Tráfego de voos comerciais doméstico do Brasil.
Fontes: Ministério da Infraestrutura, Secretaria Nacional de Aviação Civil (SAC/MInfra); Agência Nacional de Aviação Civil (ANAC); Ministério da Defesa, Departamento de Controle do Espaço Aéreo (DECEA).

Em abril de 2020, ocorreu uma queda de 91,6% no tráfego de voos comerciais domésticos no país em comparação com 2019. No entanto, é possível observar uma recuperação do mercado doméstico muito maior do que do mercado internacional. Em dezembro de 2020, o setor recuperou 70% na média dos voos domésticos de 2019, enquanto o internacional recuperou apenas 30%, principalmente em razão das medidas de restrições que se impõem nas fronteiras dos países.

Assim, a queda na demanda doméstica e internacional no país, decorrente da pandemia de COVID-19, deriva de diversos fatores: das restrições impostas nas fronteiras dos países, pelo fechamento dos hotéis e atividades de turismo, cultura e comércio, pela adoção do teletrabalho, e pela preocupação das pessoas em contrair o novo coronavírus ao sair de casa.

Diante desses desafios, o Comitê Técnico de Facilitação da Comissão Nacional de Autoridades Aeroportuárias (Conaero)[4], com a participação da Secretaria de Aviação Civil do Ministério da Infraestrutura (SAC/MInfra), Agência Nacional de Vigilância Sanitária (ANVISA), Agência Nacional de Aviação Civil (ANAC), Departamento de Controle do Espaço Aéreo (DECEA), Receita Federal do Brasil (RFB), Policia Federal (PF), Vigilância Agropecuária Internacional (VIGIAGRO) e representantes das companhias aéreas, aeroportos e empresas de serviços auxiliares, passou a se reunir, a partir de janeiro de 2020, logo que surgiu o novo coronavírus, com o objetivo de discutir os efeitos no setor e prepará-lo com vistas a minimizar impactos na segurança e operações. Foram mais de 50 reuniões ao longo de 2020, coordenadas pela SAC/MInfra com a participação dos órgãos e entidades do governo e da iniciativa privada, por meio de um processo de discussão colaborativa e participativa sobre as medidas a serem adotadas no país referentes aos protocolos sanitários da ANVISA, bem como as medidas de restrição de fronteira ao transporte aéreo.

No entanto, nesse processo de discussão colaborativa do setor, restava incluir e compreender as principais preocupações do passageiro do transporte aéreo em tempos de pandemia de COVID-19. Considerava-se pertinente revelar como essas preocupações interferiram no processo de decisão do passageiro no momento da compra da passagem aérea e se os protocolos sanitários, que estavam sendo implementados, permitiram uma maior sensação de segurança ao passageiro, entre outras questões.

Metodologia da Pesquisa sobre Percepção do Passageiro a Respeito da Pandemia do Covid-19

A Secretaria de Aviação Civil do Ministério da Infraestrutura, como ente responsável pela coordenação e acompanhamento dos órgãos e das entidades do sistema de aviação civil[5], realiza, por meio de contratação, desde 2013, a "Pesquisa de Satisfação dos Passageiros" nos aeroportos brasileiros, com vista a cumprir com as ações estratégicas definidas na Política Nacional de Aviação Civil (PNAC)[6], e as atribuições da Comissão Nacional de Autoridades Aeroportuárias (Conaero) no que tange a acompanhar o

[4] Instituída pelo Decreto nº 10.319, de 09 de abril de 2020.

[5] Definido pelo Decreto nº 10.368, de 22 de maio de 2020.

[6] Aprovada pelo Decreto nº 6.780, de 18 de fevereiro de 2009.

desempenho das operações aeroportuárias, por meio de indicadores, com o auxílio do operador do aeroporto e dos órgãos e entidades públicos e privados que nele exercem atividades.

Entre 2013 a 2017, a pesquisa foi realizada nos 15 principais aeroportos do país, e, a partir de 2018, passou a ser realizada nos 20 principais aeroportos (que, em 2019, corresponderam a 87% do tráfego de passageiros), totalizando mais de 400 mil passageiros entrevistados, formando um banco de dados bastante robusto[7]. Esse mapeamento permite ao governo brasileiro monitorar o desempenho operacional dos terminais e a percepção do usuário sobre o serviço, além de fornecer bases para o planejamento de políticas públicas para o setor.

No entanto, em março de 2020, com a pandemia de COVID-19, a "Pesquisa de Satisfação do Passageiro" foi interrompida em razão do risco de exposição dos pesquisadores, bem como pela significativa redução na movimentação de passageiros nos aeroportos. Nesse contexto, a Secretaria de Aviação Civil resolveu estruturar uma nova pesquisa com foco na percepção dos passageiros em relação ao COVID-19, pois detinha, em razão da pesquisa anterior, uma base de dados de série histórica dos passageiros do transporte aéreo brasileiro. Assim, poderia contribuir com o setor aéreo para entender como os passageiros percebiam a pandemia de COVID-19 no seu processo de decisão de viajar e quais ações que o setor poderia adotar para obter uma maior confiança e segurança dos passageiros com relação ao transporte aéreo e às medidas sanitárias adotadas pelas autoridades brasileiras para prevenção do contágio dos viajantes.

Além disso, para a execução da "Pesquisa sobre Percepção do Passageiro a respeito da Pandemia da Covid-19" no Brasil, tendo em vista realizar uma comparação internacional, buscou-se adotar a metodologia da IATA (2020b), aplicada em sua pesquisa intitulada "COVID-19 *Passenger Survey*", com prévia autorização.

A pesquisa da IATA foi iniciada em fevereiro de 2020, como uma resposta ao risco emergente relacionado à COVID-19. O estudo foi aplicado a cada 2 meses para compreender as mudanças de comportamento dos passageiros e revelar informações, as quais vêm contribuindo para a definição de diretrizes para a recuperação da indústria do transporte aéreo.

[7] Disponível no Sistema Hórus, da Secretaria Nacional de Aviação Civil do Ministério da Infraestrutura pelo site: https://horus.labtrans.ufsc.br/gerencial/#DesempenhoOperacional/ResultadosGerais

Em cada período, foram selecionados, de forma aleatória para participar da pesquisa, 4.700 passageiros de onze países (Austrália, Canadá, Chile, França, Alemanha, Índia, Japão, Singapura, Emirados Árabes Unidos, Reino Unido e EUA), que realizaram viagens a partir de julho de 2019. Além disso, também foram identificados aqueles que viajaram de avião dois meses antes da aplicação da pesquisa. A amostra de cada país foi dividida uniformemente entre viajantes de negócios e de lazer, caracterizados pelo tipo de viagem que fazem com mais frequência. No entanto, muitos entrevistados declararam que realizaram os dois tipos de viagem.

No total, foram apresentadas 41 questões sobre o comportamento do passageiro durante a pandemia, considerando: as medidas adotadas pelos passageiro para prevenção da contaminação, levando em conta sua experiência de viagem aérea nos últimos tempos; o nível de preocupação com relação à pandemia e às restrições impostas; os riscos que o transporte aéreo representa nesse momento; o uso de vacinas, da quarentena e de testes para viagem; a expectativa sobre o retorno ao uso do transporte aéreo; além de uma série de afirmações sobre o tema, com o objetivo de identificar se o viajante concorda ou discorda. Com isso, foi mapeado o perfil de comportamento e percepção do passageiro frente à pandemia e suas expectativas a respeito do transporte aéreo.

No caso da pesquisa no Brasil, as mesmas 41 questões foram aplicadas em dois momentos, em outubro e em dezembro de 2020, por meio do método quantitativo descritivo, executada por abordagem via telefone CATI. CATI é o acrônimo para *Computer Assisted Telephone Interviewing*, uma técnica de inquérito estatístico realizada através de ligação telefônica. O entrevistador é orientado durante a entrevista, seguindo um algoritmo disponibilizado pelo computador. Além do CATI, foi utilizada também a ferramenta *Survey Monkey*, para coletar dados quantitativos através de questionários enviados por e-mail ao público-alvo.

Foi planejada uma coleta mensal de pelo menos mil entrevistas, sendo, no mínimo, cinquenta entrevistas por aeroporto, por mês, para cada um dos vinte aeroportos que compõem o projeto.

Inicialmente, havia 35.000 contatos retirados da base de dados de janeiro de 2019 a março de 2020, referente à "Pesquisa de Satisfação dos Passageiros", conforme descritos na tabela 1.

ICAO	AEROPORTO	CONTATOS		TOTAL
		E-MAIL	TELEFONE	
SBBE	Júlio Cezar Ribeiro – (Belém)	1.000	600	**1.600**
SBBR	Pres. Juscelino Kubitschek – (Brasília)	1.000	900	**1.900**
SBCF	Tancredo Neves – (Belo Horizonte)	1.100	600	**1.700**
SBCT	Afonso Pena – (Curitiba)	100	1.200	1.300
SBCY	Marechal Rondon – (Cuiabá)	800	800	**1.600**
SBEG	Eduardo Gomes – (Manaus)	200	1.300	**1.500**
SBFL	Hercílio Luz – (Florianópolis)	1.400	1.000	**2.400**
SBFZ	Pinto Martins – (Fortaleza)	100	1.400	**1.500**
SBGL	Tom Jobim – (Rio De Janeiro)	1.200	1.300	**2.500**
SBGO	Santa Genoveva – (Goiânia)	800	1.400	**2.200**
SBGR	Gov. André Franco Montoro – (São Paulo)	1.000	1.800	**2.800**
SBKP	Viracopos – (Campinas)	400	1.200	**1.600**
SBMO	Zumbi dos Palmares – (Maceió)	300	300	**600**
SBPA	Salgado Filho – (Porto Alegre)	400	1.000	1.400
SBRF	Gilberto Freyre – (Recife)	1.400	1.100	**2.500**
SBRJ	Santos Dumont – (Rio De Janeiro)	200	1.000	**1.200**
SBSG	Governador Aluízio Alves – (Grande Natal)	1.000	600	**1.600**
SBSP	Congonhas – Dep. Freitas Nobre – (São Paulo)	1.400	1.500	**2.900**
SBSV	Dep. Luís Eduardo Magalhães – (Salvador)	400	500	**900**
SBVT	Eurico de Aguiar Salles – (Vitória)	800	500	**1.300**
BRASIL	**TOTAL 20 AEROPORTOS – (BRASIL)**	**15.000**	**20.000**	**35.000**

Tabela 1: Quantidades de contatos dos passageiros da "Pesquisa de Satisfação do Passageiros" (jan. 2019 a mar. 2020) por aeroporto.

Fonte: Ministério da Infraestrutura, Secretaria Nacional de Aviação Civil (SAC/MInfra).

A definição do tamanho da amostra foi calculada considerando o nível de confiança de 95%, e erro máximo de 3%, tendo como base o histórico de voos dos últimos dois anos, disponível para consulta no portal eletrônico Siros[8], da ANAC, o qual disponibiliza o histórico de voos realizados para os aeroportos brasileiros.

[8] https://sistemas.anac.gov.br/sas/siros

Resultados da Pesquisa sobre Percepção do Passageiro a Respeito da Pandemia do Covid-19

A partir de agora, serão apresentados os resultados da pesquisa realizada no Brasil em outubro e em dezembro de 2020, os quais serão comparados aos resultados obtidos junto a outros 11 países pela pesquisa realizada pela IATA, em setembro de 2020.

Conforme mencionado, ambas as pesquisas utilizaram a mesma metodologia, porém, foram realizadas não somente em meses diferentes, mas, principalmente, em momentos distintos dos países com relação à pandemia de COVID-19, o que permite analisar os efeitos da curva epidemiológica na opinião dos viajantes.

Comparação das respostas dos passageiros brasileiros obtidas em outubro de 2020, com as respostas obtidas em dezembro de 2020

O objetivo desta análise foi de compreender as mudanças de percepção dos passageiros brasileiros sobre temas relacionados à pandemia de COVID-19 e o transporte aéreo, conforme propõe a metodologia da IATA (2020b), abrangendo questões sobre riscos de contrair o vírus, medidas sanitárias empregadas e comportamento frente às incertezas.

Na pesquisa de outubro e de dezembro de 2020, 49% e 48% dos entrevistados foram do sexo masculino e 51% e 52% do sexo feminino, respectivamente. Na pesquisa de outubro, 29% estavam na faixa etária dos 35 aos 44 anos, sendo que a faixa menos representada era a de mais de 65 anos (5%). Na pesquisa de dezembro, 37% estavam na faixa etária dos 25 aos 34 anos, sendo que a faixa menos representada era a de mais de 65 anos (2%). Uma cota de 50/50 foi respeitada com referência ao tipo de viagem mais frequente, ou seja, de negócios e de lazer.

Dentre os entrevistados de outubro de 2020, os que fizeram viagens a lazer, em média, voaram 3 vezes ao ano, enquanto a média de voos dos que viajaram à negócios foi de 4 viagens ao ano. Os entrevistados desta amostra, em média, fizeram 3 viagens internacionais por ano. Para dezembro de 2020, os que fizeram viagens a lazer, em média, voaram 2 vezes ao ano, enquanto a média de voos dos que voaram a negócios foi de 3 viagens ao ano. Os entrevistados desta amostra, em média, fizeram 2 viagens internacionais por ano.

Primeiramente, destaca-se o fato de que o cenário da pandemia em que o país se encontrava em outubro e em dezembro de 2020 era bem distinto, o que é fundamental para comparar os resultados das entrevistas. O gráfico 4 apresenta a média móvel de mortes por COVID-19 no Brasil, identificando o momento da primeira e da segunda entrevista.

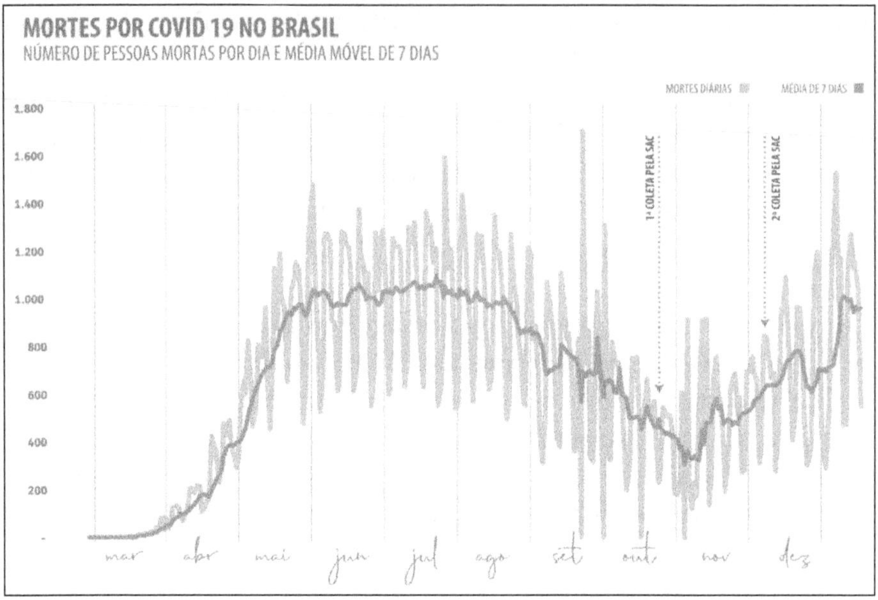

Gráfico 4: Média móvel de mortes por COVID-19 no Brasil.

Fontes: Ministério da Saúde e Universidade de Oxford, Projeto *Our World in Data*[9].

Neste contexto, é importante notar que o Brasil vinha reduzindo o número de mortes num aparente controle da pandemia, em outubro de 2020, mês da primeira coleta. No entanto, em dezembro de 2020, no segundo momento da pesquisa, o Brasil vivenciou um aumento no número de mortes, demonstrado no gráfico por uma curva ascendente. O ponto de inflexão da curva foi o mês de novembro de 2020 (gráfico 4). A mudança da situação pandêmica pode impactar a percepção de risco do passageiro e isto foi analisado na comparação entre as amostras.

Com relação aos riscos e aspectos de proteção, conforme se observa no gráfico 5, os viajantes brasileiros melhoraram sua percepção sobre a quali-

[9] Projeto da universidade de Oxford em parceria com a Johns Hopkins University que coleta e trata os dados de diversas fontes como OMS, ONU, World Bank, Centros de controles de doenças, Governos etc.

dade do ar em voo e sobre a chance de serem contaminados durante o voo, o que demostra, em certo aspecto, que as medidas de prevenção adotadas relacionadas à qualidade do ar em voo podem ter provocado efeitos positivos na percepção dos passageiros.

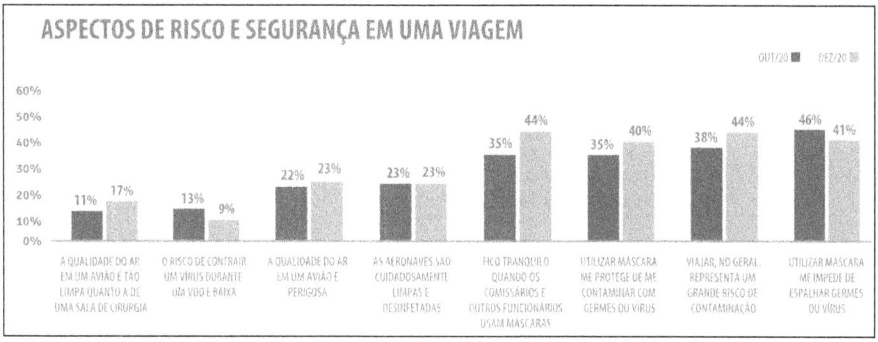

Gráfico 5: "O quanto você concorda com cada uma das seguintes declarações?" Porcentagem de passageiros que concorda fortemente que:
Fonte: Ministério da Infraestrutura, Secretaria Nacional de Aviação Civil (SAC/MInfra).

Entretanto, a percepção de limpeza e desinfecção das aeronaves é muito baixa (23%), quando se compara as duas amostras (gráfico 5), o que pode representar possível falha na comunicação aos viajantes na adoção de um processo mais eficaz de desinfecçao, ou mesmo falha na execução do processo de limpeza por parte das empresas aéreas. A propósito, este é um ponto que tem sido discutido pelas autoridades sanitárias e da aviação civil com o setor aéreo, coordenado pela Secretaria de Aviação Civil do Ministério da Infraestrutura. Em 18 de dezembro de 2020, a ANVISA[10] passou a exigir das companhias aéreas novos procedimentos operacionais para a limpeza das aeronaves.

Além disso, é importante ressaltar o aumento da importância do uso de máscara como dispositivo de proteção para os brasileiros (gráfico 5).

No gráfico 6, apresenta o nível de preocupação com relação a contaminação de COVID-19. Observa-se que, em decorrência da inversão e consequente aumento do número de mortes entre outubro e dezembro de 2020, o nível de preocupação de contaminação aumentou entre os brasileiros e

[10] Conforme Resolução de Diretoria Colegiada da ANVISA – RDC nº 456, de 17 de dezembro de 2020 (DOU. Publicado em: 18/12/2020 | Edição: 242-A | Seção: 1 – Extra A | Página: 17)

isto se reflete também em quaisquer tipos de procedimentos ou processos que aglomerem pessoas, que é o caso do transporte aéreo. O percentual dos passageiros extremamente preocupados em se contaminar cresceu em 10%, de 32% em outubro, para 42% em dezembro.

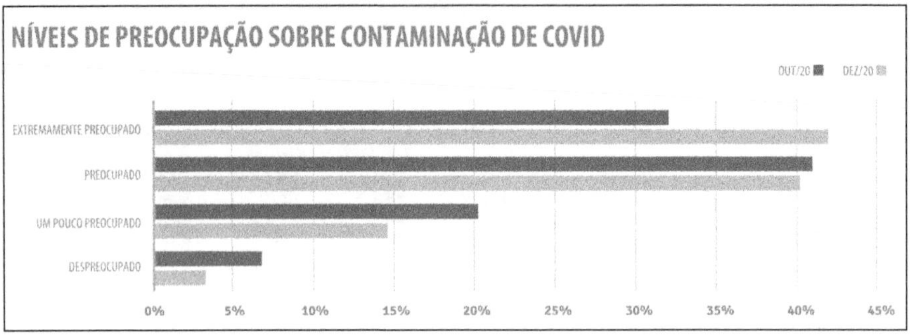

Gráfico 6: Comparação entre o nível de preocupação de contaminação de COVID-19. Fonte: Ministério da Infraestrutura, Secretaria Nacional de Aviação Civil (SAC/MInfra).

Neste sentido, resgatar a confiança do viajante no transporte aéreo se torna um desafio ainda maior, especialmente impactado pela situação epidemiológica e a falta de controle na transmissão, a qual o país se encontrava em 2020.

De acordo com o gráfico 7, é possível observar ainda que o percentual dos que se dizem mais seguros com medidas sanitárias adotadas tenha se mantido estável e que tenha ocorrido uma certa estabilização na malha aérea doméstica, no que diz respeito aos atrasos e cancelamentos, gerando uma melhor experiência aos passageiros que voaram neste período, há um aumento na resistência em voltar a voar no período de pandemia, ainda que tenha havido uma estabilização da percepção de que as medidas sanitárias foram realmente bem implementadas no setor. Isso demonstra, de certa forma, que a confiança no transporte aéreo ainda é muito baixa e serão necessárias ações estratégicas para trazer o passageiro de volta ao voo.

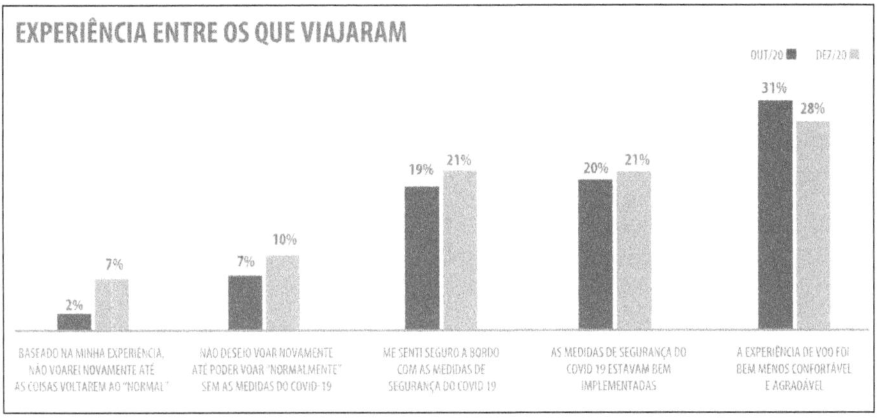

Gráfico 7: "Levando em conta sua última viagem de avião, você concorda com as seguintes afirmações?" Porcentagem de passageiros que concordam fortemente que:
Fonte: Ministério da Infraestrutura, Secretaria Nacional de Aviação Civil (SAC/MInfra).

No entanto, conforme o gráfico 8, é possível observar que algumas ações parecem trazer uma maior percepção de segurança em voar para os viajantes brasileiros quando se compara as duas amostras, tais como medição de temperatura, avaliação de sintomas de COVID-19 nos passageiros, limpeza do aeroporto e da aeronave, algum tipo certificado de imunidade, processos sem trocas de documentos e preservação da distância social na aeronave.

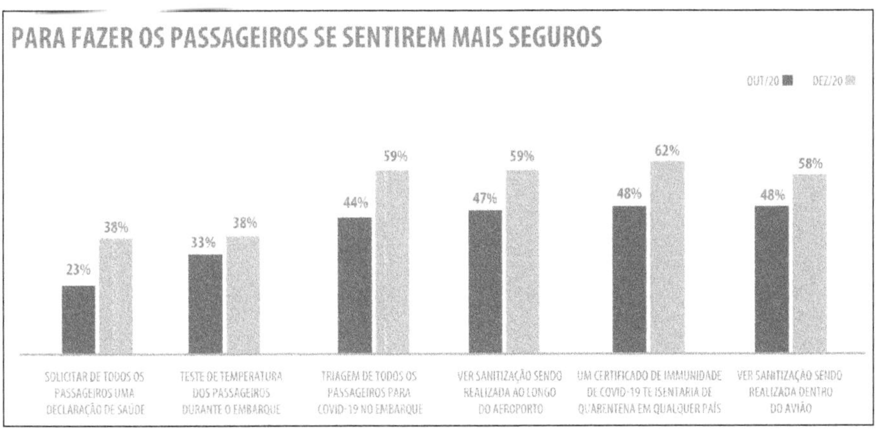

Gráfico 8: "Neste momento de pandemia, o quanto cada um dos itens a seguir faria você se sentir mais seguro(a) em uma viagem de avião?" Porcentagem de passageiros que se sentiriam muito seguro:
Fonte: Ministério da Infraestrutura, Secretaria Nacional de Aviação Civil (SAC/MInfra).

Por fim, um dos resultados da pesquisa brasileira chama a atenção no comparativo de médias entre as duas amostras: deixar a poltrona do meio vazia parece ser realmente importante para os viajantes brasileiros com relação à sensação de segurança na viagem aérea (gráfico 9).

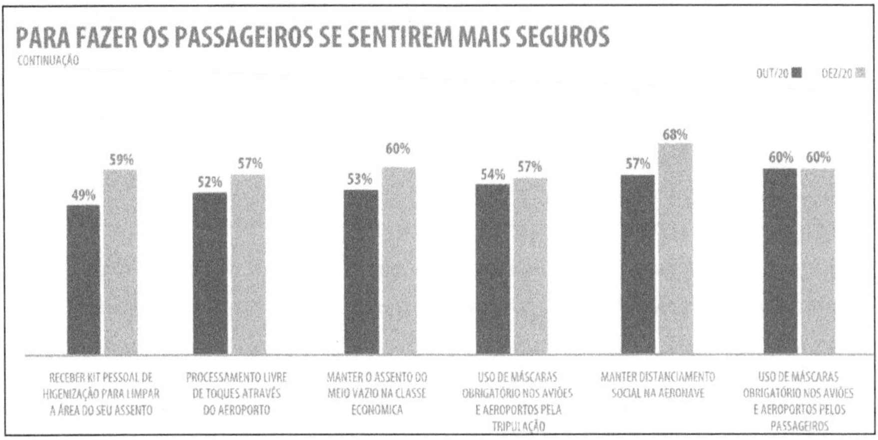

Gráfico 9: "Neste momento de pandemia, o quanto cada um dos itens a seguir faria você se sentir mais seguro(a) em uma viagem de avião?" Muito seguro:

Fonte: Ministério da Infraestrutura, Secretaria Nacional de Aviação Civil (SAC/MInfra).

Comparação entre a percepção dos passageiros brasileiros e a dos passageiros dos demais países entrevistados pela IATA

Para a apreciação é importante observar a situação da curva epidemiológica de mortes de COVID-19, no momento em que foi realizada a pesquisa em cada país (gráficos 10, 11 e 12).

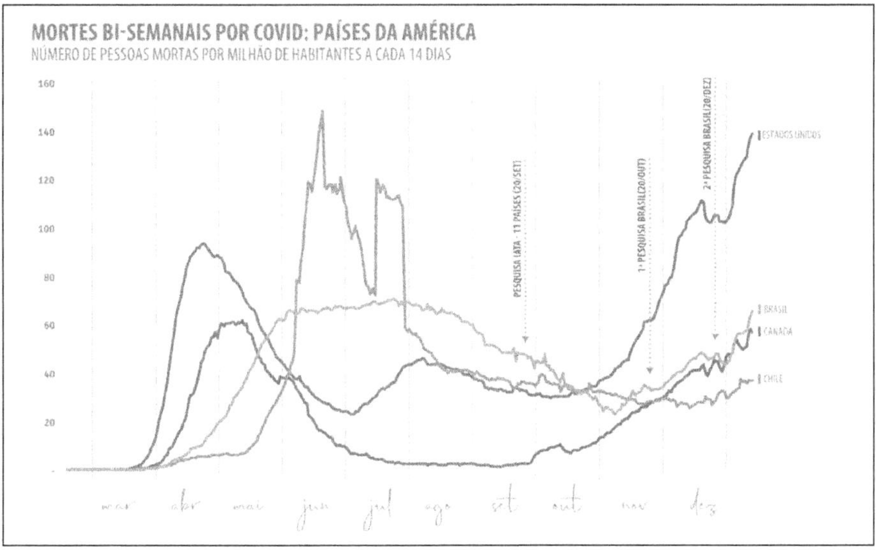

Gráfico 10: Curva do número de mortes bi-semanais decorrentes de COVID-19 por milhão de habitantes dos países da América.

Fonte: Universidade de Oxford, Projeto *Our World in Data.*

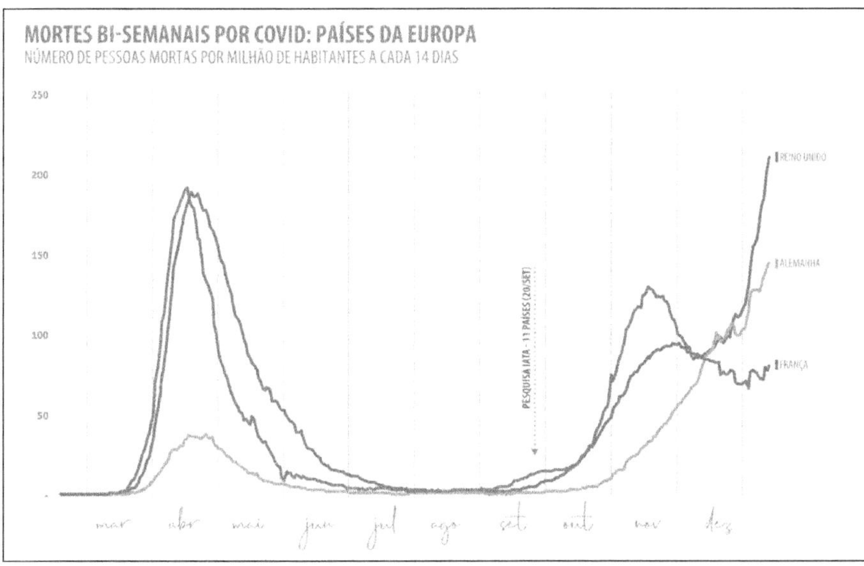

Gráfico 11: Curva do número de mortes bi-semanais decorrentes de COVID-19 por milhão de habitantes dos países da Europa.

Fonte: Universidade de Oxford, Projeto *Our World in Data.*

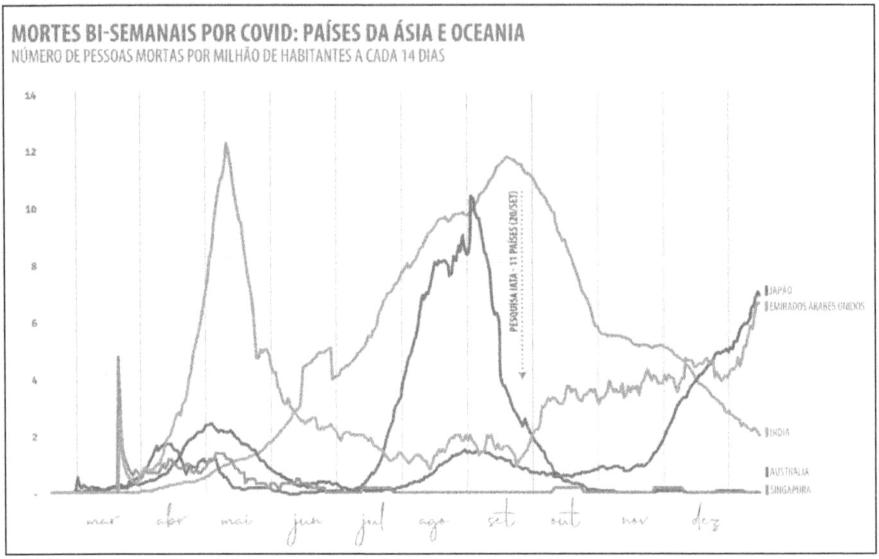

Gráfico 12: Curva do número de mortes bi-semanais decorrentes de COVID-19 por milhão de habitantes dos países da Asia e Oceania.

Fonte: Universidade de Oxford, Projeto *Our World in Data.*

Em uma análise inicial, é perceptível que, na metade de setembro de 2020, países como o Brasil, a Índia, os Estados Unidos e o Chile enfrentavam significativas perdas humanas, enquanto Reino Unido, Alemanha e Austrália pareciam ter um controle maior dos impactos da primeira onda da pandemia.

Ao longo do tempo, 30 dias após a 1ª pesquisa brasileira, a segunda onda começava ameaçar países europeus e o número de mortes voltava a ser ascendente no Reino Unido, França e Alemanha. O Brasil, Chile e a Índia, em outubro, experimentavam uma redução no número de mortes, dando alguma esperança aos analistas com relação a retomada de alguns setores econômicos, como comércio, educação, turismo e aviação civil. Enquanto os Estados Unidos ainda enfrentavam grandes protestos anti-racistas, comícios políticos motivados pela eleição presidencial e, consequentemente, grandes aglomerações, potencializando os efeitos provocados pela segunda onda do vírus.

Entretanto, o mês de dezembro apresentou os impactos iniciais da segunda onda pandêmica, com o retorno do crescimento do número de mortes em países como Brasil, Canada e Japão, enquanto países europeus já apresentavam números expressivos de mortalidade decorrente também de uma mutação mais contagiosa do vírus, mapeada no Reino Unido e anunciada em 19 de dezembro. Conforme os impactos advindos dos movimentos identificados nos meses anteriores, os Estados Unidos atingiram uma média de 2.350 mortes diárias.

Nesse contexto, as coletas foram realizadas e todas as comparações e análises devem levar em consideração os diferentes momentos. Descritas as limitações dessa análise entre países e considerando as ressalvas apresentadas, passa-se agora para as percepções identificadas na avaliação comparativa das pesquisas.

Com relação à preocupação no contágio do vírus, observa-se, pelo gráfico 13, que os viajantes de países como Índia, Emirados Árabes Unidos e Chile apresentaram grande grau de preocupação, enquanto países europeus, ainda no momento de redução da primeira onda de contaminação, apresentavam uma menor preocupação. No Brasil, é possível observar o contraste entre a primeira onda e a segunda, quando as médias de mortes por dia voltaram a crescer. A diferença é de 10 pontos percentuais a mais de passageiros que se declararam muito preocupados em contrair a doença.

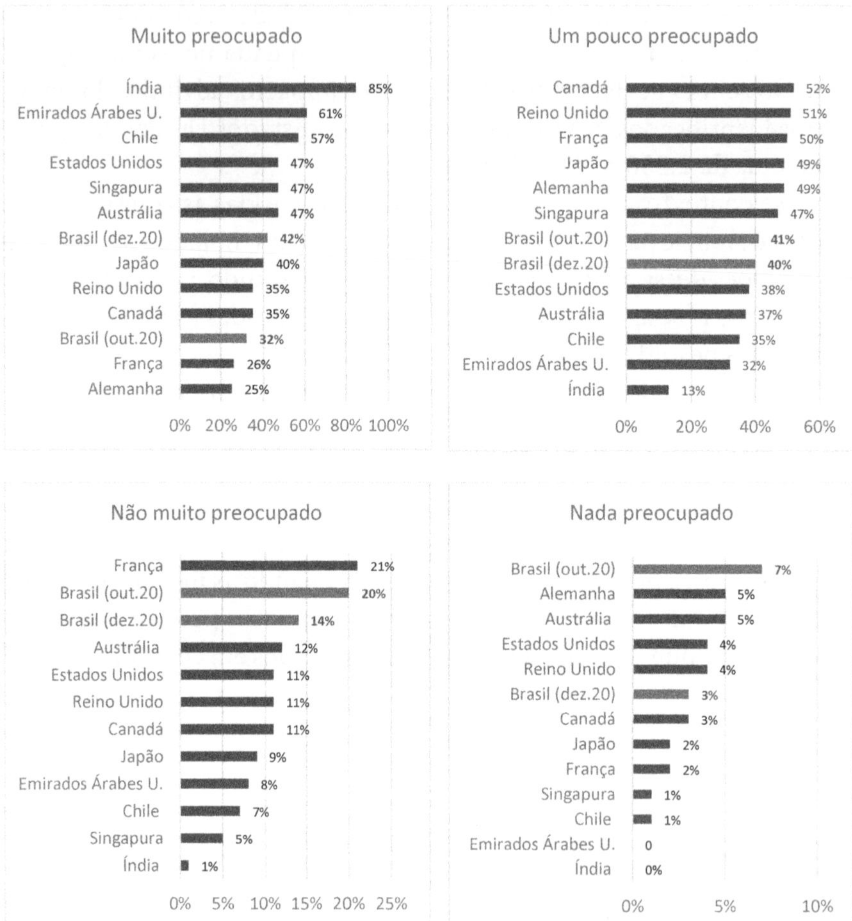

Gráfico 13: "Quão preocupado você está pessoalmente em contrair o coronavírus COVID19: muito preocupado, um pouco preocupado, não muito preocupado ou nada preocupado?"

Fontes: Ministério da Infraestrutura, Secretaria Nacional de Aviação Civil (SAC/MInfra) e Associação Internacional de Transporte Aéreo (IATA).

Por consequência, a tarefa de convencer as pessoas a retornarem ao uso do transporte aéreo se torna mais difícil quando a preocupação com a contaminação aumenta entre os viajantes, tornando mais desafiadoras as decisões a serem tomadas por empresas aéreas, aeroportos e governos.

De acordo com a tabela 2, para passageiros dos onze países pesquisados, as três maiores preocupações que os viajantes possuem em relação ao processo de embarque e desembarque no aeroporto são, na ordem: a espera em filas (*check-in*, migração, inspeção de segurança), o uso do ônibus no acesso à aeronave e o uso dos banheiros.

Países	Fila / espera na fila no check-in, segurança, controle de fronteira ou embarque	Pegar um ônibus ou trem para chegar à sua aeronave	Utilizar banheiros do aeroporto	Comer ou beber em restaurantes, bares ou salões	Tocar em caixas / bandejas ao passar pela segurança	Entregar seu passaporte, telefone ou cartão de embarque a agentes da companhia aérea, equipe de segurança ou funcionários do governo no aeroporto	Respirar o ar do terminal	Tocar na sua bagagem após recolhê-la	Esperar no portão ou no saguão	Despacho de bagagem
Austrália	41%	31%	34%	29%	33%	33%	28%	28%	26%	17%
Canadá	38%	45%	41%	32%	37%	28%	34%	23%	25%	15%
Chile	55%	41%	52%	39%	33%	32%	30%	31%	25%	9%
França	51%	35%	38%	26%	38%	33%	26%	31%	25%	16%
Alemanha	52%	52%	40%	26%	25%	24%	28%	21%	34%	13%
Índia	37%	29%	34%	38%	32%	43%	28%	32%	19%	19%
Japão	50%	50%	39%	51%	24%	25%	28%	24%	28%	13%
Singapura	40%	33%	42%	35%	41%	39%	32%	29%	27%	17%
Emirados Árabes U.	33%	33%	46%	34%	34%	38%	28%	29%	24%	17%
Reino Unido	48%	50%	37%	25%	30%	28%	32%	20%	29%	18%
Estados Unidos	39%	35%	38%	34%	30%	24%	31%	26%	32%	13%
Brasil (out.20)	33%	50%	33%	24%	20%	14%	28%	12%	34%	28%
Brasil (dez.20)	38%	49%	31%	33%	17%	18%	37%	10%	33%	37%

Tabela 2: As três principais preocupações dos passageiros no aeroporto: "Das seguintes opções, quais são as que mais preocupam você?"

Fontes: Ministério da Infraestrutura, Secretaria Nacional de Aviação Civil (SAC/MInfra) e Associação Internacional de Transporte Aéreo (IATA).

Para o Brasil, na coleta de outubro, além desses pontos mais críticos nos demais países, também estava a questão do risco de se esperar um voo no portão de embarque ou saguão de espera. Entretanto, em dezembro de 2020, ampliou-se a percepção do risco (+9%) de respirar no aeroporto, despachar as bagagens, e comer e beber nos restaurantes do aeroporto (tabela 2).

Segundo os resultados da tabela 3, em relação às maiores preocupações dentro da aeronave, Chile, Japão, Singapura e os Emirados Árabes Unidos têm as maiores médias em relação aos temas apresentados. No Brasil, aparentemente os viajantes estão mais preocupados com a proximidade de alguém infectado sentar-se ao seu lado durante o voo, com altos percentuais de pessoas extremamente ou um pouco preocupadas, e o medo de respirar o ar interno da aeronave, com um aumento de 6% de passageiros classificados como muito e pouco preocupados, quando se compara a amostra de outubro com a de dezembro. Além disso, a pesquisa apresenta uma evolução de +19% sobre a preocupação de se locomover dentro da aeronave. Esses percentuais refletem um aumento da preocupação entre as amostras, o que torna necessário um esforço maior dos especialistas com foco nesses temas específicos. Tudo no intuito de convencer passageiros brasileiros a retornar a voar.

Países	Sentar ao lado de alguém que pode estar infectado	Usar o banheiro	Respirar o ar no avião	Andar pela aeronave até o banheiro	Tocar no própio assento	Tocar nas bandejas	Tocar nos compartimentos superiores para guardar suas malas de mão	Consumir alimentos e bebidas servidos	Tocar na tela de entreteni mento a bordo	Interagir com a tripulação de cabine
Austrália	57%	38%	37%	28%	23%	30%	25%	22%	22%	20%
Canadá	63%	38%	43%	26%	26%	28%	25%	18%	22%	17%
Chile	84%	58%	39%	23%	18%	22%	26%	30%	20%	16%
França	63%	39%	36%	27%	31%	29%	29%	26%	23%	16%
Alemanha	65%	39%	42%	35%	20%	21%	19%	18%	20%	23%
Índia	45%	39%	29%	31%	29%	23%	33%	33%	27%	24%
Japão	78%	43%	43%	24%	25%	28%	17%	25%	19%	27%
Singapura	57%	43%	36%	26%	30%	27%	33%	25%	29%	23%
Emirados Árabes U.	60%	49%	36%	25%	33%	27%	27%	25%	27%	17%
Reino Unido	59%	41%	48%	29%	20%	24%	22%	21%	21%	18%
Estados Unidos	58%	39%	44%	26%	29%	26%	21%	22%	18%	19%
Brasil (out.20)	85%	40%	47%	47%	9%	14%	13%	23%	7%	5%
Brasil (dez.20)	88%	34%	53%	66%	10%	12%	13%	27%	7%	12%

Tabela 3: As três principais preocupações dos passageiros a bordo da aeronave: "Das seguintes opções, quais são as que mais preocupam você?"

Fontes: Ministério da Infraestrutura, Secretaria Nacional de Aviação Civil (SAC/MInfra) e Associação Internacional de Transporte Aéreo (IATA).

Sobre as condições do ar de uma aeronave durante o voo, é importante citar que estudos recentes do *Centers for Disease Control and Prevention* (CDC), nos Estados Unidos, indicam que de 675 mil passageiros que chegaram no país nos últimos tempos, menos de 15 estavam contaminados com o vírus da COVID-19. Basicamente seriam 2 casos a cada 100 mil passageiros que chegaram em território americano pelo modal aéreo (Shepardson, 2020).

Ainda, estudo da IATA (2020c) demonstrou a baixa incidência de transmissão de COVID-19 a bordo das aeronaves, apenas 44 casos potenciais foram identificados de transmissão relacionadas à voos entre 1,2 bilhão de viajantes, o que significa um caso para cada 2,7 milhões de viajantes, sendo que a grande maioria dos casos ocorreu antes da obrigatoriedade do uso de coberturas faciais a bordo. O que significa um risco quase nulo de contaminação devido principalmente aos protocolos implementados pela indústria do transporte aéreo (utilização das máscaras pelos passageiros e tripulação, higienização das instalações e aeronaves, uso de filtros específicos (HEPA) no ar-condicionados das aeronaves).

A *Harvard T.H. Chan School of Public Health* (2020) também realizou estudos que avaliaram o risco da transmissão do vírus durante o voo e sem o uso de medidas que reduzissem tal risco, e conclui que há mais chances de ser contaminado durante a alimentação em um restaurante que durante uma viagem de avião.

Estes estudos demonstram que a aviação não é mais considerada um vetor de transmissão do vírus e a divulgação desses estudos pode ter contribuído para a melhora da percepção do viajante brasileiro entre a primeira e a segunda onda de coleta. Assim, é possível inferir que os protocolos de segurança sanitária, definidos pela Organização Internacional da Aviação Civil, por intermédio do *Council Aviation Recovery Task* (ICAO-CART, 2020), que estão sendo implementadas nos aeroportos, inclusive no Brasil, estão funcionando efetivamente.

Avaliando ainda as três preocupações a bordo nas pesquisas, a Índia demonstra ter o viajante menos apreensivo com os riscos potenciais de contaminação a bordo, enquanto o Japão e o Chile têm os viajantes mais preocupados. Já o Brasil tem diferenças significativas nas pesquisas de outubro e dezembro. Se a preocupação sobre usar o banheiro caiu de 40% para 34% e a preocupação de se contaminar ao tocar nas bandejas durante a inspeção de segurança caiu de 14% para 12%, os demais pontos tiveram sua preocupação ampliada, especialmente sobre o risco de caminhar a bordo e o de respirar a bordo. Uma explicação plausível para essa ampliação é o agravamento da situação nacional quando se compara a posição da curva de mortes no Brasil em outubro e em dezembro de 2020 (tabela 3).

É fato que as pioras nos índices tornam o cenário cada vez mais desafiador para aeroportos e empresas aéreas, visto que, em dezembro, a aviação doméstica atingiu 70% da malha aérea do mesmo período do ano passado, especialmente devido às festas de final de ano. Ressalta-se ainda que encontros familiares são possíveis vetores que ampliam o risco de contaminação e, consequentemente, devem manter o país na trajetória de aumento das contaminações diárias, assim como de mortes, agravando a situação adversa para a aviação civil.

Além disso, é possível observar na tabela 3, que a preocupação e a percepção do risco de um passageiro infectado sentar-se ao lado parece ser um ponto desafiador para as empresas aéreas que são totalmente contrárias ao bloqueio da poltrona de meio, por não representar riscos aos passageiros transportados, de acordo com a IATA (2020a), e pelo aumento do custo de operação em uma época tão desfavorável economicamente. Assim, é preciso focar os esforços nesse aspecto, a fim de reduzir as preocupações do passageiro, utilizando os estudos apresentados no sentido de garantir a segurança sanitária do voo.

Segundo a tabela 4, com relação às proposições que fariam o viajante voar novamente e de forma segura, parece haver um impacto claro sobre os viajantes brasileiros em relação ao alto percentual de escolha no uso de vacina (89%), influenciada, principalmente, pela coleta em dezembro quando as notícias do começo de programas de vacinação em vários países afetavam sua opinião. Assim, não foi possível realizar uma avaliação neutra, considerando as respostas dos demais países, pois em setembro as informações sobre possíveis vacinas ainda eram incipientes no mundo. Ainda, essa evolução das vacinas e dos testes rápidos também influenciaram os resultados sobre a disponibilidade de tratamento e testagem na amostra brasileira.

Países	Uma vacina para evitar que as pessoas contraiam o vírus estar amplamente disponível	Existe tratamento prontamente disponível para COVID-19 ou Coronavírus	O teste COVID-19 rápido e completo está facilmente disponível	Organizações de saúde afirmam que a pandemia diminuiu	As restrições de viagens foram suspensas	As medidas de viagens aéreas COVID-19 são removidas (por exemplo, exigência de uso de máscara)	Governos removem ordens de lockdown e de quarentena	Há seguro saúde abrangente disponível onde quer que você vá	Seu médico diz que é seguro viajar
Austrália	50%	39%	31%	32%	31%	24%	19%	18%	15%
Canadá	49%	40%	32%	30%	24%	19%	18%	20%	18%
Chile	52%	47%	49%	40%	19%	19%	23%	20%	13%
França	40%	39%	40%	25%	25%	22%	22%	13%	17%
Alemanha	52%	32%	29%	33%	27%	21%	18%	15%	16%
Índia	44%	38%	41%	33%	18%	37%	25%	25%	22%
Japão	58%	48%	35%	35%	19%	24%	13%	16%	10%
Singapura	51%	44%	40%	29%	24%	25%	22%	23%	17%
Emirados Árabes U.	49%	37%	37%	37%	21%	25%	16%	18%	22%
Reino Unido	46%	36%	36%	30%	29%	18%	16%	21%	13%
Estados Unidos	47%	41%	34%	25%	22%	21%	17%	13%	20%
Brasil (out.20)	80%	52%	63%	34%	11%	15%	16%	19%	10%
Brasil (dez.20)	89%	51%	63%	33%	12%	10%	15%	17%	10%

Tabela 4: Indicador de que voar é seguro: "Das seguintes opções, quais são as três que melhor indicariam que é seguro voar novamente?"

Fontes: Ministério da Infraestrutura, Secretaria Nacional de Aviação Civil (SAC/MInfra) e Associação Internacional de Transporte Aéreo (IATA).

Ademais, chama a atenção a baixa confiança nas decisões de governo em países como Japão, Reino Unido, Estados Unidos e Emirados Árabes Unidos, além do Brasil, especialmente quando da remoção das regras de *lockdown* e de quarentena (tabela 4).

Os viajantes do Brasil, Reino Unido e Japão têm mais confiança nas decisões de organismos internacionais, como a Organização Mundial da Saúde, que nos próprios governos nacionais. Somente passageiros dos Emirados Árabes Unidos e Estados Unidos têm mais confiança em seus médicos do que em seus governos (tabela 4).

Sobre temas relacionados ao comportamento das empresas aéreas durante a pandemia, dentre os diversos países que apresentam grande confiança na comunicação das medidas de segurança adotadas, é importante destacar Singapura e Emirados Árabes Unidos que possuem grandes empresas nacionais, no caso, Singapore Airlines e Emirates, respectivamente. Já o Brasil e a Alemanha possuem os viajantes menos satisfeitos, sendo que no caso brasileiro, a avaliação sobre a transparência das empresas aéreas piorou de outubro para dezembro (tabela 5).

Países	As companhias aéreas estão sendo transparentes ao comunicar as medidas que estão tomando para manter a segurança dos voos.	As disposições flexíveis de reserva que as companhias aéreas estão oferecendo são incentivos suficientes para que eu possa viajar com confiança.	As companhias aéreas estão colocando o lucro à frente da segurança ao encorajar as pessoas a viajar neste momento.
Austrália	80%	69%	72%
Canadá	74%	63%	74%
Chile	79%	68%	68%
França	72%	73%	63%
Alemanha	70%	64%	62%
Índia	94%	89%	87%
Japão	73%	59%	49%
Singapura	84%	76%	76%
Emirados Árabes U.	86%	81%	74%
Reino Unido	76%	68%	67%
Estados Unidos	80%	70%	70%
Brasil (out.20)	61%	52%	50%
Brasil (dez.20)	56%	50%	64%

Tabela 5: "Você concorda totalmente, concorda parcialmente, discorda parcialmente ou discorda totalmente com cada uma das seguintes afirmações?" Porcentagem de passageiros que concordam totalmente ou parcialmente que:

Fontes: Ministério da Infraestrutura, Secretaria Nacional de Aviação Civil (SAC/MInfra) e Associação Internacional de Transporte Aéreo (IATA).

Sobre a flexibilidade nas reservas durante a pandemia, o Brasil é o país com os passageiros menos satisfeitos, contrastando com Índia, Singapura e Árabes Unidos. Estes dois últimos têm alto percentual de concordância com a política estipulada pelas empresas nacionais.

No caso específico do Brasil (tabela 5), a avaliação em relação ao comportamento das empresas aéreas é baixa, pois é possível identificar os mais baixos índices de aprovação sobre a capacidade de comunicação com o passageiro e sobre a política de reservas aplicada. No entanto, há uma melhor percepção quanto a busca do lucro a frente da questão de segurança (50% e 64%) em comparação com a média dos outros onze países sobre este quesito (70%).

Sobre este tema, é importante ressaltar a redução drástica inicial do número de voos em março de 2020, em decorrência da pandemia do COVID-19, especificamente por causa da falta de demanda de passageiros, forçando as empresas aéreas a reduzirem os voos em todas as regiões. A malha aérea foi reduzida em 91,61% comparada ao mesmo período de 2019 (gráfico 3). Considerando a programação das empresas Gol, Azul e Latam, a queda é de 56,06% das localidades atendidas, passando de 106 para 46. O número de voos semanais passou de 14.781 para 1.241 e nas semanas subsequentes, a redução permaneceu sendo efetuada.

Isso provocou um efeito durante os meses posteriores, onde atrasos e cancelamentos eram frequentes, com o objetivo de ajustar a malha aérea operacional. Isto certamente gerou frustrações nos usuários que utilizaram os serviços aéreos durante pandemia, o que pode explicar, em parte, os mais baixos percentuais em relação às flexibilizações na reserva de voo, oferecido pelas as companhias aéreas como incentivo para que o passageiro se sentisse mais confiante em viajar novamente.

Países	Uso obrigatório de máscaras em aeroportos e aviões pelos passageiros	Uso obrigatório de máscaras em aeroportos e aviões pela tripulação	As companhias aéreas devem aplicar estritamente o uso de máscaras faciais a bordo.	Pessoas que se recusam a usar coberturas faciais durante a viagem devem ser punidas por lei.
Austrália	85%	86%	87%	79%
Canadá	84%	86%	88%	78%
Chile	94%	92%	91%	87%
França	82%	82%	86%	80%
Alemanha	79%	80%	82%	80%
Índia	97%	95%	96%	94%
Japão	87%	88%	83%	67%
Singapura	87%	89%	90%	89%
Emirados Árabes U.	88%	84%	86%	83%
Reino Unido	83%	80%	82%	80%
Estados Unidos	85%	86%	86%	76%
Brasil (out.20)	93%	93%	91%	85%
Brasil (dez.20)	95%	94%	93%	89%

Tabela 6: "Quando se trata do COVID-19 e das futuras viagens aéreas, quanto mais seguro cada um dos itens a seguir faria você se sentir em relação a viagens de avião – muito mais seguro, um pouco mais seguro, não muito mais seguro, nada mais seguro?" Porcentagem de passageiros que responderam muito ou um pouco mais seguro:

Fontes: Ministério da Infraestrutura, Secretaria Nacional de Aviação Civil (SAC/MInfra) e Associação Internacional de Transporte Aéreo (IATA).

De acordo com a tabela 6, o uso de máscaras como mecanismo de proteção à contaminação e transmissão está amplamente aceito pelos viajantes aéreos, especialmente no Chile, na Índia e no Brasil. Os viajantes mais resistentes ao uso de máscaras ainda são os europeus, e os mais resistentes às penalidades, são os japoneses.

Por meses este foi um tema bastante debatido no Brasil, em especial, questionava-se se as empresas aéreas e aeroportos teriam o poder de exigir do passageiro o uso de máscara e inclusive de barrá-lo na entrada da aeronave, caso houvesse a recusa do uso. Houve os que defendiam, e eram em grande parte representantes do setor privado, que o cumprimento da regra deveria ser exigido por quem teria o poder legal de criar regulamentos sanitários.

A solução foi a publicação da Lei nº 14.019/2020, em julho de 2020. De acordo com a referida lei, as máscaras podem ser artesanais ou industriais e a obrigatoriedade do uso da proteção facial englobou vias públicas e transportes públicos coletivos, como ônibus e metrô, bem como táxis e carros de aplicativos, ônibus, aeronaves ou embarcações de uso coletivo fretados. Assim, os concessionários e empresas de transporte público (no caso do Brasil, tanto aeroportos quanto empresas aéreas) devem atuar com o poder público na fiscalização do cumprimento das normas, podendo inclusive vedar a entrada de passageiros sem máscaras nos terminais e meios de transporte.

Outro tema correlacionado à proteção contra a transmissão da COVID-19 é a questão da aglomeração de passageiros nos aeroportos. Culturalmente, brasileiros frequentemente formam filas à frente do portão de embarque, mesmo antes da autorização do processo de embarque na aeronave. Como os aeroportos foram construídos para aglomerar pessoas, ou seja, tem originalmente a estrutura física com a função de concentrar passageiros para o embarque ou desembarque, algumas ações foram definidas para tentar mitigar o risco da aglomeração e, consequentemente, de transmissão do vírus. Por acordo operacional entre o governo e as empresas do setor, 33 ações foram estipuladas que incluem demarcação de distanciamento de 1 metro nas áreas de espera e nas áreas comerciais, proteções de acrílico entre o funcionário da empresa e os passageiros, avisos sonoros e visuais de orientação para se evitar aglomerações, treinamento e comunicação dos riscos aos funcionários dos aeroportos e empresas aéreas, disponibilidade de desinfetantes, entre outras.

Países	Estou disposto a fazer um teste COVID-19 como parte do processo de viagem.	Um teste COVID-19 deve ser exigido de todos os viajantes.
Austrália	91%	88%
Canadá	88%	85%
Chile	91%	90%
França	85%	79%
Alemanha	83%	75%
Índia	95%	96%
Japão	84%	79%
Singapura	84%	87%
Emirados Árabes U.	90%	91%
Reino Unido	86%	81%
Estados Unidos	86%	81%
Brasil (out.20)	90%	73%
Brasil (dez.20)	93%	82%

Tabela 7: "Você concorda ou discorda das seguintes afirmações sobre os testes COVID-19 como parte do processo de viagem?" Porcentagem de passageiros que concordaram totalmente ou parcialmente:

Fontes: Ministério da Infraestrutura, Secretaria Nacional de Aviação Civil (SAC/MInfra) e Associação Internacional de Transporte Aéreo (IATA).

Diversos países no mundo vêm adotando o procedimento de pré-teste de COVID-19 como parte do processo de viagem, com o objetivo de mitigar os riscos de contaminação durante o voo. No Brasil, essa exigência de testagem pré-embarque começou no dia 30 de dezembro de 2020. Mas ainda há dúvidas sobre a sua eficácia. Além disso, na maioria dos países, o teste é exigido com validade de 72 horas do embarque, o que deixa uma margem de risco de contaminação de 3 dias.

Com base nos resultados da tabela 7, observa-se que os passageiros dos países europeus e asiáticos (exceção à Índia) são mais resistentes a realizar o procedimento para viajar. Os passageiros do Brasil não apresentam tanta resistência ao teste de COVID-19.

Analisando a medida de emprego da testagem PCR, é importante considerar inicialmente que a *International Civil Aviation Organization* (ICAO) vem discutindo padrões de resultados de testagem para aplicação na aviação (ICAO-CART, 2020) o que demonstra que medidas similares estão sendo aplicadas em diferentes países. Dessa forma, uma padronização organizará de forma mais objetiva a apresentação dos resultados e irá reduzir custos relativos à diferentes exigências dos países às empresas aéreas e aeroportos.

Com relação ao possível retorno ao transporte aéreo, segundo a tabela 8, não há passageiros mais ansiosos do que franceses (28%) e brasileiros (33% em outubro e 24% em dezembro), ainda que este percentual tenha se reduzido no Brasil, talvez pelo impacto do aumento de casos entre os dois períodos de coleta.

Países	Não espera nada	Espera um mês ou dois	Espera seis meses ou mais	Espera um ano ou mais	Não retomo meus planos de viagem habituais para o futuro previsível
Austrália	11%	29%	35%	21%	5%
Canadá	10%	29%	33%	21%	7%
Chile	14%	44%	31%	9%	2%
França	28%	34%	22%	10%	6%
Alemanha	18%	32%	31%	13%	5%
Índia	11%	36%	36%	16%	1%
Japão	8%	24%	33%	21%	14%
Singapura	5%	36%	40%	16%	3%
Emirados Árabes U.	19%	42%	25%	10%	4%
Reino Unido	16%	33%	34%	10%	6%
Estados Unidos	16%	35%	30%	14%	5%
Brasil (out.20)	33%	33%	26%	4%	4%
Brasil (dez.20)	24%	37%	29%	4%	6%

Tabela 8: "Depois que a pandemia diminuir, quanto tempo você esperaria, se é que esperaria, para voltar aos seus planos de viagem habituais?"

Fontes: Ministério da Infraestrutura, Secretaria Nacional de Aviação Civil (SAC/MInfra) e Associação Internacional de Transporte Aéreo (IATA).

Esta informação talvez torne a tarefa de governos, empresas aéreas e aeroportos mais simples no sentido de restituir a confiança dos passageiros em retornar ao transporte aéreo, pois há uma predisposição clara em voar assim que possível nesses dois países pesquisados. Já, os viajantes de países asiáticos parecem mais resistentes. Neste caso, o Japão possui o viajante mais resistente ou mais precavido (14%), que não tem perspectivas de retornar ao voo, o que demandará mais esforços das entidades do setor para trazer o passageiro de volta (tabela 8).

Considerando o comportamento de retorno ao transporte aéreo (tabela 9), o Brasil apresenta os passageiros com menores percentuais impactados pela falta de alimentação a bordo ou uso de salas vips, sobre a decisão de voar novamente. Além disso, parecem ser os viajantes menos preocupados com os efeitos colaterais da vacina. Os passageiros mais dispostos a se vacinar para viajarem são os australianos (82%) e os indianos (93%). Os japoneses (65%) são os mais receosos. Os viajantes da Índia (89%) e Singapura (85%) têm maior propensão a reduzir as viagens de avião em comparação aos demais países.

Países	Vou reduzir minhas viagens até que haja uma vacina	Vou reduzir minhas viagens em geral	Vou viajar menos de avião a negócios	Vou viajar menos de avião por lazer	Vou tentar limitar minhas viagens aéreas a voos mais curtos	Eu estaria disposto a ser vacinado o mais rápido possível, se isso me permitisse viajar.	Vou esperar um pouco antes de ser vacinado para ter certeza de que não haverá efeitos colaterais.	Não vou viajar novamente até que serviços como acesso ao lounge e serviço de bufê a bordo sejam restaurados para os níveis pré-COVID-19.
Austrália	78%	75%	75%	72%	70%	82%	73%	71%
Canadá	73%	70%	72%	69%	65%	72%	72%	64%
Chile	77%	72%	67%	69%	69%	75%	80%	64%
França	61%	64%	64%	64%	56%	68%	72%	62%
Alemanha	69%	61%	62%	65%	52%	69%	68%	59%
Índia	88%	89%	87%	87%	90%	93%	92%	84%
Japão	71%	77%	70%	71%	61%	65%	78%	63%
Singapura	79%	85%	73%	78%	77%	76%	85%	76%
Emirados Árabes U.	77%	75%	73%	69%	72%	79%	82%	75%
Reino Unido	69%	73%	71%	68%	62%	76%	71%	64%
Estados Unidos	74%	75%	70%	70%	68%	76%	72%	61%
Brasil (out.20)	64%	66%	59%	64%	53%	72%	53%	29%
Brasil (dez.20)	77%	73%	63%	65%	57%	77%	51%	36%

Tabela 9: "Quando se trata do COVID 19 e das futuras viagens aéreas, qual a probabilidade de você fazer cada uma das seguintes opções: muito provável, provável, pouco provável ou nada provável?" Porcentagem de passageiros que responderam muito provável ou provável:

Fontes: Ministério da Infraestrutura, Secretaria Nacional de Aviação Civil (SAC/MInfra) e Associação Internacional de Transporte Aéreo (IATA).

Era esperada uma maior redução das viagens a negócios do que as de lazer, especialmente pelo uso de tecnologias de videoconferência massivamente empregadas durante o período da pandemia para suportar o trabalho home-office da maioria das empresas ao redor do mundo. Entretanto, segundo a tabela 9, as diferenças são bem pequenas e a média geral dos países tem diferença de 1% entre redução de viagens (72%) a negócios e a lazer (71%).

Conclusões

Por fim, a comparação entre países, realizada, serviu para posicionar o Brasil entre as demais nações pesquisadas, bem como identificar comportamentos e definir as melhores estratégias de ação com o objetivo principal de retomar o transporte aéreo ao período pré-pandêmico. É necessário, porém, considerar as diferenças culturais e comportamentais dos passageiros de cada país e isso tem impacto importante na definição dessas estratégias.

Ainda assim, independentemente dessas diferenças culturais, as pesquisas demonstram que, na opinião do passageiro, a retomada das viagens aéreas está correlacionada com o controle e a diminuição da pandemia de COVID-19, ou seja, a recuperação econômica do setor depende do controle epidemiológico da pandemia. Neste caso, a vacinação contra COVID-19 em 2021 será essencial para minimizar as crises sanitárias, econômicas e sociais advindas de 2020.

Referências

CEPAL. Dimensionar los efectos del COVID-19 para pensar en la reactivación. **Informe especial Covid-19**, n. 2, abr. 2020. Disponível em: < https://www.cepal.org/es/publicaciones/45445-dimensionar-efectos-covid-19-pensar-la-reactivacion>. Acesso em: 22 jan. 2021.

HARVARD T.H. CHAN SCHOOL OF PUBLIC HEALTH. Assessment of risks of SARS--CoV-2 transmission during air travel and non-pharmaceutical interventions. Phase one report: gate-to-gate travel onboard aircraft. 2020. Disponível em: <https://cdn1.sph.harvard.edu/wp-content/uploads/sites/2443/2020/10/Phase-One-Report-Highlights-1.pdf>. Acesso em: 20 jan.2020.

IATA. COVID-19 travel regulations map. 2021. Disponível em: <https://www.iatatravelcentre.com/world.php>. Acesso em: 22 jan. 2021.

IATA. IATA Calls for pPassenger fFace cCovering and cCrew mMasks. www.iata.org. IATA. 5 mai. 2020a. Disponível em: <https://www.iata.org/en/pressroom/pr/2020-05-05-01/>. Acesso em: 20 jan. 2021.

IATA. IATA COVID-19 passenger survey. 2020b. Disponível em: <https://www.iata.org/en/publications/store/covid-passenger-survey/>. Acesso em: 20 jan. 2021.

IATA. Pesquisa aponta baixo risco de transmissão de COVID19 a bordo das aeronaves. 8 out. 2020c. Disponível em: https://www.iata.org/contentassets/a1a361594bb440b1b7ebb632355373d1/2020-10-08-pt.pdf. Acesso em: 28 jan. 2021.

ICAO. Effects of novel coronavirus (COVID-19) on civil aviation: economic impact analysis. Montreal, 27 jan. 2021. Disponível em: <https://www.icao.int/sustainability/Documents/COVID-19/ICAO_Coronavirus_Econ_Impact.pdf>. Acesso em: 28 jan. 2021.

ICAO-CART. Take-off: guidance for air travel through the COVID-19 public health crisis. International Civil Aviation Organization, Council Aviation Recovery Task Force. Montreal, 27 mai. 2020. Disponível em: <https://www.icao.int/covid/cart/Documents/CART_Report_Take-Off_Document.pdf>. Acesso em: 20 jan. 2021.

SHEPARDSON, David. U.S. set to end enhanced screening of some international travelers for COVID-19: sources. **Reuters**, 9 set. 2020. Disponível em: <https://www.reuters.com/article/idUSKBN260343>. Acesso em: 20 jan. 2021.

UNIVERSIDADE DE OXFORD. Projeto Our World in Data. Disponível em <https://ourworldindata.org/>. Acesso em: 20 jan. 2021.

Capítulo 5
Os Impactos Sobre Carga Aérea

ADALBERTO FEBELIANO

Introdução

A carga aérea sempre foi de fundamental importância para o desenvolvimento da moderna economia brasileira. Desde o início das operações regulares no país todas as empresas atuantes – Varig, Cruzeiro do Sul, Nyrba (e sua sucessora Panair), Real, Vasp e Transbrasil, para mencionar apenas as mais conhecidas – contavam com divisões especializadas no transporte aéreo de cargas, e obtinham com essa atividade parcela significativa de suas receitas.

A Panair operou Catalinas durante anos, para atender às comunidades ribeirinhas da região amazônica, e a própria origem da Transbrasil, nascida Sadia, foi ligada à necessidade de transporte dos produtos do frigorífico de mesmo nome desde o oeste de Santa Catarina até os grandes mercados consumidores do Sudeste.

Até meados da década de 60 do século passado ainda existiam muitas iniciativas empresariais que dependiam fundamentalmente do transporte aéreo de insumos (a esse respeito veja-se, por exemplo, Thales, 2003, p. 61 e seguintes), e o desenvolvimento das atividades industriais na região de Manaus, sob os auspícios da Suframa, só foi possível graças a diversos operadores de carga aérea que, por muitos anos, garantiram o suprimento de componentes para as fábricas e, principalmente, o escoamento dos produtos acabados para o restante do país.

A despeito das frotas dedicadas de aviões cargueiros, de portes e tecnologias diferentes, e que garantiam o atendimento das rotas com maior densidade de tráfego, é inegável que durante todos esses anos o transporte de carga nos porões dos aviões de passageiros foi o esteio do mercado, que durante muito tempo cresceu a reboque da expansão do tráfego de passageiros.

O gráfico abaixo mostra como, desde 1959, o crescimento do volume de transporte de carga em toneladas.quilômetros esteve fortemente associado com o crescimento do tráfego de passageiros em passageiros.quilômetros:

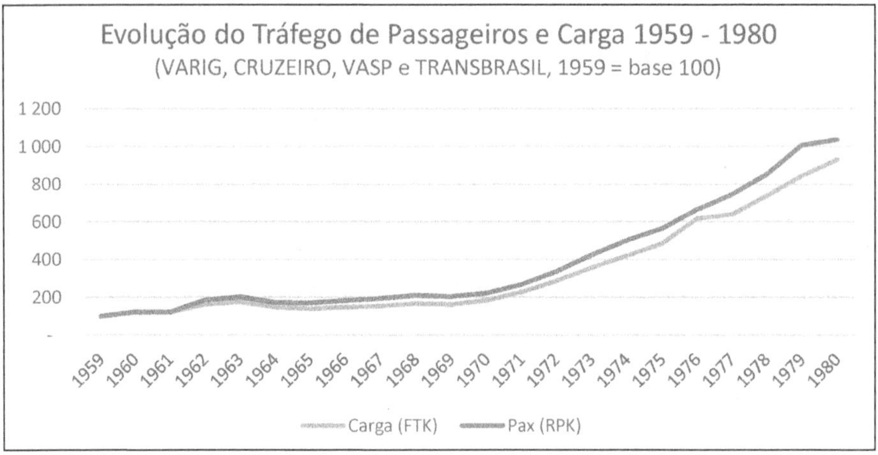

Gráfico 1: Tráfego de passageiros e carga entre 1959 e 1980

Fonte: autor, com base em Pereira (1987).

Na medida em que os novos e maiores aviões a jato foram sendo incorporados às frotas das empresas brasileiras, nos anos 60 e 70 foi ficando cada vez mais difícil manter serviços aéreos regulares para as cidades de médio porte do interior do país, acarretando o encolhimento da malha aérea, de forma que no início da década de 70 pouco mais de 90 cidades eram atendidas pelo serviço aéreo regular.

Isso estimulou o Departamento de Aviação Civil – DAC, órgão regulador da aviação civil à época, a propor uma nova organização dos serviços aéreos no país, com a criação de empresas de transporte aéreo regional que operavam aviões de menor porte, inclusive o Bandeirante, que a Embraer então lançava no mercado.

Era o SITAR – Sistema Integrado de Transporte Aéreo Regional, criado em 1975, com a divisão do Brasil em 5 regiões onde novas empresas detinham exclusividade na prestação de serviços (TABA, Nordeste, Votec, TAM e RioSul, respectivamente operando na região Norte, no Nordeste e em Minas Gerais, no Centro-Oeste, no Estado de São Paulo e do Mato Grosso do Sul, e na região Sul e no Rio de Janeiro).

Para uma visão abrangente da evolução histórica do transporte aéreo, com descrição dos antecedentes que levaram à criação do SITAR e como ele foi estruturado, veja-se por exemplo BNDES (2002).

Mesmo essa grande mudança no ambiente concorrencial da Indústria causou poucos impactos no mercado de transporte de carga aérea, que continuou bastante atrelado ao tráfego de passageiros, realidade que perdurou até que o regime de competição controlada adotado pelo DAC fosse abandonado no começo deste século.

O gráfico abaixo mostra como, de 1980 até o ano 2000, ainda que o mercado de carga tenha crescido mais rapidamente nos primeiros 10 anos, ele posteriormente estabiliza-se, enquanto o tráfego de passageiros cresce constantemente. A partir da *deregulation* brasileira no início deste século, entretanto, com o fim do controle de preço das tarifas de passageiros, o tráfego de passageiros passa a crescer de maneira muito mais acelerada do que o tráfego de cargas, a despeito da oferta de capacidade muito maior:

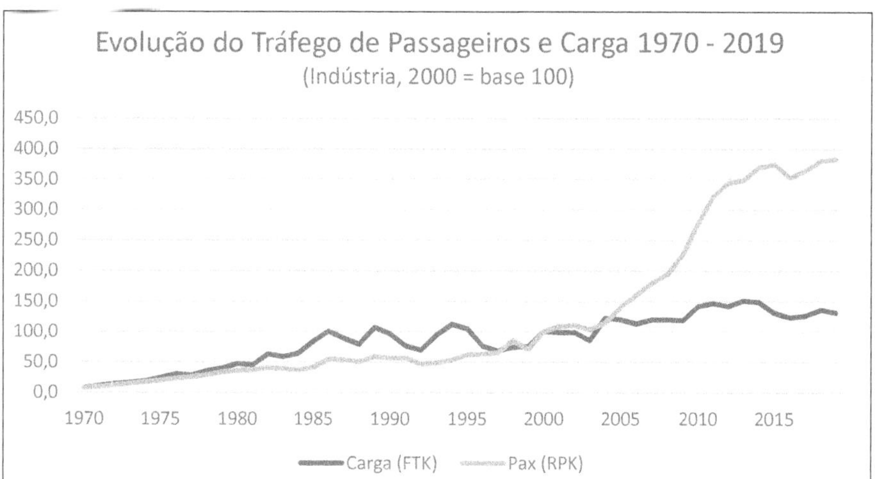

Gráfico 2: Tráfego de passageiros e carga entre 1970 e 2019

Fonte: autor, com base em informações da Associação Brasileira das Empresas Aéreas – ABEAR.

Esse expressivo descolamento das duas tendências mostra, por um lado, como era grande a demanda reprimida por viagens aéreas, já que a reação do mercado à redução de preços das passagens foi impressionante. Ilustra, por outro, como o mercado de transporte aéreo de carga, que não teve tarifas controladas na mesma extensão que o de passageiros, já vinha numa realidade de maior equilíbrio entre oferta e demanda, e por esse motivo teve taxas de crescimento mais moderadas.

O gráfico, contudo, mostra também como cresceu acentuadamente a oferta potencial de capacidade para o transporte de cargas, sugerindo interessantes possibilidades para o desenvolvimento de novos serviços.

A forte dependência do mercado pela carga de porão nos aviões de passageiros trouxe consequências durante a pandemia: nos meses em que a redução de voos de passageiros foi mais acentuada houve forte queda na oferta de capacidade de transporte, levando a dificuldades na manutenção de linhas de suprimento que necessitavam da movimentação de volumes maiores, com regularidade.

Essa situação foi contornada com o aumento na frequência de voos das empresas cargueiras, que felizmente dispunham de capacidade adicional, mas também com o uso de aviões de passageiros adaptados para o transporte de cargas, em medidas excepcionais aprovadas pela ANAC que foram muito bem-vindas na medida em que tanto atenderam às necessidades do mercado como, também, auxiliaram na manutenção da vitalidade das empresas aéreas brasileiras.

No transporte internacional de cargas fenômeno similar ocorreu, mas com consequências diferentes: o súbito encolhimento da malha de voos internacionais causou uma forte redução na oferta de capacidade de transporte de cargas, trazendo dificuldades ao comércio internacional. Como os aviões de passageiros com fuselagem larga podem levar, além das bagagens, algo entre 20 toneladas e 40 toneladas de carga por voo, dependendo do modelo do avião, a queda na oferta foi muito significativa, trazendo impactos imediatos ao mercado.

Como havia menos capacidade ociosa, e poucas rotas eram atendidas por cargueiros puros antes da pandemia, rapidamente houve uma importante elevação nas tarifas, que chegaram a aumentar mais de 100% em algumas rotas.

O gráfico abaixo, elaborado pela Boeing, mostra como foi o impacto nas empresas aéreas segundo sua natureza. Enquanto as transportadoras de cargas expressas, das quais as mais conhecidas são a FedEx, a UPS e a DHL, tiveram um crescimento apreciável no volume transportado, estimulado principalmente pelo crescimento das vendas do comércio eletrônico, as empresas que se utilizam exclusivamente dos porões de carga dos aviões de passageiros perderam quase metade dos seus mercados, que foram majoritariamente ocupados pelas empresas cargueiras, que como indicado acima tiveram um crescimento apreciável nos volumes transportados.

Fica evidenciado também que as empresas diversificadas, que além da frota de aviões de passageiros contam com uma frota dedicada de cargueiros puros, como são exemplos a Lufthansa, a Air France – KLM e a Emirates, sofreram bem menos com a redução dos volumes totais, o que certamente ajudou-as no enfrentamento das dificuldades econômicas derivadas da redução do tráfego. As empresas de baixo custo, indicadas como LCC (*Low Cost Carrier*) sofreram comparativamente menos do que suas congêneres *full service* basicamente devido à sua diferente estrutura de malha, pois como elas dão prioridade aos voos de curta duração, em aviões de corredor simples, a receita de carga é comparativamente menos importante, já que no transporte aéreo de carga a concorrência modal é diretamente proporcional à distância: quanto maior a distância, maior a probabilidade do dono da carga optar pelo avião.

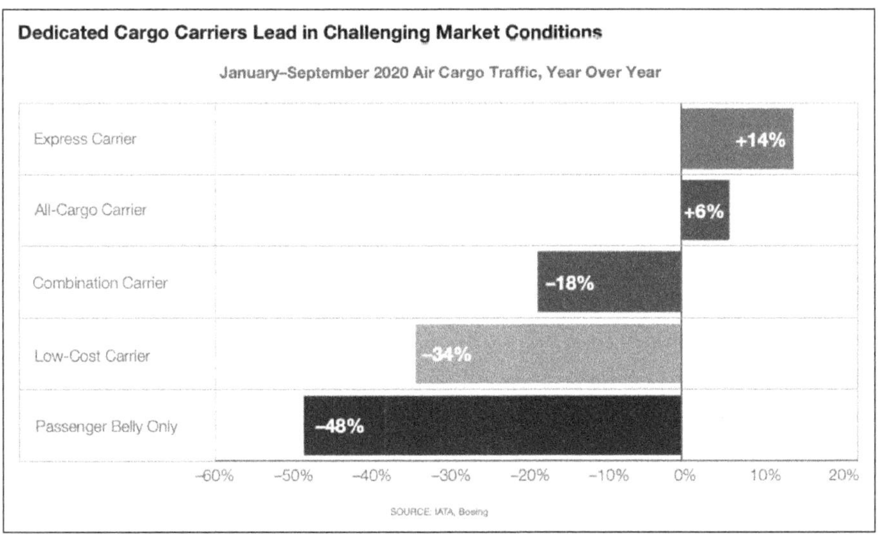

Gráfico 3: Impacto da Covid-19 em empresas de carga aérea
Fonte: Boeing, World Air Cargo Forecast, 2020-2039.

A Principal Rota da Carga Aérea: Manaus – São Paulo

Nenhuma reflexão sobre carga aérea no Brasil pode deixar de fora uma análise mais detalhada sobre o desempenho da rota São Paulo – Manaus. Responsável por cerca de 20% de todo o volume de carga aérea transportado no país, essa rota foi objeto de estratégias específicas por parte das principais empresas, além de ter fomentado a criação de outras tantas.

No final do século XIX e início do século XX Manaus era uma cidade vibrante e movimentada, segundo algumas fontes com renda per capita igual a duas vezes a renda de cidades como São Paulo e Rio de Janeiro, à época (FGV EESP, **Zona Franca de Manaus**. São Paulo, FGV EESP, 2019.). Com o contrabando de mudas de seringueiras para o sudeste asiático e a consequente concorrência da borracha produzida nessa região, em plantações que garantiam melhor produtividade e custos menores, essa realidade mudou, restando somente um enorme marasmo econômico.

Num esforço para tentar revitalizar a economia da cidade o Congresso aprovou em 1951 uma Lei que tornava Manaus um "Porto Franco", buscando transformá-la num grande entreposto comercial para o atendimento à região. Em 1957 essa condição é revista e é criada a Zona Franca de Manaus, que seria regulamentada somente em 1960. É no governo de Castello Branco, contudo, que esse conceito realmente ganha força, com a reestruturação da Zona Franca, criação da Superintendência da Zona Franca de Manaus – SUFRAMA e com a oferta de subsídios tributários para incentivar a atividade industrial na cidade.

À época era uma grande preocupação do Estado brasileiro o vazio geográfico, populacional e econômico da região amazônica, e a iniciativa de criação do órgão somava-se ao investimento em infraestrutura e à concepção de outras formas de subsídios para empreendimentos de colonização de grandes glebas rurais – e o desenvolvimento de atividades industriais parecia natural.

É claro que a logística para essas atividades industriais era bastante complexa, mas foi só a partir de 1975, quando as indústrias deixam de ser simples montadoras de componentes importados e são obrigadas a atender às metas de índice de nacionalização, que a necessidade de transporte de componentes brasileiros, produzidos majoritariamente na região Sudeste, soma-se nessa equação.

Como não poderia deixar de ser essa mudança nas cadeias de suprimento das indústrias de Manaus elevou bastante a demanda por carga aérea, o que estimulou mudanças importantes na estratégia das empresas atuantes no transporte de passageiros, além da criação de novas empresas nem sempre bem estruturadas.

A Varig deslocou primeiro o DC-10, e depois o MD-11, para fazer a rota doméstica de São Paulo a Manaus, no que foi seguida pela VASP com o seu Airbus A300, para poderem utilizar os grandes porões de carga desses aviões de fuselagem larga. A Transbrasil operava nessa rota com seus 707 cargueiros, um dos quais acidentou-se próximo ao aeroporto de Guarulhos em março de 1989, voltando de Manaus. Nada menos do que 10 empresas cargueiras foram criadas no período de 1990 a 2010 para explorar esse mercado, normalmente com aviões antigos e ineficientes. O quadro a seguir ilustra quais foram as empresas criadas, e por quanto tempo operaram, das quais somente a ABSA continua voando, como Latam Cargo:

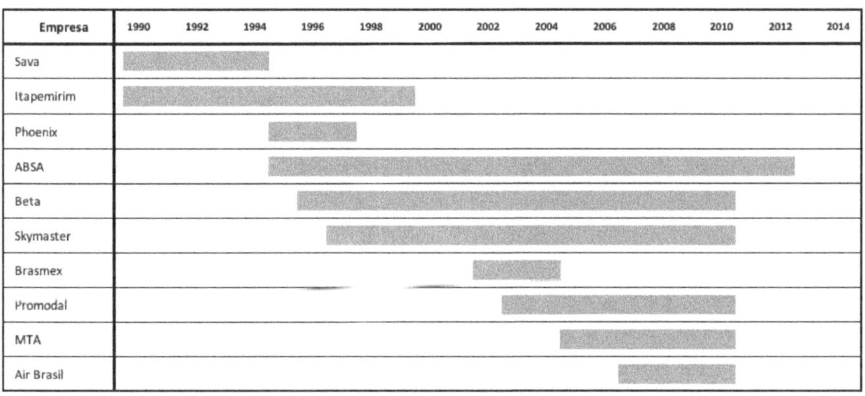

Quadro 1: Períodos de operação de empresas de carga aérea em Manaus
Fonte: páginas da Comissão de História da Aviação da ABRAPAC

Deixados esses tempos tormentosos para trás, hoje a rota que liga São Paulo a Manaus é atendida em voos regulares pela TAM e pela Azul, em operações mistas com aviões de dois corredores, pela Gol, TAM e Azul com os porões dos aviões de só um corredor, e pela LATAM Cargo, Azul Cargo e MODERN com aviões cargueiros puros.

Nos anos mais recentes o volume de carga desembarcada ou embarcada em Manaus tem variado ao sabor do ambiente econômico do país, como se pode ver abaixo:

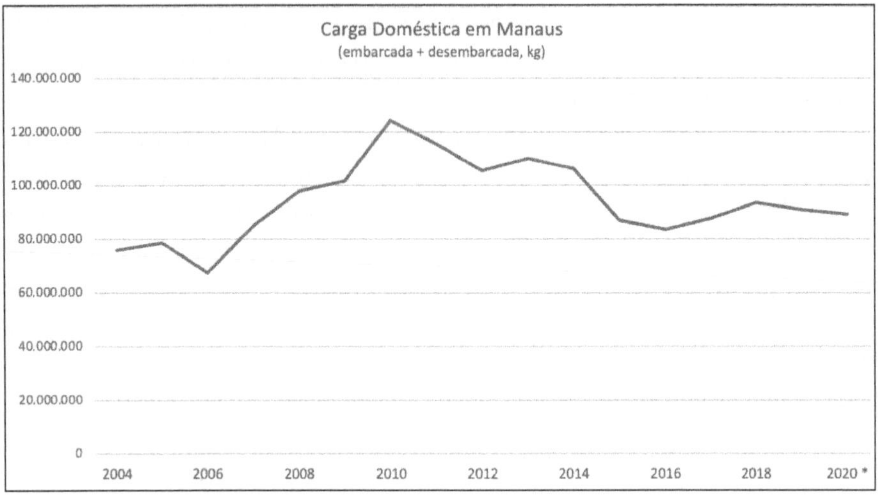

Gráfico 4: Carga aérea doméstica em MAO
Fonte: Sistema Hórus; 2020: projeção

Note-se que a pandemia Covid-19 teve pouco impacto na movimentação de carga aérea na rota, porque se é verdade que nos seus primeiros 3 meses a economia andou de lado, em função das diversas medidas de restrição ao contato social, também é verdade que toda a economia eletrônica depende de dispositivos de acesso à internet, maciçamente fabricados em Manaus, que foram em larga medida adquiridos pelas pessoas confinadas em suas residências. O resultado final, portanto, foi um volume total muito próximo do que havia sido movimentado em 2019.

As Tendências Futuras para a Carga Aérea

A internet nasceu como um novo sistema de telecomunicações, mas em menos de 40 anos revolucionou de maneira impensável todas as formas de relacionamento humano, aí incluídos os relacionamentos profissionais e comerciais. Na medida em que são criadas novas formas de atender às necessidades das pessoas com aplicativos, bancos de dados, *data mining* e algoritmos cada vez mais sofisticados, é inevitável que as ações no mundo real reflitam, de uma forma ou de outra, os novos conceitos.

As operações logísticas em geral, e o transporte aéreo em particular, têm sido fortemente impactados por esses novos conceitos, e estão no limiar de novas eras que, provavelmente, conhecerão realidades totalmente diferentes e inovadoras nessas áreas.

Algumas das tendências que já podem ser identificadas são:

- **Comércio Eletrônico**
  Já é bem visível o grande impacto das mercadorias vendidas através do comércio eletrônico no volume de carga aérea transportada, e de certo modo, no faturamento das empresas aéreas. Como a oferta de capacidade de carga nos porões dos aviões de passageiros cresceu bastante nos anos recentes, como já foi mencionado na primeira parte deste capítulo, esse crescimento tem permitido acomodar parte importante dos pedidos dos consumidores na malha normal das empresas. Em rotas de maior densidade, entretanto, é necessário utilizar aviões de maior capacidade, normalmente cargueiros, mas os operadores dos principais portais de comércio eletrônico no Brasil ainda não vêm a logística como um fator estratégico para garantir seu crescimento, e tendem a tomar decisões baseando-se principalmente no custo do transporte. Isso enfraquece os laços entre eles e as empresas aéreas e, a exemplo do que aconteceu entre a Amazon e a FedEx e a UPS, pode levar a situações que, nos Estados Unidos, forçaram a gigante do varejo a investir na construção de uma frota própria. No Brasil o Mercado Livre emite, no momento, sinais de que teria optado pelo caminho da Amazon, trabalhando na construção de uma malha aérea própria. Como por aqui a Amazon ainda está montando sua rede de centros de distribuição, encontra-se em estágio bem anterior, mas não se pode esquecer que já há grandes grupos nacionais também apostando alto no crescimento desse mercado, como as Lojas Americanas (Submarino e B2W) e o Magazine Luiza (Magalu). Muitas mudanças estruturais deverão acontecer em torno da logística dessa nova atividade econômica.
- **Uberização dos Serviços**
  A prestação de serviços exclusivamente sob demanda, por agentes independentes que têm num aplicativo de *smartphone* seu principal elo com o mercado, intermediado pelos gestores (e normalmente idealizadores) do software, é um novo modelo de negócios que oferece produtos bastante variados, do transporte em veículos particulares até passeios com animais de estimação, passando por entrega de refeições e de remédios. Esse é o conceito de uberização, que pode ter impacto no transporte aéreo na medida em que o transporte da origem até o aeroporto de partida, e do aero-

porto de destino até o endereço final, são etapas que têm um papel muito importante na qualidade percebida do serviço prestado. Uma estrutura de aplicativo que tenha acesso a capacidade garantida nos porões de carga ou nos compartimentos principais dos cargueiros, se bem concatenada com uma rede de primeira e última milha e com visibilidade para ofertantes e clientes de produtos, pode ser um novo modelo de negócio interessante. Há, ainda, outras possibilidades, na linha do que faz a Leisure Cargo, empresa de carga internacional que não opera sequer um avião, mas que compra a capacidade dos porões de carga das empresas de fretamento para fins turísticos (*charter*) – que, obviamente, somente voltará a ser um negócio viável após o controle total da pandemia e retorno dos voos internacionais.

- **Operações com Drones na Última Milha**
  Esta é provavelmente a imagem mais comum na mente das pessoas quando pensam na logística do futuro: um céu coalhado de *drones*, levando de pizzas e hambúrgueres a celulares e relógios de luxo por sobre os arranha-céus das cidades. Essa imagem, entretanto, dificilmente irá se materializar nesse formato: as zonas muito densamente povoadas oferecem poucos pontos onde os *drones* possam pousar para fazer as entregas finais, e é difícil imaginar *drones* voando janelas adentro em edifícios colados lado a lado. Para bairros mais suburbanos, entretanto, e em cidades do interior, esses aparelhos poderão ter um papel muito importante na logística de última milha. É razoável imaginar-se que essas operações aéreas devam ser certificadas, provavelmente pelos órgãos reguladores da aviação civil que já existem em cada país, para garantir um mínimo de controle sobre o risco para o pessoal no solo e sobre a interferência dos aparelhos nas atividades diárias das cidades – e não será surpresa se empresas aéreas ou de táxi aéreo estiverem entre os primeiros candidatos a empreender nessa área.
- **Operações com Drones nas Transferências**
  Esta é uma área onde existe um potencial gigantesco para a aplicação de novas tecnologias, mas que não tem a mesma visibilidade que o segmento dos pequenos veículos aéreos. Trata-se das operações com aviões de grande porte, na faixa das 50 ou 60 toneladas de capacidade, da classe do Boeing 767 ou do Airbus 330, que possam

fazer voos autônomos entre os principais *hubs* de distribuição de carga dos gigantes do varejo eletrônico. Essa atividade hoje é realizada com aviões e tripulações convencionais para o transporte exclusivo de carga, e já não há motivo racional que impeça que essa tecnologia seja substituída por *drones* de grande porte, em tudo similares a algumas aeronaves espiãs que já vêm sendo utilizadas há décadas em teatros de guerras ou conflitos militares e paramilitares. O conceito operacional já é bem definido, com a programação inicial do voo e controle remoto normalmente apoiado por satélites geoestacionários, e a boa infraestrutura disponível nos aeroportos de concentração de tráfego aéreo de carga facilita ainda mais a tarefa. Os custos operacionais podem ser reduzidos apreciavelmente, com um único operador controlando provavelmente de 4 a 6 voos ao mesmo tempo. Também é uma área onde será necessária certificação operacional, abrindo novas oportunidades para as empresas aéreas que já estão estruturadas.

- **Reestruturação da Cadeia de Comercialização dos Serviços**
  As linhas aéreas, tradicionalmente, delegavam a comercialização de seus serviços a parceiros, os agentes de turismo e os agentes de carga. Essa estrutura de comercialização perdurou por quase toda a história do transporte aéreo comercial e era bastante conveniente para as empresas porque, como elas atuam em áreas geográficas imensas, muitas vezes cobrindo diversos países em continentes diferentes, evitava a necessidade de manter uma estrutura gigantesca de empregados na área comercial, cuja gestão seria bastante complexa. Na medida em que os sistemas de reservas e vendas de passagens foram ficando mais sofisticados, e o controle de estoque de assentos disponíveis e de sua velocidade de venda cada dia mais importante para as estratégias de definição das tarifas, as empresas passaram a valorizar mais os processos de vendas diretas ao usuário final do transporte o que, com o desenvolvimento da internet e dos sistemas de vendas on-line, acabou por levar à desintermediação da comercialização de passagens, que hoje é majoritariamente feita de maneira direta. Essa tendência, entretanto, tem demorado a chegar às empresas cargueiras, cujas operações comerciais em muitos países ainda estão fortemente baseadas na intermediação pelo agente de cargas, doméstico ou internacional. Se é verdade que as empre-

sas de cargas expressas já deixaram para trás essa forma de comercialização de produtos, muitas das grandes empresas tradicionais ainda recorrem aos intermediários para as atividades de vendas. É inegável que a estrutura tarifária das operações cargueiras é mais complexa do que no transporte de passageiros, e também que em operações de carga internacional há por vezes procedimentos aduaneiros específicos em cada país que demandam conhecimento especializado, mas ainda assim parece inevitável que a desintermediação chegue também ao setor cargueiro, pelo menos no setor de cargas domésticas.

- **Crescimento Relativo das Operações Cargueiras Dedicadas**
Como visto na primeira parte deste artigo a explosão da demanda por viagens aéreas a partir da liberação das tarifas no início deste século aumentou bastante a capacidade disponível para o transporte de cargas no porão dos aviões de passageiros, e isso certamente levará a um aumento no volume de mercadorias transportadas por via aérea. Essa malha capilarizada, por um lado, permitirá o atendimento bastante rápido dos pedidos do comércio eletrônico nas cidades médias do interior do país, com população na faixa de 200 mil a 500 mil habitantes, que normalmente têm poucas frequências aéreas por dia. As grandes metrópoles do Norte e Nordeste, por outro lado, concentram populações 10 vezes maiores, normalmente entre 3 e 4 milhões de habitantes, e as frequências dos voos de passageiros em aviões de corredor único não oferecerão a capacidade de carga necessária para encomendas cada vez mais diversificadas feitas pela internet. Será inevitável que, para esses destinos, voos dedicados de aviões cargueiros sejam estabelecidos, como aliás já se pode notar em Recife. Esses voos poderão fazer escalas adicionais em cidades menores, com acesso rodoviário pior, e isso pode ter impacto na malha disponível e na viabilidade econômica das operações com cargueiros dedicados. De maneira geral, portanto, apesar da maior capacidade disponível nos porões, é provável que no médio prazo as operações cargueiras dedicadas voltem a ser muito importantes.
- **Aumento de Operações com o Crescimento da Malha de Passageiros**
O governo federal e alguns governos estaduais tentam, no momento, desenvolver mecanismos para estimular o surgimento de novas

empresas aéreas que possam fazer serviços regionais ou sub-regionais, ligando as capitais dos Estados às cidades de menor porte, como foi feito na época do SITAR. No rescaldo da operação do sistema, no final do século passado e já sem qualquer tipo de subsídio, o Brasil chegou a contar com cerca de 270 cidades atendidas pelo transporte aéreo, mas desde então tem visto o número de destinos reduzir-se e hoje pouco mais de 100 cidades contam com voos regulares. Sendo essas iniciativas bem sucedidas o número de destinos pode aumentar bastante e, em cada novo destino para passageiros, novas operações cargueiras podem estabelecer-se. Quando se recorda da crescente importância do comércio eletrônico e mesmo da nova tecnologia médica, capaz de fazer análises clínicas em amostras coletadas a centenas de quilômetros de distância, fica fácil imaginar o valor desses serviços para o público, e a demanda pelo transporte desse tipo de produtos ou materiais certamente pode ajudar a viabilizar economicamente os voos de terceiro nível. Alguns países entendem bem o valor que o acesso a esses serviços tem para as comunidades, e chegam a subsidiar as operações aéreas tendo esse objetivo específico em mente, mais até do que o transporte de passageiros. No Brasil é improvável que subsídios possam ser oferecidos, pela questão fiscal atual, mas empresas das áreas de planos de saúde, de comércio eletrônico ou de telecomunicações podem quem sabe, incluir o serviço de transporte nos preços e tarifas que cobram.

Transporte Aéreo de Carga e Vacinas

Muito tem sido falado sobre a necessidade de milhares de voos para dar conta do transporte das vacinas contra a Covid-19 por todo o mundo. Sem dúvida será uma tarefa e tanto, pois são 7 bilhões de habitantes no globo, que em tese precisarão de 14 bilhões de doses de uma vacina que, a depender da sua origem, pode precisar de refrigeração a 70 graus Celsius negativos.

Mas será que o desafio é tão difícil assim?

Primeiramente vamos nos lembrar que uma parte significativa dessas vacinas poderá ser transportada na forma de matéria prima para posterior envase, diminuindo muito o volume total da carga, que nessa forma concentrada pode ser facilmente acomodada em aviões cargueiros ou porões de aviões de fuselagem larga (mil litros dessa matéria prima correspondem a um milhão de doses, e uma caixa d'água normal de um metro e meio de diâmetro e um metro de altura contém mil litros).

Depois é preciso lembrar que os 70 graus negativos são necessários para a armazenagem a longo prazo de um dos tipos de vacina que, no entanto, dura de 4 a 5 dias em temperatura normal de geladeira, ou em caixa de isopor com blocos de água gelada que já são normalmente utilizadas com esse fim. Como o transporte aéreo, se bem planejado, pode ser feito em menos de um dia, 2 ou 3 centros de armazenagem no Brasil podem permitir que as doses a serem aplicadas a cada dia sejam transportadas com facilidade, aproveitando-se dos voos de passageiros. Somente cidades a mais de 3 horas de um aeroporto com voos regulares podem ter dificuldades, e para elas podem ser encontradas soluções especiais.

Por fim, países que só tenham condições de adquirir as vacinas já prontas para uso normalmente tem populações menores, e mais uma vez os aviões cargueiros puros podem dar conta da necessidade.

Será, sem dúvida, necessária uma logística fortemente baseada no transporte aéreo e muito bem planejada, mas as empresas aéreas podem prover a o transporte na temperatura certa, e no tempo adequado.

Referências

ABRAPAC – Associação Brasileira de Pilotos da Aviação Civil. Comissão de História da Aviação. São Paulo, ABRAPAC. Disponível em https://www.pilotos.org.br/not%C3%ADcias/categories/comissão-de-história-da-aviação, acesso em 25/Jan/21 às 20:15hs

BNDES. Aviação Regional Brasileira. **Informe Infra-Estrutura – Modal Aéreo IV.** Rio de Janeiro, BNDES, 2002. Disponível em https://web.bndes.gov.br/bib/jspui/bitstream/1408/15279/1/Informe%20infra-estrutrura%20n.50%20nov.%202002_P_BD.pdf, acesso em 25/Jan/21 às 19:20hs.

BOEING COMMERCIAL AIRPLANES. World Air Cargo Forecast 2020 – 2039. Disponível em www.boeing.com/wacf, acesso em 25/Jan/21 às 19:30hs

BRASIL, Secretaria Nacional de Aviação Civil. Sistema Hórus. Florianópolis, UFSC. Disponível em https://horus.labtrans.ufsc.br/gerencial/#Principal, acesso em 25/Jan/21 às 20:20hs

GUARACY, Thales. O sonho brasileiro: como Rolim Adolfo Amaro criou a TAM e sua filosofia de negócios. São Paulo, A Girafa Editora, 2003

HOLLAND, Márcio (coordenador). Zona Franca de Manaus: Impactos, Efetividade e Oportunidades. São Paulo, FGV EESP 2019. Disponível em https://eletros.org.br/wp-content/uploads/2019/04/Estudo-FGV-Zona-Franca-de-Manaus-Abril-2019.pdf, acesso em 25/Jan/21 às 20:00hs.

PEREIRA, Aldo. Breve história da aviação comercial brasileira. Rio de Janeiro, Europa Empresa Gráfica e Editora, 1987

Capítulo 6
Os Impactos sobre a Aviação de Negócios do Brasil em 2020

Raul Marinho

Como ocorreu nos demais setores da economia do país, a aviação brasileira também não estava preparada para lidar com a pandemia do coronavírus. Mas devido à natureza de sua operação – no fim do dia, a aviação é mobilidade, e a principal recomendação das autoridades sanitárias para o combate ao surto do novo coronavírus foi justamente a i̲mobilidade tanto quanto fosse possível! –, as consequências para o setor aéreo foram catastróficas, como se sabe. Em alguns segmentos, como o da aviação comercial voltada ao transporte regular de passageiros em voos domésticos e internacionais, assistimos à paralisação quase completa das operações, e a retomada vem acontecendo muito lentamente, em especial nas rotas internacionais.

No cenário doméstico, todas as companhias aéreas do Brasil sofreram redução de demanda de maneira quase idêntica a partir do final de março de 2020, apesar da recuperação estar ocorrendo mais rapidamente em algumas empresas do que em outras. Já na aviação de negócios, a dinâmica se mostrou muito diferente: a retração foi significativamente mais branda, e a recuperação está sendo consideravelmente mais rápida do que em sua prima (ex?) rica. Analisaremos a história da aviação negócios no ano de 2020 contada pelos números do segmento em termos de movimentação aérea, de consumo de combustíveis de aviação, e de evolução da frota e comercialização de aeronaves. Além disso, agregaremos uma percepção subjetiva dos fatos advinda do relacionamento do autor com os protagonistas do segmento – empresários de táxi aéreo e oficinas de aviação, dirigentes de associações do setor, autoridades aeronáuticas, pilotos e demais profissionais da aviação de negócios. Ou seja: neste artigo nós veremos o filme da aviação de negócios desde a eclosão do surto de Covid-19 até o encerramento do ano de 2020 e um pouco do início de 2021. E já dando spoiler: no final, o mocinho vence!

O que é a "Aviação de Negócios" – Uma Definição de Mercado

Definida por exclusão, a aviação de negócios do Brasil é composta por todos os segmentos da aviação que não se enquadrem como o transporte aéreo público regular doméstico e internacional de passageiros e de cargas regido pelo RBAC Nº 121 ("Operações de transporte aéreo público com aviões com configuração máxima certificada de assentos para passageiros de mais 19 assentos ou capacidade máxima de carga paga acima de 3.400 kg"), pela aviação militar (aeronaves operadas pela Força Aérea Brasileira, pela Marinha do Brasil e pelo Exército Brasileiro) e pelo aerodesporto e pela aviação experimental, que engloba diversos sub-segmentos, a saber: Aeronaves Leves Esportivas (ALE's), Acrobacia Aérea, Balonismo, Aeronaves Experimentais Desportivas, Voo a Vela (planadores), Voo livre, Ultraleves Motorizados regidos pelo RBAC Nº 103[1] ("Operação Aerodesportiva em Aeronaves sem Certificado de Aeronavegabilidade", tanto de asa fixa quanto de asa rotativa convencional, inclusive os girocópteros, cujos rotores não são acionados por motor), Paraquedismo, além do Aeromodelismo e dos "drones" (RPA's ou Aeronaves Remotamente Pilotadas) utilizados em atividades de recreação e lazer, regidos pelo RBAC-E Nº 94 ("Requisitos Gerais para Veículos Aéreos Não tripulados e Aeromodelos). Portanto, em uma definição de mercado, a aviação de negócios engloba a atividade aeronáutica privada (também conhecida como "91", devido a esta seguir somente as regras do RBAC Nº 91 – "Requisitos gerais de operação para aeronaves civis") de passageiros ou pilotadas pelo proprietário da aeronaves; os serviços aéreos especializados (SAE's), que englobam a extensa lista do artigo 201 do Código Brasileiro de Aeronáutica (Lei Nº 7.565, de 19 de dezembro de 1986), composta pela Aerofotografia, Aerofotogrametria, Aerocinematografia e Aerotopografia, pela Prospecção, Exploração ou Detectação (SIC) de Elementos do Solo ou do Subsolo, do Mar, da

[1] As operações do aerodesporto e da aviação experimental, mesmo a regulada pelo RBAC Nº 103, também necessita seguir as regras do RBAC Nº 91.

Plataforma Submarina, da Superfície das Águas ou de Suas Profundezas, pela Publicidade Aérea de Qualquer Natureza, pelo Fomento ou Proteção da Agricultura em Geral (atividade regida pelo RBAC Nº 137 – "Certificação e requisitos operacionais: operações aeroagrícolas"), pelo Saneamento, Investigação ou Experimentação Técnica ou Científica, pelo Ensino e Adestramento de Pessoal de Voo (as aeronaves utilizadas pelos Centros de Instrução da Aviação Civil, os CIAC's, incluindo as escolas de aviação e os aeroclubes, que devem seguir as regras do RBAC Nº 141 – "Certificação e requisitos operacionais: Centros de Instrução de Aviação Civil"), pela Provocação Artificial de Chuvas ou Modificação de Clima, e por qualquer modalidade remunerada distinta do transporte público; os táxis aéreos (incluindo os serviços aeromédicos) regidos pelo RBAC Nº 135 ("Operações de transporte aéreo público com aviões com configuração máxima certificada de assentos para passageiros de até 19 assentos e capacidade máxima de carga paga de até 3.400 kg ou 7.500 lb, ou helicópteros"); as aeronaves operadas pela administração pública federal, estadual, distrital e municipal (incluindo as polícias militares, civis, os bombeiros dos Estados, a Polícia Federal, a Polícia Rodoviária Federal e as autarquias, como o IBAMA), que também operam de acordo com o RBAC Nº 91; as Aeronaves Remotamente Pilotadas utilizadas em operações experimentais, comerciais ou institucionais regidas pelo mesmo RBAC Nº 94-E (porém, voltadas aos negócios); e as aeronaves experimentais utilizadas pela indústria de aviação certificada. A futura classe dos e-VTOL (aeronaves elétricas de decolagem e pouso verticais conduzidas de maneira autônoma ou não) e e-CTOL (aeronaves elétricas de decolagem e pouso convencional também conduzidas de maneira autônoma ou não) igualmente se enquadrarão na categoria de aviação de negócios.

A definição acima é a que mais faz sentido em termos práticos de mercado, muito embora as autoridades internacionais da aviação possuam critérios diferentes para classificar e definir os diversos segmentos da aviação civil – vide reprodução esquemática abaixo. As definições da ICAO (International Civil Aviation Organization) e do IBAC (International Business Aviation Council) para a aviação de negócios podem ser encontradas no "Review of the Classification and Definitions Used for Civil Aviation" de 16 de outubro de 2009.

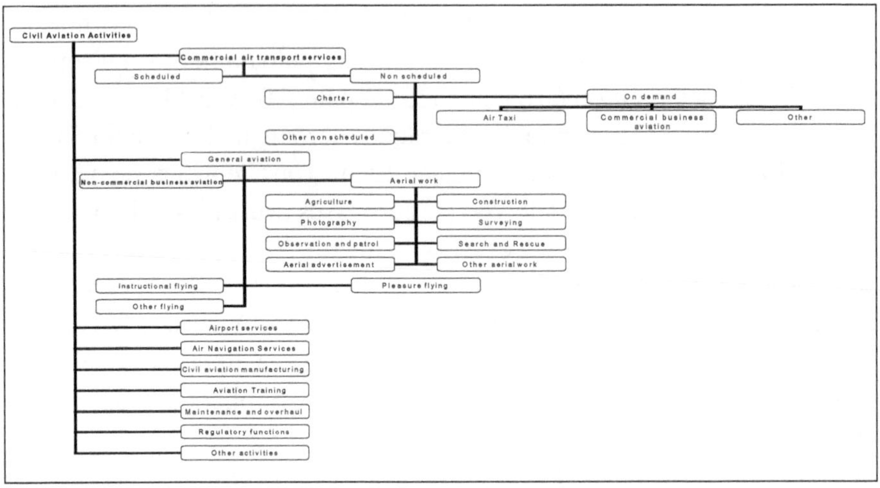

Figura 1: Proposta da OACI de classificação das atividades da aviação civil
Fonte: ICAO (2009).

Impactos da Pandemia do Covid-19 nos Diferentes Subsegmentos da Aviação de Negócios

Nestes diferentes subsegmentos da aviação de negócios, o impacto da pandemia foi bastante heterogêneo, como iremos explorar mais à frente. Todavia, comparando o resultado operacional total da aviação regular com o da aviação geral (figura 2), percebe-se a enorme diferença no impacto inicial e na velocidade de recuperação dos dois segmentos. Enquanto a aviação regular teve uma redução de 92,7% das operações de abril de 2020 quando comparada com abril de 2019, a aviação geral obteve uma redução de menos de 50% no mesmo período; sendo que este patamar de 50% de redução só foi atingido pela aviação comercial em outubro de 2020, momento em que a aviação geral já estava operando em volumes muito próximos aos de antes do início da pandemia.

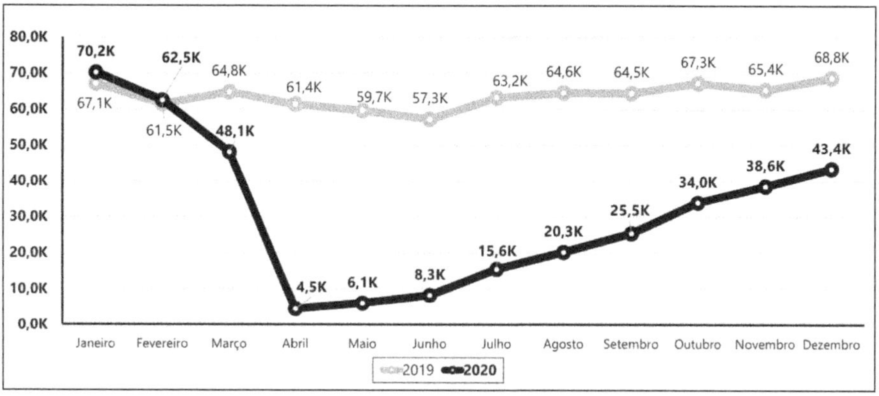

Figura 2: Decolagens em Voos Domésticos da Aviação Regular
Fonte: DECEA/CGNA.

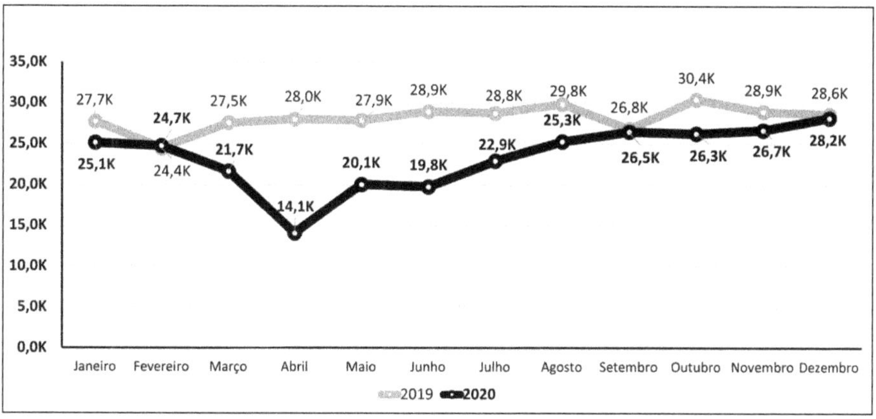

Figura 3: Dados de Movimentação da Aviação Geral
Fonte: DECEA/CGNA.

Em relação às informações apresentadas acima, é necessário observar que as fontes dos dados utilizados nos dois gráficos são diferentes, o que leva a algumas distorções para efeito de comparação. Os dados da aviação regular são baseados nas informações enviadas pelas companhias aéreas à Agência Nacional de Aviação Civil (ANAC), o que engloba 100% das operações aéreas da aviação comercial. Já os dados da aviação geral, que não possuem tais informações enviadas pelos seus operadores à ANAC, se baseiam em relatórios do Centro de Gerenciamento da Navegação Aérea do Departamento de Controle do Espaço Aéreo (CGNA/DECEA), que cobrem somente os 33 principais aeródromos do país (figura 3)[2] e não incluem as operações realizadas sem apresentação de plano de voo, como é o caso da maior parte das decolagens de aeronaves de asa rotativa que ocorrem sob as regras de voo visual (VFR) nos grandes centros urbanos, como São Paulo-SP e Rio de Janeiro-RJ. Por este motivo, mesmo ao se avaliar somente o comportamento da curva apresentada no segundo gráfico, ainda assim a citada distorção acontece, independente de se considerar os números absolutos. O racional que explica isto é o fato de que as atividades da aviação de negócios foram menos afetadas pela pandemia e se recuperaram mais rapidamente nas regiões periféricas do país, fora destes 33 aeródromos principais. O agronegócio, por exemplo, uma atividade que demanda muito transporte aéreo em aeronaves da aviação de negócios, foi uma atividade pouco afetada pela pandemia do Covid-19; ao contrário da prestação de serviços, que foi mais duramente impactada pelas restrições de mobilidade impostas pelas autoridades sanitárias, especialmente nos primeiros meses da crise do coronavírus, e estas atividades se concentram nos grandes centros urbanos, onde estes 33 aeródromos principais se encontram.

Infelizmente não há dados estatísticos sobre a movimentação dos diferentes subsegmentos da aviação de negócios – nem a ANAC nem o DECEA publicam dados segmentados por atividade aérea. Todavia, de acordo com informações obtidas em campo em dezenas de entrevistas realizadas ao longo de 2020 como parte do trabalho do autor como gerente técnico da ABAG e consultor aeronáutico, a seguir será descrito o cenário observado para os principais subsegmentos da aviação de negócios.

Atividade aeronáutica privada

A chamada "operação 91" é, por sua vez, subdividida em diversas atividades muito diferentes entre si e que tiveram impactos igualmente díspares.

No topo do subsegmento estão os jatos de longo curso capazes de realizar voos transcontinentais, como os produzidos pela Gulfstream, pela Das-

[2] Aeroportos de Rio de Janeiro (Galeão), São Paulo (Guarulhos), Campinas (Viracopos), Macaé, Manaus, Belém, Curitiba (Bacacheri), Brasília, Belo Horizonte (Confins), Campo Grande, Canoas, Curitiba (Afonso Pena), Cuiabá, Manaus (Eduardo Gomes), Foz do Iguaçu, Florianópolis, Fortaleza, Maceió, São Paulo (Campo de Marte), Natal, Porto Alegre, Porto Seguro, Porto Velho, Rio Branco, Recife, Rio de Janeiro (Santos Dumont), Rio de Janeiro (Santa Cruz), São José dos Campos, São Luiz, Santa Maria, São Paulo (Congonhas), Salvador e Pirassununga.

sault, pela Bombardier, e as linhas premium de outros fabricantes como a Embraer e a Cessna – o "topo da cadeia alimentar" da aviação de negócios, enfim. Operacionalmente, esta elite da aviação de negócios foi uma das mais afetadas pela pandemia, uma vez que o ingresso de passageiros na maior parte dos países do mundo sofreu sérias restrições sanitárias – e enquanto escrevo estas maltraçadas, a imprensa noticia que a nova administração dos Estados Unidos, chefiada pelo democrata Joe Biden, deve restringir ainda mais o ingresso de brasileiros em solo norte-americano. Porém, mesmo este subsegmento mais prejudicado pela calamidade sanitária ainda teve algum alento. No início da pandemia houve muitos voos de repatriação de brasileiros que foram pegos de surpresa em diversas localidades mundo afora, e que não tinham mais como retornar ao Brasil devido ao cancelamento de voos pelas companhias aéreas convencionais. Este tipo de operação, que ficou conhecida como "voos humanitários", foi muito mais comum no subsegmento dos táxis aéreos, como veremos, mas mesmo a atividade privada com aeronaves de longo curso teve razoável aquecimento nas primeiras semanas da pandemia.

No nível imediatamente inferior neste subsegmento da "operação 91", o dos jatos mais adequados à realização de voos domésticos (eventualmente também os jatos transcontinentais adaptados às operações mais curtas), houve impactos positivos e negativos na pandemia. Por um lado, os proprietários dessas aeronaves que as utilizavam eventualmente, voando como passageiro em uma companhia aérea sempre que isto fosse possível e desfrutando do conforto de sua a própria aeronave somente em ocasiões especiais (por exemplo: quando a localidade de destino não era servida pela linha aérea convencional ou a quantidade de passageiros a ser transportada justificasse a operação), passaram a utilizar com muito mais assiduidade o transporte aéreo privado, seja pela falta de oferta de passagens após a implementação da "malha aérea essencial"[3] pela aviação comercial, seja pela aversão ao compartilhamento de espaços com desconhecidos como ocorre na linha aérea, algo que quem pôde tentou evitar durante a pandemia. Porém, alguns usuários frequentes das aeronaves da aviação de negócios, como os artistas (em especial os cantores sertanejos, os funkeiros, as bandas que animam grandes festas populares, e os demais profissionais

[3] Vide https://www.anac.gov.br/noticias/2020/malha-aerea-essencial-comeca-no-sabado-28 – acesso em 11/02/2021.

do show business), os executivos de empresas do setor de entretenimento e de eventos, e os empresários do setor de serviços urbanos mais sofisticados (bancos e seguradoras, consultoria industrial, TI etc.) diminuíram significativamente o uso de aeronaves privadas.

Por outro lado, o enorme e pujante setor do agronegócio, responsável por parcela significativa da utilização de aeronaves privadas no Brasil, voou como nunca durante a pandemia. O primeiro motivo para isto foi que os profissionais e prestadores de serviços para os produtores rurais, como engenheiros agrônomos, representantes de empresas produtoras de defensivos agrícolas e de produtos veterinários, comerciantes de commodities agropecuárias e outros não tinham mais como acessar as propriedades rurais utilizando voos comerciais (em geral, combinados com um trecho por via terrestre ou fluvial), e a única maneira que restou ou que era mais eficiente foi a aviação de negócios. Outro fator que elevou a utilização de aeronaves pelo agronegócio foi o próprio deslocamento pessoal dos empresários do setor e de suas respectivas famílias. Em geral, este público reside nas capitais dos estados, especialmente nas do Centro-Oeste; ou em cidades de porte médio espalhadas por todo o Brasil, como são os casos das paulistas Ribeirão Preto, São José do Rio Preto e Presidente Prudente, de Rondonópolis-MT, de Londrina-PR, de Campina Grande-PB, e muitas outras. Quando eclodiu a pandemia, parcela significativa destes empresários levou suas famílias para residir nas suas propriedades rurais como medida de isolamento social. Isto acabou gerando uma necessidade muito grande de transporte entre a sede habitual da família e as propriedades rurais, uma vez que tais pessoas continuavam vinculadas às cidades em que residiam para o atendimento às suas demandas relacionadas a tratamentos médicos, educação, compra de bens sofisticados, serviços jurídicos etc. Tudo isso gerou um aumento incrível no trânsito aéreo no interior do país, em especial pelas aeronaves turboélices, como as da linha Beechcraft King Air e os Pilatus PC-12, e pelas aeronaves a pistão, como os bimotores Beechcraft Baron e Piper Seneca e os monomotores da Cirrus, da Cessna e da Beechcraft.

Finalmente, é preciso comentar um fato que afetou especificamente a aviação de negócios realizada com as aeronaves leves, dotadas de motores a pistão. Em julho de 2020, um lote de gasolina de aviação (AVGAS) contaminado foi comercializado em diversas partes do país, afetando parcela considerável da frota brasileira de aeronaves dependentes deste combustível[4], o que impactou diretamente no volume de operações da aviação de negócios – tanto na aviação privada quanto nos demais segmentos que serão abaixo considerados.

Aeronaves operadas pelo poder público

As aeronaves operadas pela administração pública federal, estadual, distrital e municipal podem ser subdivididas entre duas operações distintas: os "aviões executivos" utilizados no transporte de autoridades públicas e os "aviões de trabalho", que são aqueles empregados no policiamento e resgate, no transporte de cargas e pessoas envolvidas em atividades operacionais e em outras funções como o combate a incêndios.

Durante a pandemia, não houve alteração significativa na "aviação executiva" realizada com aeronaves operadas pelo poder público. Governadores, dirigentes de empresas estatais e outros usuários deste tipo de serviço aéreo sempre têm uma demanda relativamente constante de transporte pessoal, e muito embora as circunstâncias da pandemia possam ter gerado algum aumento de demanda, na margem o aumento é irrelevante.

Já a atividade "de trabalho" das aeronaves operadas pelo poder público experimentou sensível aumento em 2020 em duas frentes distintas. Devido à pandemia, aumentou a necessidade de transporte de pessoas, em especial profissionais de saúde, e de cargas, com destaque a insumos médicos, e parcela considerável desta demanda foi atendida por estas aeronaves. Além disso, 2020 foi marcado por extensos incêndios florestais na Amazônia, no cerrado do Centro-Oeste, e no Pantanal, e um contingente muito grande de aeronaves operadas pelo poder público foi utilizado neste tipo de operação. É preciso notar, entretanto, que esta segunda demanda não possui relação com a pandemia do Covid-19.

Aviação agrícola[5]

A operação aeroagrícola do Brasil vem crescendo há muitos anos – na verdade, este é o único subsegmento da aviação de negócios que cresce

[4] Vide https://g1.globo.com/sp/sao-paulo/noticia/2020/08/11/gasolina-de-aviacao-com-suspeita-de-contaminacao-foi-importada-em-marco-e-repassada-para-outro-navio.ghtml – acesso em 11/02/2021.

[5] Inclui tanto as operações em benefício do próprio operador, quanto as realizadas por empresas certificadas para operar de acordo com as regras do RBAC Nº 137 de asa fixa e rotativa.

consistentemente desde 2014. Segundo dados do Registro Aeronáutico Brasileiro (RAB) da ANAC, em dezembro de 2020 havia 1.596 aeronaves aptas a efetuar operações de pulverização aérea no país, o que nos coloca em segundo lugar no mundo para esta atividade, logo atrás dos Estados Unidos.

A eclosão da pandemia do Covid-19 em nada afetou a operação aeroagrícola, uma vez que o agronegócio é uma atividade rural e, portanto, pouco ou nada influenciada pelas restrições sanitárias impostas à atividade urbana. A elevada demanda por alimentos em nível mundial aliada à escalada cambial ocorrida no ano passado (o que favorece os produtores de commodities com custos em reais) foram outros fatores que ajudaram a manter o alto desempenho da aviação agrícola em 2020.

Outros fatores, estes sem relação alguma com o coronavírus, também colaboraram, ainda que indiretamente, com o setor. Os incêndios que assolaram as regiões Centro-Oeste e Norte do país e os ataques de nuvens de gafanhotos na divisa do sul do Brasil com a Argentina e o Paraguai demandaram atuação adicional das aeronaves agrícolas, revelando a diversidade operacional deste subsegmento da aviação de negócios.

Instrução de voo

As atividades de instrução de voo (formação prática de pilotos privados e comerciais de avião e de helicóptero) foram interrompidas por diversos meses, o que deveria ter gerado grande impacto no setor. Todavia, o que se observou no fechamento dos números de emissão de licenças de pilotos de 2020 em relação a 2019 (uma informação que revela o nível de atividade da instrução aérea) apontaram para uma redução relativamente modesta neste subsegmento – vide tabela abaixo. Ainda estamos num patamar muito inferior ao auge da formação de pilotos que ocorreu em 2013, mas a dramática redução que poderia ser creditada à pandemia de 2020 não foi tão significativa quanto se esperava:

Licenças de Piloto emitidas	2020 qtd.lic.	2019 qtd.lic.	2013 qtd.lic.	2020/2019 reduç.%	2020/2013 reduç.%
Piloto Privado de Avião	1.448	1.615	3.072	-10%	-53%
Piloto Comercial de Avião	809	968	1.712	-16%	-53%
Piloto Privado de Helicóptero	131	185	911	-29%	-86%
Piloto Comercial de Helicóptero	80	110	753	-27%	-89%

Figura 3: Licenças emitidas pela ANAC – pilotos privados e comerciais de avião e de helicóptero

Fonte: ANAC.

A redução nas quantidades de emissão de licenças de piloto privado e de piloto comercial de avião (respectivamente de -10% e -16%) em 2020 em relação a 2019 em um período tão adverso quanto foi 2020 pode ser considerada até "moderada" ante o ocorrido em outras modalidades de ensino profissionalizante. Já o fato de atualmente formarmos cerca de metade dos pilotos de avião que formávamos em 2013 é mais preocupante, muito embora isto não tenha relação com a pandemia e, portanto, com este artigo.

Por outro lado, os números relativos à formação de pilotos de helicóptero são muito mais dramáticos. O fato de a redução na emissão de licenças de pilotos de asa rotativa no ano passado ter sido tão superior à redução verificada na asa fixa (-29% e -27% para Piloto Privado e Comercial de Helicóptero ante -10% e -16% para Piloto Privado e comercial de Avião) mostra como esta atividade foi particularmente afetada. Mas a redução observada dentro do próprio setor, de quase 90% em relação a sete anos atrás, é sinal de que os problemas na formação de pilotos de helicóptero são muito mais graves. Novamente, entretanto, não se trata de assunto para este artigo.

Táxis aéreos regulados pelo RBAC Nº 135

Nos primeiros três a quatro meses da emergência sanitária – de abril a julho de 2020, aproximadamente –, os táxis aéreos sofreram muito com a redução de demanda decorrente da pandemia pelos mesmos motivos que levaram à redução da atividade na linha aérea: aversão a viagens, restrições imigratórias, incertezas econômicas etc. Em julho, somou-se a esta redução a crise gerada pela contaminação da AVGAS, que agravou ainda mais a situação dos táxis aéreos de menor porte, que utilizam aeronaves a pistão. Mesmo com a recuperação do mercado verificada nos últimos meses do ano, o prejuízo contabilizado no período inicial da pandemia ainda vem impactando a saúde financeira das empresas de táxi aéreo. Apesar disto, não ocorreu nenhuma ação governamental de ajuda específica para o setor, o que fará com que as empresas de táxi aéreo ainda levem muito tempo até se recuperarem completamente do prejuízo de 2020.

Todavia, os mesmos efeitos positivos citados em nossa análise de desempenho da aviação privada também se aplicam ao táxi aéreo convencional. As empresas dotadas de frota mais sofisticada realizaram muitos voos de repatriação de brasileiros pegos de surpresa no exterior no início da pandemia, e o agronegócio também demandou mais fretamento de aeronaves do que em anos anteriores. Além disso, alguns fatores específicos foram benéficos ao táxi aéreo em 2020, minimizando parcialmente os prejuízos no subsegmento:

- Venda de assentos individuais
  Em agosto de 2020, a ANAC aprovou a Resolução Nº 576 de 04/08/2020, que possibilitou às empresas de táxi aéreo a comercialização de assentos individuais, o que viabilizou novos modelos de negócios para o setor, principalmente:
  1. Aproveitamento de "pernas vazias"
     No modelo convencional de fretamento, o cliente normalmente é obrigado a pagar os voos de ida e volta ao destino desejado. Por exemplo: uma empresa de São Paulo-SP que desejasse levar seus diretores para um congresso de uma semana em Belo Horizonte-MG precisaria contratar um voo S. Paulo-Belo Horizonte para levar sua diretoria ao destino, e um voo Belo Horizonte-S.Paulo só com a tripulação ("vazio") para trazer a aeronave à base (trecho Nº1); e uma semana depois realizar um voo "vazio" S.Paulo-Belo Horizonte para pegar os diretores e outro Belo Horizonte-S.Paulo trazendo-os de volta (trecho Nº2). No total, seriam quatro voos (ou "pernas"), sendo que dois deles não carregariam passageiros. Os outros dois realizados "vazios" seriam o que o mercado chama de "pernas vazias".
     Com a publicação da nova resolução da ANAC que regulamentou a venda de assentos individuais, as empresas de táxi aéreo passaram a poder comercializar livremente as "pernas vazias". Assim, no exemplo apresentado acima, o operador pode-

ria anunciar os voos Belo Horizonte-S.Paulo ("perna vazia" do trecho Nº 1) e S.Paulo-Belo Horizonte ("perna vazia" do trecho Nº 2) que seriam realizados somente com a tripulação, vendendo os assentos individualmente, e com isso aumentar a rentabilidade da operação – ou, eventualmente, ofertar um transporte menos oneroso ao seu cliente, obtendo com isto uma vantagem comercial para a venda do fretamento. Mesmo que os assentos comercializados nas "pernas vazias" sejam vendidos abaixo do preço de custo, ainda assim o negócio pode valer a pena para o operador, uma vez que aquele voo iria ocorrer de qualquer maneira, e, portanto, o custo já estava sendo absorvido pela operação.

2. Ligações aéreas pré-determinadas
   Além do aproveitamento das "pernas vazias", a resolução da ANAC que permitiu a comercialização de assentos individuais por empresas de táxi aéreo também permitiu que estas oferecessem ao mercado as chamadas "ligações aéreas pré-determinadas" ou "sistemáticas", o que é muito semelhante à venda de passagens aéreas que as companhias de aviação já realizam normalmente. As principais diferenças são que existe uma limitação de volume de quinze passagens por empresa por semana; que a legislação que regulamenta os direitos dos passageiros na venda de passagens pelas companhias aéreas (aplicação da Resolução Nº 400 de 13/12/2013) deve ser flexibilizada para a realidade operacional das empresas de táxi aéreo[6]; e que as operações de embarque e desembarque de passageiros podem ocorrer no próprio hangar da empresa, não havendo a necessidade de o passageiro submeter-se aos procedimentos convencionais realizados nos terminais de passageiros dos grandes aeroportos[7].

[6] Parágrafo único do art. 4º da Res. nº 576: "As empresas aéreas descritas no caput deverão cumprir, **no que couber**, com as disposições estabelecidas nas Condições Gerais de Transporte (Resolução nº 400, de 13 de dezembro de 2016) e demais previsões regulamentares referentes à prestação dos serviços" – grifos nossos.

[7] Entendimento da Diretoria Colegiada da ANAC proferida na 23ª Reunião Deliberativa Ordinária da Diretoria Colegiada, ocorrida em 24 de novembro de 2020 acessível em https://www.youtube.com/watch?v=_uic0f8R-6k – acesso em 11/02/2021.

Também não é necessário solicitar à Agência autorização prévia e nem qualquer outro procedimento burocrático comum ao transporte aéreo regular de passageiros. Por exemplo, se uma determinada empresa de táxi aéreo achar que lhe é conveniente ofertar passagens aéreas ligando o aeroporto do Campo de Marte em São Paulo-SP ao aeroporto de Ubatuba-SP durante o Carnaval, basta-lhe comunicar ao público que tal serviço será prestado em determinados dias e horários e nada mais. Depois de o voo ser realizado, a empresa necessita enviar as informações básicas à ANAC[8] e nenhum outro procedimento formal lhe será requerido[9].

Tanto a venda de "pernas vazias" quanto as ligações aéreas pré-determinadas foram excelentes alternativas para que as empresas de táxi aéreo pudessem recuperar parte do prejuízo proveniente da redução da demanda nos meses iniciais da pandemia. Infelizmente, entretanto, as novas regras foram publicadas somente em agosto de 2020, e as empresas ainda não conseguiram obter resultados significativos com estas novas possibilidades. Acreditamos que em 2021 estas modalidades de transporte aéreo realizadas por empresas de táxi aéreo se consolidem no mercado brasileiro.

- Ferramentas de fretamento via aplicativos

  Outro fator que ajudou a minorar as perdas das empresas de táxi aéreo devido à pandemia foi a venda de fretamento convencional e de assentos individuais por meio de aplicativos de internet e de smartphones. Embora já existissem no mercado tais ferramentas no mercado há alguns anos, 2020 contou com o ingresso de novas

[8] Estas são as constantes no art. 6º da Res. Nº 576: "As empresas aéreas que operam conforme o previsto no art. 2º desta Resolução devem encaminhar mensalmente à ANAC, até o décimo dia útil do mês subsequente ao da realização do voo, as informações referentes aos voos agendados realizados, conforme definido em Portaria da Superintendência de Padrões Operacionais – SPO", posteriormente regulamentada pela Portaria N° 1.996/SPO de 07/08/2020.

[9] Na verdade, o art. 5º da Res. Nº 576 diz que "A exigência do registro dos serviços de transporte aéreo constante na Resolução Nº 440, de 2017, para operações agendadas no âmbito do RBAC Nº 135, somente será aplicável se constituírem uma série sistemática de voos". Entretanto, a aplicação prática deste artigo ainda não está completamente esclarecida.

empresas do setor e restruturação da já existentes, dando um novo impulso a esta modalidade comercial[10].

Estas ferramentas foram muito úteis inicialmente para a contratação de voos de repatriação por passageiros e grupos de passageiros do Brasil e do exterior. Este público normalmente não utiliza os serviços de táxi aéreo e tem muitas dificuldades para obter informações sobre disponibilidade e preços de fretamentos, fatores que os aplicativos solucionam muito bem. Posteriormente, as possibilidades de venda de assentos individuais, tanto nas "pernas vazias" quanto nas ligações aéreas sistemáticas, adequaram-se perfeitamente a tais ferramentas, uma vez que a maioria das empresas não contava com um site de vendas próprio.

- Transporte de encomendas expressas

  Na pandemia, as vendas online explodiram no Brasil, gerando boas oportunidades para as empresas de táxi aéreo. Primeiro, porque com a redução das ligações aéreas da aviação comercial, em um primeiro momento escassearam as possibilidades de transporte de carga nos porões das aeronaves de passageiros, abrindo novas possibilidades de transporte cargueiro em aeronaves de menor porte. Depois, porque a concorrência entre as empresas especializadas em vendas pela internet (Mercado Livre, Amazon, Submarino, Magalu etc.) levou a uma escalada de necessidades cada vez maiores de logística para pequenos volumes para cidades de médio e pequeno porte espalhadas pelo Brasil. Assim, um consumidor de Primavera do Leste-MT que desejasse adquirir um tablet em algum marketplace da internet poderia tomar sua decisão devido ao fato de uma loja entregar o produto em 48h ao invés de outra que levasse 7 dias para efetuar o trâmite logístico. Portanto, a rapidez na entrega – que somente seria possível de ser obtida utilizando os serviços das empresas de táxi aéreo – passou a ser um item muito importante no ano passado, beneficiando as empresas de táxi aéreo.

  Outra questão logística que surgiu na pandemia foi a entrega de insumos médicos e o transporte de profissionais de saúde para atender às demandas decorrentes da própria crise sanitária. Este

[10] Os principais exemplos de tais aplicativos são o Flapper (https://www.flyflapper.com/) e o Adam (https://flyadam.com.br/) – sites acessados em 11/02/2021.

foi outro fator que afetou positivamente o setor de táxi aéreo, que começou transportando Equipamentos de Proteção Individual (EPI's) e respiradores e, já no início de 2021, passou a ser um modal importantíssimo para o transporte de oxigênio e de vacinas.

- Operação regular – aviação regional/subregional
  Desde a reforma regulatória realizada pela ANAC em 2019, com a publicação da emenda Nº 06 ao RBAC Nº 119 – "Certificação: Operadores de transporte aéreo público", as empresas de táxi aéreo certificadas para operar de acordo com o RBAC Nº 135 passaram a poder se certificar como empresas de transporte aéreo regular, desde que utilizassem aeronaves com capacidade de levar até 19 passageiros ou 3.400kg de payload. Porém, foi em 2020 que as empresas do setor começaram a obter as respectivas autorizações da ANAC para atuar neste segmento, como foi o caso da Azul Conecta de Jundiaí-SP (antiga Two Flex), que se associou à Azul Linhas Aéreas; da Asta de Cuiabá-MT, que atualmente opera em parceria com a Gol Linhas Aéreas; e da Abaeté, com sede em Salvador-BA, da Aerosul, de Arapongas-PR, e da RIMA, de Porto Velho-RO (esta, ainda certificada como empresa de Ligação Aérea Sistemática), que operam de maneira independente. Todas estas empresas compõem a nova aviação regional (ou "sub-regional", para diferenciar das empresas de linha aérea que operam aviões maiores) do Brasil. Esta modalidade também promete muito para 2021, embora não tenha tido um desempenho extraordinário em 2020.
- Operação aeromédica
  O transporte de enfermos pelo modal aéreo foi uma atividade muito demandada em 2020 por motivos óbvios. A pandemia requereu um volume de remoções médicas de emergência em níveis nunca vistos pelas empresas do setor, a ponto de ter sido necessária a publicação em janeiro de 2021 de um regulamento pela ANAC que, em caráter de exceção, permitisse que os tripulantes do setor pudessem extrapolar os limites de jornada de trabalho e de horas de voo impostos pela Lei do Aeronauta, tamanha a necessidade de transporte aeromédico. Neste cenário, as empresas de táxi aéreo certificadas para realizar remoções aeromédicas enfrentaram a crise econômica gerada pela pandemia com muito mais facilidade que as empresas convencionais.

Consumo de AVGAS e QAV

Outra maneira de avaliar o desempenho da aviação de negócios é pela análise do consumo de combustíveis de aviação, e como a Agência Nacional do Petróleo (ANP) divulga os volumes totais de vendas destes produtos mês a mês, este seria um indicador bastante conveniente para se trabalhar. Há, entretanto, algumas dificuldades metodológicas para que tal análise tenha utilidade na avaliação de desempenho aeronáutico:

1. O volume de combustível vendido pelas distribuidoras não acontece no mesmo instante em que ele é consumido pelas aeronaves. No caso da aviação comercial, este *delay* é menor, quase insignificante; mas para a aviação de negócios, especialmente para o combustível consumido em localidades remotas da Amazônia e do Centro-Oeste e em aeroportos de pequeno porte, esta diferença é significativa, podendo chegar a vários meses nas pequenas localidades do interior da Amazônia. Nestas localidades, a AVGAS leva cerca de um mês para ser transportada desde Cubatão por via terrestres e, às vezes, fluvial – e, devido a este problema logístico, as empresas distribuidoras locais formam estoques equivalentes a vários meses de consumo, de modo a não ficar sem disponibilidade do produto em caso de atrasos na entrega. Com isto, o prazo entre o carregamento do caminhão de AVGAS em Cubatão e o efetivo consumo deste combustível por uma aeronave bascada no interior da Amazônia pode levar mais de três meses.
2. Há diferenças relativas muito grandes a serem consideradas na análise das quantidades absolutas de volumes de combustível vendido em razão da disparidade técnica entre as aeronaves em relação ao consumo específico de combustível. Um pequeno avião a pistão, como um "Paulistinha" por exemplo, consome cerca de 18 litros por hora (l/h) de AVGAS; enquanto um Boeing 737-800 necessita de cerca de 2.800 l/h para sustentar um voo de cruzeiro – ou 155 vezes mais em termos de consumo horário. Portanto, sempre que analisarmos as quantidades totais de metros cúbicos vendidos, temos que ter em mente tal disparidade.
3. No caso da AVGAS, a aviação de negócios consome a maior parte do volume de combustível vendido. As exceções são a aviação militar, que consome uma quantidade muito pequena deste combustível (somente as aeronaves de instrução T-25 Universal, utilizadas

pela Academia da Força Aérea, possuem motores a pistão atualmente) e a aviação experimental, que tem a maior parte da frota dotada de motores a pistão, porém com baixíssimo consumo específico e pequena utilização em termos de horas de voo por mês, além de boa parte desta aviação utilizar gasolina automotiva. Por este motivo, utilizaremos os dados de consumo de AVGAS como sendo totalmente relacionados à aviação de negócios – no caso, os subsegmentos da aviação privada e do táxi aéreo que utiliza aviões e helicópteros leves, os Serviços Aéreos Especializados (incluindo a aviação agrícola) e a aviação de instrução.

4. Para o QAV, a situação é a oposta à da AVGAS. Apesar de cerca de 1/3 da frota da aviação de negócios ser composta por aeronaves turboélice, turboeixo, ou a reação, e da quantidade total de aeronaves movidas a QAV da aviação de negócios ser cerca de 7 vezes a frota da aviação comercial, o fato é que o consumo específico e a taxa de utilização das aeronaves da aviação comercial são tão desproporcionalmente maiores do que os da aviação de negócios, que a linha aérea consome mais de 90% de todo o QAV vendido no Brasil. Portanto, no caso do QAV, utilizaremos os respectivos dados de consumo como sendo totalmente relacionados à aviação comercial.

Tudo considerado, passemos agora aos números:

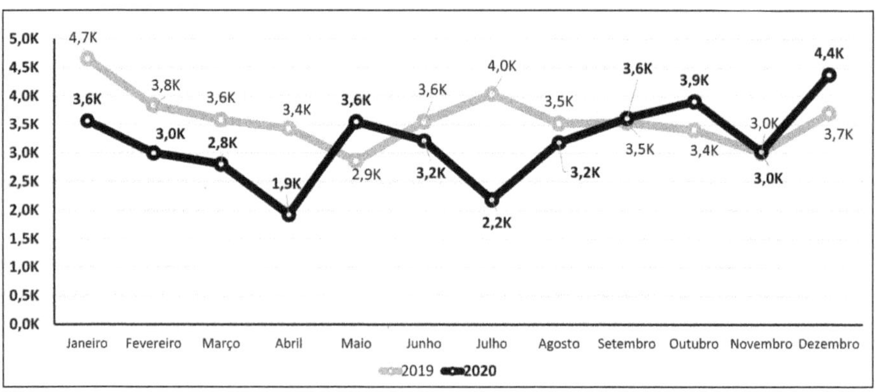

Figura 5: Total de AVGAS Vendida (M^3)

Fonte: ANP.

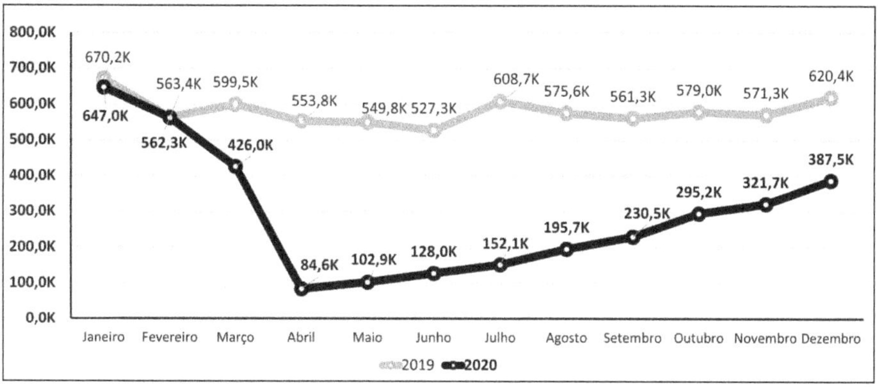

Figura 6: Total de QAV (Jet A-1) Vendida (M³)
Fonte: ANP.

As curvas da venda de AVGAS e QAV de 2020 comparado a 2019 nos conta uma história coerente com a revelada pelos dados de movimentos de aeronaves. Considerando que as vendas de AVGAS refletem o comportamento da aviação de negócios, e as de QAV o da aviação comercial, percebemos que o total anualizado para o primeiro caso é cerca de 14% menor em 2020 comparado a 2019 anualizando pela média as vendas de dezembro; enquanto no segundo temos, pelo mesmo critério, uma redução de 48%. O *shape* da curva do QAV também é muito parecido com o dos movimentos da aviação comercial, mas a curva da AVGAS possui algumas diferenças na comparação respectiva: embora a queda inicial das vendas deste combustível em abril, de 45%, seja consistente com a redução na movimentação da aviação de negócios no primeiro mês da pandemia, que foi de 49%, a redução de outros 45% nas vendas de AVGAS em julho de 2020 comparado a julho de 2019 não fazem sentido quando confrontados com a redução nos movimentos no mesmo período, que foi de meros 20%.

Ocorre que houve uma outra crise na aviação de negócios em 2020, esta sem nenhuma correlação com a pandemia do coronavírus. Em junho de 2020, um lote de AVGAS fora das especificações técnicas adequadas para o consumo das aeronaves a pistão chegou aos tanques das distribuidoras deste combustível em diversas partes do país. O uso desta AVGAS gerou diversos danos às aeronaves que a consumiram, comprometendo a segurança de voo destas aeronaves, até que em 9 de julho a ANAC publicou um comunicado, chamado de Boletim Especial de Aeronavegabilidade (BEA), para informar a todos os pilotos e proprietários de aeronaves que operem com gasolina de aviação sobre os riscos associados ao uso de "combustível contaminado ou adulterado". No documento, a ANAC dá recomendações e diz que "até a emissão do boletim não possuía informações fáticas que possam confirmar a existência de tal contaminação, tampouco, se confirmada, que tenha agido como fator contribuinte em alguma ocorrência recente". Foram dois os efeitos deste fato: as vendas de AVGAS foram parcialmente interrompidas durante o mês de julho, o que explica a redução verificada neste mês no gráfico da figura 5; e também foi reduzida a movimentação da aviação de negócios no período.

De qualquer modo, o fato é que a análise do consumo de combustíveis de aviação em 2020 comparativamente a 2019 corrobora e complementa o que exploramos na introdução deste artigo: na pandemia da Covid-19, a retração da aviação de negócios foi significativamente mais branda, e a recuperação está sendo consideravelmente mais rápida do que na aviação comercial.

Variações na Frota da Aviação de Negócios & Movimentos de Compra e Venda de Aeronaves

Em diversas oportunidades em que o autor teve contato com profissionais da área de compra e venda de aeronaves da aviação de negócios, inclusive com a diretoria da AERA (Associação das Empresas Revendedoras de Aeronaves), foi verificada que a percepção sobre 2020 foi muito positiva. Saindo do subjetivismo e analisando os números disponibilizados pelo Registro Aeronáutico Brasileiro (RAB) publicados pela ANAC, confirmamos parcialmente tal percepção conforme veremos a seguir.

Antes de analisar tais números, entretanto, é necessário realizar algumas considerações metodológicas. A frota total de aeronaves disponível no RAB, e frequentemente divulgada como sendo a "frota da aviação de negócios" necessita alguns ajustes para que a análise realmente reflita a realidade de mercado. Os números totais de aeronaves divulgados incluem aquelas que não se encontram em condições de aeronavegabilidade e que jamais tornarão a voar, como as aeronaves acidentadas, abandonadas e deterioradas, com pendências legais de difícil solução, e outras em estado semelhante. Por outro lado, considerar somente as aeronaves em plenas condições de aeronavegabilidade – isto é: com Certificado de Matrícula (CA) e Certificado de Verificação de Aeronavegabilidade (CVA) válidos – em uma análise de frota também não reflete a realidade, pois uma parte destas está em manutenção, aguardando peças de reposição ou condições técnicas e/ou econômicas para retornarem ao voo no curto prazo, e outras situações do gênero. Desta maneira, o procedimento adotado pelo autor neste artigo foi o de utilizar a metodologia criada pela Associação Brasileira de Aviação Geral (ABAG) em suas análises, com o ponto de corte para considerar que determinada aeronave faz parte da frota da aviação de negócios sendo o de "CVA+3" – isto é: considerar somente as aeronaves com CA e CVA válidos, ou que estejam com o CVA vencido há no máximo 3 meses. O resultado é o do gráfico abaixo:

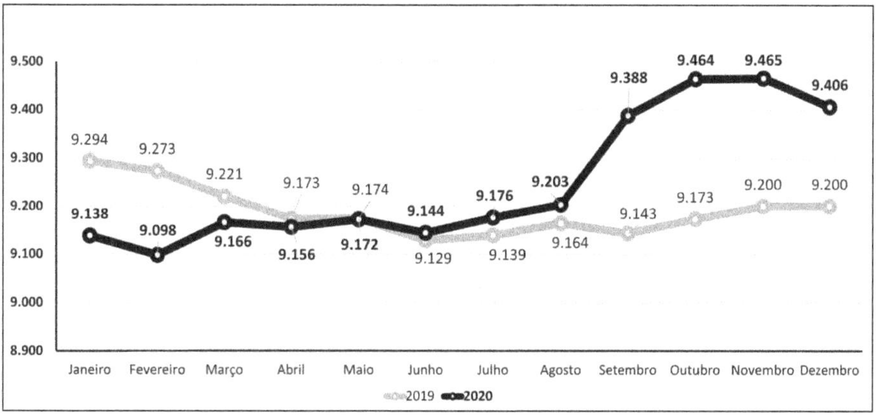

Figura 7: Matrículas da aviação de negócios em situação normal de aeronavegabilidade ou com CVA vencido em até 3 meses

Fonte: ANAC – Registro Aeronáutico Brasileiro (RAB).

O quadro revelado nos mostra que a frota da aviação de negócios em 2020 permanece com números inferiores aos da frota de 2019 nos três primeiros meses do ano (antes da pandemia, portanto), e reverte o quadro exatamente em abril, mês inicial da pandemia, permanecendo consistentemente assim durante o restante do ano. Isto corrobora a percepção de mercado e revela como a aviação de negócios se aqueceu e permaneceu aquecida durante a pandemia. Todavia, não foram todos os subsegmentos que tiveram este comportamento. Vejamos o que ocorre com o táxi aéreo neste mesmo período:

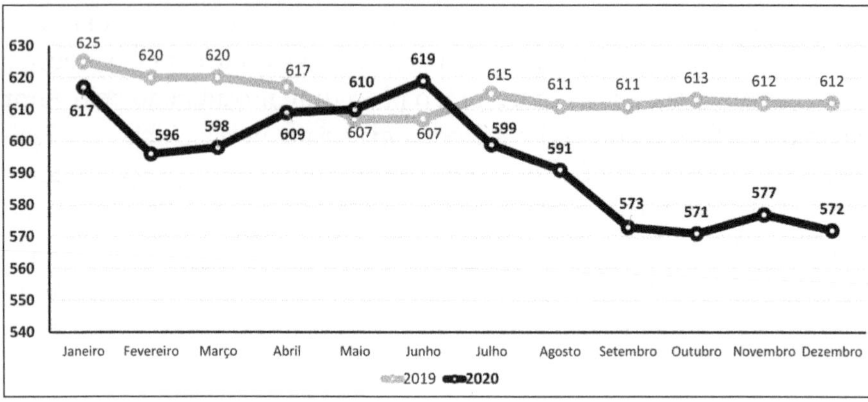

Figura 8: Matrículas de aeronaves de táxi aéreo em situação normal de aeronavegabilidade
Fonte: ANAC – RAB.

Neste caso em particular, consideramos somente as aeronaves em condições normais de aeronavegabilidade porque nos interessa analisar a frota imediatamente disponível para fretamento. Mas o que nos interessa observar é que, na maior parte do ano e também do período de pandemia, a frota de táxi aéreo de 2020 permaneceu inferior à de 2019, em um movimento contrário ao do segmento de aviação de negócios como um todo, e encerrando o ano de 2020 num patamar cerca de 7% inferior ao ano anterior. Isto nos mostra que a vitalidade da aviação de negócios não é homogênea e que o subsegmento de táxi aéreo continua enfrentando as mesmas dificuldades que o setor vem sofrendo há diversos anos.

Outra maneira de observarmos o quadro dinâmico da frota da aviação de negócios é pelos movimentos de compra e venda de aeronaves, obtido pela análise da quantidade de aeronaves que trocaram de proprietário e operador mês a mês. Este número revela o dinamismo do mercado de aeronaves usadas, além de ser um bom indicador de comportamento deste mercado durante a pandemia. Vejamos a seguir o gráfico sobre a troca de proprietário e operador de aeronaves em 2020 comparativamente a 2019:

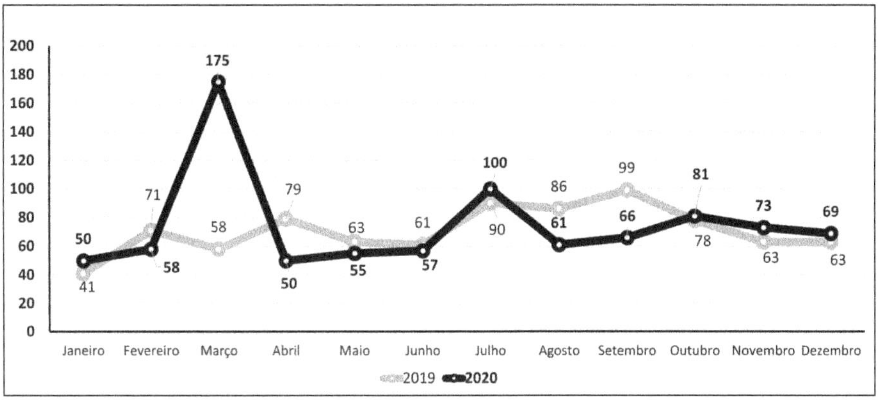

Figura 9: Troca de proprietário e operador – frota da aviação de negócios
Fonte: ANAC – RAB.

À exceção de março, em que houve um súbito aumento de compra e venda de aeronaves por razões ainda não completamente esclarecidas, no restante do ano tivemos uma curva muito semelhante em 2020 comparativamente a 2019. Ou seja: a despeito do aumento da frota das aeronaves de negócios ter de fato ocorrido (o aumento na quantidade de trocas de proprietário e operador da frota da aviação de negócios foi 5% superior em 2020 comparativamente a 2019), a pandemia parece não ter sido responsável por variações significativas na atividade comercial do setor. Isto em princípio não confirma o relatado pelos profissionais da área de compra e venda de aeronaves da aviação de negócios.

Por fim, vamos analisar as operações comerciais de compra e venda de aeronaves da aviação de negócios que sejam: a) brasileiras ou estrangeiras novas, ou b) estrangeiras novas e usadas provenientes do exterior. Tal análise será feita levando-se em conta as entradas e saídas de aeronaves do RAB conforme gráfico a seguir:

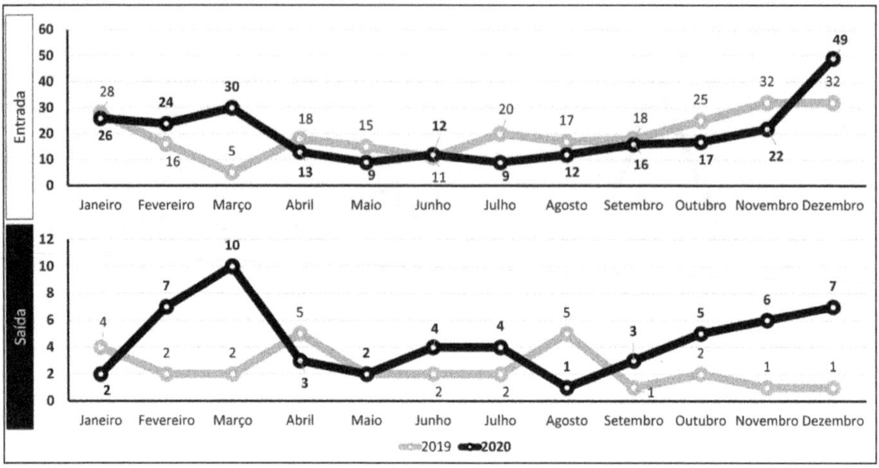

Figura 10: Entrada e saída de matrículas frota da aviação de negócios
Fonte: ANAC – RAB.

Comparando-se 2020 com 2019, tivemos a entrada de 2 aeronaves e a saída de 25, com uma diminuição líquida de 23 unidades em 2020. Todavia, os números são inexpressivos e o *shape* das curvas de 2019 e 2020 são – à exceção de, mais uma vez, o mês de março – bastante semelhantes. Isto também não corrobora o relatado pelos profissionais da área de compra e venda de aeronaves da aviação de negócios, mas por outro lado mostra que, da mesma maneira que na análise anterior, não mostra retração no *business* de compra e venda durante a pandemia.

Portanto, analisando os números das variações na frota da aviação de negócios e os movimentos de compra e venda de aeronaves, percebemos que o suposto aquecimento do mercado de aeronaves ocorreu de maneira parcial e tímida em 2020. Porém, há que se observar que a recuperação nos movimentos da aviação geral somente ocorreu a partir de setembro de 2020, e há um *delay* entre a necessidade de voar e a intenção de adquirir uma aeronave. Por este motivo, esperamos que em 2021 o mercado de aeronaves efetivamente se aqueça – o que já temos visto em depoimentos de profissionais do setor, que já relatam restrições de oferta de aeronaves usadas com determinadas características – aviões leves mono e bimotores a pistão e turboélices.

Conclusões

A pandemia que vivemos em 2020 (e que continuaremos a viver pelo menos em parte de 2021) teve e continuará tendo impactos significativos para a aviação de negócios. O contexto é muito diferente do que ocorre com a aviação comercial, que está sofrendo muito com a pandemia, mas quando o mundo voltar a se estabilizar esta tende a retornar ao seu velho leito, transportando passageiros e cargas pelo Brasil e pelo mundo de maneira muito parecida como antes.

Na aviação de negócios, não: seus diferentes subsegmentos iniciaram um movimento catalisado pela pandemia que deverá continuar ocorrendo mesmo depois que o problema sanitário for resolvido. A camada de maior poder aquisitivo dificilmente abandonará sua aeronave privada e voltará a se amontoar nos check-ins dos grandes aeroportos; os táxis aéreos não irão deixar de vender assentos individuais; os aplicativos não irão fechar as portas; a aviação regional não vai deixar de crescer; e o transporte aeromédico mostrou que é uma ferramenta indispensável a um país continental e com infraestrutura de saúde concentrada nos grandes centros como o nosso.

Muitos empresários do segmento da aviação de negócios estão trabalhando em novos projetos que somente irão começar a aparecer neste ano de 2021 e nos próximos, e as novidades não param por aí. A nova regulamentação para os programas de compartilhamento de aeronaves (Subparte K do RBAC Nº91), aprovada pela Diretoria colegiada da ANAC recentemente, deverá trazer um novo impulso para a aviação privada, e o desenvolvimento tecnológico das aeronaves e-VTOL não parou durante a pandemia – ele só foi menos noticiado porque as informações sobre o Covid-19 foram mais relevantes para o público em 2020. Parodiando a música do Lulu Santos & Nelson Motta: "Nada na aviação de negócios será de novo do jeito que já foi um dia".

Referências

ANAC. Portaria N° 1.996/SPO, 07/08/2020. Disponível em https://www.anac.gov.br/assuntos/legislacao/legislacao-1/portarias/2020/portaria-no-1996-spo-07-08-2020/@@display-file/arquivo_norma/PA2020-1996.pdf.

ANAC. RBAC 91 EMD01, 07/08/2019. Disponível em https://www.anac.gov.br/assuntos/legislacao/legislacao-1/rbha-e-rbac/rbac/rbac-91/@@display-file/arquivo_norma/RBAC91EMD01.pdf. Acesso em 11/02/2021.

ANAC. RBAC 103 EMD00, 08/06/2018. Disponível em https://www.anac.gov.br/assuntos/legislacao/legislacao-1/rbha-e-rbac/rbac/rbac-103/@@display-file/arquivo_norma/RBAC103_EMD00%20-%20Retificado.pdf. Acesso em 11/02/2021.

ANAC. RBAC 121 EMD10, 20/03/2020. Disponível em https://www.anac.gov.br/assuntos/legislacao/legislacao-1/rbha-e-rbac/rbac/rbac-121/@@display-file/arquivo_norma/RBAC121EMD10%20-%20em%20vigor%20de%2001.07.20%20a%2025.05.21.pdf. Acesso em 11/02/2021.

ANAC. RBAC 135 EMD08, 20/03/2020. Disponível em https://www.anac.gov.br/assuntos/legislacao/legislacao-1/rbha-e-rbac/rbac/rbac-135/@@display-file/arquivo_norma/RBAC135EMD08.pdf. Acesso em 11/02/2021.

ANAC. RBAC 137 EMD04, 12/05/2020. Disponível em https://www.anac.gov.br/assuntos/legislacao/legislacao-1/rbha-e-rbac/rbac/rbac-137/@@display-file/arquivo_norma/RBAC137EMD04.pdf. Acesso em 11/02/2021.

ANAC. RBAC 141 EMD01, 06/03/2020. Disponível em https://www.anac.gov.br/assuntos/legislacao/legislacao-1/rbha-e-rbac/rbac/rbac-141/@@display-file/arquivo_norma/RBAC141EMD01.pdf. Acesso em 11/02/2021.

ANAC. RBAC 119 EMD07, 29/04/2020. Disponível em https://www.anac.gov.br/assuntos/legislacao/legislacao-1/rbha-e-rbac/rbac/rbac-119/@@display-file/arquivo_norma/RBAC119EMD07.pdf

ANAC. RBAC-E 94 EMD00, 03/05/2017. Disponível em https://www.anac.gov.br/assuntos/legislacao/legislacao-1/rbha-e-rbac/rbac/rbac-e-94/@@display-file/arquivo_norma/RBACE94EMD00.pdf. Acesso em 11/02/2021.

ANAC. Resolução Nº 400, 13/12/2016. Disponível em https://www.anac.gov.br/assuntos/legislacao/legislacao-1/resolucoes/resolucoes-2016/resolucao-no-400-13-12-2016/@@display-file/arquivo_norma/RA2016-0400%20-%20Compilado%20at%C3%A9%20RA2017-0434.pdf. Acesso em 11/02/2021.

ANAC. Resolução Nº 576, 04/08/2020. Disponível em https://www.anac.gov.br/assuntos/legislacao/legislacao-1/resolucoes/2020/resolucao-no-576-04-08-2020/@@display-file/arquivo_norma/RA2020-0576%20-%20Retificado.pdf. Acesso em 11/02/2021.

BRASIL. Lei Nº 7.565, de 19 de dezembro de 1986. Dispõe sobre o Código Brasileiro de Aeronáutica. 1986.

ICAO – International Civil Aviation Organization. WORKING PAPER STA/10-WP/7, 16/10/2009. Disponível em https://www.icao.int/meetings/sta10/documents/sta10_wp007_en.pdf. Acesso em 11/02/2021.

Capítulo 7
Aviação Geral, Pandemia COVID-19 e Perspectivas

Humberto Gimenes Branco

Sabe-se que a aviação é um grande e complexo sistema que engloba inúmeras atividades de transporte aéreo em escala global. Naturalmente, pelo impacto econômico, abrangência e volume de passageiros transportados, a aviação comercial ocupa a maior parte das atenções dos reguladores do mundo todo, inclusive na ICAO.

Desde a 15ª Assembleia Geral da ICAO, em 1965, a Resolução A15-15 já lembrava de "considerar as necessidades da aviação geral internacional em relação ao escopo das atividades técnicas da ICAO"[1].

A Comissão de Navegação Aérea de 1965 orientou seus trabalhos baseada nas seguintes filosofias:

a) ***Apresentação e Conformidade com o Anexo 6, Parte I:*** *A Parte II deveria ser, tanto quanto possível, equivalente em escopo e conformidade com a Parte I;*
b) ***Aplicabilidade:*** *Embora a definição de aviação geral usada na Parte I envolveu operações aéreas para o trabalho, essas atividades acabaram especificamente excluídas da provisão no Capítulo 1.2 – Aplicabilidade (o que foi posteriormente revisado em 1985, 1986, 2005 e 2006);*
c) ***Nível de Segurança:*** *A Parte II do Anexo 6 deve assegurar um adequado nível de segurança para passageiros e terceiros (terceiros entendidos como*

[1] Foreword, ICAO Annex 6 – Part II – International General Aviation – Aeroplanes – First Edition, 1969

pessoas no solo e pessoas no ar, em outras aeronaves). Adicionalmente, deve-se considerar que como certas operações da aviação geral (especialmente as realizadas com aeronaves com PMD inferior a 5.700 kg) serão realizadas por tripulantes menos experientes e proficientes, com equipamentos de menor confiabilidade, com padrões menos rigorosos e maior liberdade de ação, então, os passageiros em aeronaves da aviação geral internacional não necessariamente irão usufruir dos mesmos níveis de segurança de um passageiro que esteja sendo transportado por empresas aéreas regulares. Entretanto, é reconhecido que ao assegurar o nível aceitável de segurança para terceiros, o mesmo nível será alcançado também para tripulantes e passageiros,

d) ***Liberdade de Ação:*** *A máxima liberdade de ação consistente com a manutenção de níveis aceitáveis de segurança deve ser garantida à aviação geral internacionalmente;*

e) ***Responsabilidade:*** *A responsabilidade que se impõe ao operador, na Parte I do Anexo 6, deveria, na parte II, ser depositada no proprietário e no piloto em comando, tendo como precedente o que já havia sido feito no Anexo 2.*

Em 2005 e 2006 a Comissão para a Navegação Aérea concluiu a revisão da Parte II do Anexo 6, com o objetivo de modernizar suas provisões refletindo as mudanças significativas porque passou a aviação geral desde que a Parte II havia sido criada, na década de 1960. A Comissão endossou a filosofia estabelecida inicialmente, particularmente de que o proprietário e o piloto em comando deveriam assumir integralmente a segurança das suas operações, uma vez que os Estados não teriam a obrigação de proteger os ocupantes dessas operações aéreas, assim como faz no âmbito do transporte remunerado de passageiros em larga escala. Ainda, a Comissão endossou a filosofia de Nível de Segurança, concluindo que a os conceitos originais deveriam ser mantidos, mas atualizados para refletir os atuais procedimentos e tecnologias utilizadas na ocasião, assim como sistemas de gestão da segurança seriam apropriados.

Isso levou a comissão a estender a aplicação de padrões baseados em performance também para a aviação geral.

Aviação Geral: Abrangência e Relevância

Sabe-se que atualmente a aviação geral é responsável por inúmeras atividades aéreas de extrema importância não só para o setor, mas para as economias nacionais como um todo.

Desde a formação básica de pilotos, passando pelas operações privadas, aero agrícolas, de transporte de enfermos, de respostas a emergências, de segurança pública, entre outras, a aviação geral é responsável pela conexão de centenas de milhares de localidades não atendidas pela aviação regular de passageiros.

Somente nos EUA, a aviação geral contribui com 0,62%[2] de todo o Produto Interno Bruto, sendo responsável pela conexão de mais de 5.000 aeroportos, menos de 500 dos quais atendidos por operações regulares de transporte aéreo.

Em 2018, mais de 210.000 aeronaves da aviação geral norte-americana acumularam 25.5 milhões de horas de voo, através da operação de uma frota formada desde pequenas aeronaves de construção amadora, até grandes jatos executivos, passando por aviões a pistão e turboélices, jatos, helicópteros, planadores e balões de ar quente.

A atividade da aviação geral é imprescindível para todo o sistema da aviação e econômico, porque executa papel integrador e capilar que jamais será exercido pela aviação comercial, muito menos nos próximos anos em que as empresas regulares terão reduções drásticas na quantidade de destinos e frequências operadas.

A aviação geral no Brasil possui características muito semelhantes às norte-americanas. A frota nacional é formada por aproximadamente 12.000 aeronaves aeronavegáveis, das quais mais da metade com Peso Máximo de Decolagem igual ou inferior a 5.700 kg. Essas aeronaves voam em média 130 horas por ano, usam predominantemente gasolina de aviação como combustível e sua distribuição geográfica possui estreita correlação com a distribuição da riqueza nacional. Enquanto antes da Pandemia as companhias aéreas brasileiras compunham uma frota de aproximadamente 600 aeronaves e atendiam regularmente pouco mais de 140 destinos domésticos, a aviação geral possui cobertura nacional, ligando mais de 4.500 aeródromos para as mais variadas missões de natureza técnica, empresarial, particular e de segurança pública.

[2] Contribution of General Aviation to the US Economy in 2018. Fevereiro de 2019. PwC. In: https://nbaa.org/wp-content/uploads/advocacy/legislative-and-regulatory-issues/business-aviation-essential/General-Aviation-Contribution-to-the-US-Economy-20200219.pdf

Aviação Geral: Grandes Temas Pré Pandemia

Embora a aviação geral exerça papel fundamental para os países, os estados têm tido desafios para habilitar a expansão dessas operações. Alguns fatores afetam mais diretamente a atividade da aviação geral, sendo alguns deles apontados abaixo:

a) ***Dificuldades econômicas e operacionais para acesso a aeroportos:*** com alguma frequência observa-se que os administradores aeroportuários não têm sido incentivados pela regulação a oferecer serviços a preços adequados para a aviação geral. Sabe-se que a aviação geral requer serviços muito menos sofisticados e demandantes nos aeroportos do que os necessários às grandes operações regulares. A aviação geral, pela sua própria natureza, é autossuficiente em vários aspectos da operação aeroportuária, mas muitas vezes é cobrada como se fizesse uso equivalente ao de grandes aeronaves de transporte regular. Mais e mais aeroportos tem criado barreiras operacionais ou econômicas, via tarifação que inibem as operações da aviação geral. Embora podendo ser fonte auxiliar de receita para os aeroportos, a aviação geral acaba sendo retirada dos aeroportos, entre outras coisas, porque os reguladores nacionais exigem dos administradores aeroportuários níveis de serviço muito elevados e desnecessários à aviação geral.

b) ***Custos de serviços de navegação aérea:*** a grande maioria das atividades da aviação geral não ocorre em espaços aéreos controlados e, quando ocorrem, isso se dá em partes iniciais ou finais dos voos. Contudo, os órgãos de controle de tráfego aéreo, em geral, não encontraram meios para tarifar proporcionalmente essas operações, nem mecanismos mais justos e simples de cobrança pelos serviços efetivamente prestados. Embora existam práticas internacionais que praticamente eliminaram a cobrança de taxas de navegação e serviços de controle de tráfego aéreo para a aviação geral, incorporando-as a parcelas ínfimas de preços de combustíveis, por exemplo, esses mecanismos mais leves e inteligentes não têm sido estimulados a se expandir globalmente.

c) ***Impedimentos regulatórios ou burocráticos à incorporação de novas tecnologias às aeronaves da aviação geral:*** com uma velocidade muito grande, novas tecnologias são oferecidas à aviação geral. Desde sistemas de monitoramento de performance de motores, navegação por satélite, radio comunicação, recepção de dados meteorológicos a bordo durante os voos, pilotos automáticos e sistemas de proteção contra perda de controle de voo, a indústria de aviônicos e sistemas tem evoluído enormemente na última década. Contudo, em descompasso com as próprias diretrizes da ICAO, os reguladores nacionais não têm sido capazes de incentivar a disseminação dessas tecnologias, muitas delas comprovadamente garantidoras de aumento de segurança das operações. Caros e burocráticos processos – equivalentes aos exigidos por operações atendidas pela Parte I no Anexo 6 – são demandados de proprietários e pilotos da aviação geral, inibindo a modernização das aeronaves e aumento das capacidades de segurança dessas operações.

De modo geral, o que se tem observado no Brasil é que as autoridades aeronáuticas, de maneira generalizada, regulam mal as atividades da aviação geral, o que provoca consequências objetivas mensuráveis, tais como redução significativa no volume de operações aéreas com aeronaves particulares[3], o envelhecimento da frota de aeronaves, a redução na formação de novos pilotos[4], o sucateamento da infraestrutura aeroportuária não servida por serviços regulares de transporte aéreo, o descolamento tecnológico da frota e pilotos brasileiros das melhores e mais seguras tecnologias de operação e navegação aérea e o desmonte da rede de abastecimento de combustíveis nos aeroportos, destinada ao atendimento desse segmento da aviação.

Naturalmente, a combinação de elevados custos, alta regulação, complexidade operacional e redução da oferta de infraestrutura aeroportuária vem afetando negativamente a aviação geral no Brasil há pelo menos 10 anos.

Aviação Geral e Pandemia

É dispensável detalhar os efeitos devastadores da Pandemia COVID19 à economia como um todo e, em particular, ao setor aéreo. Passados 10

[3] Segundo a ANP – Agência Nacional do Petróleo e Gás Natural, o ano de 2019 foi o de menor volume de consumo de Gasolina de Aviação no Brasil em toda a série histórica dos últimos 20 anos.

[4] Segundo a ANAC – Agência Nacional de Aviação Civil, o ano de 2019 foi o de menor volume de novos pilotos formados nos últimos 4 anos

meses desde a declaração de estado de emergência decorrente da Pandemia, a aviação mundial vem sofrendo efeitos devastadores. De modo geral, o tráfego aéreo internacional e de longo curso encontra-se praticamente interrompido e a recuperação de bolhas de tráfego aéreo doméstico que ocorrem (inclusive no Brasil), mostram-se economicamente desafiadoras para as empresas aéreas, que estão operando com margens ainda mais comprimidas do que já enfrentavam antes da Pandemia. A oferta de voos regulares domésticos veio se recuperando ao longo dos meses, porém com o fortíssimo enfraquecimento da demanda por viagens a negócios, os preços médios praticados são baixos ou marginalmente suficientes para fazer frente aos custos operacionais, muito menos os necessários para geração de valor capaz de financiar as bilionárias perdas já acumuladas pelas empresas aéreas.

Quanto mais essa situação se estender, mais profundos e devastadores serão os efeitos em toda a cadeia de valor da aviação civil, sabendo-se que as previsões de recuperação para o setor apontam para retomada de níveis pré-Pandêmicos somente de 2023 em diante, em cenários realistas ou moderadamente otimistas.

Desde as primeiras evidências de que a Pandemia afetaria a operacionalidade da aviação comercial, a aviação geral apresentou-se prontamente para formar redes de apoio (inclusive solidário) para a operacionalização ou manutenção de canais logísticos de materiais, pessoas e demais recursos necessários para se responder à emergência.

No caso brasileiro, entidades diversas rapidamente se aliaram à Agência reguladora, ao Ministério da Infraestrutura, ao Ministério da Saúde, ao Ministério da Defesa, à Casa Civil, governos de estado, municípios e Defesa Civil em âmbito nacional, estadual e municipal.

A AOPA Brasil (Associação de Pilotos e Proprietários de Aeronaves), por exemplo, em poucos dias cadastrou, organizou e engajou mais de 240 aeronaves aptas para apoiar, voluntariamente, os esforços de resposta.

Pandemia e o Futuro da Aviação Geral

Assumindo cenários realistas, o desafio de retomada da aviação geral brasileira será enorme, talvez o maior das últimas décadas.

Como não poderia ser diferente, acredita-se que os remédios para a retomada da aviação geral, serão tão mais eficazes quanto maior o nível de alinhamento da ANAC, da SAC e da comunidade aeronáutica. A retomada precisa de remédios mais pragmáticos do que os normalmente empregados em tempos de normalidade, aplicados em maiores doses e maior velocidade.

Em que pese o fato de a ANAC ter-se mostrado capaz de, tempestivamente, diminuir os riscos de paralisação completa da aviação geral, tomando medidas emergenciais que prorrogaram a validade de licenças de pilotos e certificados de aeronavegabilidade de aeronaves que venceriam durante o pico da Pandemia, bem como outras autorizações absolutamente necessárias, as respostas aos fenômenos que historicamente já afetavam a capacidade de sobrevivência da aviação geral ainda continuam incertas.

Até o momento pouco se viu em termos de capacidade das instituições responderem de maneira estruturada às demandas prementes do setor, em concertação com a comunidade aeronáutica. A ausência de medidas que injetariam ânimo de retomada das atividades da aviação geral é sentida em todos os segmentos e regiões do Brasil.

A institucionalidade não tem se mostrado suficientemente ágil para responder ao que vem depois da emergência, ou seja, à efetiva reorganização e estímulo das atividades da aviação geral.

A nosso ver pelo menos quatro linhas de ação precisariam estar coordenadas e aptas à execução o quanto antes, para que a aviação geral pudesse retomar capacidade de operar em condições razoáveis, a saber:

1. **Altos Custos das Tarifas Aeroportuárias, particularmente para acesso e uso de infraestrutura aeroportuária pela Aviação Geral**: Já antes da Pandemia havia evidências suficientes para demonstrar ser economicamente impossível a utilização da infraestrutura de pátios de aeroportos, por aeronaves da aviação geral, mantida a política de liberalização tarifária para cobrança de estacionamento. Uma vez que não há aviação geral sem que se possa usar aeroportos, enquanto as autoridades, em particular a ANAC e a SAC, usarem de maneira concreta suas prerrogativas de autoridade e regulação para reabrir a oferta de aeroportos à aviação geral, grande parte da rede de aeroportos brasileira continuará inacessível ao segmento. Sabe-se que a Infraero e praticamente todos os demais concessionários praticam políticas de preços não condizentes com a realidade econômica brasileira e nem mesmo com a realidade de países mais privilegiados do ponto de vista de renda que o Brasil. A ausência da oferta racional de serviços aeroportuários para a aviação geral é impeditiva para qualquer retomada das atividades pós-

-Pandemia. Sem poder usar aeroportos, por altos custos tarifários, será impossível a aviação geral voltar a operar.

2. **Altos custos com combustíveis e competição na distribuição**: A velocidade e a efetividade das tentativas anteriores à Pandemia para se estabelecer novas alíquotas de impostos e contribuições federais incidentes sobre combustíveis de aviação, que já eram insuficientes antes da emergência sanitária, agora se tornaram dramáticas. Contudo, sabe-se que tais providencias tributárias precisariam se tornar realidade o quanto antes, mas que isoladas, não surtiriam efeitos se não viessem acompanhadas da quebra de cartéis que hoje dominam a ponta de comercialização de combustíveis em aeroportos. Aos operadores privados deveria ser garantido o direito de, conforme regras da ANP para instalação de tanques de combustíveis com volume inferior a 15 m^3, adquirirem produtos de quaisquer distribuidores, sem qualquer tipo de constrangimento ou impedimento por parte dos administradores aeroportuários. A ANAC e a SAC deveriam atuar para que a liberdade dos usuários de instalar e operar tanques próprios de combustíveis fosse garantido, pois somente com o aumento do poder de barganha dos consumidores seria possível estimular a competição e redução de preços. Sem poder adquirir combustíveis em preços razoáveis será impossível a aviação geral voltar a operar.
3. **Elevados e injustificáveis custos com tarifas de navegação aérea**: A aviação geral, particularmente de pequeno porte, sempre teve impacto irrisório na demanda por serviços de controle de tráfego aéreo. A reprodução no Brasil de práticas já consagradas em outros países sul-americanos, no Caribe, Austrália, Estados Unidos da América e Canada, de eliminação de qualquer cobrança de tarifas de navegação para voos realizados sob regras de voo visual e pela cobrança de uma taxa fixa, simbólica, anual, para todas as aeronaves da aviação geral com peso máximo de decolagem igual ou inferior a 5.700kg que pretendam realizar voos sob regras IFR são providencias urgentes para viabilizar a retomada das atividades aéreas da aviação geral.

Entendemos que, com um esforço único e coordenado, focado nessas 3 frentes prioritárias, poderiam pavimentar o caminho para que a aviação geral pudesse ter condições de retomar suas atividades após a Pandemia.

Tal empreendimento de ações demandaria capacidade de articulação das autoridades aeronáuticas de maneira síncrona e alinhada, a partir de uma visão clara e estratégica sobre a relevância do segmento para a saúde de todo o setor aéreo nacional.

Infelizmente, como em outras dimensões da política nacional, parece ser improvável acreditar que as instituições públicas brasileiras se tornem suficientemente ágeis para avançar com tais agendas na velocidade necessária. O anúncio, por parte do governo federal, do chamado Programa Voo Simples, sem dúvida alguma mandou mensagem positiva para a comunidade, porém na medida em que o tempo desde o lançamento do programa passa, o que se observa é que a cultura de baixa interação e efetividade entre as autoridades e as demandas da comunidade ainda fala mais alto que as prementes necessidades.

Referências

ICAO. International General Aviation Annex 6 – Part II – First Edition, 1969.

Capítulo 8
Políticas Públicas de Resposta Rápida em Meio à Pandemia no Setor Aéreo

Ronei Saggioro Glanzmann
Ricardo Sampaio S. Fonseca

Introdução

"*There is no fucking booking! There is no fucking booking!*", assim um dos principais executivos de uma das maiores empresas aéreas brasileiras reagia, atônito, à aparente calma com que alguns setores da máquina estatal lidavam com a crise do novo Coronavírus que, então, já estava chegando com toda força na aviação, mas que o resto do país só iria sentir em sua integralidade nos meses subsequentes.

De fato, entre o final de fevereiro e o início de março de 2020, as vendas de passagens das empresas aéreas tinham despencado, e as companhias começavam a experimentar algo inédito: não apenas prejuízos circunstanciais decorrentes de flutuações econômicas nos mercados (algo recorrente no setor), mas geração diária de caixa negativa, pois com o início da pandemia os pedidos de cancelamento (com consequente devolução de parte dos valores recebidos) estavam subindo em grande velocidade.

Paralelamente, o aumento da percepção de risco fazia com que as instituições financeiras se tornassem particularmente relutantes em conceder crédito e aumentar sua exposição ao setor aéreo. Além de tradicionalmente trabalhar com baixas margens operacionais, pequenos retornos sobre o capital investido e ativos basicamente imateriais (Vasigh; Fleming; Tacker, 2018) – o que torna o equilíbrio financeiro das companhias bastante instável –, a aviação estava sendo um dos ramos mais duramente atingidos pelo vírus que estava chegando, país após país, ao ocidente.

Sem caixa e sem empréstimos, a crise de liquidez era eminente. Como se tratava de uma dinâmica sistêmica, havia o risco de, em pouco tempo, ocorrer uma falência generalizada das empresas aéreas (sem perspectiva de compra ou absorção por outras no curto prazo), com impactos diretos sobre os consumidores, que ficariam sem transporte e, muito provavelmente, sem restituição, e, de forma geral, sobre todos os usuários do modal aéreo, incluindo transportadores de cargas, prestadores de serviços auxiliares e trabalhadores.

Do lado da infraestrutura, os aeroportos começaram a sentir os efeitos da pandemia com um pequeno atraso de algumas semanas, basicamente devido ao processamento dos passageiros que já tinham passagens compradas antes do agravamento da disseminação do novo Coronavírus. Porém, à medida que o estoque de passagens foi se exaurindo, os terminais foram ficando progressivamente vazios, com consequências diretas sobre suas receitas, tanto tarifárias quanto comerciais.

O *stress* financeiro estava se configurando particularmente preocupante para os grandes aeroportos concedidos nas primeiras rodadas de concessão que, por força contratual, possuem grandes outorgas fixas a serem pagas, geralmente entre maio e julho de cada ano, e já se encontram na fase de repagamento dos empréstimos contraídos junto aos bancos para realização do capex inicialmente programado (investimentos realizados de mais de R$ 20 bilhões de reais).

Por fim, a crise fiscal do estado brasileiro e a intenção do novo governo de seguir uma política econômica liberal restringiam as opções de ação. Medidas de ajuda financeira direta, como as adotadas no Estados Unidos com o *Coronavirus Aid, Relief, and Economic Security* (CARES) Act (EUA, 2020), eram inviáveis, e políticas não horizontais que envolvessem a concessão de empréstimos ou subsídios a um determinado setor ou empresa, como as ocorridas na Itália ou Alemanha (OCDE, 2020), não iriam avançar com a velocidade necessária dentro do governo, tanto pelos potenciais efeitos distorcivos sobre a alocação de capital, como pelo flanco que seria aberto para que outros setores reivindicassem igual tratamento.

Esse foi o cenário de grande incerteza e eminente ameaça para a logística e para a conectividade aérea do país com que nos deparamos no início de 2020 e no qual tivemos que formular e implantar políticas públicas de rápida resposta e baixo custo para sustentação e, eventualmente, reestruturação do setor. Buscaremos, nas próximas páginas, explicitar o racional das ações tomadas e os resultados obtidos com cada uma delas, mas ressaltamos que, talvez, mais importante do que o mérito das medidas, foi o timing de sua implantação.

Medidas Emergenciais

O primeiro grupo de iniciativas implantadas foi materializado pela Medida Provisória – MP nº 925, de 18 de março de 2020, que já em seu art. 1º definia que o ato dispunha sobre "medidas emergenciais para a aviação civil brasileira em razão da pandemia da covid-19". De fato, em sua versão original, a MP trouxe duas iniciativas de grande impacto que foram possíveis alinhar dentro do governo em um primeiro momento (enquanto as tratativas relativas a medidas complementares continuavam a ser negociadas): (i) ampliação do prazo para o reembolso do valor relativo à compra de passagens aéreas de sete dias para doze meses, e (ii) postergação do pagamento das contribuições fixas e as variáveis dos aeroportos concedidos para 18 de dezembro de 2020.

A redação original do art. 3º da MP trazia a seguinte disposição:

> *Art. 3º O prazo para o reembolso do valor relativo à compra de passagens aéreas será de doze meses, observadas as regras do serviço contratado e mantida a assistência material, nos termos da regulamentação vigente.*
>
> *§ 1º Os consumidores ficarão isentos das penalidades contratuais, por meio da aceitação de crédito para utilização no prazo de doze meses, contado da data do voo contratado.*
>
> *§ 2º O disposto neste artigo aplica-se aos contratos de transporte aéreo firmados até 31 de dezembro de 2020.*

De fato, a Resolução nº 400, de 13 de dezembro de 2016, da Agência Nacional de Aviação Civil – ANAC, que dispõe sobre as Condições Gerais de Transporte Aéreo, determina que "o prazo para o reembolso será de 7 (sete) dias, a contar da data da solicitação feita pelo passageiro, devendo ser observados os meios de pagamento utilizados na compra da passagem aérea." Embora se trate, em situações de normalidade, de prazo razoável e que contribui para a celeridade do reembolso ao passageiro, no contexto do surto do Coronavírus, tal obrigação poderia resultar em perdas de caixa de curto prazo insustentáveis para as empresas aéreas brasileiras.

Ao observar o saldo das contas "receita operacional líquida" e "transportes a executar" nas demonstrações financeiras das empresas aéreas, verifica-se que, no quarto trimestre de 2019, a Gol registrava, respectivamente,

R$ 3,605 bilhões e R$ 2,697 bilhões nas duas contas, a Azul R$ 3,229 bilhões e R$ 1,582 bilhão e a Latam R$ 5,550 bilhões e R$ 1,774 bilhão. Já no primeiro trimestre de 2020 a receita operacional líquida apresentou sensível piora (mesmo contando com apenas um mês dos efeitos da pandemia), enquanto as obrigações de transporte (um passivo de curto prazo) registraram crescimento significativo. De fato, a Gol registrou R$ 2,996 bilhões e R$ 2,747 bilhões nessas duas contas, a Azul R$ 2,802 bilhões e R$ 1,984 bilhão e a Latam R$ 4,843 e R$ 3,475 bilhões. Os dados consolidados das três empresas podem ser melhor analisados na tabela abaixo.

Resultado Consolidado (Gol, Azul, Latam) – R$ bilhões			
Período	Rec. Op. Líq.	Transp. a Exec.	Transp. / Rec.
4º Tri/2019	12,384	6,053	48,90%
1º Tri/2020	10,641	8,206	77,10%
Variação	-14,10%	35,60%	57,80%

Tabela 1: Resultado consolidado das principais empresas aéreas brasileiras
Fonte: Demonstrações Financeiras das Empresas Aéreas.

Caso tal situação persistisse, o que se veria em pouco tempo seria uma crise sistêmica de liquidez, com possível quebra das empresas aéreas. Em verdade, à medida em que as pessoas fossem acreditando na insolvência das empresas, os pedidos de cancelamentos (e recebimento, ainda que parcial, dos valores já pagos), mesmo das passagens para meses posteriores, iriam aumentar. Assim, quase que do dia para a noite, o país poderia ficar sem transporte aéreo, com possibilidade de retomada com novas companhias apenas após a pandemia, dado a grande incerteza no mercado.

A edição da MP 925/2020, com a ampliação do prazo para o reembolso, interrompeu imediatamente esse ciclo em momento oportuno, dando um certo alívio ao caixa das empresas ao mesmo tempo que estabeleceu o direito dos passageiros remarcarem seus bilhetes sem qualquer cobrança de taxas ou penalizações contratuais, situação interessante, já que a incerteza em relação ao retorno das viagens abateu não apenas as empresas aéreas, mas também os consumidores.

De qualquer modo, a queda brusca na demanda pelo transporte aéreo fez com que as companhias aéreas fossem obrigadas a deixar seus aviões em solo o que, naturalmente, representaria custos extraordinários de pagamento de tarifas de estadia e permanência em um momento em que as suas receitas estavam sendo consideravelmente reduzidas.

Em razão disso, durante o período de emergência sanitária provocada pela pandemia, a permanência das aeronaves de companhias aéreas nos pátios da Infraero e nos pátios militares foi viabilizada por meio da publicação de dois atos normativos que vierem logo na sequência da MP 925/2020: (i) o Decreto nº 10.308, de 02 de abril de 2020; (ii) a Medida Provisória nº 945, de 04 de abril de 2020.

O primeiro deles (um decreto de apenas um artigo, fora o que institui sua vigência imediata) versava sobre a possibilidade requisição, por parte do Ministério da Infraestrutura, de bens e de serviços prestados por empresas públicas vinculadas à pasta durante o período do estado de calamidade pública decorrente da pandemia de Coronavírus.

> *Art. 1º Durante o período do estado de calamidade pública decorrente do coronavírus (covid-19), o Ministro de Estado da Infraestrutura poderá requisitar bens e serviços de empresas públicas vinculadas ao Ministério da Infraestrutura, nos termos do disposto no inciso XIII do caput do art. 15 da Lei nº 8.080, de 19 de setembro de 1990.*
>
> *Art. 2º Este Decreto entra em vigor na data de sua publicação.*

A partir da publicação desta norma, passou-se a ter como opção a solicitação de utilização dos pátios da Infraero para estacionar aeronaves que não estavam sendo utilizadas em sua capacidade máxima no momento mais agudo da crise.

De forma complementar, a publicação da Medida Provisória n° 945/2020 passou a viabilizar o uso de pátios sob administração militar, a título gratuito e temporário, às pessoas jurídicas prestadoras de serviço de transporte aéreo público nacional durante o período do estado de calamidade pública. Ou seja, os pátios da Aeronáutica também passaram a estar disponíveis para esse tipo de assistência às companhias aéreas.

Tendo sido estabelecido esse arcabouço normativo, a utilização dos pátios foi efetivada no início de abril de 2020. Em termos financeiros diretos, seu impacto foi modesto (estima-se em cerca R$ 15 milhões para o conjunto das companhias aéreas brasileiras), mas teve grande importância operacional para as empresas, já que parte substancial de sua frota precisava de locais apropriados para um período de hibernação então bastante incerto, e as quase 400 aeronaves em solo puderam utilizar as posições de pátio disponibilizadas, gerando uma flexibilidade operacional relevante.

Em outra frente, mas de forma bastante relacionada, a efetiva diminuição da demanda por serviços de transporte aéreo reduziu a quantidade de voos realizados e, consequentemente, o resultado foi uma queda nas receitas das concessionárias de aeroportos, tanto diretamente, pela diminuição da arrecadação das tarifas aeroportuárias, como indiretamente, pela queda das receitas comerciais, pois fontes de receita como aluguel de espaços comerciais, estacionamento, publicidade, além de outros, foram naturalmente impactadas com a diminuição do número de pessoas em trânsito nos aeroportos.

Considerando o cenário que se apresentava, uma alternativa possível para aliviar a pressão sobre o fluxo de caixa das concessionárias decorrente da contração da demanda seria a postergação de suas obrigações financeiras junto ao Poder Concedente, pois os pagamentos das contribuições devidas ao Poder Concedente representam, especialmente para os aeroportos concedidos nas primeiras rodadas, a principal despesa das concessionárias. De fato, concessões como as de Guarulhos e Brasília possuem outorgas que representam 45% e 60% da receita bruta das concessionárias, respectivamente, conforme dados relativos a 2019 das suas demonstrações financeiras.

Assim, uma autorização para que as concessionárias pudessem cumprir suas obrigações financeiras em data posterior àquela disciplinada no contrato de concessão daria às empresas alguma folga para a gestão de seu fluxo de caixa, assegurando, assim, a continuidade do serviço público prestado à sociedade. Por isso, o art. 2º da MP 925/2020 estabeleceu que "as contribuições fixas e as variáveis com vencimento no ano de 2020 poderão ser pagas até o dia 18 de dezembro de 2020".

Durante a tramitação da MP, algumas outras matérias relevantes para o setor aéreo puderam ser acrescentadas ao texto, algumas ainda de cunho marcadamente emergencial, e outras mais estruturantes visando a retomada do setor no médio prazo.

De fato, o Art. 9º da Lei 14.034/2020 (fruto da conversão da MP 925/2020) complementou o alívio de liquidez aos aeroportos ao permitir reprogramações das outorgas a serem pagas ao Poder Público em 2020 e nos anos futuros, desde que mantido o valor presente líquido dessas obrigações. A medida abarcou os aeroportos concedidos até 31 de dezembro de 2016 (ASGA, Guarulhos, Viracopos, Brasília, Galeão e Confins), não por acaso as concessões em que as outorgas fixas representam a grande parte das obrigações anuais.

De fato, a modificação do cronograma de pagamentos das outorgas devidas pelas concessionárias de aeroportos à União a título de contrapartida pelo direito de exploração da infraestrutura vinha sendo pleiteada pelos agentes privados que atuam no setor aeroportuário desde o ano de 2016. Motivados pela frustração nas expectativas de demanda para o setor aéreo brasileiro, cuja evolução vinha se mantendo distante das projeções que instruíram as primeiras rodadas de concessão, os agentes privados buscavam a reprogramação de outorgas com o propósito de promover uma maior aderência entre o fluxo de receitas e as obrigações anuais. Assim foi que se abriu uma primeira possibilidade de reprogramação em 2017 com a edição da MP 779/2017 (depois convertida em Lei 13.499/2017) e da Portaria do Ministério dos Transportes, Portos e Aviação Civil nº 135/2017.

A nova possibilidade de reprogramação trazida pela Lei nº 14.034/2020 foi regulamentada pela Portaria nº 157/2020. Além de estabelecer que o valor presente líquido do contrato de concessão permanecesse inalterado, o texto infralegal determinou que o valor da parcela da Contribuição Fixa referente ao ano de 2020 poderia ser alterado para até 50% do valor original (com consequente aumento nos anos seguintes até o limite de 75% a mais em relação ao valor das outorgas anuais originalmente pactuadas).

Outras condições ainda foram estabelecidas (como inexistência de processo de caducidade, adimplência com outras parcelas etc.), mas o ponto fundamental é que, ao se conjugar o adiamento no pagamento das outorgas para 18 de dezembro (medida original da MP 925/2020) com a possibilidade de reprogramar até 50% da Contribuição Fixa desse mesmo ano para exercícios futuros, conseguiu-se um significativo alívio no fluxo de caixa das empresas. De fato, as concessionárias dos aeroportos de Guarulhos, Brasília e Confins (três dos quatro maiores pagadores de outorga) solicitaram a reprogramação nos termos da portaria[5].

Deve-se acrescentar, ainda, que a postergação dos pagamentos para dezembro propiciaram o tempo necessário para que a ANAC pudesse decidir acerca dos reequilíbrios dos contratos de concessão decorrente da COVID-19 para o ano de 2020, que passariam a diminuir as obrigações do próprio ano de 2020 (na verdade, mais que compensar). A Tabela abaixo apresenta o efeito conjugado das medidas aqui descritas com o resultado

[5] O Galeão não aderiu, pois, por conta da reprogramação feita em 2017, já não tinha outorga fixa a pagar em 2020, conforme ressaltado na nota da tabela acima.

dos processos de reequilíbrio julgados pela ANAC para os aeroportos de Guarulhos, Brasília e Confins.

Contribuição Fixa devida em 2020 – R$ milhões				
Aeroporto	**Contrib. fixa original***	**Contrib. fixa reprogramada**	**Reequilíbrio Covid-19**	**Crédito**
ASGA	Em relicitação			
VCP	Em relicitação			
BSB	289	144	-185	-41
GRU	1.299	669	-855	-186
CNF	89	44	-111	-67
GIG	-	-	-366	-366
SSA	-	-	-115	-115
FOR	-	-	-94	-94
POA	-	-	-119	-119
FLN	-	-	-37	-37
* Valores em milhões de reais corrigidos pelo IPCA a partir da data do leilão até novembro de 2020.				

Tabela 2: Resumo dos reequilíbrios econômico-financeiros decorrentes da pandemia. Fonte: Secretaria Nacional de Aviação Civil e ANAC.

Como se pode ver, o efeito combinado das medidas (e seu timing) mostrou-se extremamente potente, evitando o comprometimento do funcionamento dos aeroportos e a preservação dos contratos de concessão.

Igualmente importante foram outras iniciativas de enfrentamento à crise, tomadas por diversas unidades do Governo Federal. Sob esse aspecto, destacam-se as medidas regulatórias adotadas pela Anac no tocante (i) à carência (waiver) na apuração da regularidade na utilização dos slots em aeroportos coordenados; (ii) à prorrogação de prazos de habilitações e certificados para profissionais da aviação; (iii) à estruturação e coordenação da malha aérea essencial; (iv) à anuência para transporte de cargas, inclusive biológicas, por táxi-aéreo; (v) à coordenação de hangaragem a céu aberto, que facilitou a acomodação de aeronaves não utilizadas em estacionamento contingencial (946 posições homologadas em 22 aeroportos); (vi) à autorização para transporte de carga em cabine de passageiros; (vii) à flexibilização do prazo para quitação de multas com pagamento antecipado; (viii) à prorrogação de validade de habilitações e certificados; (ix) à autorização para a venda de assentos por empresas de táxi-aéreo, dentre muitas outras.

O Departamento de Controle do Espaço Aéreo – DECEA também teve atuação importante em diversas frentes de sua competência, especialmente no diferimento, e posterior renegociação, das tarifas de navegação aérea devidas pelas empresas aéreas durante o período da pandemia. Nessa mesma linha, a Infraero atuou rapidamente na renegociação dos pagamentos de tarifas aeroportuárias e de contratos comerciais devidos à empresa.

Finalmente, cumpre destacar a atuação emergencial do BNDES, ao conceder prazo adicional de carência (6 meses + 6 meses) às concessionárias dos aeroportos para pagamento dos juros e principal dos financiamentos de longo prazo contratados junto à instituição.

Medidas Estruturantes

Uma vez tendo sido tomadas ações emergenciais para sustentação do setor, foi possível debater e incluir medidas mais estruturantes para a recuperação e estabilização da aviação no âmbito da tramitação da MP 925/2020 no Congresso Nacional. Problemas de longa data dos serviços aéreos relacionados à melhoria do ambiente de negócios foram diretamente enfrentados. Em particular, três medidas merecem destaque: (i) a delimitação da indenização por dano extrapatrimonial em decorrência de falha na execução do contrato de transporte; (ii) a definição de caso fortuito ou força maior; e (iii) a extinção do Adicional da Tarifa de Embarque Internacional (ATEI).

O diagnóstico central que ensejou a proposição dessas medidas foi (e continua sendo) de que o incremento do ambiente de negócios do setor aéreo no país passa necessariamente pela redução de custos e riscos enfrentados na prestação de serviços aéreos, fatores que influenciam a entrada de novas empresas e a expansão da operação das atuantes, e são, em última instância, a melhor forma de promover um mercado de transporte aéreo com menores preços e maior oferta de voos, diversidade de produtos e qualidade de serviços.

De fato, uma das principais críticas ao ambiente de negócios do setor aéreo no Brasil é a excessiva judicialização nas relações de consumo. Em 2019, de acordo com dados do Anuário do Transporte Aéreo da ANAC (ANAC, 2019), as condenações judiciais decorrentes de ações ajuizadas por passageiros representaram aproximadamente 1% dos custos e despesas operacionais das empresas aéreas brasileiras. Esse custo, equivalente a R$ 367 milhões (fora o gasto total com judicialização, estimado em cerca de R$ 1 bilhão de reais pelas empresas aéreas), é resultado de mais de 100.000

processos ajuizados em 2019. Em um setor altamente competitivo e com margens reduzidas, isso representa quantia relevante. Na crise instalada pela pandemia da covid-19, reduzir esse custo tornou-se essencial.

Importante destacar que essa realidade ocorre a despeito de o Brasil ter uma aviação bastante regular e pontual, com apenas 1,6% de cancelamentos de voos e 7,2% de atrasos superiores a 30 minutos (ANAC, 2019). Ademais, a taxa de falhas no manuseio de bagagens pelas aéreas nacionais, para o ano de 2018, foi de menos de 3 para cada mil volumes despachados (ABEAR, 2019), aproximadamente metade da média mundial (5,69), segundo a Sociedade Internacional de Telecomunicações Aeronáuticas – SITA (SITA, 2019).

Tamanha judicialização decorre, em parte, da jurisprudência que se formou de decisões favoráveis à indenização do consumidor pelos danos causados por atrasos e cancelamentos, independentemente da causa ter sido alheia à gestão da empresa – a exemplo de condições meteorológicas adversas. Além disso, frequentemente presume-se dano moral sem a devida comprovação.

Assim foi que o art. 4º da Lei 14.034/2020 incluiu no capítulo sobre Responsabilidade Contratual do Código Brasileiro de Aeronáutica – CBA (Lei 7.565/1986) um dispositivo que explicita que o dano extrapatrimonial não poderá ser mais presumido, mas será condicionado à demonstração de efetivo dano decorrente de problemas na relação de consumo. A redação incorporada ao texto legal foi a seguinte:

> *Art. 251-A. A indenização por dano extrapatrimonial em decorrência de falha na execução do contrato de transporte fica* ***condicionada à demonstração da efetiva ocorrência do prejuízo*** *e de sua extensão pelo passageiro ou pelo expedidor ou destinatário de carga. [grifo nosso]*

Ademais, o mesmo artigo 4º consignou no CBA que, em caso de atraso, o transportador não será responsável "se comprovar que, por motivo de caso fortuito ou de força maior, foi impossível adotar medidas necessárias, suficientes e adequadas para evitar o dano" (art. 256, §1º, II).

Por fim, a lei incorporou no mesmo artigo do CBA um rol de eventos que constituem caso fortuito ou força maior:

> *I – restrições ao pouso ou à decolagem decorrentes de condições meteorológicas adversas impostas por órgão do sistema de controle do espaço aéreo;*

II – restrições ao pouso ou à decolagem decorrentes de indisponibilidade da infraestrutura aeroportuária;

III – restrições ao voo, ao pouso ou à decolagem decorrentes de determinações da autoridade de aviação civil ou de qualquer outra autoridade ou órgão da Administração Pública, que será responsabilizada;

IV – decretação de pandemia ou publicação de atos de Governo que dela decorram, com vistas a impedir ou a restringir o transporte aéreo ou as atividades aeroportuárias.

Fechou-se, com esse conjunto de medidas, uma das maiores lacunas da regulamentação do setor, contribuindo para a estabilização das relações de consumo e potencialmente reduzindo os custos de transação da indústria.

Por fim, cabe mencionar uma das únicas medidas de desoneração aprovadas em meio à pandemia no âmbito do Governo Federal: a extinção do Adicional da Tarifa de Embarque Internacional (ATEI), uma contribuição ao Fundo Nacional de Aviação Civil – FNAC de US$ 18 por passageiro incidente sobre todas os embarques internacionais. Esse adicional trazia diversos problemas ao setor, pois encarecia as viagens, distorcia o mercado e inibia a expansão da malha aérea internacional.

De forma geral, as tarifas aéreas e aeroportuárias tendem a refletir em alguma medida os custos econômicos da prestação dos serviços de transporte aéreo e de infraestrutura aeroportuária. Um mercado em bom funcionamento deveria, em tese, promover transações sempre que o benefício do consumidor com o serviço fosse superior ao custo econômico da prestação do mesmo pelo ofertante.

Os tributos e adicionais tarifários, porém, não guardam qualquer relação com o custo do serviço. Representam uma majoração artificial sobre preço do transporte aéreo, distorcendo a sinalização mencionada acima, gerando uma menor demanda e oferta.

As implicações negativas dessa situação eram diversas. Em primeiro lugar, a redução da conectividade da malha aérea nacional em relação à malha global contribuía para reduzir a integração econômica do país, dificultando negócios e desestimulando o turismo. Também havia prejuízo às empresas do setor, como companhias aéreas e administradoras de aeroportos. A redução da atividade econômica decorrente resultava em menos empregos, renda e arrecadação tributária.

Ademais, o fato de tratar-se de um valor fixo e não de um percentual sobre o preço total pago pelo usuário implicava que sua participação no preço total seria tanto maior quanto menor este for. Assim, seu impacto era geralmente acentuado nas rotas de menor distância, em particular aquelas que conectam o país a seus vizinhos da América do Sul, desestimulando a integração regional. Assim, em um voo entre Brasil e Argentina de US$ 250, o Adicional da TEI representava cerca de 7% do custo total do passageiro. Já para Portugal, com uma tarifa hipotética de US$ 750, a participação do Adicional cai para aproximadamente 2%.

Naturalmente, o impacto é maior também para voos oferecidos por empresas aéreas low-cost. De fato, em 2019, a empresa aérea argentina Flybondi, por exemplo, ofereceu em seu voo inaugural do Rio de Janeiro a Buenos Aires tarifas a partir de R$ 330,00, ou cerca de US$ 80 ao câmbio médio de US$1 = R$ 4,15, então em vigor. O Adicional da TEI de US$ 18,00 chegava a representar cerca de 22% do custo total do passageiro nesse caso, fato que não ajudava em nada a estratégia competitiva dessas empresas. O infográfico abaixo traz o impacto médio estimado nas tarifas pelo Aeroporto de Guarulhos, principal porta internacional do país.

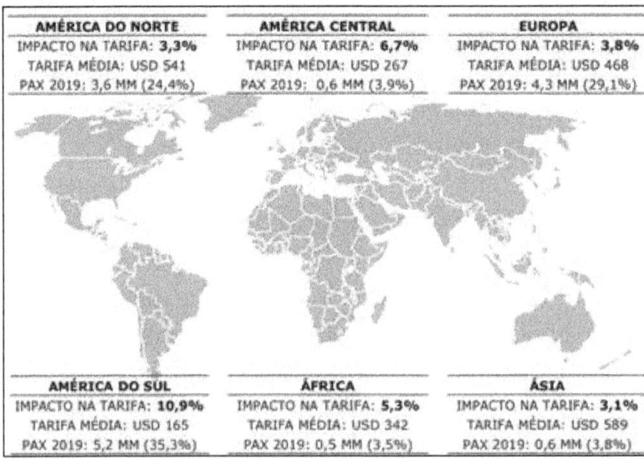

Principais mercados

País	Tarifa média	Impacto
Argentina	120	15%
Chile	178	10%
Colômbia	302	6%
Uruguai	127	14%
Peru	228	8%
França	517	3%
Alemanha	521	3%
Reino Unido	581	3%
Espanha	396	5%
Itália	414	4%
Portugal	423	4%
EUA	551	3%
Canada	455	4%
China	663	3%

Infográfico 1: Impacto médio estimado da remoção da TEI sobreas tarifas praticadas em Guarulhos

Fonte: GRU Airport, 2020.

Por fim, cabe destacar que cálculos da Secretaria Nacional de Aviação Civil (SAC, 2019) indicavam que a extinção da TEI poderia gerar entre 480 e 640 mil novos passageiros no mercado internacional (em relação ao observado em 2018), com um aumento na receita anual do conjunto das empresas aéreas entre US$ 284 milhões e US$ 368 milhões. Espera-se que, com o término das limitações às viagens internacionais, o pleno potencial dessa medida possa ser sentido, contribuindo para uma recuperação mais vigorosa do segmento da aviação mais afetado pela crise.

Conclusões

Realmente não havia mais *booking* no início de 2020. A pandemia virtualmente paralisou o tráfego de passageiros pelo mundo de forma muito rápida nos primeiros meses do ano. A possibilidade de quebra generalizada das empresas aéreas e, por consequência, o fechamento dos aeroportos e demais elos da cadeia, configurava um cenário de crise sistêmica nunca enfrentada por governos e reguladores, e para o qual o mercado não tinha respostas estruturadas.

As medidas emergenciais desenhadas, adotadas e, principalmente, tempestivamente implantadas, ajudaram o setor a manter-se operando, mesmo em meio a uma tempestade perfeita. Saímos de 2020 sem ter perdido nenhuma grande empresa, seja de infraestrutura, seja de serviços aéreos. Ademais, conforme a experiência já vem demonstrando, medidas estruturantes também se mostraram essenciais para a superação da crise, tendo em vista que o impacto da pandemia sobre o setor aéreo mostrou-se muito mais duradouro do que se supunha inicialmente.

Se a efetiva geração de valor na sociedade se dá pela ação de empreendedores agindo em um ambiente de liberdade e estabilidade de regras, a experiência da pandemia mostrou que a atuação do governo deve ir além do provimento de um arcabouço institucional adequado e abarcar ações rápidas e contundentes de apoio ao mercado (não a empresas "selecionadas") no enfrentamento a crises disruptivas. Saímos mais fortes e mais competitivos.

Referências

AGÊNCIA NACIONAL DE AVIAÇÃO CIVIL (ANAC). **Anuário do Transporte Aéreo 2019**. Disponível em: <https://www.anac.gov.br/assuntos/dados-e-estatisticas/mercado-de-transporte-aereo/anuario-do-transporte-aereo/dados-do-anuario-do-transporte-aereo>. Acesso em: 01 dez. 2020.

ASSOCIAÇÃO BRASILEIRA DAS EMPRESAS AÉREAS (ABEAR). **Panorama 2018: o setor aéreo em dados e análises**. Disponível em: <https://www.abear.com.br/wp-content/uploads/2019/12/Panorama2018.pdf>. Acesso em: 01 dez. 2020.

ESTADOS UNIDOS DA AMÉRICA (EUA). Coronavirus Aid, Relief, and Economic Security (CARES) Act de 19 de março de 2020. Fornece assistência de emergência e resposta de cuidados de saúde para indivíduos, famílias e empresas afetadas pela pandemia de coronavírus de 2020. Disponível em: <https://www.congress.gov/bill/116th-congress/senate-bill/3548/text>. Acesso em: 01 dez. 2020.

ORGANIZATION FOR ECONOMIC CO-OPERATION AND DEVELOPMENT (OECD). **COVID-19 and the aviation industry: Impact and policy responses**. Disponível em: <http://www.oecd.org/coronavirus/policy-responses/covid-19-and-the-aviation-industry-impact-and-policy-responses-26d521c1/#figure-d1e239>. Acesso em: 01 dez. 2020.

SECRETARIA NACIONAL DE AVIAÇÃO CIVIL – SAC. Nota Técnica 13/2020/DPR/SAC, 19 de fevereiro de 2020.

SITA. **2019 SITA Baggage IT Insights**. Disponível em: https://www.sita.aero/resources/surveys-reports/baggage-it-insights-2019/>. Acesso em: 01 dez. 2020.

VASIGH, B.; FLEMING, K.; TACKER, T. **Introduction to Air Transport Economics: From Theory to Application**. 3. Ed. New York: Routledge, 2018.

PARTE II
PERSPECTIVAS E DESAFIOS DA AVIAÇÃO CIVIL BRASILEIRA APÓS O COVID-19

Capítulo 9
The Aftermath of a Crisis: The Civil Aviation Take-Off Towards Recovery from a Runway Paved Long Ago

Fabio Faizi Rahnemay Rabbani[1]

...the future development of international civil aviation can greatly help to create and preserve friendship and understanding among the nations and peoples of the world...
Preamble to the Convention on International Civil Aviation, 1944

Introduction

It will take years to assess appropriately the overall impact of the COVID-19 outbreak. The roles of policy makers and regulators of different economic sectors stand out as the regulated entities struggle to find means to sustain their activities. As all economic sectors gradually find means to recover from the drastic impacts produced by COVID-19, cooperation, efficiency and innovation are key elements to support a resilient comeback. It is preeminent that policy makers and regulators apply these key elements in timely tackling their own limitations and responding to the industry needs, particularly in those sectors where the system is highly regulated.

As one of the pillars to support and facilitate the social and economic development in World, the civil aviation sector is also dependent on the development of robust policies and regulations. Its significant interrelation to other economic sectors makes it susceptible to the impact gener-

[1] The views and opinions expressed in this article are those of the author and do not necessarily reflect the official policy or position of the International Civil Aviation Organization.

ated by State provisions from across these other sectors, such as tourism, manufacturing and commodity production.

The aviation sector by itself accounted before the COVID-19 outbreak for about 4.1% of the World's GDP, and was responsible for generating more than 87.7 million jobs directly and indirectly. Transporting about 58% of international tourists in the World among its 4.5 billion passengers in 2019[2], air carriers, airports and air navigation service providers have seen the impacts of the outbreak plunging their revenues and overshadowing their prospects on demand, investments and job posts.

In January 2019, before the first indication that we were about to go through a major worldwide pandemic, it was estimated that in the coming decades, pandemics would generate an average reduction of 0.7% in the worldwide GDP, which is equivalent to the estimated losses due to climate change (World Economic Forum, 2020). Close to the end of 2020, the estimated plunge in the number of seats available is of 51% and industry's losses for airlines, airports and air navigation service providers surpassed US$ 500 billion, when compared to the forecasts pre-COVID-19 for the year.[3]

Even though little can be done to prevent outbreaks such as this COVID-19 crisis, the economic impact should not be inevitable (World Economic Forum, 2020). The initial civil aviation measures adopted to cope with the pandemic were expedite and designed to meet with the basic requirements regarding safety, security and capacity of the system. As more technical data and information are available about the coronavirus, the discussions expanded to the medical and sanitary demands that the aviation system would have to comply with to allow a safe return and recovery of operations. Many other economic sectors that depend and support air transport had also their own stakeholders gradually raising new expectations and requirements after the initial strict lockdown measures were lifted. Formal interactions among different regulatory entities, even though exist in many Countries, in others were not a natural and permanent process before the COVID-19 crisis. Several civil aviation authorities, being either or both policy makers and regulators, also had to adapt their means to interchange information and share responsibilities in the decision making process in regards to common ground matters with other sector's entities.

[2] Air Transport Action Group (2020).

[3] ICAO Economic Impacts of COVID-19 on Civil Aviation, 2020.

The civil aviation community, including international organization and associations, civil aviation authorities and the industry operators had key roles in supporting the initial response and recovery of the system. Through the issuing of various global recommendations and guidance materials, the establishment of agreements during coordination meetings and the willingness to openly communicate have avoided even worse consequences to date.

Nonetheless, the undeniable spirit of collaboration and the positive results of the measures taken during the crisis are not the object of this article. Rather, the intent here is to illustrate how mechanisms, systems and methods standardized globally by the aviation community through the International Civil Aviation Organization (ICAO) and other entities are the foundation or, as a better analogy, the paved runway for the recovery of the civil aviation in response to black swan[4] events.

This article focuses in responding the following specific questions, which should exemplify how resilient the aviation system is and how much it can improve in the future:

1. How can the aviation system benefit during a disruptive event from air transport facilitation mechanisms and from a holistic and participative strategic planning process?
2. How existing safety mechanisms have given support to civil aviation authorities alleviating technical requirements and streamlining best regulatory practices?
3. How the standards for a systematic approach to State's safety management can set the groundwork for strong and reliable civil aviation authorities, which are key actors to the air transport recovery process[5]?

[4] The Black Swan concept can be applied to the current as well as other crisis as unanticipated, consequential and rare events for which it is difficult both to characterize the hazard and calculate the probability of their occurrence in advance – Taleb (2010) apud Dudley (2020).

[5] "At the same time the role of regulators is being continuously examined, especially at times of crisis or when issues arise that create public concern. As such regulators are key state actors with responsibilities and therefore are accountable for the delivery of policy outcomes." (OECD, 2014)

Independent, Never Isolated

The assurance of the regulator's independence should not cast out the sector they regulate from the needed integration with other economic sectors. Policy makers commonly lead their actions towards specific or narrow objectives, avoiding many times to expand their efforts and involve a larger set of societal benefits and costs (Dudley, 2020). Nonetheless, these public entities are expected to maintain engagement with their regulated entities and are subject to their own biases. Moreover, particularities of a sector, as well as its own interests, usually pose a challenge to build synergies with other public entities.

In a likely approach, policy makers and regulators would be responsible for establishing coordination measures with other State entities. However, it is not as simple as identifying how the government's structure molds in a further interconnected manner. The complexity of some governmental structures and the roles each entity plays within these structures can generate a higher level of difficulty in promoting the proper interfaces.

The ICAO Assembly Resolution 39-25 (ICAO, 2016) urged the States to *"enhance their air transport systems by (...) including and elevating the priority of the aviation sector into their national development plans supported by robust air transport sector strategic plans and civil aviation master plans"*, leading to the attainment of the United Nations Sustainable Development Goals (UN SDGs). This call for a high-level approach of the aviation planning also raised the importance of properly engaging these plans with the other economic sectors and allowing the civil aviation authorities to collaborate with other sectors' counterparts in an integrated strategic vision for their Countries and abroad.

Indeed, OECD (2014) states that adequate policy and regulatory outcomes depends usually in the cooperation of government, amongst regulators, the regulated, and the broader community. Moreover, OECD highlights that the governance arrangements for:

> (...) *regulators can be important to foster such co-operative efforts and build the legitimacy of any necessary, strong enforcement action. For these reasons, governance arrangements require careful consideration to ensure they promote, rather than hinder, the efficient achievement of policy objectives and public confidence in the operations of regulatory agencies.* (OECD, 2014)

The civil aviation notably has many intertwined sectors that rely on and feed it. Its intrinsic nature of supporting other economic sectors nationally and internationally adds value to them for being a fast and reliable mode of transportation. On a strategic level, the cooperation should be reflected in the planning process, where efforts are consistently worked with the domestic and international public and private stakeholders to guarantee the proper feedback and contemplate the various perspectives involved in the system. Tailoring the civil aviation planning process to meet the demands and expectations of other economic sectors require the civil aviation authorities to be able to associate with other policy makers and regulators within their States and with other States.

An important outtake from the COVID-19 crisis is that the benefits from a communicative and participative strategic planning process surpasses the mere submission and compliance to a plan itself. This process builds a framework that allows, in the moment of crisis, for all parties to have the proper understanding of the others' competencies, capacities and probably the most important and simple outcome: to have the right people to talk to in order to build a timely and coordinated response to an emerging disruptive situation.

On the operational level, the civil aviation system has coordination mechanisms established by ICAO to support the civil aviation authorities in their national collaboration with other governmental entities and with the industry. Under established standards, States must have a National Facilitation Programme[6], which has the purpose of guiding possible measures to promote seamless travel through of the movement of aircraft, crews, passengers and cargo, by removing or simplifying unnecessary obstacles, procedures and delays (ICAO, 2017). In order to conduct the facilitation activities, ICAO also standardized the constitution of National Air Transport Facilitation Committees or similar bodies, which coordinate the facilitation activities among entities and organizations of the States and with the operators.

[6] The primary responsibility for the National Facilitation Programme rests with civil aviation authorities. However, the programme requires the active participation of other ministries or agencies, such as: Customs, Immigration, Foreign Affairs, Travel document/visa issuing authorities, Agriculture/environment, Public Health, Security and narcotics control, Identification card issuing authorities, Tourism (ICAO, 2017).

According to the Convention on the Civil Aviation (ICAO, 2006), in its article 14, the States agreed to adopt the measures to prevent the spread of communicable diseases by means of air transport and consult the agencies concerned with international regulations relating sanitary measures applicable to aircraft. Among its roles, the National Facilitation Programme:

> *is expected to establish, review and amend as necessary the national policies regarding prevention of the spread of contagious diseases by air, for example, aircraft disinfection, disinfection, public health-related quarantine programmes, and screening measures to be applied in a health emergency.* ICAO (2006)

In early days of the pandemic, ICAO urged States to coordinate between aviation and health authorities and, for those that had not done so, to establish National Facilitation Committees that comprise all relevant groups[7]. During the COVID-19 crisis, it was clear that the decisions in the majority of the States were held either in the highest level of government or under the umbrella of the health authorities. Thus, the role of ICAO in supporting the States was crucial, by providing aviation related information and serving as key facilitator for all stakeholders to address the COVID-19 situation under the ICAO Collaborative Arrangement for the Prevention and Management of Public Health events in Civil Aviation (CAPSCA)[8].

The relevance of pragmatic Facilitation Programmes and functional National Facilitation Committees (or equivalent bodies) in both supporting decision making by the authorities and coordinating the implementation of the State's decision regarding aviation related matters was notable in many Countries during this crisis. At the same time, situations where these instruments were not properly in place, the lack of understanding on how civil aviation could assist the Country to recover from the pandemic impacts reduced the consultation and involvement of civil aviation authorities in the key decisions regarding the COVID-19 crisis.

By any means, this indicates that the current policies to tackle the COVID-19 crisis lack merit or justification. However, in the longer term, there should be caution about highly impactful regulatory measures that are not properly addressed, while simplifying scenarios and ignoring pos-

[7] ICAO State Letter EC 6/3, 2020.

[8] International Civil Aviation Organization and World Health Organization Joint Statement, 2020.

sible consequences, with the risk of making society more fragile to unanticipated threats. Dudley (2020).

Hence, an overall lesson to carry on for the future of civil aviation is that an integrated planning culture and a reliable operational governance framework support the adequate response even to unexpected needs. Those civil aviation authorities that were successful in grounding their plans on integrated partnerships with stakeholders of other sectors and properly used their facilitation instruments and, moreover, engaged with international organizations and other States, have been able to better respond to this crisis.

Crisis, Land of Opportunities[9]

According to OECD (2020):

> *(...) The COVID-19 crisis has suggested that there is a lack of resilience in key socio-economic systems (e.g. health care services) to systemic shocks, which has allowed failures to cascade from one system to others. (...) In a crisis where much of the evidence is incomplete, uncertain and information is evolving rapidly, it becomes particularly challenging to anticipate, analyse and thoroughly discuss the impacts of regulations. The urgent need for governments to develop public health measures has consequently left little room for them to carry out comprehensive stakeholder consultations or consider alternative regulatory or non-regulatory options in the policymaking process. (...) Governments have been under severe pressure to rapidly develop policy responses to COVID-19 Responding to the unprecedented public health crisis has been a global priority which has required governments to make complex regulatory decisions to drastically shortened timeframes at nearly every stage of the policy making process, impacting every economic sector. Administrations worldwide have responded to the crisis using a range of regulatory instruments, including primary and secondary legislation, as well as non-legislative changes (e.g. these have included relaxing inspection regimes, waiving licence charges or deadlines) to implement urgent reforms impacting upon a range policy areas e.g. public health, emergency response systems, competition legislation (e.g. to ensure that supply chains continue to provide urgently needed goods).* (OECD, 2020)

[9] This subtitle is an overused sentence and many times misinterpreted. The subtitle only refers to the context presented in this article and, by any means, it does not place the COVID-19 crisis as a positive situation for humankind. This clarification is made in respect to all of those affected directly or indirectly by the coronavirus.

The challenges brought by the COVID-19 pandemic also raised reflections about how the policy makers and regulators play an important role in building opportunities for a better, more resilient and stable socioeconomic environment. The crisis demanded changes in the way many regulators established their rules and how they address matters that would not evolve as swiftly under normal conditions.

One relevant example is the agreement among a group of Latin-American States, under the coordination of the Latin American Civil Aviation Commission, to permit airlines from one of the signatory States to fly air cargo flights between two other signatory States[10]. Even though the "seventh air freedom" agreement has a temporary effect and envisions the use of air cargo services in response to COVID-19, accomplishing 10 States to agree in such liberalization within a few months of negotiations would be unthinkable if the pandemic was not the stage for the discussions.

Another important example relates to the safety actions in response to the outbreak. Due to the social distancing measures and the need to maintain essential aviation transport operations and ensure the orderly return to operations, ICAO issued a recommendation for the States to adopt flexible measures regarding the maintenance of licenses and certificates, always observing their responsibility to report their differences to ICAO[11]. In order to allow the approximate 650,000 licensed personnel and over 3,000 airlines globally to continue their activities, the provisions to the States were that any temporary alleviations should be adequately evaluated under the safety management tools available.

For years, the safety management system has been a standard in the industry and required from the civil aviation authorities to regulate, evaluate and oversee its implementation and effectiveness. Whichever alleviation adopted by a State, the safety management natural path would be the clear definition of what and for how long a regulatory standard was to be exempted from the operator, what were the identified hazards, what was the result of the risk analysis and assessment, and what are the proposed risk control and mitigation measures.

Besides the ICAO direct support through guidance material and training, other existing collaborative mechanisms also sustained the proper

[10] New ICAO-LACAC air cargo liberalization agreement to bolster regional vaccine transport long-term recovery.

[11] ICAO State Letter AN 11/55-20/50.

application of the alleviations. Regional Oversight Organizations, such as the SRVSOP[12], have prepared a series of guidance material for the civil aviation authorities and operators in order to help them identify the new hazards related to the change imposed by the COVID-19 crisis, such as operational, regulatory, economic and emerging risks (e.g. mental health). The alleviations contemplated by the SRVSOP came along a series of possible mitigations that had to be evaluated by the States and, if adopted, complied by the industry.

The ICAO call for States to be flexible relied on an existing mechanism that has been an aviation system standard and its adaptation to the current temporary measures, although with a wider scope and applicability, was not a novel method for the stakeholders. Thus, even though the proper consultation and regulatory impact analysis processes were not possible during the crisis, the civil aviation authorities still felt confident to move forward with their regulatory decisions. It was no surprise that since then over 150 States have reported to adopt temporary exemptions in order the continuity of operations[13].

Subsequently, ICAO withdrew some of the guidance material regarding specific alleviation measures, once alternate means of compliance have been considered feasible. For example, regarding the current medical examination requirements, the possibility of telemedicine consultations and limited in-person medical examinations have led ICAO to consider that States should move towards compliance of the aeromedical standards[14].

Other means of compliance to the international standards have been identified and adopted to face the restrictions due to the pandemic. The SRVSOP also presented in their inspector manuals new provisions regarding the adoption of remote (office and virtual sessions) certification and oversight activities that support the States to continue, although partially, to comply with their regulator's responsibilities.

[12] Regional Safety Oversight System (Sistema Regional para la Vigilancia de la Seguridad Operacional) – system managed through an ICAO technical cooperation project, comprised of 12 Latin-American States, which focuses in supporting the States to promote their level of compliance to the ICAO safety standards, using common set of regulations and associated documents, multinational certification and oversight, training and direct assistance. During 2020, the material prepared by SRVSOP in response to the COVID-19 crisis was also available in English, in order to support neighboring States in the application of their measures.

[13] ICAO Safety Status Dashboard.

[14] ICAO Rationale for Withdrawal.

In this sense, the COVID-19 crisis raised an opportunity for civil aviation authorities to evaluate how to rationalize their daily activities in order to comply with the expected performance, in a more efficient and less resource-consuming manner. Other good practices arose in the recent times among some civil aviation authorities (ANAC, 2020), for example, applying concepts such as responsive regulation[15], which allow a proportional and cost-efficient approach maintain a relevant regulatory framework.

Civil Aviation Authorities, the Strongest Links

Following such unprecedented crisis, the impact on the economic sectors is undeniably substantial and the burden generated by flawed or disproportionate regulatory measures could be the last straw to businesses' cessation, reduction of competitiveness and perception of lower quality of service. The civil aviation sector relies mainly on performance-based regulations in order to cope with the highly controlled environment and the recurrent innovation demands.

The strongest link to the chain of an evolving air transport sector is to count on mature and well-resourced civil aviation authorities. OECD (2014) highlights that *"how a regulator is established, directed, controlled, resourced and held to account (...) builds trust in the regulator and is crucial to the overall effectiveness of regulation"*. Additionally, OECD (2014) enumerates the principles for the governance of regulators: Role clarity; Preventing undue influence and maintaining trust; Decision making and governing body structure for independent regulators; Accountability and transparency; Engagement; Funding; and Performance evaluation.

One of the foundations for States to achieve sustainable safety performance based on a systemic approach is the State Safety Program (SSP), defined by ICAO *"as an integrated set of regulations and activities aimed at improving safety"* (ICAO, 2016). The rationale behind the SSP is to support the system's stakeholders to cope with the increasing challenges of a fast-paced ever-evolving aviation sector. The SSP is a global standard applied

[15] Responsive regulation has been an influential policy idea because it comes up with a way of reconciling the clear empirical evidence that sometimes punishment works and sometimes it backfires, and likewise with persuasion (Braithwaite, 2006). It comprises the use of diversified regulatory tools that incentivize a virtuous and collaborative behavior of the regulated (ANAC, 2020).

to safety that drives the States to the implementation of essential elements for best practices by civil aviation authorities.

Comparing the standards established by ICAO to the OECD principles (table 1), the great majority of good regulator principles are echoed in the SSP framework. The role of the regulators is clearly mandated under the policy level of the SSP, as well as building trust through formal statements and personnel liability. Accountability and transparency are placed in SSP by data-driven and risk-based approaches that justify the civil aviation authorities' priorities and oversight actions. The engagement is highlighted in the promotion responsibilities of the SSP and the funding requirements are presented especially under the oversight resourcing of the regulator. A key component of the SSP is the use of indicators and targets that support performance evaluation of the regulators and the regulated entities. A less emphatic approach in the SSP framework towards a systematic decision making process and governing body structure is expected, since the SSP deals with a specific area of competence of civil aviation authorities.

OECD (2014) principles	ICAO (2016) SSP Provisions
Role clarity – *An effective regulator must have clear objectives, with clear and linked functions and the mechanisms to coordinate with other relevant bodies to achieve the desired regulatory outcomes.*	States shall establish primary aviation legislation States authorities or agencies shall have stated safety functions and objectives to fulfil their safety management responsibility .— *This includes the participation of the State aviation organizations in specific activities related to the management of safety in the State, and the establishment of the roles, responsibilities and relationships of such organizations.* States shall establish State system and functions *States should identify, define and document the requirements, obligations, functions and activities regarding the establishment and maintenance of the SSP, including the directives to plan, organize, develop, maintain, control and continuously improve the SSP in a manner that meets the State's safety objectives*

Preventing undue influence and maintaining trust *– It is important that regulatory decisions and functions are conducted with the upmost integrity to ensure that there is confidence in the regulatory regime*	*States should establish a safety policy and safety objectives that reflect their commitment regarding safety and facilitate the promotion of a positive safety culture in the aviation community.* States shall ensure that personnel performing safety oversight functions are provided with guidance that addresses ethics, personal conduct and the avoidance of actual or perceived conflicts of interest in the performance of official duties. *The safety policy and safety objectives should be published and periodically reviewed to ensure that they remain relevant and appropriate to the State.*
Decision making and governing body structure for independent regulators *– Regulators require governance arrangements that ensure their effective functioning, preserve its regulatory integrity and deliver the regulatory objectives of its mandate.*	States shall establish and maintain a process to identify hazards from collected safety data. States shall develop and maintain a process that ensures the assessment of safety risks associated with identified hazards. *States should establish an enforcement policy that specifies the conditions and circumstances under which service providers with an SMS are allowed to deal with, and resolve, events involving certain safety issues, internally, within the context of their SMS and to the satisfaction of the appropriate State authority.* States shall establish specific operating regulations States shall periodically review specific operating regulations, guidance material and implementation policies to ensure they remain relevant and appropriate.

Accountability and transparency – *Businesses and citizens expect the delivery of regulatory outcomes from government and regulatory agencies, and the proper use of public authority and resources to achieve them.*	*States should establish procedures to prioritize inspections, audits and surveys towards those areas of greater safety concern or need.— Organizational risk profiles, outcomes of hazard identification and risk assessment, and surveillance outcomes may provide information for the prioritization of inspections, audits and surveys.* *States should periodically review the safety performance of an individual service provider.* States shall implement documented surveillance processes, by defining and planning inspections, audits and monitoring activities on a continuous basis, to proactively assure that aviation license, certificate, authorization and approval holders continue to meet the established requirements. This includes the surveillance of personnel designated by the Authority to perform safety oversight functions on its behalf.
Engagement – *Good regulators have established mechanisms for engagement with stakeholders as part of achieving their objectives.*	Technical guidance, tools and provision of safety--critical information States shall establish technical guidance and tools and provide safety-critical information. *States should promote safety awareness and the sharing and exchange of safety information to support, within the State aviation organizations, the development of a positive safety culture that fosters an effective SSP.* *States should promote safety awareness and the sharing and exchange of safety information with the aviation community to foster the maintenance and improvement of safety and to support the development of a positive safety culture.*
Funding – *The amount and source of funding for a regulator will determine its organization and operations.*	States shall establish relevant authorities or agencies, as appropriate, supported by sufficient and qualified personnel and provided with adequate financial resources for the management of safety.

Performance evaluation *– It is important that regulators are aware of the impacts of their regulatory actions and decisions.*	States shall meet the surveillance obligations.— *The surveillance of the service provider takes into consideration the safety performance as well as the size and complexity of its aviation products or services.* States shall establish the acceptable level of safety performance to be achieved through their SSP. – *An acceptable level of safety performance for the State can be achieved through the implementation and maintenance of the SSP as well as safety performance indicators and targets showing that safety is effectively managed and built on the foundation of implementation of existing safety-related SARPs.*

Table 1: State Safety Program standards and recommended practices placement – for ICAO provisions, standards are in normal font and recommended practices and notes in *italic*.

Source: author, based on OECD (2014) and ICAO (2016).

Due to the economic impact generated by the COVID-19 crisis, the civil aviation authorities are increasingly pressed to deliver more and rationalize their regulatory methods. On the other hand, the expectations to guarantee a safe, secure, efficient and sustainable system, require these regulators to be accountable, transparent and independent in their decisions to support the system's development. ICAO recognizes that the implementation of the SSP require time to fully mature (ICAO, 2016). Even so, the tools and principles provided in the SSP, if adequately implemented, can be the cornerstone for the civil aviation authorities to apply in other areas of their scope of action. Areas such as economics, security, air navigation and environment can greatly benefit from such model, and the SSP principles can be expanded and support the aviation sector in the long term.

Conclusions

The insights presented in this chapter are examples of a permanent exercise one should apply in order to identify how the different existing elements, previous investments and even frustrated initiatives of an economic sector can be part of the foundation to build a resilient system. For the civil aviation system, other important advancements have laid the groundwork for its resilience: the initiatives in promoting the reduction of aviation impact to climate change and the recent actions towards stimulating the participation of new actors to support innovation are some of these additional examples.

Regarding the initial interrogations placed in the introductory remarks, here are some final considerations:

1. A holistic and strategic planning for the aviation sector aligned with the other State's development plans and prepared with the participation and consultation of all interest parties will build a collaborative framework that continuously benefit the system. Interagency mechanisms such as the National Facilitation Programme and the National Air Transport Facilitation Committee, if adequately implemented, are instrumental to the proper operational response to disruptive situations.
2. A data-driven and risk-based approach embedded in the daily activities of the aviation sector supports decision-making and provide policy makers and regulators relevant elements to establish their regulatory measures, even if it is not possible to undertake the proper regulatory impact analysis and consultations. Additionally, exceptional times can press for decisions that under normal conditions would be practically unattainable.
3. The maturity of the regulatory entities is quintessential for the civil aviation sustainable development. The foundations of the State Safety Program can be a landmark towards the adoption of best practices to increase the capabilities of civil aviation authorities and the highest decision makers of the States should support its implementation.

References

ANAC. Projeto Prioritário Regulação Responsiva. Available at https://www.anac.gov.br/hotsites/regulacao-responsiva Accessed 29 Dec 2020.

AIR TRANSPORT ACTION GROUP. **Aviation Benefits Beyond Borders**. 2020.

BRAITHWAITE, John. Responsive Regulation and Developing Economies. **World Development** Vol. 34, No. 5, pp. 884–898, 2006_ 2006 Elsevier Ltd., 2006 Available at doi:10.1016/j.worlddev.2005.04.021

DEPARTMENT FOR BUSINESS, INNOVATION AND SKILLS. **Principles for Economic Regulation**. London, April 2011. Available at https://assets.publishing.service.gov.uk/government/uploads/system/uploads/attachment_data/file/31623/11-795--principles-for-economic-regulation.pdf

Dudley, Susan E. Learning from COVID-19. **Forbes**, 20 March 2020. Available at https://www.forbes.com/sites/susandudley/2020/03/20/learning-from-covid--19/?sh=6e8ebd5415f1 Accessed 28 Dec 2020.

ICAO. 39th Assembly Resolutions. Montreal, 2016. Available at https://www.icao.int/Meetings/a39/Documents/Resolutions/a39_res_prov_en.pdf Accessed 27 Dec 2020.

_____. Adherence to relevant ICAO Annex 9 – Facilitation Standards; and Actions taken by Member States to reduce the spread of the novel coronavirus (COVID-19) by air transport and to protect the health of air travelers and the aviation personnel. **ICAO State Letter EC 6/3.** Montreal, 18 March 2020. Available at https://www.icao.int/Security/COVID-19/EBandSL/046e.pdf Accessed 29 Dec 2020.

_____. Convention on International Civil Aviation. **Doc 7300,** Ninth edition, Montreal, 2006.

_____. Facilitation. Fifteenth Edition. **Annex 9**. Montreal, 2017.

_____. ICAO and WHO (2020) Joint Statement. 2020. Available at https://www.icao.int/Security/COVID-19/PublishingImages/Pages/Statements/Joint%20ICAO-WHO%20Statement%20on%20COVID-19.pdf Accessed 29 Dec 2020.

ICAO. ICAO Economic Impacts of COVID-19 on Civil Aviation. Montreal, 2020. Available at https://www.icao.int/sustainability/Pages/Economic-Impacts-of-COVID-19.aspx Accessed 31 Dec 2020.

_____. ICAO leadership urges agility, partnership, to hasten the pace of aviation innovation. Montreal, 2020. Available at https://www.icao.int/Newsroom/Pages/ICAO--leadership-urges-agility-partnership-to-hasten-the-pace-of-aviation-innovation.aspx Accessed 27 Dec 2020.

_____. ICAO Rationale for Withdrawal. Montreal, 2020. Available at https://www.icao.int/safety/COVID-19OPS/Pages/Rationale-for-withdrawal-MED.aspx Accessed 29 Dec 2020.

_____. ICAO Safety Status Dashboard. Montreal, 2020. Available at: https://www.icao.int/safety/COVID-19OPS/Pages/Status-Dashboard.aspx Accessed 28 Dec 2020.

_____. New ICAO-LACAC air cargo liberalization agreement to bolster regional vaccine transport long-term recovery. Montreal, 2020. Available at https://www.icao.int/Newsroom/Pages/New-ICAO-LACAC-air -cargo-liberalization-agreement-to--bolster-regional-vaccine-ransport-long-term-recovery-.aspx Accessed 31 Dec 2020.

_____. Operational measures to ensure safe operations during the COVID-19 pandemic. **ICAO State Letter AN 11/55-20/50**. Montreal, 03 April 2020. Available at https://www.icao.int/safety/COVID-19OPS/Documents/050e.pdf Accessed 29 Dec 2020.

_____. Promoting, Maintaining and Supporting Mental Well-Being in Aviation During the Covid-19 Pandemic. **ICAO EB 2020/55.** Montreal, 10 November 2020. Available at https://www.icao.int/Meetings/TRIP-Symposium-2018/Documents/EB_20_55_Mental%20Health.pdf Accessed 29 Dec 2020.

_____. Safety Management. **Annex 19.** Second Edition, Montreal, 2016.

_____. Safety Management Manual (SMM). **Doc 9859**. Fourth edition, Montreal, 2018.

_____. State support to prevent the spread of Novel Coronavirus Disease (COVID-19). **ICAO State Letter AN 5/28-20/15**. Montreal, 13 February 2020. Available at: https://www.icao.int/Security/COVID-19/EBandSL/015e.pdf Accessed 29 Dec 2020.

OECD. **OECD Guiding Principles for Regulatory Quality and Performance**, Paris, 2005. Available at www.oecd.org/fr/reformereg/34976533.pdf Accessed 31 Dec 2020.

_____. **No policy maker is an island: The international regulatory co-operation response to the COVID-19 crisis,** Paris, 2020. Available at https://read.oecd-ilibrary.org/view/?ref=134_134311-cbjgrk3pwj&title=No-policy-maker-is-an-island-the-international-regulatory-co-operation-response-to-the-COVID-19-crisis Accessed 26 Dec 2020.

_____. **Regulatory quality and COVID-19: The use of regulatory management tools in a time of crisis**. OECD Publishing, Paris, 2020 Available at http://www.oecd.org/coronavirus/policy-responses/regulatory-quality-and-covid-19-the-use-of-regulatory-management-tools-in-a-time-of-crisis-b876d5dc/ Accessed 26 Dec 2020.

_____. The Governance of Regulators. **OECD Best Practice Principles for Regulatory Policy**. OECD Publishing, Paris, 2014 Available at https://doi.org/10.1787/9789264209015-en Accessed 26 Dec 2020.

RABBANI, Fabio F. R. Los retos de hacer realidad la visión del desarrollo sostenible – La versión que cuenta la aviación civil. **Pais Dominicano Temático Magazine**, n.7. Santo Domingo, November 2019.

SISTEMA REGIONAL PARA LA VIGILANCIA DE LA SEGURIDAD OPERACIONAL. SRVSOP COVID-19 webpage https://www.srvsop.aero/covid-19/ Accessed 26 Dec 2020.

_____. SRVSOP Manuales. Available at https://www.srvsop.aero/biblioteca/manuales/ Accessed 26 Dec 2020.

TALEB, Nassim N. **The Black Swan: The Impact of the Highly Improbable**. Second Edition. Kindle Edition. Random House Trade, 2010

WORLD ECONOMIC FORUM. **Outbreak Readiness and Business Impact: Protecting Lives and Livelihoods across the Global Economy**. Geneva, January 2019. Available at http://www3.weforum.org/docs/WEF%20HGHI_Outbreak_Readiness_Business_Impact.pdf Accessed 27 Dec 2020.

Capítulo 10
Perspectivas de Retomada no Transporte Aéreo: Novos Modelos de Negócios

Luca J. Santos
Alessandro V. M. Oliveira
Dante M. Aldrighi

Introdução

As crises sanitária e econômica instauradas pela pandemia da COVID-19 repercutiram dramaticamente nos mercados de viagens aéreas no país. Muitos desses impactos devem se prolongar pelos próximos anos, exigindo desde já ajustes nos modelos de negócios das companhias aéreas instaladas no país há mais tempo, bem como das novatas e de potenciais entrantes. Discute-se, em particular, se a substituição das viagens aéreas por motivo de negócios por reuniões virtuais, como Zoom e Google Meet, que vem prevalecendo na pandemia, persistirá após seu controle.[1] Nesse contexto, torna-se fundamental entender o comportamento do viajante a lazer e por motivos pessoais, em geral mais sensível a preços e à renda.

Uma das mudanças mais importantes no mercado doméstico de transporte aéreo nas últimas décadas foi o ingresso de novos usuários, destacando-se entre os fatores que explicam a forte expansão nas viagens não corporativas a desregulação econômica iniciada em 2001. De fato, a maior competitividade de preços e o aumento na oferta de assentos das empresas

[1] Vide, por exemplo, "Turismo de negócios terá longo desafio pela frente", 27 de julho de 2020, disponível em <https://gauchazh.clicrbs.com.br/comportamento/viagem/noticia/2020/07/turismo-de-negocios-tera-longo-desafio-pela-frente-ckd52ebov002e0147yak76pzr.html>.

aéreas promoveram a incorporação de novos passageiros no mercado de aviação comercial ao longo dos primeiros anos do milênio. Duas das pesquisas mais completas sobre usuários de transporte aéreo no Brasil apontam que a participação dos passageiros novatos cresceu de 8,3% em 2009 para 10,0% em 2014.[2]

Outro fator que contribuiu para a ampliação da base de consumidores no transporte aéreo brasileiro foi a maior inclusão social que ocorreu em todas as regiões brasileiras nas últimas décadas. A estabilização dos preços que o Plano Real promoveu em meados dos anos 1990, aliada à melhora na distribuição de renda e nos índices de desenvolvimento humano no período anterior à crise econômica de 2014-2016, favoreceram o acesso de famílias pertencentes às faixas inferiores de renda, conhecidas como "classe C" e "classe D," ao mercado de transporte aéreo. Passageiros com renda familiar até dez salários-mínimos expandiram sua participação no transporte aéreo de 36,1% em 2009 para 44,8% em 2014,[3] ampliando a fatia do segmento de passageiros de renda média. A incorporação desses consumidores repercutiu diretamente na estratégia de precificação das passagens das companhias aéreas e, por conseguinte, na rentabilidade e estrutura da indústria. A compreensão das motivações de compra dessa categoria de clientes e de suas percepções quanto ao ambiente econômico é fundamental para avaliar os impactos de curto, médio e longo prazo da pandemia da COVID-19 sobre a dinâmica competitiva das companhias aéreas e a evolução de seus modelos de negócios.

Este capítulo apresenta os principais resultados do estudo "*Testing the differentiated impact of the COVID-19 pandemic on air travel demand according to social inclusion*" (Santos, Oliveira e Aldrighi, 2021), recentemente desenvolvido no âmbito do Núcleo de Economia do Transporte Aéreo do Instituto Tecnológico de Aeronáutica (NECTAR-ITA). Esse estudo investiga o comportamento diferenciado dos pares de cidades em que os indicadores de inclusão social – aproximados pelas métricas de renda e acesso digital e financeiro das cidades – mais impactaram o transporte aéreo. Com base em estimativas desses impactos na demanda de viagens aéreas a partir de

[2] Fundação Instituto de Pesquisas Econômicas – FIPE (2009) e Empresa de Planejamento Logístico S. A. (2014).

[3] Ibidem. Dez salários mínimos é o critério de corte da classe C para a classe B, segundo critério usualmente adotado em análises que se baseiam nas faixas de renda do Instituto Brasileiro de Geografia e Estatística (IBGE).

uma amostra de rotas e períodos de 2000 até 2018, classificamos os mercados de viagens de acordo com a sua Inclusão Social do Transporte Aéreo, que denominamos "ISTA" estimada, e analisamos o desempenho durante a crise sanitária para cada tipo.

A primeira seção deste trabalho descreve brevemente os impactos da crise da COVID-19 no transporte aéreo brasileiro; a seção seguinte apresenta a categorização de rotas, elaboradas no estudo do NECTAR-ITA, e analisa as taxas de variação no número de passageiros; a terceira seção discute as perspectivas para os modelos de negócios das companhias aéreas brasileiras à luz dos resultados sobre a trajetória dos diferentes segmentos do mercado aéreo brasileiro; e a última seção retoma as principais conclusões.

Impactos da COVID-19 no Transporte Aéreo no Brasil

Em 11 de março de 2020, a Organização Mundial de Saúde (OMS) caracterizou como pandemia a doença causada pelo novo coronavírus.[4] Os primeiros casos da COVID-19 foram registrados na China em dezembro de 2019, com novos casos sendo diagnosticados logo em seguida em outras partes da Ásia e na Europa, alastrando-se depois pelo resto do mundo. No Brasil, o primeiro registro oficial da doença foi em 26 de fevereiro de 2020,[5] e em 8 de fevereiro já havia provocado mais de 231 mil mortes no país.[6]

Em 2019 o número de passageiros quilômetro transportados (RPK) na aviação brasileira cresceu 0,6%,[7] atingindo em janeiro de 2020 mais de 9.8 bilhões, nível recorde comparado ao mesmo mês de anos anteriores,[8] despertando expectativas otimistas de desempenho. Entretanto, com a confirmação da presença do novo coronavírus em território brasileiro, o Ministério da Saúde adotou medidas cautelares para controlar sua disseminação que, entretanto, mostraram-se insuficientes devido à facilidade

[4] "WHO characterizes COVID-19 as a pandemic", 11 de março de 2020, disponível em <https://www.who.int/emergencies/diseases/novel-coronavirus-2019/events-as-they-happen>.

[5] "Linha do tempo do coronavírus no Brasil", 26 de fevereiro de 2020, disponível em <https://coronavirus.saude.gov.br/linha-do-tempo/>.

[6] "Painel Coronavírus", acesso em 8 de fevereiro de 2021, disponível em <https://COVID.saude.gov.br/>.

[7] "Demanda e oferta do transporte aéreo – ASK, RPK e Aproveitamento – Referência: últimos 12 meses de dezembro de 2019"

[8] "Demanda e oferta do transporte aéreo – ASK, RPK e Aproveitamento – Referência: Janeiro de 2020"

de contágio, levando o governo a impor quarentena obrigatória em meados de março.[9] A gravidade e a alta taxa de contágio da doença, bem como as medidas sanitárias adotadas pelo governo para contê-la, afetaram dramaticamente a maior parte dos setores da economia e aprofundaram as incertezas, sobretudo nas atividades relacionadas a turismo e transporte aéreo, devido ao fechamento das fronteiras internacionais e à percepção de que elas seriam um vetor de propagação do vírus.

Como em outros países, as empresas aéreas brasileiras sofreram uma forte e súbita contração na demanda, agravando-se com a disseminação geográfica da doença. Segundo a ANAC,[10] a movimentação de passageiros nessas empresas em abril de 2020 despencou 94,5% em relação ao mesmo mês em 2019, com a taxa de ocupação dos aviões caindo de 81,9% para 65,4% no período e um ajuste monumental de capacidade, que encolheu a quantidade de assentos disponíveis por quilômetro em 94,3%.[11] Os prejuízos das principais companhias aéreas ultrapassaram R$ 15 bilhões nos primeiros seis meses de 2020.[12]

Em março e abril, o governo e as empresas aéreas adotaram um conjunto de medidas para enfrentar a crise no setor de aviação, dentre as quais o relaxamento das regras de *slots* nos aeroportos controlados (*waiver de slots*), o adiamento do pagamento de outorgas pelos aeroportos sob concessão, regras emergenciais para alteração e reembolso de passagens aéreas, e a implementação de uma "malha aérea essencial".[13] Motivada pela redução drástica no fluxo de passageiros e voos, essa última medida definiu as cidades que, independente do nível de demanda, manteriam voos regulares durante a pandemia para assegurar a integração nacional do serviço aéreo de todos os estados da Federação.

[9] Diário Oficial da União, Portaria Nº 356, 11 de março de 2020, disponível em <https://www.in.gov.br/en/web/dou/-/portaria-n-356-de-11-de-marco-de-2020-247538346>.

[10] "iNFRADebate: Impactos da pandemia na aviação civil – Quais os horizontes para a retomada do setor?" (Fabiana Todesco e Mauro Césa Santiago Chaves), 3 de setembro de 2020, disponível em <https://www.agenciainfra.com/blog/infradebate-impactos-da-pandemia-na-aviacao-civil-quais-os-horizontes-para-a-retomada-do-setor/>

[11] "Demanda e oferta do transporte aéreo – ASK, RPK e Aproveitamento – Referência: abril de 2019 e 2020", com cálculos próprios.

[12] "Dados do 2º tri revelam impacto de mais de 6 bilhões nas aéreas brasileiras", 23 de outubro de 2020, disponível em <https://www.anac.gov.br/noticias/2020/dados-do-2o-tri-revelam-impacto-de-mais-de-6-bilhoes-nas-aereas-brasileiras>.

[13] "Principais medidas do setor aéreo após início da pandemia de COVID-19 – Linha do Tempo", 2 de junho de 2020, disponível em <https://www.anac.gov.br/coronavirus/linha-do-tempo>.

Em agosto, Azul e Latam assinaram um acordo de *codeshare* que, combinando a presença da Latam nos principais *hubs* do país e a capilaridade da Azul em voos com destinos de menor infraestrutura e demanda,[14] ampliou a malha aérea das empresas e expandiu a frequência de voos oferecidos aos passageiros. Concebido para operar 50 rotas domésticas, o acordo iniciou com 64 rotas no final de agosto de 2020.[15] Sob a alegação de que o acordo prejudicaria o consumidor com redução de voos e alta de preços, a Gol solicitou ao CADE ações que assegurassem a concorrência nas rotas incluídas no acordo.

Impacto da Crise da COVID-19 em Diferentes Segmentos do Mercado de Viagens Aéreas

Esta seção apresenta os principais resultados da pesquisa sobre a segmentação dos mercados de transporte aéreo brasileiro pela ótica da inclusão social (Santos, Oliveira e Aldrighi, 2021), enfatizando em particular os impactos de curto prazo da pandemia na demanda por transporte aéreo ao longo de 2020. Esse estudo estimou um modelo econométrico de demanda por transporte aéreo (passagens aéreas por par de cidades) tendo como regressores fatores socioeconômicos e de inclusão social com dados mensais em painel para o período 2010-2018 e com estimadores de efeitos fixos e variáveis instrumentais. Para classificar os mercados pelo grau de inclusão social, empregamos indicadores municipais de distribuição de renda, disponibilidade de crédito e acesso à internet como *proxies* de inclusão, respectivamente, de renda, financeira e digital.

Embora múltiplos fatores tenham contribuído para a incorporação de centenas de milhares de novos usuários de transporte aéreo no Brasil entre meados da década de 1990 e início dos anos 2010, como as políticas de estabilização macroeconômica, o crescimento econômico, e a desregulação econômica do setor, merecem destaque os avanços nas condições de

[14] "Azul e Latam iniciam codeshare: entenda como funciona", G1, 12 de agosto de 2020, disponível em <https://g1.globo.com/economia/noticia/2020/08/12/azul-e-latam-iniciam-codeshare-entenda-como-funciona.ghtml>.

[15] "Azul e LATAM Airlines Brasil anunciam acordos de codeshare e de programas de passageiros frequentes", 16 de junho de 2020, disponível em <https://www.latam.com/pt_br/sala-de-imprensa/noticias/Azul-e-LATAM-Airlines-Brasil-anunciam-acordos-de-codeshare-e-de-programas-de-passageiros-frequentes/>, e "Azul e Latam: codeshare começa a vigorar com 64 rotas", 12 de agosto de 2020, disponível em <https://www.panrotas.com.br/aviacao/parcerias/2020/08/azul-e-latam-codeshare-comeca-a-vigorar-com-64-rotas_175808.html>.

vida dos estratos mais desfavorecidos da população. Em particular, a reestruturação dos programas de transferência de renda cumpriu seu objetivo de combate à pobreza extrema no país e favoreceu, junto com o bom desempenho macroeconômico e algumas reformas microeconômicas do período, a promoção de uma "nova classe média" (Neri, 2010), constituída de famílias que passaram a consumir novos bens e serviços básicos de saúde, financeiros, de educação e de tecnologia.

Cabe ressaltar que o maior acesso ao crédito, atenuando a restrição financeira, facilitou a expansão e a diversificação do consumo dessa nova classe média, parte da qual passou a incorporar viagens aéreas em sua cesta de consumo. Evidentemente, o *boom* de consumo elevado alimentado por crédito pode desencadear uma forte contração, imposta pelo endividamento das famílias. Outra dimensão da evolução na qualidade de vida dos brasileiros é o incremento no número de pessoas com acesso à internet. A Lei nº 12.965/2014, que define o Marco Civil da Internet, promoveu a conectividade de grande parte da população brasileira, proporcionando maior acesso à informação e entretenimento, sobretudo pela popularização das redes sociais. Leung, Schukert & Yeung (2013) mostram como a conectividade e o engajamento das companhias aéreas nas redes sociais induziram novas viagens aéreas pela propaganda boca a boca.

Santos, Oliveira e Aldrighi (2021) obtiveram os seguintes resultados: tendência de queda na demanda por transporte aéreo no mercado doméstico no período amostral, acentuada pela recessão a partir de 2014; elevadas elasticidade-preço e elasticidade-renda da demanda; correlação positiva da demanda com o preço médio do ônibus no par de cidades, a quantidade de voos fretados por milhão de habitantes (como aproximação para o tamanho do mercado turístico das rotas), o tamanho da malha aérea, e fatores socioeconômicos relacionados à inclusão social, como distribuição de renda e acesso à internet – medidos, respectivamente, pelo Índice Firjan de Desenvolvimento Municipal (IFDM), categoria "Emprego & Renda", e pelo número de aparelhos de telefonia móvel por 100 habitantes; e a ausência de correlação entre demanda de transporte aéreo e montante de crédito bancário concedido nos 12 meses anteriores, ainda que a inclusão financeira eleve o endividamento das famílias, que parecem não terem dependido do crédito para adquirirem passagens aéreas no período.

Com base nas previsões a partir da regressão de demanda e, Santos, Oliveira e Aldrighi (2021) identificam as localidades que tiveram alta, média e baixa demanda originada pelos atributos de inclusão social. As rotas foram então classificadas em três categorias de "Inclusão Social do Transporte Aéreo" (ISTA): "ISTA Alta" (acima do terceiro quartil), "ISTA Média" (intervalo interquartil) e "ISTA Baixa" (abaixo do primeiro quartil). Feita essa categorização, analisaram a trajetória das taxas históricas de crescimento da demanda, apresentada na Figura 1, e o comportamento das taxas de crescimento em cada tipo de mercado entre outubro de 2019 e outubro de 2020, compreendendo o período da crise da COVID-19 (Figura 2). O foco do estudo eram as localidades com alta ISTA, pois correspondem às cidades em que a inclusão social representou uma parcela elevada da movimentação total de passageiros.

A Figura 1 mostra que as localidades classificadas como sendo de "ISTA Alta" apresentam efeitos mais acentuados na demanda por viagens: em períodos de expansão no mercado de transporte aéreo, a demanda nessas localidades cresce a taxas relativamente mais elevadas, enquanto em períodos recessivos, contrai-se mais, refletindo uma sensibilidade maior desse segmento a choques externos – sejam positivos ou adversos, como na atual pandemia da COVID-19. Pertencem a essa categoria cidades das regiões do Sudoeste Rio-Grandense (RS), Sul Goiano e Campo das Vertentes (MG).

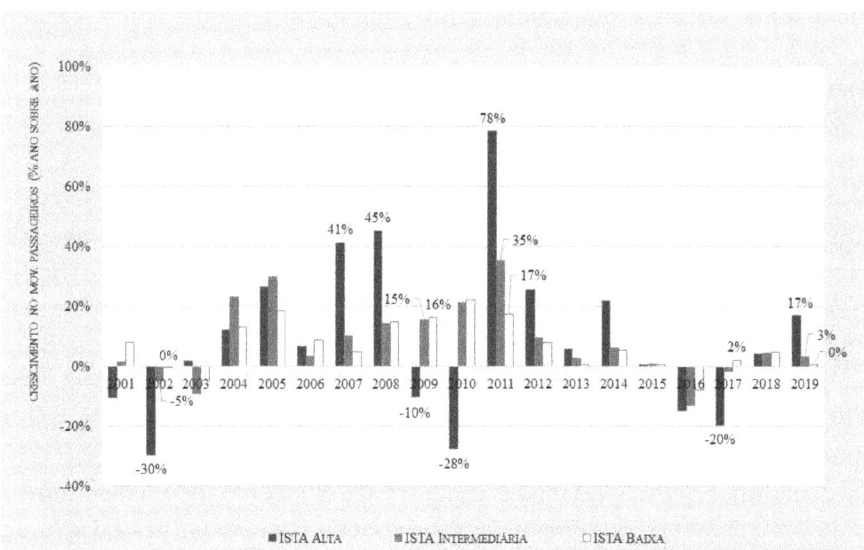

Figura 1: Crescimento de passageiros ano a ano

Fonte: Autores com dados de Santos, Oliveira e Aldrighi (2021).

Desagregando por categoria de inclusão social, a Figura 2 mostra que as localidades de "ISTA Alta" apresentam crescimento bastante superior às demais até janeiro de 2020, chegando a 40%. Apesar da categoria compreender em sua maioria cidades do interior, revela-se importante na geração de tráfego no período de expansão do mercado. Com o advento da pandemia, a queda na demanda desse grupo foi mais acentuada, enquanto nos últimos meses a recuperação tem sido mais lenta do que a dos demais mercados.

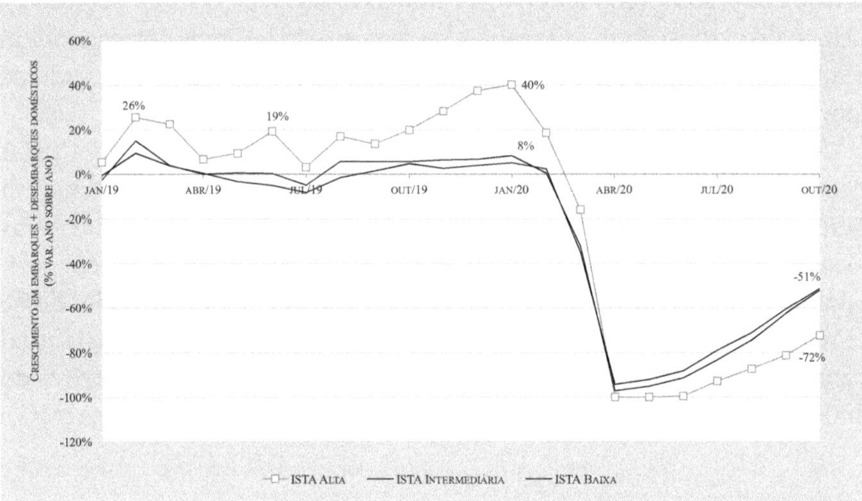

Figura 2: Movimentação de passageiros por mês durante a pandemia
Fonte: Autores com dados de Santos, Oliveira e Aldrighi (2021).

Santos, Oliveira e Aldrighi (2021) realizam ainda estimações utilizando um fator de "variação na demanda por viagens aéreas" (PAXVAR) nos primeiros trimestres da pandemia da COVID-19 (segundo e terceiro trimestres de 2020, em relação ao mesmo período do ano anterior). Constatam que o coeficiente da variável correspondente à quantidade de casos de COVID-19 se mostra estatisticamente significante quando levam em consideração sua endogeneidade com a variável dependente, corroborando a hipótese de que há uma relação de causalidade de via dupla entre variação da demanda e número de infectados por COVID-19. O modelo dos autores também apresenta evidências de uma relação positiva entre variação da demanda e distância da rota, uma vez que rotas mais longas apresentam menor queda de demanda, provavelmente explicada pela maior dificuldade de substituir o modal aéreo pelo rodoviário nessas viagens.

Quanto à característica da rota, os resultados do estudo sugerem que rotas regionais, definidas como aquelas conectando duas localidades do interior, apresentam variação negativa entre 0.2% e 0.4% maior do que rotas entre capitais. Para as rotas entre capital e interior não há evidências de correlação com a variação da demanda durante a pandemia, assim como a *proxy* para a densidade das rotas. De forma similar, a correlação do nível de renda no período pré-pandemia com a variação da demanda mostra-se estatisticamente significante apenas em algumas das especificações.

Inequivocamente, a crise do COVID-19 de 2020 aprofundou as incertezas sobre o futuro do setor aéreo no mundo. No caso brasileiro, identificar os fatores que afetam a demanda por transporte aéreo pode contribuir para esclarecer os desafios que o setor aéreo terá que enfrentar no curto e no longo prazo bem como para desenhar políticas e estratégias que possam mitigar os efeitos adversos da crise sanitária corrente.

Perspectivas para os Modelos de Negócios das Companhias Aéreas Brasileiras

A recuperação na movimentação de passageiros em viagens aéreas no Brasil até o momento vem sendo mais rápida do que na maioria dos demais países na América Latina.[16] Colaborou para essa dinâmica o enorme esforço empreendido pelas companhias aéreas no período para gerir demanda e capacidade, com fortes ajustes de malha. O acordo de *codeshare* entre Latam e Azul ilustra as ações de curto prazo que foram tomadas na adaptação dos atuais *players* do mercado aéreo face aos desafios da pandemia. Ambas sofreram contração dramática na demanda, o que as forçou inicialmente a cortar oferta de voos, mas a parceria das até então concorrentes possibilitou depois o surgimento de benefícios mútuos, sobretudo com a forte presença da Latam nos *hubs* domésticos e a alta capilaridade de destinos da Azul. Cabe ressaltar que a Azul foi a empresa que mais operou voos na América Latina em 2020.[17] Como concorrente no segmento de baixo custo, a rival Gol é pressionada a expandir sua malha aérea e a reduzir preços para enfrentar esse novo tipo de concorrência deflagrado pelo acordo de *codeshare*. Curiosamente, na crise econômica de 2003-2004, a então

[16] "México e Brasil puxam recuperação dos voos na América Latina", Panrotas, 9 de outubro de 2020, disponível em www.panrotas.com.br.

[17] Vide, por exemplo, "Azul foi a empresa da América Latina que mais voou em 2020, com 138.500 voos", Aeroin, 5 de janeiro de 2021, disponível em www.aeroin.net.

novata Gol teve que atuar como contestadora dos mercados da gigante TAM-Varig, uma parceria de *codeshare* que em última instância visava a uma fusão, que não ocorreu.

A crise do transporte aéreo não foi mais grave ao longo de 2020 graças às iniciativas de apoio do governo federal e da ANAC às transportadoras e aeroportos para que se mantivessem em operação. O relaxamento das regras de *slots* nos aeroportos coordenados, o adiamento do pagamento de outorgas por aeroportos privatizados, as regras para alteração e reembolso de passagens aéreas, e a implantação da malha aérea essencial trouxeram segurança jurídica às grandes empresas em um período de incerteza. O auxílio emergencial, concedido pelo governo a milhões de brasileiros, contribuiu para preservar a manutenção da atividade econômica local, muito embora Santos, Oliveira e Aldrighi (2021) não encontrem efeito estatisticamente significante do auxílio emergencial na prevenção de quedas maiores na demanda por viagens aéreas nos primeiros trimestres da pandemia. Todavia, até o final de 2020, nem a demanda por viagens, nem a oferta de assentos – respectivamente, RPK e ASK – havia retornado a valores acima do patamar médio em 2010.[18]

Embora permaneçam as incertezas para a indústria de transporte aéreo no Brasil neste período de transição e no "novo normal" a prevalecer após controlada a pandemia, algumas considerações podem ser feitas acerca dos segmentos de mercado. Uma suposição é que a retomada do transporte aéreo no segmento corporativo de viagens aos níveis do pré-pandemia não deve ocorrer em um horizonte próximo e, se ocorrer, muito provavelmente a elasticidade-preço desse segmento será maior, com as corporações passando a ser mais rigorosas no controle dos orçamentos de viagens de seus funcionários, dada a facilidade de substituição dos deslocamentos por reuniões virtuais. As três maiores companhias aéreas nacionais atuam fortemente no segmento corporativo, liderado em 2019 pela Gol (37,0%), seguida por Azul (32,4%) e Latam (28,2%).[19] Com as viagens por motivos de negócios sob incerteza, as expectativas se direcionam aos passageiros que viajam por lazer, cabendo às empresas aéreas reconquistá-los na medida em que a crise da pandemia se arrefeça. O mercado de aviação regional,

[18] Fonte: "Relatório de Demanda e Oferta do Transporte Aéreo – ANAC", mês de referência: novembro de 2020, comparado com a média de 2010. Disponível em www.anac.gov.br.

[19] Fonte: "Latam fica atrás de Gol e Azul nos números da Abracorp de 2019", Panrotas Corporativo, 3 de fevereiro de 2020, disponível em www.panrotas.com.br.

caracterizado em geral por voos que envolvem pelo menos uma cidade do interior, também pode ser um caminho para um retorno mais rápido ao crescimento do setor. Nesse sentido, a estratégia recente da Azul e da Gol de fortalecer suas posições nos mercados de baixa densidade, com o lançamento, respectivamente, da Azul Conecta e do acordo com a Voepass, parece confirmar os resultados de Santos, Oliveira e Aldrighi (2021) sobre o potencial de crescimento dos diversos destinos e o perfil dos passageiros.[20] Em particular, pode ser promissora a estratégia de conquistar demanda adicional pela oferta de voos com aeronaves de menor porte a localidades com alto potencial turístico, muitas vezes não atendidas por outras companhias, como Ubatuba, em São Paulo, e Angra dos Reis, Paraty e Búzios, no Rio de Janeiro.

Se materializadas as expectativas de que as reuniões corporativas virtuais venham a substituir as reuniões presenciais após a pandemia em escala significativa e de que seja mais rápida a recuperação de passageiros que viajam a lazer, cuja elasticidade-preço da demanda é maior, a concorrência via preço no mercado aéreo deve se acirrar. Liberação de espaços em aeroportos anteriormente congestionados pode viabilizar novos entrantes com foco em modelo de negócios de baixo custo (*low cost*). Por sua vez, medidas sanitárias adicionais exigidas para conter a pandemia podem reduzir a competitividade desse modelo de negócio vis-à-vis as companhias tradicionais. A desinfecção das aeronaves, por exemplo, aumenta o tempo de *turnaround* e reduz seu *block time*, comprometendo a diluição dos custos fixos pelo volume de passageiros. As medidas sanitárias de eliminação do serviço de bordo também provocam perda de receitas com a venda de comidas e bebidas a bordo, provavelmente afetando mais fortemente as empresas voltadas ao baixo custo. Entretanto, diferentemente do que acontece na Europa e Estados Unidos, as maiores cidades do Brasil não dispõem de aeroportos secundários, limitando a difusão desse modelo de negócios no país.

Por fim, a queda na renda dos estratos da população menos privilegiados – devido ao baixo crescimento econômico, alto desemprego, e fim do auxílio emergencial – aponta desafios na atuação no mercado. Nas cir-

[20] "Azul lança empresa de aviação regional e quer chegar a 200 cidades", O Estado de São Paulo, 11 de agosto de 2020, disponível em economia.estadao.com.br. "Azul Conecta voará a Canela, Búzios, Ubatuba, Jeri e mais 5 destinos" Panrotas, 17 de novembro de 2020, disponível em www.panrotas.com.br. "Gol retoma mais voos regionais em parceria com a VoePass e conecta Rondonópolis a Brasília", 28 de julho de 2020, disponível em www.giromt.com.br.

cunstâncias atuais, as empresas precisarão recuperar rapidamente a escala de operações e a densidade de tráfego para poderem oferecer descontos convidativos aos diversos segmentos de consumidores. Parece mais provável que uma recuperação mais robusta dos mercados caracterizados por maior inclusão social, que foram cruciais para a reconfiguração do transporte aéreo nas duas últimas décadas, ocorra somente em um horizonte de médio prazo. Para acelerar essa retomada, serão fundamentais esforços na gestão de custos, na busca de eficiência, e em *marketing* e vendas, a partir do entendimento das necessidades e interesses dos usuários de serviços de transporte aéreo no pós-pandemia.

Conclusões

Com base em Santos, Oliveira e Aldrighi (2021), este estudo discutiu o desempenho do setor de transporte aéreo no Brasil em 2020 e alguns desafios que se antepõem a sua recuperação. É possível que os modelos de negócios das empresas aéreas brasileiras privilegiem o segmento de viagens de lazer para consumidores de renda média. Esses consumidores sustentaram a expansão na demanda por viagens aéreas até a recessão econômica de 2014-2016, graças à maior inclusão social das duas últimas décadas no país, mas também foram os que mais contraíram a demanda por esses serviços em 2020 devido à pandemia da COVID-19. Entender como se comportam esses consumidores pode fornecer subsídios para que as empresas aéreas e as diversas instâncias do governo definam políticas e estratégias que promovam o crescimento sustentável do setor e assegurem ganhos de bem estar aos consumidores.

O mercado de transporte aéreo no Brasil apresenta elevado potencial de crescimento se o arcabouço institucional e regulatório e as políticas governamentais forem concebidos de modo a reduzir riscos e incertezas e a promover um ambiente propício à concorrência – que atraia novas empresas e até mesmo permita fusões e aquisições que não prejudiquem consumidores. Falências de empresas, como da Varig em 2007 e da Avianca em 2019, devem ser vistas como ocorrências usuais em economias de mercado e que podem resultar em ganhos de eficiência para o setor de transporte aéreo e de bem-estar para seus usuários. Mesmo em um contexto de crise econômica, como o atual, há espaço para expansão tanto das empresas aéreas que já operam no mercado brasileiro como de ingressantes – alguns *startups*, como a Nella Linhas Aéreas e Ita Transportes Aéreos, possuem planos de iniciar operações em breve. O fortalecimento do mercado de aviação brasileiro no médio e longo prazo pressupõe comprometimento com a retomada do crescimento econômico sustentado, arranjos regulatórios que assegurem concorrência e busca de eficiência, e investimentos em infraestrutura aeroportuária que evitem gargalos.

Referências

AVELINO, Bruna Camargos; BRESSAN, Valéria Gama Fully; DA CUNHA, Jacqueline Veneroso Alves. A Study on the Accounting Factors Influencing the FIRJAN Municipal Development Index (IFDM) in Brazilian Capitals. **Revista de Educação e Pesquisa em Contabilidade**, v. 7, n. 3, 2013.

DE CARVALHO, Maria Catarina Torres; OLIVEIRA, Bruno F.; OLIVEIRA, Alessandro VM. Estudo econométrico dos efeitos da disponibilidade de crédito na demanda por transporte aéreo no Brasil. **TRANSPORTES**, v. 28, n. 5, p. 43-56, 2020.

EMPRESA DE PLANEJAMENTO LOGÍSTICO S. A. Pesquisa de Origem/Destino do Transporte Aéreo de Passageiros – Relatório Técnico. Brasília. 2014.

FRAZÃO, Jessica Aline Franco; OLIVEIRA, Alessandro VM. Distribuição de renda e demanda por transporte aéreo: uma especificação de modelo econométrico para o mercado doméstico brasileiro. **TRANSPORTES**, v. 28, n. 3, p. 1-13, 2020.

FUNDAÇÃO INSTITUTO DE PESQUISAS ECONÔMICAS – FIPE. Caracterização e Dimensionamento da Matriz Origem Destino do Transporte Aéreo no Brasil. São Paulo, 2009.

LEUNG, Rosanna; SCHUCKERT, Markus; YEUNG, Emmy. Attracting user social media engagement: A study of three budget airlines Facebook pages. In: **Information and communication technologies in tourism 2013,** p. 195-206. Springer, Berlin, Heidelberg, 2013.

MIRANDA, Victor AP; OLIVEIRA, Alessandro VM. Airport slots and the internalization of congestion by airlines: An empirical model of integrated flight disruption management in Brazil. **Transportation Research Part A: Policy and Practice**, v. 116, p. 201-219, 2018.

NERI, Marcelo. Brazil's new middle classes: The bright side of the poor. In: **Latin America's Emerging Middle Classes,** p. 70-100. Palgrave Macmillan, London, 2015.

OLIVEIRA, B. F.; OLIVEIRA, A. V. M. Empirical Analysis of Network Construction Determinants. **Working Paper Series – Center for Airline Economics.** São José dos Campos. 2020.

OLIVEIRA, Marcus VR; OLIVEIRA, Alessandro VM. What drives effective competition in the airline industry? An empirical model of city-pair market concentration. **Transport Policy**, v. 63, p. 165-175, 2018.

OLIVEIRA, Renan P. et al. The geographic concentrations of air traffic and economic development: A spatiotemporal analysis of their association and decoupling in Brazil. **Journal of Transport Geography**, v. 87, p. 102792, 2020.

SANTOS, L. J., OLIVEIRA, A. V. M., e ALDRIGHI, D. M. Testing the differentiated impact of the COVID-19 pandemic on air travel demand according to social inclusion. **Working Paper Series – Center for Airline Economics.** São José dos Campos. 2021.

Capítulo 11
Perspectivas de Retomada e Mensuração dos Impactos da Pandemia sobre a Demanda Doméstica de Passageiros

David Goldberg
Fabio Szoke Nahas

Introdução

A pandemia do COVID-19 impactou o setor aéreo de uma forma nunca experimentada em termos de intensidade e abrangência geográfica. Para melhor suportar a duradoura frustração de demanda e formular ações e políticas adequadas, os diferentes atores públicos e privados do setor aéreo têm buscado estimar quando a demanda voltará aos patamares pré-crise e qual terá sido o impacto suportado pelos diferentes agentes.

As estatísticas recentes da ICAO (2020) mostram que o tráfego de passageiros foi mais afetado que o de cargas, e os fluxos internacionais mais do que os domésticos, sobretudo diante da heterogeneidade das políticas adotadas e da situação da pandemia nas duas pontas das rotas conectadas. Em adição, diferentes locais ou rotas foram mais ou menos afetados por fatores específicos como políticas de restrição à circulação dos estados e municípios, e grau de conectividade dos aeroportos atendidos.

Desde março de 2020, quando a pandemia atingiu fortemente o setor aéreo brasileiro, tem se observado uma evolução gradual em nível nacional. Em abril e maio operava-se basicamente uma malha aérea essencial, uma malha emergencial desenhada pela União para garantir que todos os estados brasileiros fossem diretamente ou indiretamente integrados com uma frequência semanal mínima de voos. Nos meses subsequentes, com o progressivo relaxamento das restrições à circulação e retorno da confiança dos passageiros em viajar, o tráfego foi sendo retomado.

Em novembro de 2020, segundo os dados do Hórus[1], operou-se um volume equivalente a 55% do mesmo mês de 2019, ao passo que no acumulado de abril a novembro este porcentual foi de apenas 26%[2], evidenciando que há uma recuperação gradual contínua.

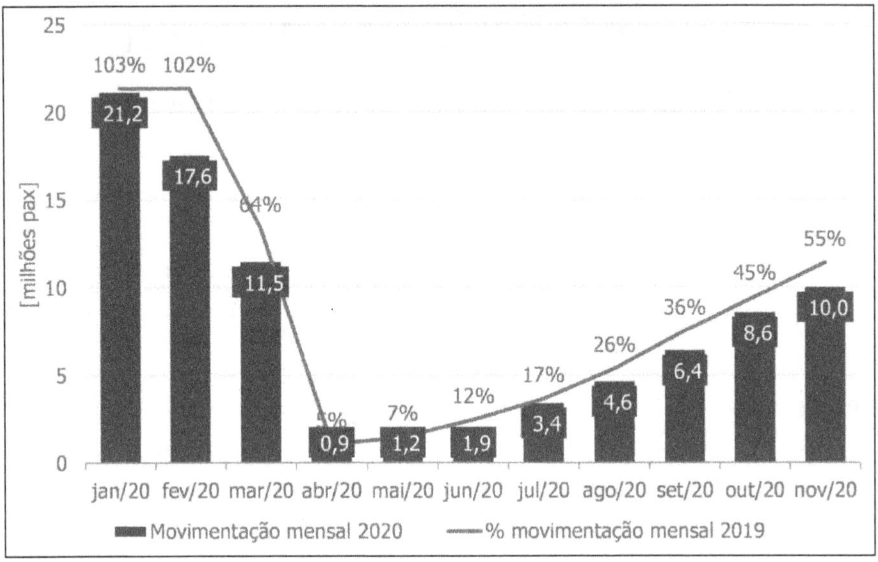

Figura 1: Movimentação mensal de passageiros em 2020 e comparação com os mesmos meses em 2019

Fonte: Portal Hórus – SAC.

Entre agosto e novembro de 2020, a taxa média de retomada da demanda foi de 9,3 pontos percentuais (p.p.) ao mês em relação ao nível de movimentação de 2019, antes da pandemia. A esta taxa, em dezembro de 2020 a demanda alcançaria cerca de 65% da verificada em 2019, patamar que seria retomado no primeiro semestre de 2021. Tal perspectiva coaduna com perspectivas de mercado noticiadas em janeiro de 2021 (Bouças, 2020).

[1] Acessado em 11/01/2021.

[2] Considerando os meses de janeiro, fevereiro e março, a taxa de recuperação acumulada até nov/2020 seria de 44%.

Ainda que ao longo de 2021 o tráfego mensal supere o verificado nos mesmos meses em 2019, a demanda poderá não vivenciar as taxas de crescimento vislumbradas antes da crise, e deverá alcançar os valores antes projetados em cada mês/ano específico com uma defasagem de alguns meses.

Neste contexto, o primeiro objetivo deste artigo é analisar os componentes do impacto da pandemia sobre a demanda (sob a ótica dos aeroportos) e avaliar a contribuição de cada um para o ritmo de recuperação do tráfego.

O segundo objetivo é propor uma forma de mensurar o impacto total da pandemia para o setor (de forma agregada) ou para empresas, uma vez que a demanda tenha retornado aos níveis pré-pandemia e uma nova trajetória de crescimento de longo prazo tenha sido estabelecida.

Abordagem Metodológica

Para endereçar os objetivos mencionados acima, este artigo fará primeiramente uma análise teórica de decomposição dos efeitos da pandemia, e levantará, para cada componente, perspectivas de evolução a partir de referências públicas, tendo como norte o mercado aéreo doméstico brasileiro.

Esta mesma análise de decomposição foi desenvolvida pelos autores no contexto da elaboração dos estudos de viabilidade técnico-econômica e ambiental (EVTEA) para a licitação de aeroportos federais no escopo da 6ª Rodada de Concessões Aeroportuárias, submetida, em dezembro de 2020, à consulta pública 20/2020 da Agência Nacional de Aviação Civil (ANAC).

Em seguida, a partir de um estudo de caso, será avaliada a combinação das perspectivas de recuperação para cada componente do impacto da pandemia, obtendo uma visão geral de retomada da demanda doméstica de passageiros. O caso será baseado no Estudo de Mercado do Aeroporto Internacional de Curitiba – Alfonso Pena (SBCT), desenvolvido no escopo dos EVTEAs mencionados acima.

Decomposição dos Impactos da Pandemia sobre a Demanda de Passageiros e Perspectivas de Evolução

Propõe-se neste artigo o entendimento de que a pandemia afete a demanda aeroportuária de duas formas principais. Primeiramente, ela diminui a propensão da população a voar ao reduzir o nível da atividade econômica e (possivelmente) provocar mudanças de hábitos dos passageiros corporativos, que reduzem a frequência de viagens.

Ainda que a retração econômica, representada pela redução do PIB nacional, seja sucedida por recuperação acelerada e de magnitude similar (Gudmundsson et al, 2020), invariavelmente o tempo decorrido entre a crise e a retomada fará com que as expectativas de tráfego de longo prazo não sejam atendidas, como ficará mais evidente no estudo de caso.

Este primeiro fator, doravante tratado como **redução da demanda potencial,** pode ser decomposto em: (i) redução na renda de pessoas físicas e jurídicas; e (ii) mudanças permanentes de hábito, associado à difusão acelerada de reuniões e encontros por meios digitais.

Se estes componentes reduzem o quanto os passageiros "querem voar", no curto prazo muitos passageiros não "podem voar" o quanto desejam. Há, assim, uma **repressão da demanda potencial** associada às restrições temporárias à circulação, causadas por imposições formais ou sociais ao distanciamento na origem e/ou no destino, a desconfiança dos passageiros quanto aos riscos de contaminação nos aeroportos e aeronaves e eventual limitação da oferta de assentos. Diferentemente da redução da demanda potencial, a repressão é de mais curto prazo.

A figura 2 ilustra como esses componentes afetam o que seria uma demanda potencial projetada sem o impacto da pandemia (ou demanda *baseline*), a partir da série histórica anterior a março de 2020. Como se nota, no curto prazo a demanda se encontra reprimida e o tráfego opera abaixo da demanda potencial. Quando cessarem às restrições à circulação decorrentes da pandemia, toda a demanda potencial pode ser processada, porém a um patamar inferior àquele esperado antes da pandemia em função dos efeitos de redução da demanda potencial.

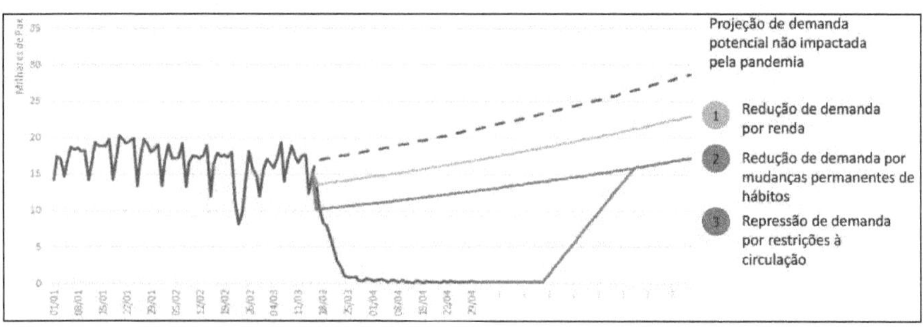

Figura 2: Impactos da pandemia na projeção de demanda de passageiros

Fonte: ANAC (2020), adaptado pelos autores.

Este artigo não testou o impacto de outros fatores potenciais, considerados de menor relevância ou altamente imprevisíveis, como comportamento das tarifas aéreas no curto e no longo prazo, inclusive devido a eventuais novos procedimentos e regras de voo (por exemplo, limitação do *load factor* máximo de aeronaves). A investigação do impacto deste e outros fatores poderá ser objeto de estudos futuros.

A seguir se discutirá em mais detalhes os fatores selecionados, bem como as perspectivas de retomada no cenário nacional.

Redução na demanda de longo prazo – Atividade econômica

As políticas de combate à pandemia adotadas mundialmente causaram retração da atividade econômica. O FMI projeta que, em 2020, o PIB mundial tenha regredido 4,4% (recessão de 3,3% para os mercados emergentes e 5,8% para economias desenvolvidas) – FMI (2020). Como comparação, em 2009, em decorrência da crise financeira global, o PIB mundial regrediu 0,1%.

O PIB é frequentemente utilizado na literatura como variável explicativa para projetar o total de passageiros – De Paula (2019) e Mahbubul e Merkert (2019). Sendo assim, a recessão econômica tende a provocar retração do tráfego de passageiros, com elasticidades que podem ser calculadas em cada região de interesse por meio de análises de regressão.

Assim, uma forma de se estimar o impacto da pandemia decorrente da variação do PIB, *ceteris paribus*, é comparar os resultados da projeção de tráfego aplicando-se (i) a série de PIB pré-pandemia, e (ii) a série de PIB afetada pela pandemia.

No caso em tela, pela magnitude do impacto nas economias doméstica e mundial, parece razoável considerar, de forma aproximada, que a diferença entre a projeção de PIB verificada no início de 2020 e aquela verificada no final de 2020 pode ser integralmente atribuída à pandemia, sendo outros fatores responsáveis por variações residuais.

Ao final de janeiro de 2020, quando a pandemia ainda não afetava a mediana das expectativas de mercado publicadas pelo Banco Central do Brasil (BCB)[3], previa-se crescimento real moderado do PIB em 2020

[3] Sistema de Expectativas do Mercado. Desenvolvido pelo Banco Central do Brasil (BCB). Disponível em <https://www3.bcb.gov.br/expectativas/publico/consulta/serieestatisticas>. Acesso em: 04/01/2021.

(2,3%), e estabilização em 2,5% nos anos seguintes[4]. Passados 11 meses, em 31/12/2020, o mercado previa recessão histórica de -4,4% para 2020, seguida de recuperação de 3,4% em 2021 e estabilização no mesmo patamar de 2,5% nos anos seguintes.

Considerando a mediana das expectativas de mercado publicadas pelo BCB, atribuindo (simplificadamente) toda a variação da série do PIB Brasil à pandemia e indexando os valores a 2019, vê-se que o nível de atividade econômica de 2019 deverá ser novamente alcançado no final do 2º semestre de 2021. O PIB projetado para cada ano antes da pandemia só será alcançado com uma defasagem temporal de 2 a 2,5 anos, provocando defasagem de igual proporção no tráfego de passageiros, se desconsiderados os demais efeitos da pandemia sobre a demanda.

Entretanto, como se verá a seguir, outros efeitos devem ser considerados.

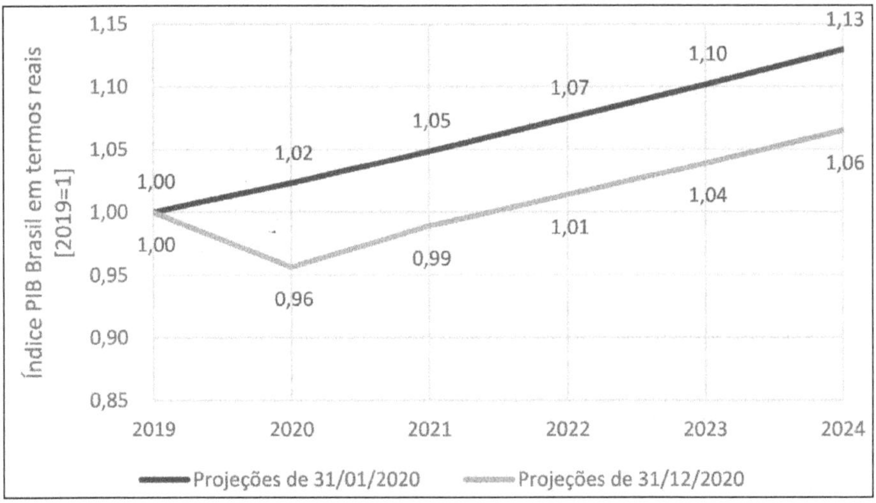

Figura 3: Índice de crescimento do PIB Brasil [2019=1] segundo expectativas de mercado do BCB, pré e pós-pandemia.

Fonte: Banco Central, adaptado pelos autores.

[4] Em janeiro de 2020 não havia ainda expectativas de mercado para 2024, o que viria a acontecer no início de março. O mesmo valor de 2023, 2,5%, seria atribuído à mediana das expectativas do mercado. Assim, considerou-se nesta análise a expectativa de 2,5% para 2024.

Redução na demanda de longo prazo – Mudanças de hábito

Com o decorrer da pandemia ao longo de 2020 o "novo normal" foi sendo construído, sendo que ao final do ano ainda não era possível determinar ao certo quais seriam seus impactos permanentes sobre os hábitos de viagem os passageiros.

Parece pouco contestável que os meios virtuais de reuniões têm se difundido com velocidade, e que muitas organizações públicas e privadas se satisfizeram com a eficácia de tais métodos, afetando a demanda por voos corporativos. Por outro lado, no início de 2021, ainda não parece ser possível afirmar se tal efeito será duradouro ou transitório, bem como sua magnitude.

Atualmente existem duas fontes principais para se estimar o porcentual de passageiros de negócios, o segmento mais vulnerável às mudanças de hábito tratadas neste item:

- Relatório de Desempenho Operacional dos Aeroportos, divulgado pela Secretaria de Aviação Civil (SAC) com base nas Pesquisas de Satisfação dos aeroportos realizadas periodicamente. Segundo esta base, em 2019, o porcentual médio de passageiros cujo motivo de viagem foi "Negócios" ou "Lazer e Negócios" foi de 35%[5], variando de 13% (SBMO – Maceió) a 52% (SBGO – Goiânia);
- Dados das pesquisas que subsidiaram o relatório Brasil Que Voa, da SAC, colhidos em 2014[6];

Em contraponto à percepção, a muitos intuitiva, que o tráfego corporativo será significativamente afetado no longo prazo e os aeroportos mais dependentes deste segmento levarão mais tempo a retomar os volumes de tráfego e as taxas de crescimento pré-pandemia, os dados de retomada até novembro de 2020 não coadunaram com esta visão.

Como mostra a figura 4, os aeroportos mais dependentes de passageiros de negócios, segundo as Pesquisas de Satisfação da SAC em 2019 (agregadas), não apresentaram menor taxa de retomada em 2020 (indica-

[5] Média aritmética dos 20 aeroportos da pesquisa (SBGR, SBGL, SBBE, SBGO, SBPA, SBFL, SBKP, SBSV, SBBR, SBVT, SBMO, SBFZ, SBCF, SBRF, SBEG, SBSP, SBCY, SBCT, SBSG, SBRJ), e desconsiderando os passageiros que não responderam estes pontos da pesquisa.

[6] A Pesquisa Brasil Que Voa foi resultado do Acordo de Cooperação Técnica 08/2013 celebrado entre a SAC, então vinculada à Presidência da República (SAC/PR), e a Empresa de Planejamento e Logística (EPL).

das pela razão entre o tráfego de novembro de 2020 e o de novembro de 2019). Confirmando a análise visual, a análise de correlação não mostrou correlação entre as variáveis (figura 5).

Possivelmente os efeitos de curto prazo (tratados a seguir), que ainda afetavam sobremaneira o tráfego no final de 2020, dificultam uma avaliação mais precisa dos efeitos comportamentais da pandemia sobre o tráfego corporativo. Por outro lado, os dados acima sugerem que estes efeitos não devam ser tão pronunciados, uma vez que aeroportos com maior predominância de tráfego corporativo, como SBGO, SBRJ e SBCY, não enfrentaram taxas mais lentas de recuperação que outros (média de recuperação da amostra de 61%).

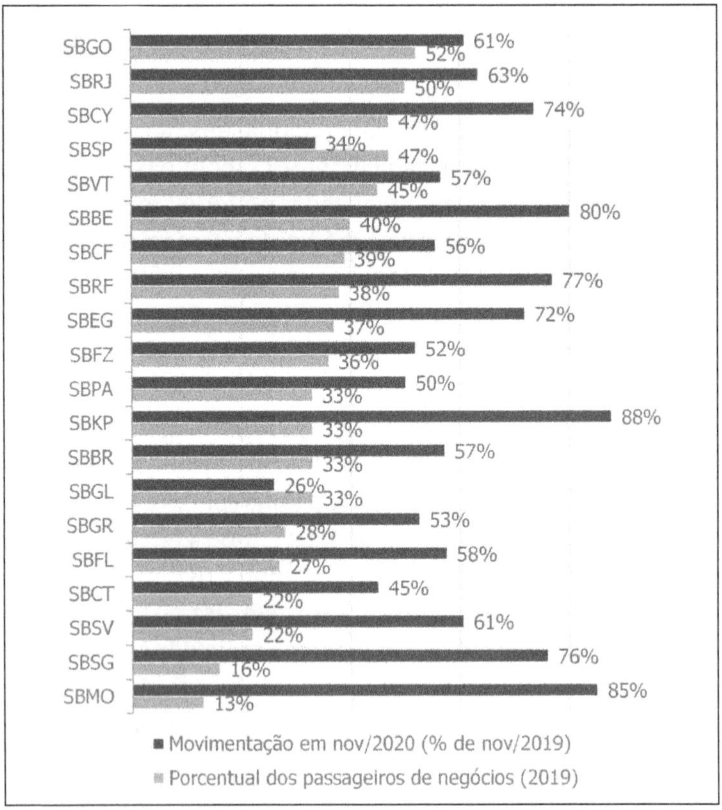

Figura 4: Comparação entre o ritmo de retomada do tráfego em 2020 e prevalência de passageiros que viajam a negócios, para aeroportos contemplados na Pesquisa de Satisfação da SAC

Fonte: Pesquisa de Satisfação – SAC.

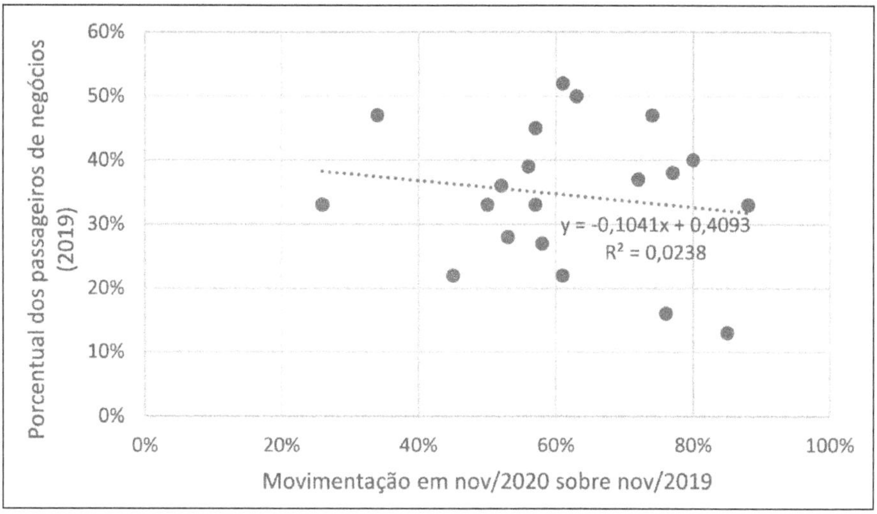

Figura 5: Correlação entre ritmo de retomada do tráfego em 2020 e prevalência de passageiros que viajam a negócios, para aeroportos contemplados na Pesquisa de Satisfação da SAC

Fonte: SAC e autores.

Repressão da demanda – Restrições à circulação

Além dos fatores que causam redução de demanda potencial, no curto prazo a pandemia gera uma **demanda reprimida** por embarques: passageiros têm disposição, mas a circulação ou visitação está proibida ou dificultada nos locais de interesse no destino, os voos são escassos ou a percepção de risco de contaminação no aeroporto ou aeronave causam inibição.

Com efeito, nos primeiros três meses da pandemia houve forte repressão de demanda aérea, com taxa de recuperação do tráfego de 2019 abaixo de 6 p.p./mês. As políticas cada vez mais restritas de distanciamento/ isolamento, consoantes ao avanço do COVID-19, e o próprio risco de contaminação, afastaram os passageiros dos aeroportos e, por conseguinte, as companhias aéreas reduziram substancialmente os assentos disponíveis. Muitas rotas foram mantidas como parte da malha aérea essencial.

Com o arrefecer da taxa de transmissão da doença e os esforços das companhias aéreas e associações para ressaltar que os riscos de contaminação nos aeroportos e aeronaves eram reduzidos e controlados, a demanda foi sendo paulatinamente retomada. A partir do quinto mês de pandemia a taxa de recuperação se estabilizou ao redor de 9 p.p./mês.

Quando parte significativa da população estiver vacinada contra o COVID-19, as barreiras que reprimem a demanda deverão ser levantadas com maior celeridade. A circulação nas localidades às quais os passageiros se destinam seria normalizada, e as práticas da indústria aérea voltadas ao controle sanitário confeririam aos passageiros a segurança de que necessitariam.

Segundo o Plano Nacional de Operacionalização da Vacinação Contra a COVID-19:

> *Considerando a transmissibilidade da covid-19 (R0 entre 2,5 e 3), cerca de 60 a 70% da população precisaria estar imune (assumindo uma população com interação homogênea) para interromper a circulação do vírus. Desta forma seria necessária a vacinação de 70% ou mais da população (a depender da efetividade da vacina em prevenir a transmissibilidade) para eliminação da doença. Portanto, em um momento inicial, onde não existe ampla disponibilidade da vacina no mercado mundial, o objetivo principal da vacinação passa a ser focado na redução da morbidade e mortalidade pela Covid-19, de forma que existe a necessidade de se estabelecer grupos prioritários para a vacinação.* (Governo Federal, 2020)

Pesquisa realizada na UNIFESP (Rezende, 2020) indicou que, no Brasil, 34% (53 milhões) a 54% (86 milhões) dos adultos (≥18 anos) estão em algum grupo de risco para a vacinação contra o COVID-19.

O plano do GOVERNO FEDERAL (2020) não formaliza datas para início e término da vacinação. Todavia, considerando as vacinas já adquiridas por governos estaduais e pelo Governo Federal, e as diversas medidas de facilitação da Medida Provisória 1.026/2021, incluindo a previsão de autorização emergencial pela Agência Nacional de Vigilância Sanitária (ANVISA), é razoável supor que o programa de vacinação se inicie em fevereiro de 2021, e a partir desta data a taxa de retomada ganhe progressivamente ainda mais ímpeto.

O Ministério da Saúde[7] estimou que a campanha levaria 16 meses, finalizando em junho de 2022. Considerando apenas os grupos prioritários, a

[7] MARTINS, Luísa; PERON, Isadora. Sem datas, Governo pretende iniciar vacinação 5 dias após aval da ANVISA. **Valor**, São Paulo, 15 dez. 2020. Brasil. Disponível em: <https://valor.globo.com/brasil/noticia/2020/12/15/sem-datas-governo-pretende-iniciar-vacinacao-5-dias-apos-aval-da-anvisa.ghtml>. Acesso em: 11/01/2021.

Advocacia Geral da União (AGU) previu que, uma vez iniciada, a campanha duraria 4 meses[8] (junho de 2021).

Combinação dos fatores de redução e repressão de demanda

Desde o início da pandemia global a *International Air Transport Association* (IATA) e a *International Civil Aviation Organization* (ICAO) passaram a publicar análises e estudos de impacto do COVID-19 sobre o tráfego aéreo, alertando os governos para a necessidade de medidas urgentes de preservação das empresas, à luz da importância da cadeia para a economia mundial. Estas análises e estudos também se tornaram referências para se obter cenários de curto prazo para retomada do setor aéreo nos fluxos doméstico e internacional, para cargas e passageiros, e em diferentes regiões. Estudos dessas instituições foram usadas nos EVTEAs da 6ª rodada, como se verá mais adiante.

Neste contexto, destaca-se o estudo da ICAO (2020), atualizado periodicamente. As previsões de retomada do setor aéreo nele constantes consideram agregadamente todos os fatores relevantes, empregando como fontes dados históricos e previsões de companhias aéreas, da própria ICAO, FMI, Banco Mundial entre outros.

Para cada tipo de fluxo (doméstico ou internacional) e região, o estudo apresenta "caminhos" possíveis de recuperação em termos de total de assentos, total de passageiros e total de receitas das companhias aéreas. Além do cenário contrafactual (ausência de pandemia), também chamado de cenário *baseline*, são apresentados os seguintes caminhos de recuperação:

- Recuperação perfil "V" (ou cenário de referência), que melhor reflete os sinais das empresas aéreas ao mercado, com viés otimista, com demanda retornando ao baseline de forma célere;
- Recuperação perfil "Símbolo Nike" (ou cenário 1), que prevê rápido retorno da capacidade, porém a taxas de crescimento decrescentes;
- Recuperação perfil "W" (ou cenário 1a), que prevê a capacidade retornando de forma suave com posterior regressão;

[8] Vivas, Fernanda; Falcão, Márcio. Governo pretende iniciar vacinação 5 dias após aval da ANVISA e entrega das doses. **G1**, São Paulo, 15 dez. 2020. Bem Estar. Disponível em: <https://g1.globo.com/politica/noticia/2020/12/15/covid-19-governo-preve-iniciar-vacinacao-cinco-dias-apos-aval-da-anvisa-e-entrega-das-doses.ghtml>. Acesso em: 11/01/2021.

- Recuperação perfil "U" (ou cenário 2), que prevê a capacidade retornando de forma gradual, mas com crescimento em aceleração;
- Recuperação perfil "L" (ou cenário 2a), que prevê a capacidade retornando a taxas decrescentes devido a uma demanda também tímida.

A figura 6 apresenta os cenários publicados pela ICAO (2020) para a recuperação da capacidade de transporte aéreo (assentos ofertados) na América Latina/ Caribe (não são publicadas projeções em nível de país) para o tráfego doméstico. Assim como ocorre para outras regiões, a perspectiva de retomada é mais célere no mercado doméstico em relação ao internacional[9].

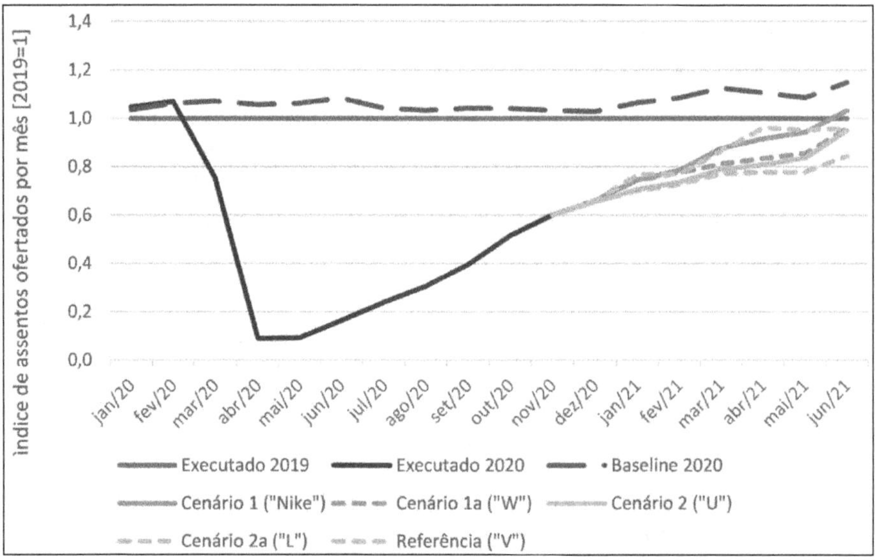

Figura 6: Cenários de recuperação da capacidade de transporte aéreo (assentos ofertados) na América Latina/ Caribe no tráfego doméstico

Fonte: ICAO (2020), adaptado pelos autores.

Segundo as projeções acima, o tráfego doméstico na América Latina/ Caribe teria encerrado 2020 em um patamar cerca de 35% abaixo de 2019. Considerando o acréscimo médio mensal de pontos porcentuais desde

[9] A página 109 de ICAO (2020) evidencia a distinção entre os mercados doméstico e internacional para a região América Latina/ Caribe.

novembro de 2020, os cenários indicam que o patamar de 2019 será retomado entre junho e julho de 2021, com exceção do Cenário 2a ("L"), em que isso ocorreria apenas em novembro de 2021.

	Baseline 2020	Cen. Ref. ("V")	Cen. 1 ("Nike")	Cen. 1a ("W")	Cen. 2 ("U")	Cen. 2a ("L")
Dez 20/ Dez 19 [%]	102,9%	66,0%	66,1%	66,1%	65,4%	65,4%
Mês em que 2019 é superado (estim.)		jul/21	jun/21	jul/21	jul/21	nov/21

Tabela 1: Indicadores de retomada do tráfego doméstico na América Latina/ Caribe (1/2)
Fonte: ICAO (2020), adaptado pelos autores.

As perspectivas acima, embora abranjam a América Latina/ Caribe como um todo, parecem aderentes às expectativas para o Brasil. Como visto anteriormente, a estimativa de recuperação do PIB Brasil com base na mediana das expectativas do mercado em 31/12/2020 indica que o patamar de 2019 seria alcançado entre junho e julho de 2021. Nesta mesma data, o Governo Federal anunciou que terá concluído a vacinação dos grupos de risco, amenizando o risco que haja significativa demanda reprimida por questões sanitárias àquela altura.

Desta forma, a taxa média atual de retomada do mercado doméstico, de 9 p.p./mês (vide seção deste capítulo), que faria com que o patamar de tráfego de 2019 fosse alcançado em abril/2021, possivelmente será tenuamente amortizada nos próximos meses.

Com relação ao *baseline*, isto é, ao que seria esperado caso não houvesse pandemia, os diferentes cenários para o tráfego doméstico na América Latina/ Caribe apontam para uma frustração de 10% a 27% da demanda, a depender do cenário, em junho de 2021.

	Baseline 2020	Cen. Ref. ("V")	Cen. 1 ("Nike")	Cen. 1a ("W")	Cen. 2 ("U")	Cen. 2a ("L")
Dez 20/ Dez 20 Baseline [%]	100,0%	64,1%	64,2%	64,2%	63,6%	63,6%
Jun 21/ Jun 21 Baseline [%]	100,0%	83,5%	89,9%	83,7%	82,8%	73,3%

Tabela 2: Indicadores de retomada do tráfego doméstico na América Latina/ Caribe (2/2)
Fonte: ICAO (2020), adaptado pelos autores.

Assim, o entendimento do ritmo e *timing* da retomada do tráfego doméstico depende do referencial: patamar de 2019 ou *baseline*. No segundo caso, o efeito temporal da retomada faz que com a demanda perdida dificilmente seja recuperada no longo prazo, pois isso demandaria taxas de crescimento do PIB, no longo prazo, acima das previstas antes pandemia, além de um impacto muito reduzido no hábito dos passageiros. Esse tema é mais detidamente explorado no capítulo seguinte, via um estudo de caso.

Estudo de Caso: Cenário de Retomada e Impacto da Pandemia no Tráfego Doméstico de Origem e Destino no Aeroporto Internacional de Curitiba

Esta seção vista demonstrar o impacto combinado dos fatores de redução e repressão da demanda detalhados nas seções anteriores por meio de um estudo de caso. A despeito da sua particularidade, a metodologia e indicadores empregados podem ser reproduzidos para outros aeroportos, e os resultados servem para inferir o ritmo de retomada e os impactos agregados da pandemia em ativos com características similares.

A análise será baseada nos EVTEAs para a concessão de SBCT publicados pela ANAC em dois momentos: na consulta pública 03/2020, em março de 2020, quando o EVTEA ainda não considerava efeitos da pandemia (que se iniciava naquele instante); e na consulta pública 20/2020, em que os mesmos estudos foram reapresentados contemplando os efeitos da pandemia, além de outros ajustes decorrentes da primeira consulta pública e outras definições da SAC e ANAC.

O aeroporto objeto da análise possui tráfego significativo, de 6,5 milhões de passageiros em 2019, o 12º mais movimentado do país. Por outro lado, não é um aeroporto com características de hub de conexões nem apresenta outras particularidades que prejudicaria inferências a outros casos.

A avaliação considera apenas as demandas irrestritas apresentadas nos EVTEAs, isto é, serão expurgados efeitos de restrição de capacidade, não relacionados com o tema em discussão. Este fato é relevante pois, no EVTEA apresentado na consulta pública 03/2020, a demanda em SBCT encontrava-se restrita, situação que viria a ser resolvida nos estudos apresentados na consulta pública 20/2020.

Ainda, a fim de simplificar o exercício, mas sem perder sua utilidade, serão avaliadas apenas as demandas de passageiros domésticos (que, segundo o EVTEA, representarão entre 93% e 96% do fluxo total de passageiros de SBCT ao longo da concessão) e os passageiros de origem ou destino, excluindo, portanto, os passageiros de conexão, mais influenciáveis por decisões particulares de companhias aéreas.

A metodologia para demonstrar o impacto combinado dos fatores de redução e repressão da demanda envolve as seguintes atividades:

a) **Projeção de demanda não impactada pela pandemia (cenário *baseline*)**. Será obtida de planilha anexa[10] ao Estudo de Mercado do EVTEA da concessão de SBCT publicado na consulta pública 03/2020;
b) **Projeção de demanda impactada pela pandemia (cenário *impactado*)**, considerando os fatores de redução e repressão de demanda discutidos na seção anterior. Será obtida de planilha anexa[11] ao Estudo de Mercado do EVTEA da concessão de SBCT publicado na consulta pública 20/2020;
c) **Projeção anual de demanda marginal decorrente da pandemia**, calculada como a diferença entre a projeção (a) e (b), discriminando as contribuições dos fatores de redução e repressão da demanda;
d) **Cálculo do valor presente da projeção de demanda marginal** (c), diferenciando os três componentes de impacto da pandemia, de forma a poder comparar de forma adequada o impacto de efeitos intensos de curto prazo (repressão de demanda potencial) e moderados de longo prazo (redução da demanda potencial). O indicador pode ser utilizado como uma *proxy* do impacto da pandemia sobre o valor do ativo.

A abordagem acima se alinha à proposta por GUDMUNDSSON, Sveinn, et al. (2020) para mensurar os impactos da pandemia, porém, diferentemente destes autores, incorpora efeitos de mudanças de hábitos e propõe uma métrica adequada para compor efeitos de curto e longo prazos.

[10] Arquivo SBCT_Modelo_de_demanda_PAX_nao_restrita_2.00.xlsx, disponibilizado em ANAC (2020).

[11] Arquivo SBCT_Modelo_de_demanda_PAX_nao_restrita_3.00.xlsx, disponibilizado em ANAC (2020).

Projeção de demanda baseline

O Estudo de Mercado do EVTEA da concessão de SBCT, entregue à SAC em novembro de 2019, apresentou uma projeção de demanda doméstica com base em regressão multivariada, tomando como variáveis dependentes o total de passageiros domésticos na Região de Influência (RI) de SBCT[12], e como variáveis independentes o PIB Brasil e a Tarifa média da RI.

Embora as projeções constantes nos estudos disponibilizados na consulta pública 03/2020 não tenham sido fixadas ou desenvolvidas no início de 2020, imediatamente antes da eclosão da pandemia, para este exercício serão consideradas como representativas do cenário *baseline*.

Para as análises de regressão, as variáveis foram dessazonalizadas, e foram considerados os logaritmos naturais. A regressão adotada para a projeção, resultando do processo explanado no item 6.2 do Relatório de Mercado, foi a da equação a seguir. Foram aplicados diversos testes estatísticos, validando o uso da regressão.

$$\ln(Pax) = a.\ln(PIB\ Brasil) + b.\ln(Tarifa\ Média\ RI) + c$$

As projeções de crescimento real de PIB foram definidas pela SAC, com base nas expectativas de mercado à época. As projeções de tarifa, por sua vez, resultaram de uma análise tendencial da relação do *yield*[13] brasileiro e do norte-americano e da projeção deste último.

Ainda, segundo a metodologia empregada, para se obter as projeções finais para SBCT foi também projetado o *market-share* do Aeroporto na RI e ajustados os resultados da regressão para incorporar redução paulatina da elasticidade-PIB conforme o crescimento da renda *per capita*.

Assim, aplicando-se as projeções das variáveis independentes à equação da regressão, e considerando os ajustes mencionados acima, estima-se que o total de passageiros domésticos de origem e destino em SBCT evoluiria de 5,9 milhões de passageiros, em 2019, para 11,3 milhões em 2050, representando uma taxa anual de crescimento de 2,1% a.a.

[12] A RI definida no Estudo de Mercado inclui também os aeroportos de Joinville (SBJV) e Ponta Grossa (SBPG).

[13] Receita média por quilômetro voado.

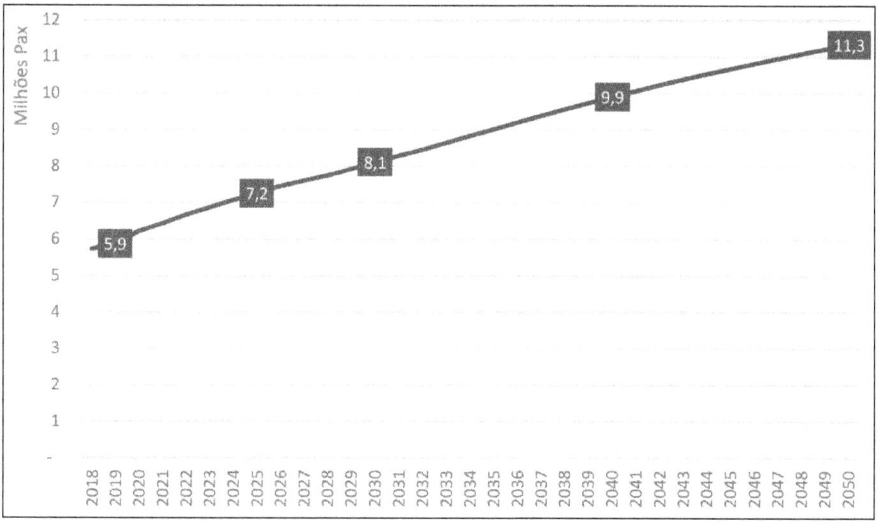

Figura 7: Projeção de demanda doméstica de origem e destino em SBCT – Cenário *baseline*

Fonte: EVTEA da 6ª Rodada de Concessões Aeroportuárias.

Projeção de tráfego doméstico impactado pela pandemia

O EVTEA para a concessão de SBCT publicado na consulta pública 20/2020 incorporou os efeitos da pandemia sobre a versão anterior.

Conforme mencionado no Estudo de Mercado, a atualização dos estudos foi realizada com dados e premissas disponíveis em maio de 2020, portanto no início da vigência da pandemia, quando o grau de incerteza da retomada era mais elevado. Por esta razão, a taxa de retomada adotada para o segundo semestre de 2020 foi estimada e, portanto, apresenta diferenças para a movimentação doméstica real que seria observada neste período.

A avaliação dos impactos foi estruturada com os fatores citados na seção anterior: redução na demanda potencial associada devido à queda na atividade econômica e às mudanças comportamentais, e repressão da demanda por restrições à circulação.

A seguir são apresentadas as premissas adotadas no EVTEA para cada um dos fatores que impactaram a pandemia (e a retomada do tráfego).

- *Redução na demanda de longo prazo – Atividade econômica*: a série de crescimentos do PIB Brasil, em termos reais, foi atualizada considerando as previsões vigentes na época de atualização dos estudos, bem como foi ajustado o PIB Brasil de 2019, então já conhecido[14];

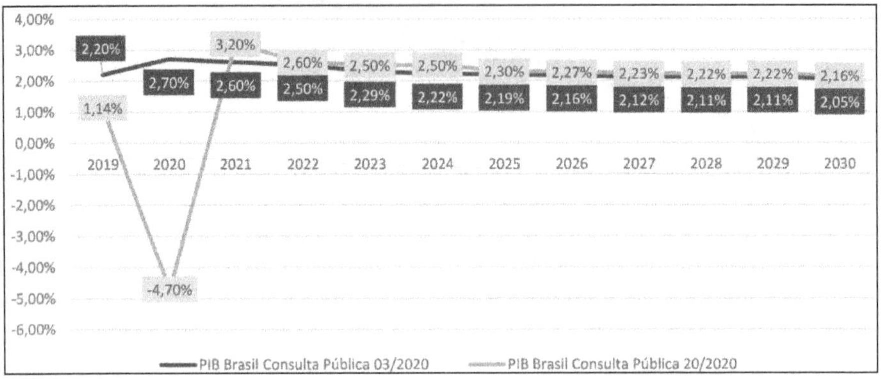

Figura 8: Projeções de PIB Brasil

Fonte: EVTEAs para Concessão dos Aeroportos da 6ª Rodada: pré e pós pandemia

- *Redução na demanda de longo prazo – Mudanças de hábitos*: segundo o EVTEA da concessão de SBCT, "diversos relatórios e especialistas reconhecem que deverá haver algum grau de redução estrutural (isto é, mesmo quando não mais houver efeitos diretos da pandemia) no tráfego aéreo de passageiros de negócios devido à disseminação de ferramentas de vídeo conferência para realização de reuniões. Embora não seja possível caracterizar como consensual, tal entendimento parece ser dominante entre diversas fontes relevantes consultadas". Assim, considerou-se a premissa de redução permanente de 10% dos passageiros de negócios[15] no longo prazo. Em SBCT, foi considerado que 48,4% dos passageiros possuíam esse perfil e, portanto, no longo prazo, a demanda de passageiros totais seria reduzida em 4,8%, para 95,2% da projetada originalmente[16];

[14] A atualização do PIB de 2019 não guarda relação com a pandemia, mas também alterou o volume de passageiros projetado. Por simplificação do exercício este fator não será expurgado da análise, sem prejudicar os objetivos deste artigo.

[15] Os passageiros de negócios em SBCT foram estimados através dos resultados do relatório da pesquisa Brasil Que Voa (BQV) cujo motivo da viagem apontado em entrevista é trabalho, negócios ou evento profissional.

[16] É notável a diferença entre o perfil dos passageiros de SBCT na pesquisa Brasil Que Voa, publicada pela SAC em 2015 com dados de 2014, e na Pesquisa de Satisfação de Aeroportos

- *Repressão na demanda de curto prazo – Restrições à circulação*: para estimar, mês a mês, o porcentual da demanda potencial que se encontrava reprimida, buscou-se referências para dois parâmetros: duração da fase de restrição mais rígida de distanciamento social, e taxa de recuperação.
  Com relação ao primeiro parâmetro, considerou-se que as restrições à circulação seriam significativamente flexibilizadas na maior parte do território brasileiro em setembro de 2020.
  Com relação à taxa de recuperação, tomou-se como referência os relatórios do economista chefe da IATA, Pearce (2020), e o da ICAO (2020) publicados na segunda semana de maio de 2020. Para a recuperação até dezembro de 2020, tomou-se os primeiros meses do cenário 2 do estudo da ICAO (publicado em maio de 2020) para fluxos domésticos. Já para a recuperação de 2021 em diante, considera as mesmas taxas de recuperação adotadas em estudo do economista chefe da IATA para fluxos domésticos. A premissa reflete uma recuperação em "U", ou seja, gradual após período de restrição prolongado, com em média 2% a.m. de retomada na demanda em 2021 e 1,4% a.m. a partir de 2022.
  Conforme comentado anteriormente, a taxa de recuperação considerada nos estudos de referência também leva em consideração aspectos econômicos, e não apenas as restrições à circulação. Todavia, como no curto prazo o impacto destas é muito mais acentuado do que os da queda da atividade econômica, trata-se de uma aproximação apropriada.

Segundo o Estudo de Mercado, considerando as premissas acima têm-se que os efeitos da restrição à circulação populacional sobre o tráfego aéreo doméstico deixariam de ser completamente sentidos em aproximadamente 3 anos, portanto em 2023. Embora os impactos da pandemia ainda guardem incertezas, parece provável que a retomada do patamar de 2019 ocorra antes, em 2021 como visto anteriormente.

realizada periodicamente pela SAC ao longo dos últimos anos. Tais diferenças podem ser associadas à metodologia de pesquisa, tamanho ou data dos inquéritos, e não foram investigadas neste artigo. Esta diferença contribui para a incerteza do impacto das mudanças de hábitos de viagem.

Como se vê no gráfico abaixo, a demanda marginal (diferença entre os fluxos *baseline* e impactado) chega a um pico superior a 4 milhões de passageiros, para em seguida estabilizar no patamar de 1 a 2 milhões de passageiros/ano.

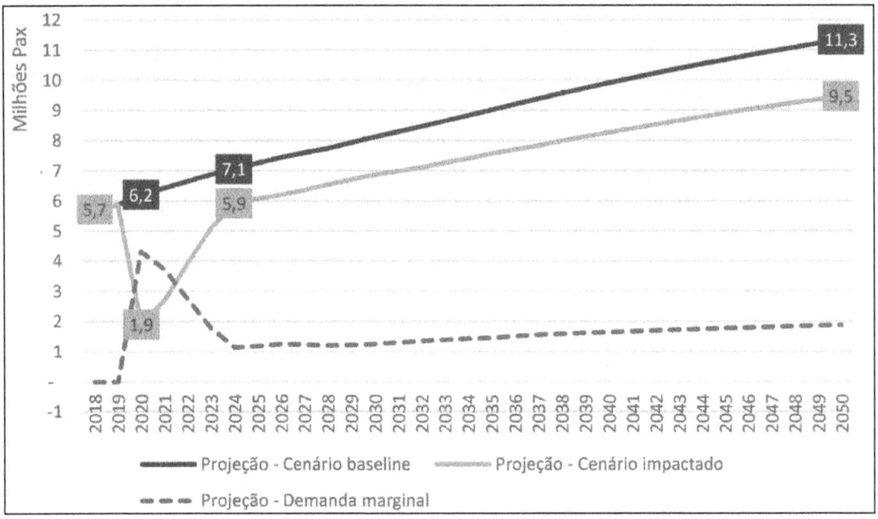

Figura 9: Projeções de passageiros domésticos de origem e destino em SBCT

Fonte: EVTEAs para concessão dos aeroportos da 6ª rodada: cenários baseline e impactado

A figura 10 detalha a projeção de demanda marginal apresentada na figura 9. Ela evidencia o efeito intenso de curto prazo e o efeito mais moderado, porém crescente, de longo prazo, associado principalmente à crise econômica sucedida de retomada do PIB.

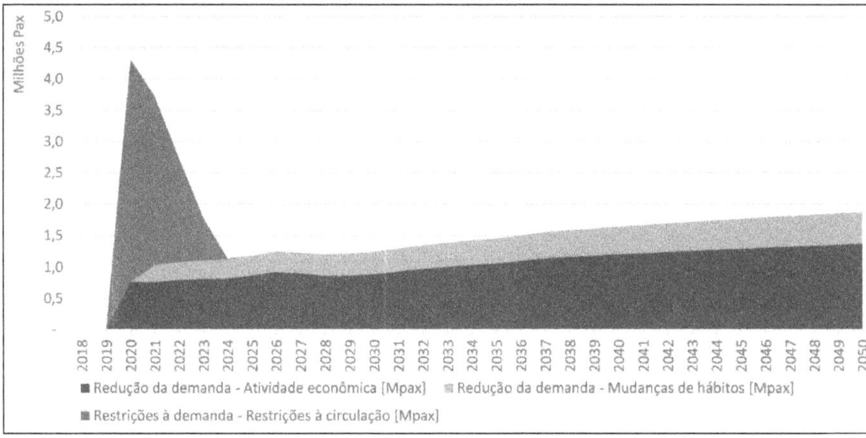

Figura 10: Composição do impacto da pandemia sobre a projeção de passageiros domésticos de origem e destino de SBCT

Fonte: EVTEAs para concessão dos aeroportos da 6ª rodada: cenários baseline e impactado.

O último passo da metodologia é calcular o valor presente de cada componente do fluxo de passageiros projetado na figura 10. Sugere-se adotar a taxa de desconto real de 7,23% a.a., em linha com as diretrizes da SAC para o Bloco Sul (ao qual pertence SBCT) da 6ª rodada.

Tráfego total pré-pandemia	98,6		[Mpax à VP]
Impacto total da pandemia	23,2		[Mpax à VP]
Como % do tráfego total	*23,6%*		
Redução da demanda - Atividade econômica	11,7	*50%*	[Mpax à VP]
Redução da demanda - Mudanças de hábitos	4,1	*18%*	[Mpax à VP]
Restrições à demanda - Restrições à circulação	7,5	*32%*	[Mpax à VP]

Tabela 3: Resultados do estudo de caso (taxa de desconto real de 7,23% a.a.)

Fonte: autores.

De um total previsto, à valor presente, de 98,6 milhões de passageiros processados, estima-se que a pandemia responda por um impacto de 23,2 milhões, ou 23,6%, do total. Cerca de 50% do impacto é oriundo de queda da atividade econômica, com efeitos de longo prazo, seguido por restrições à circulação, com 32%, e mudanças de hábitos, responsável por 18% do impacto.

Caso fosse considerada uma taxa de desconto maior, por exemplo de 12% a.a., associado à uma maior percepção de risco na exploração do ativo, o impacto da pandemia em porcentual do tráfego *baseline* subiria a 27,0%. A maior taxa de desconto também favoreceria a componente de restrições à circulação, de curto prazo, que passaria a responder por 42% do impacto total, como mostra a tabela 4.

Tráfego total pré-pandemia	61,6		[Mpax à VP]
Impacto total da pandemia	16,7		[Mpax à VP]
Como % do tráfego total	*27,0%*		
Redução da demanda - Atividade econômica	7,3	*44%*	[Mpax à VP]
Redução da demanda - Mudanças de hábitos	2,5	*15%*	[Mpax à VP]
Restrições à demanda - Restrições à circulação	6,9	*42%*	[Mpax à VP]

Tabela 4: Resultados do estudo de caso (taxa de desconto real de 12% a.a.)

Fonte: autores.

Sensibilidade: período mais curto de repressão de demanda

Como visto anteriormente, existem indicativos de que as restrições à circulação deixarão de influenciar a demanda doméstica ao longo de 2021, ano em que o patamar de movimentação de 2019 será retomado. Para avaliar o impacto deste cenário no caso de SBCT, fez-se a seguinte simulação:

- Expurgaram-se efeitos de restrição à circulação de 2022 em diante;
- Considerou-se um efeito de restrição à circulação menor em 2021 (metade do efeito projetado para 2020).

Neste caso obtém-se um padrão de recuperação inicialmente mais acelerado, conforme a figura 11.

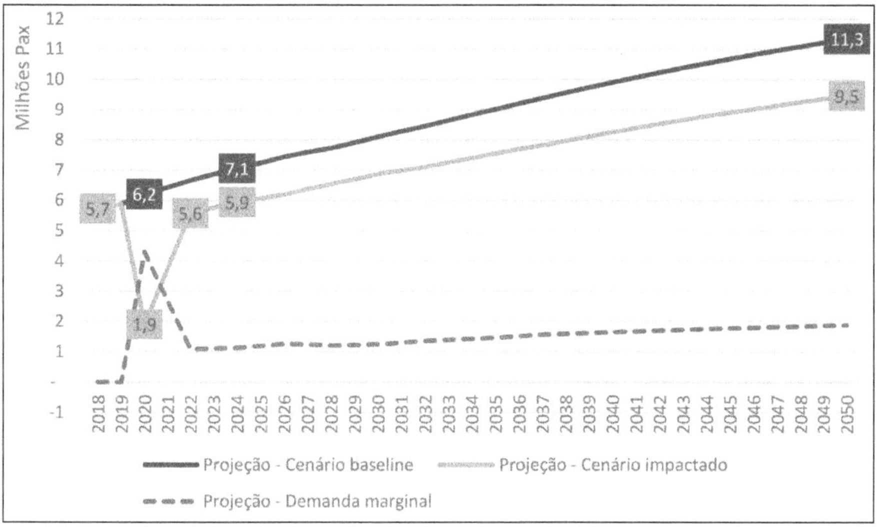

Figura 11: Projeções de passageiros domésticos de origem e destino em SBCT (cenários baseline e impactado, considerando duração menor do período de restrições à circulação).
Fonte: EVTEAs para concessão dos aeroportos da 6ª rodada.

Como se vê na figura 12 (em comparação à figura 10), neste caso o impacto das restrições à circulação torna-se concentrado em 2020 e 2021.

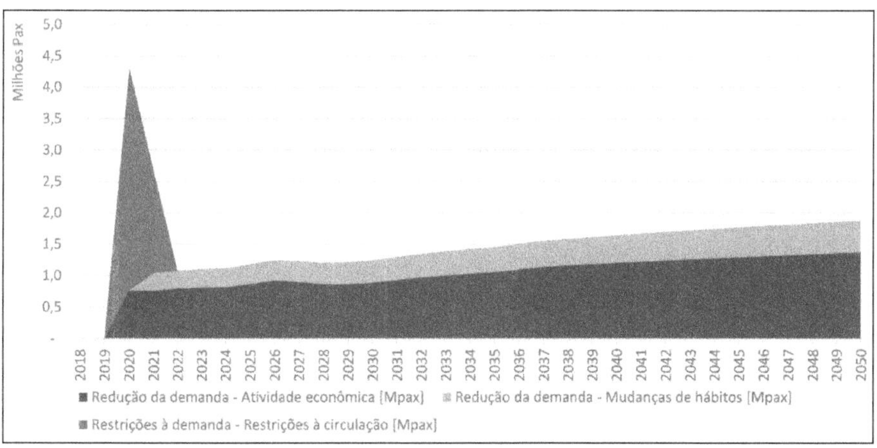

Figura 12: Composição do impacto da pandemia sobre a projeção de passageiros domésticos de origem e destino de SBCT, considerando duração menor do período de restrições à circulação.
Fonte: EVTEAs para concessão dos aeroportos da 6ª rodada.

Os resultados em termos de valor presente do fluxo de passageiros, considerando a mesma taxa de desconto de 7,23%, apontariam neste caso um menor impacto total da pandemia (20,8% do tráfego total versus 23,6% no caso anterior), e um menor peso dos efeitos de curto prazo (23% do impacto total versus 32% no caso anterior).

Tráfego total pré-pandemia	98,6		[Mpax à VP]
Impacto total da pandemia	20,5		[Mpax à VP]
Como % do tráfego total	*20,8%*		
Redução da demanda - Atividade econômica	11,7	*57%*	[Mpax à VP]
Redução da demanda - Mudanças de hábitos	4,1	*20%*	[Mpax à VP]
Restrições à demanda - Restrições à circulação	4,7	*23%*	[Mpax à VP]

Tabela 5: Resultados do estudo de caso, considerando duração menor do período de restrições à circulação (taxa de desconto real de 7,23% a.a.).
Fonte: autores.

Conclusões

Este artigo buscou analisar os diferentes componentes do impacto da pandemia sobre a demanda (sob a ótica dos aeroportos) e avaliar a contribuição de cada um para o ritmo de recuperação do tráfego aéreo, com foco no mercado doméstico. De forma complementar, propôs uma forma de mensurar o impacto da pandemia e o peso destes componentes, apresentando um estudo de caso.

Foi proposta uma decomposição do impacto da pandemia em dois fatores principais: (i) *redução da demanda potencial*, por sua vez decomposta em redução na renda (aproximada por redução do PIB) e em mudanças de hábito de viagem dos passageiros, associadas à difusão acelerada de reuniões e encontros por meios digitais; e (ii) *repressão da demanda potencial*, de mais curto prazo, associada às restrições temporárias à circulação.

Considerando os efeitos combinados, prevê-se que o tráfego aéreo brasileiro retome ao patamar de 2019 ao final do 1º semestre de 2021, quando o PIB Brasil também deverá alcançar o mesmo nível de2019, e parte significativa da população mais vulnerável deverá estar vacinada, segundo anunciado pelo Governo Federal.

A partir do exame desses componentes estima-se que o tráfego doméstico retome aos níveis de 2019 no final do primeiro semestre de 2021. Isso, todavia, não significa que o impacto da pandemia se extinga no ano corrente: os efeitos de redução de demanda potencial fazem com que as novas curvas de demanda estejam abaixo das vislumbradas antes da pandemia. Considerando as previsões de PIB do mercado, é possível que as demandas aeroportuárias antes previstas para um determinado mês e ano só venham a ser observadas entre 2 e 2,5 anos mais tarde.

Para corroborar tal constatação o artigo apresenta um estudo de caso baseado nos EVTEAs para a concessão de SBCT, no bojo da 6ª Rodada de Concessões de Aeroportos Federais, publicados pela ANAC em dois momentos: na consulta pública 03/2020, em março de 2020, quando o EVTEA ainda não considerava efeitos da pandemia (que se iniciava naquele instante); e na consulta pública 20/2020, em que os mesmos estudos foram reapresentados contemplando os efeitos da pandemia. O estudo de caso observou apenas demandas domésticas de origem e destino.

O confronto entre os fluxos de passageiros domésticos de origem e destino projetados antes e após a pandemia revelou um impacto total de 23,6% do "valor presente" dos passageiros domésticos de origem e destino no longo prazo em SBCT (considerando taxa de desconto real de 7,23%, adotada no EVTEA), o que é uma *proxy* do impacto no valor do negócio. A redução da curva de PIB acumulado responde por 50% do impacto, seguido das restrições à circulação de curto prazo (32%) e das mudanças de hábito dos passageiros (18%). Caso se considere uma taxa de desconto real de 12%, dando mais importância aos impactos de curto prazo, a participação das restrições à circulação seria de 42%. Considerando uma fase mais curta de repressão de demanda (extinguindo-se as restrições à circulação em 2021), ter-se ia um impacto total menor, de 20,8%. Neste caso, a queda na atividade econômica responderia por 57% do impacto total.

A teoria desenvolvida neste artigo e o estudo de caso, a despeito das simplificações adotadas, demonstram que os efeitos de longo prazo da pandemia sobre os negócios aeroportuários são significativos. A metodologia e resultados deste artigo podem contribuir para futuras discussões de política regulatória no setor aeroportuário, por exemplo no que diz respeito à mensuração dos impactos da pandemia.

Não obstante, a eventual replicação do estudo para outros casos, deveria observar uma aprofundamentos e complementações, dentre as quais:

(i) utilização de projeções de PIB imediatamente anteriores à eclosão da pandemia na construção do cenário baseline; (ii) expurgo de fatores não relacionados à pandemia na série histórica e projeções de PIB utilizadas na projeção do cenário impactado; (iii) incorporação do impacto da pandemia sobre o tráfego internacional, considerando as influências cruzadas com o tráfego doméstico (por exemplo, aumento do turismo doméstico em função das barreiras no turismo internacional, como observado no Havaí após os atentados de 11/09/2001 – Bonham, 2006); (iv) incorporação do impacto sobre o fluxo de conexões; (v) incorporação do impacto sobre o fluxo de cargas aéreas e de aviação geral; e (vi) medição apurada do porcentual de passageiros de negócios e sua (eventual) redução em função de mudanças de hábitos de viagem.

Referências

ANAC. Concessões em andamento: Informações complementares. Disponível em: <ftp://ftpaeroportos.transportes.gov.br/>. Acesso em: 23/12/2020.

BANCO CENTRAL DO BRASIL (BCB). Sistema de Expectativas do Mercado. Disponível em <https://www3.bcb.gov.br/expectativas/publico/consulta/serieestatisticas>. Acesso em: 04/01/2021.

BONHAM, C. et al. The impact of 9/11 and other terrible global events on tourism in the United States and Hawaii. Journal of Travel Research, v. 45(1), p. 99-110, 2006.

BOUÇAS, Cibelle. Aéreas projetam voltar a 2019 até junho. Valor, São Paulo, 29 dez. 2020. Empresas.

DE PAULA, Rubem O. et al. Forecasting passenger movement for Brazilian airports network based on the segregation of primary and secondary demand applied to Brazilian civil aviation policies planning. Transport Policy, v. 77, p. 23-29, May 2019. Disponível em: <https://www.sciencedirect.com/science/article/abs/pii/S0967070X18302579>.

FMI. Real GDP Growth. Disponível em: <https://www.imf.org/external/datamapper/NGDP_RPCH@WEO/OEMDC/ADVEC/WEOWORLD>. Acesso em: 09/01/2021.

GOVERNO FEDERAL. Ministério da Saúde. Plano Nacional de Operacionalização da Vacinação Contra a COVID-19. Brasília: Governo Federal, 2020. Brasília, 1ª ed. Disponível em: <https://www.gov.br/saude/pt-br/media/pdf/2020/dezembro/16/plano_vacinacao_versao_eletronica.pdf>. Acessado em 11/01/2021.

GUDMUNDSSON, Sveinn; CATTANEO, Mattia; REDONDI, Renato. Forecasting recovery time in air transport markets in the presence of large economic shocks: COVID-19. Disponível em: <https://www.researchgate.net/publication/342051795_Forecasting_recovery_time_in_air_transport_markets_in_the_presence_of_large_economic_shocks_COVID-19>. Acesso em: 04/01/2021.

HÓRUS. Desenvolvido pela Secretaria Nacional de Aviação Civil (SAC) do Ministério da Infraestrutura e pelo Labtrans da Universidade Federal de Santa Catarina. Disponível em: <horus.labtrans.ufsc.br/gerencial/#Principal>. Acesso em: 11/01/2021. Disponível em: <https://valor.globo.com/empresas/noticia/2020/12/29/aereas-projetam-voltar--a-2019-ate-junho.ghtml.>

ICAO. Air Transport Bureau. Effects of Novel Coronavirus (COVID-19) on Civil Aviation: Economic Impact Analysis: 13 May 2020 (2020). Montreal: ICAO, 2020. Disponível em: <https://www.icao.int/sustainability/Pages/Economic-Impacts-of-COVID-19.aspx>. Acesso em: 07/01/2021.

ICAO. Air Transport Bureau. Effects of Novel Coronavirus (COVID-19) on Civil Aviation: Economic Impact Analysis: 30 December 2020. Montreal: ICAO, 2020. Disponível em: <https://www.icao.int/sustainability/Documents/COVID-19/ICAO_Coronavirus_Econ_Impact.pdf>. Acesso em: 07/01/2021.

Mahbubul, Hakim; Merkert, Rico. Econometric evidence on the determinants of air transport in South Asian countries. Transport Policy, v. 83, p. 120-126, Nov 2019. Disponível em: <https://www.sciencedirect.com/science/article/abs/pii/S0967070X16304504>.

Martins, Luísa; Peron, Isadora. Sem datas, Governo pretende iniciar vacinação 5 dias após aval da ANVISA. Valor, São Paulo, 15 dez. 2020. Brasil. Disponível em: <https://valor.globo.com/brasil/noticia/2020/12/15/sem-datas-governo-pretende-iniciar-vacinacao-5-dias-apos-aval-da-anvisa.ghtml>. Acesso em: 11/01/2021.

Rezende, Leandro F. M. et al. Adults at high-risk of severe coronavirus disease-2019 (COVID-19) in Brazil. Revista Saúde Pública, São Paulo, vol.54, 15/05/2020.

Vivas, Fernanda; Falcão, Márcio. Governo pretende iniciar vacinação 5 dias após aval da ANVISA e entrega das doses. G1, São Paulo, 15 dez. 2020. Bem Estar. Disponível em: <https://g1.globo.com/politica/noticia/2020/12/15/covid-19-governo-preve-iniciar-vacinacao-cinco-dias-apos-aval-da-anvisa-e-entrega-das-doses.ghtml>. Acesso em: 11/01/2021.

Pearce, Brian. Outlook for air travel in the next 5 years. IATA, 2020. Disponível em: <https://www.iata.org/en/iata-repository/publications/economic-reports/covid-19--outlook-for-air-travel-in-the-next-5-years/>. Acesso em: 07/01/2021.

Capítulo 12
Perspectivas do Transporte Aéreo Pós-Pandemia

Jorge Eduardo Leal Medeiros

A pandemia que nos aflige e afeta a todos certamente irá embora mas sempre permanecerá a possibilidade de sua volta, na forma de vírus modificados ou diferentes do atual. Esta pandemia implicou mudanças quantitativas muito significativas para o transporte aéreo brasileiro – a demanda no Brasil chegou a cair 95% – mas também trouxe mudanças qualitativas, em temos de hábitos de viagens e de uso de aviões. É provável que tais mudanças sejam temporárias, mas algumas delas, ou seus espectros, poderão nos acompanhar no futuro, trazendo alterações de hábitos de usar aviões e aeroportos, resultando em um "novo normal".

De fato, as vacinas permitirão atenuar muito, mas não imediatamente, as restrições de movimentação que enfrentamos – o aumento do valor das ações de empresas de transporte aéreo após a confirmação das vacinas aponta isto. No entanto, este "novo normal" sugere, mais do que antes, compras entregues em casa, o que intensificará a logística do setor, com um aumento importante de atividades que incluem, por exemplo, os aviões cargueiros do Mercado Livre.

Verificamos todos, empregados e empregadores, que o trabalho em casa (*home office*) é possível em escala bem maior do que tínhamos imaginado, e que, consequentemente, talvez não sejam necessárias tantas viagens para reuniões. Assim, das três razões principais de viagens aéreas – negócios, turismo e visitas (VFR, *visiting friends and relatives*) – provavelmente as de negócios serão mais afetadas em termos quantitativos, inclusive para reduzir custos em uma fase em que a grande maioria das empresas foi economicamente afetada de forma negativa.

Em termos qualitativos, há cuidados de assepsia que impactam de forma mais ou menos direta os hábitos de viagens aéreas. O uso de máscaras, usadas comumente por pessoas gripadas ou resfriadas em países asiáticos, deverá ser mais comum em nosso país. Aliás, especialistas advertem que as vacinas não implicarão abandono imediato do uso de máscaras.

De forma análoga, é provável que cuidados com assepsia em aeroportos e em aviões talvez continuem em uso, até mesmo para responder à relutância que muitos temos para viagens aéreas. Pesquisa divulgada em outubro de 2020 pela Secretaria de Aviação Civil – SAC do Ministério da Infraestrutura sobre confiança no transporte aéreo no Brasil indica, que, se 53,1 % dos usuários considera estarem "sendo tomadas medidas eficientes para evitar a contaminação", 19,9% pensa que não, e 27,1% "não sabe dizer". Ou seja, apenas a metade acredita, ou acreditava, na adoção de medidas efetivas para a volta segura de viagens aéreas. Significa, por outro lado, que a outra metade de usuários potenciais tem restrições a usar aviões, mostrando a importância da conscientização do público sobre as assepsias executadas e os cuidados necessários por parte de usuários, empresas e aeroportos. Tais cuidados tendem a reduzir-se com as vacinas, mas é provável que não despareçam de todo.

O que Esperar nos Aeroportos em Termos de Assepsia

Os cuidados desenvolvidos nas viagens em época de pandemia deverão, em parte, manter-se em nossas preocupações pessoais, e, portanto, de empresas aéreas e aeroportos. Isto, por exemplo, deverá reduzir aglomerações, apesar de ser difícil evitar tal comportamento quando há pressa na retirada de bagagens das esteiras no desembarque.

Por outro lado, em uma pandemia, quando há receio de viajar (veja dados acima), as companhias aéreas e os aeroportos aprimoram cuidados e protocolos para reduzir riscos de contágio. Os aspectos indicados a seguir correspondem aos cuidados implementados que, se bem divulgados, aumentam a confiança dos passageiros e dos funcionários do transporte aéreo:

- Dispositivos de controle que minimizem contato físico com pessoas e com superfícies de equipamentos, como os usados na verificação de passaportes e de cartões de embarque, já adotados no aeroporto de Guarulhos.

- Acabamentos germicidas em superfícies que recebam contato físico de pessoas, e equipamentos germicidas, como, por exemplo, luzes ultravioletas (UV) para esterilização de ambientes, em especial mas não apenas, em interiores de aviões.
- Sensores térmicos para medição de temperatura, uma vez que quanto maior a temperatura corporal em relação à normal, maior a possibilidade de transmissão de doenças.

Os acabamentos e equipamentos germicidas, bem como os protocolos de limpeza associados, precisam considerar os pontos de maior concentração de germes. Em aeroportos, os pontos de maior concentração, medidos em CFU (*colony forming units*) por cm^2, são os totens de *check-in*, com índices de concentração de 40.000, descansos de braço de cadeiras de sala de espera de embarque, com 3.300, e acionadores de bebedouros, com 30.100. Como comparação, pias de cozinha, portas de banheiros e assentos de privadas têm índices de concentração de 3.200, 31 e 26 CFU/cm^2[1], respectivamente. Recentemente, a utilização de desinfecção com UV tem sido empregada em aviões, mas pesquisas indicam que seu uso deva ser feito em outras áreas de aeroportos.[2]

O uso de sensores de temperatura corporal deverá ser aperfeiçoado, tanto em termos da precisão de suas medidas, mas principalmente na determinação do que é uma temperatura normal, que pode variar em função de gênero e idade. Até muito recentemente, havia apenas um equipamento nos Estados Unidos aprovado pela FDA (*Food and Drug Administration*), automático e sem necessidade de contato físico, que verifica a temperatura do passageiro e, com um sistema baseado em IA (inteligência artificial), emite uma etiqueta com foto do passageiro e indicação de normalidade (caso contrário, emite um sinal de alerta)[3]. Tal sistema poderá ser adaptado para uso em outros tipos de controle.

[1] https://www.vanemag.com/list-of-airports-that-have-enhanced-cleaning-and-sanitization-protocols/

[2] https://theconversation.com/ultraviolet-radiation-is-a-strong-disinfectant-it-may-be-what-our-schools-hospitals-and-airports-need-142277_

[3] https://aviationweek.com/air-transport-month/analysis-rise-sanitary-contactless-technology

Mais Voos com Aviões Menores

A demanda de transporte aéreo é uma demanda derivada; ou seja, em termos gerais, ninguém voa por voar, mas para fazer negócios, turismo ou visitas. Em geral, o avião representa um ambiente bastante seguro em termos de assepsia, uma vez que o ar da cabine de aviões de transporte público é 50% de ar externo e 50% de ar que passa por filtros HEPA (*high efficiency particulate air*) que removem 99,9% das partículas (vírus, bactérias e fungos) existentes no ar, e que esse ar é totalmente trocado a cada 2 a 3 minutos[4]. No entanto, o viajante sempre enfrenta outros ambientes menos seguros que os de um avião, como os dos aeroportos. Assim, em termos culturais, e, portanto, qualitativos, provavelmente estaremos mais cuidadosos em nossas viagens atuais e futuras, evitando riscos julgados relevantes, o que poderá mudar nossos padrões de viagens. Necessitamos, de fato, viajar, ou podemos substituir nossos deslocamentos por teleconferências e outras atividades *online*? Tais decisões estão intimamente relacionadas a mudanças quantitativas por transporte aéreo, que certamente advirão e implicarão alterações de demanda.

Com o tempo, vacinas poderão tornar-nos menos cuidadosos, mas teremos aprendido indagar sobre a real necessidade ou desejo fazer viagens aéreas, especialmente as com escalas e transferências. Talvez sejam um pouco mais caros, mas se há voos diretos para onde se deseja ir, por que não usá-los? Quão mais caros são eles? É preferível usar um avião com cerca de 400 passageiros ou um avião menor, com, por exemplo, 180 passageiros?

Nos cenários atuais, novas tecnologias disponíveis já se fazem presente, com a participação recente, e cada vez mais importante, de aviões de fuselagem estreita (*narrow bodies*, com apenas um corredor) mas com grande alcance, como os atuais Airbus A321LR e os futuros A321 XLR. Os A321 LR já são usados pela TAP em voos transatlânticos – para os Estados Unidos e para o Nordeste brasileiro –, com 171 assentos (dos quais 16 do tipo *lie flat* em classe executiva) ao invés dos 206 assentos de seus A321. Além disso, os novos A 321 XLR permitirão voos diretos de 4.700 mn (8.700 km), o que significa, por exemplo, voos diretos entre Lisboa e Curitiba. Tais ligações permitirão atender uma parte da demanda com uma dupla vantagem: propiciar voos mais frequentes em ligações que, por terem baixa

[4] https://www.boeing.com/features/2020/09/hepa-filters-help-passengers-breathe-easier.page

demanda, possuiriam menos frequências se fossem realizadas por aviões maiores, por uma questão de custos; e oferecer ligações diretas a destinos que exigiam tempos maiores de voo com conexões em cidades como São Paulo que é um *hub* (aeroporto concentrador de voos, com conexões para diversas localidades).

No entanto, se os aviões são menores, eles certamente têm custos menores de voo, mas eles também têm custos maiores por assento, em função de economias de escala. De fato, normalmente isto acontece, mas também é possível reduzir os custos de forma a aproximar os custos unitários (por assento) destes aviões menores aos custos unitários dos maiores, pela modificação de projetos existentes sem que haja necessidade de desenvolver novos e pelo uso de motores mais econômicos, mas também porque as economias de escala aplicam-se a frotas maiores de aviões menores.

Assim, para as operadoras, aviões menores oferecem menores riscos financeiros em relação aos aviões maiores, por terem menores custos operacionais por viagem, além de poderem oferecer tarifas tanto menores quanto menor a diferenças de seus custos unitários em relação aos aviões maiores.

Uma desvantagem dos aviões menores, de fuselagem estreita, é sua pouca disponibilidade de carga se comparada ao que oferecem os aviões de fuselagem larga (*wide bodies*, com dois corredores). Isto quer dizer que todos os passageiros de um *wide-body* ocupam cerca de 60% de sua capacidade total de peso, ao passo que os de um *narrow-body* ocupam cerca de 85% de sua capacidade total. Essa diferença, que se traduz diretamente em uma maior capacidade de transporte de carga propriamente dita, explica o fato de Guarulhos ser o principal aeroportos de carga brasileiro, sendo responsável, em 2019, por 50% mais de carga aérea do que Viracopos.

Assim, o uso de *narrow-bodies* de longo alcance permite oferecer três vantagens, todas elas estimulando a demanda:

- novos serviços diretos entre localidades que anteriormente exigiam voos mais demorados por terem escalas e transbordos;
- voos mais frequentes que estimulam a demanda, em especial em viagens de negócios;
- tarifas mais baratas em classe econômica por ser possível oferecer classe executiva;
- menor tempo de voo por aviões menores poderem oferecer voos diretos, sem escalas/transferências.

Este último fator está relacionado a redução de riscos de contaminação por doenças, tanto por uso de aviões menores (menor aglomeração) quanto por menor uso de aeroportos, uma vez que se reduzem os transbordos em aeroportos.

Não só no transporte aéreo internacional, mas também no doméstico o aumento da capilaridade está associado à operação de aviões menores. Nas décadas de 1950 e 1960 o Brasil chegou a ter cerca de 350 aeroportos servidos por aviação regular (Figura 1), em sua maior parte operados por Douglas DC-3, com 28 lugares, através da RIN – Rede de Integração Nacional, que recebia subsídios. Depois dessa fase, esta quantidade sempre caiu, tendo aumentado apenas duas épocas:

- em 1975, quando a criação dos SITAR's (Sistemas Integrados de Transporte Aéreo Regional) estimulou, também com subsídios (adicional tarifário de 3% sobre as demais tarifas domésticas, até 1999), a introdução dos Embraer Bandeirante, com 19 lugares, operados por cinco empresas regionais que não competiam entre si;
- entre 1992 e 2000, quando a TAM chegou a operar uma frota de 42 Caravans, em 88 cidades, sem subsídios, incialmente com 12 lugares, e, depois, com 9 lugares (no Brasil e nos Estados Unidos este avião opera com 9 lugares, mas nos países da Comunidade Britânica, com 12 lugares).

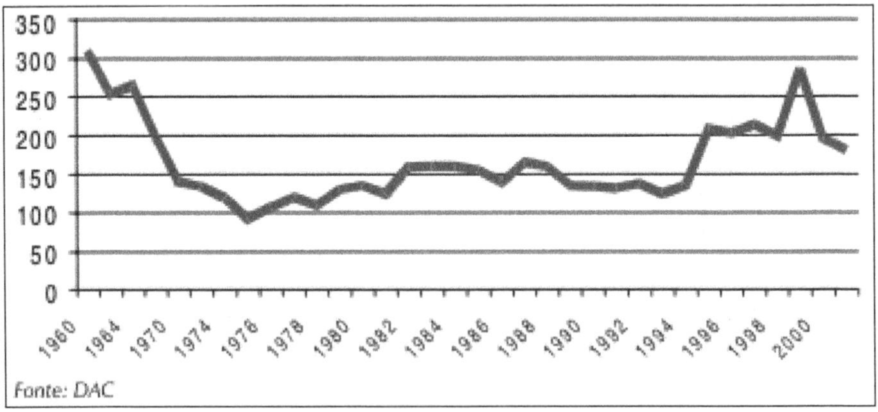

Figura 1: Número de cidades servidas por aviação regular entre 1960 e 2002[5]

[5] https://web.bndes.gov.br/bib/jspui/bitstream/1408/15279/1/Informe%20infra-estrutrura%20n.50%20nov.%202002_P_BD.pdf

A Gol e a TAM não operam aviões com menos de 150 lugares, mas a Azul, que serve a maior quantidade de cidades no Brasil, opera não somente jatos deste porte, mas menores como o Embraer 195 com 118 lugares e também turbo-hélices ATR 72, com 70 lugares. Seguindo o exemplo da Gol, que estabeleceu uma parceria com a TwoFlex para ligações regionais no sul do Brasil, a Azul comprou essa empresa com sua frota de Caravans, o que lhe permitiu aumentar ainda mais a quantidade de cidades atendidas: a previsão é que, com esses aviões menores, a Azul atenderá, em março de 2021, 29 cidades além de oito capitais de estado.

Os voos de aeronaves menores de uma dada empresa em cidades de baixa demanda quase sempre recebem subsídios através de reduções estaduais de ICMS do combustível de aviação. Normalmente essas reduções aplicam-se para todos os voos daquela empresa, desde que ela atenda, por exemplo, uma determinada quantidade de cidades daquele estado. Outra maneira de se ter um subsídio cruzado nesses voos regionais é que eles alimentem voos de mais longo alcance, com tarifas maiores.

De qualquer modo, o aumento de cidades servidas em um país certamente passa pelo uso de aviões menores (de 9 e 30 lugares), não havendo atualmente muitos tipos em fabricação no mercado mundial, que tenham uso comercial comprovado. A Embraer teve dois projetos muito bem sucedidos no passado – o Bandeirante e o Brasília, com 19 e 30 lugares, respectivamente – e estuda agora, com o Ministério da Defesa, o lançamento do Stout (*short take-off utility transport*), com 30 lugares e de tamanho muito similar ao Brasília, mas com propulsão híbrida: dois motores turbo-hélice e dois elétricos. No entanto, para atender requisitos militares, como rampa para transporte de veículos, seu preço poderá restringir seu uso em voos regulares.

Propulsão Elétrica

A aviação mundial foi responsável por cerca de 2,5% das emissões atmosféricas de CO2 em 2019 (1,04 G ton)[6]. Apesar desse baixo percentual, e do fato que as emissões por passageiro*quilômetro (PKM ou RPK) estarem sendo constantemente reduzidas, busca-se a substituição dos combustíveis fósseis usados na aviação, essencialmente o querosene de aviação (QAV) usado em turbinas (jatos e turbo-hélices) e a gasolina de aviação (AvGas)

[6] https://ourworldindata.org/co2-emissions-from-aviation

para aviões de aviação geral com motores a pistão. As alternativas são os bio-combustíveis a serem usados nos atuais motores a pistão e turbinas – como o álcool, já usado pela Embraer em seu avião agrícola Ipanema –, e a adoção de motores elétricos. Estes, claro, demandam energia elétrica, que pode ser fornecida com baterias, com células de combustível (normalmente de hidrogênio e oxigênio) e com painéis solares.

O uso de motores elétricos em aviões já é uma realidade, embora ainda com restrições de carga paga e alcance, restrições estas que deverão reduzir-se com o maior desenvolvimento tecnológico. O uso amplo de *drones* com motores elétricos e baterias atesta este potencial, mas já há aviões menores voando com motores elétricos, como os Cessnas e-Caravan e 337, e o de Havilland Beaver DHC-2. Além disso, existem muitos projetos de aviões comerciais maiores nesse segmento: a Airbus tem vários conceitos de aviões de transporte público desenvolvidos e a Zunum (trabalhando com a Boeing) faz o mesmo. A Figura 2 mostra esses aviões.

A grande vantagem do uso de motores elétricos em aviões é seu número muito reduzido de partes móveis (essencialmente uma), o que diminui significativamente seus custos operacionais se comparados aos das turbinas e dos motores a explosão. Segundo a Magnix, fabricante dos motores elétricos instalados no Caravan e no Beaver elétricos, esta redução pode chegar a 80%. Além disso, a relação potência/peso dos motores elétricos uados em aviões é muito melhor (4,2 kW/kg para o Magnix 500 usado no Caravan elétrico) do que a de um motor a pistão (cerca de 1,3 kW/kg) e semelhante aos de turbo-hélices (cerca de 4,0 kW/kg para a turbina PT6 da Pratt & Whitney, a mais fabricado no mundo). O principal desafio associado ao uso de motores elétricos é o fornecimento de energia elétrica, que se traduz, em termos práticos, na densidade energética do combustível, medida em watts*hora/peso (Wh/kg). Ou seja, quanto de energia pode-se levar a bordo, considerando seu peso.

Figura 2: Aviões com propulsão elétrica em operação ou conceituais
Fontes: indicadas nas notas de rodapé

Painéis solares possuem muitas limitações para uso em aviões que não sejam especiais, como o Solar Impulse 2, que fez uma volta ao mundo em 17 etapas e 16 meses, entre Mar15 e Jul16. Com a tecnologia atualmente disponível, ou mesmo esperada, seu emprego não pode representar a fonte principal de energia para sistemas primários (propulsão), nem mesmo para secundários (atuadores e outros sistemas de suporte operacional de um avião). Assim, essencialmente usam-se células de energia em aviões para pesquisas em aplicações muito especiais, para desenvolvimento de tecnologia.

Como dito, o fator mais importante de combustíveis de aviões – fluidos ou não – é a sua densidade energética. A do QAV (querosene de aviação) é da ordem de 11.900 Wh/kg, a do AvGas (gasolina de aviação) de 12.400 Wh/kg. A título de comparação, a densidade energética de uma bateria de carro é de 40 Wh/kg e a de íon de lítio (Li-ion) é da ordem de 220 Wh/kg.

[7] https://www.bbc.com/future/article/20200617-the-largest-electric-plane-ever-to-fly

[8] https://www.ainonline.com/aviation-news/business-aviation/2020-10-12/ampaires-electric-eel-skymaster-makes-longest-flight-yet

[9] https://www.skiesmag.com/news/harbour-air-makes-history-with-electric-powered-beaver-flight/

[10] https://www.airbus.com/newsroom/press-releases/en/2020/09/airbus-reveals-new-zeroemission-concept-aircraft.html#media-list-image-image-all_ml_0-2

[11] https://www.seattlebusinessmag.com/business-operations/boeing-backed-company-planning-make-electric-airplanes

Apesar dos atuais combustíveis terem uma densidade energética 50 vezes maior do que a de baterias, espera-se uma evolução na tecnologia dest`as últimas levando a melhorias significativas. No entanto, a grande diferença de densidade energética (Figura 3), implica restrições limitantes dos voos com uso de baterias.

Em outras palavras, o uso de combustível líquido em aviões permite estocar uma grande energia com pouco peso, o que favorece voos longos sem reabastecimento e com cargas pagas grandes o suficiente para remunerá-los, como os de longo curso. Assim, a tecnologia de baterias atualmente disponível, mesmo considerando evoluções esperadas no curto prazo, poderá ser adotada para aviões elétricos apenas em etapas curtas, ou mesmo médias, que permitam trocas e/ou recargas. Enfim, além de sua baixa densidade energética, baterias têm que ser recarregadas, o que exige ou tempo improdutivo de solo, ou custos adicionais para substituí-las em escalas.

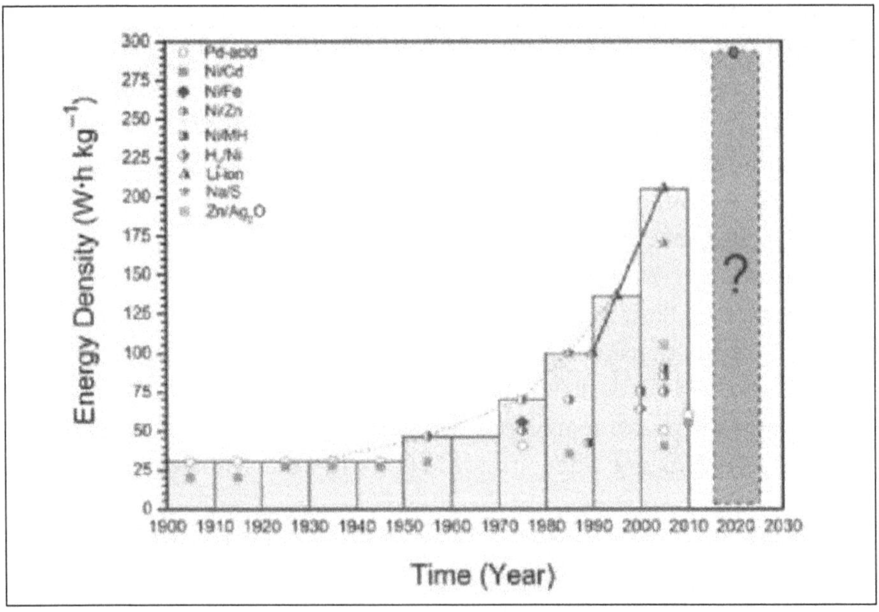

Figura 3: evolução da densidade energética (Wh/kg) de baterias

Fonte: https://www.researchgate.net/publication/284929881_The_energy-storage_frontier_Lithium-ion_batteries_and_beyond/figures?lo=1

Por sua vez, as células de combustível, em especial as que utilizam hidrogênio para geração de energia elétrica, tem um grande potencial para uso no transporte aéreo, inclusive em aviões maiores. Sua grande vantagem é, além de emitir apenas vapor de água em sua operação, o fato do hidrogênio ser abundante e ter boa eficiência frente a combustíveis fósseis fluidos. No entanto, sua obtenção é cara, e sua estocagem exige recipientes de muito alta pressão, o que dificulta sua distribuição[12]. Por isso, sua aplicação em transporte aéreo ainda está sendo pesquisada, mas já há aviões pequenos que o usam, como o H4Y[13], primeiro avião (2016) a poder transportar passageiros (4) com motor elétrico alimentado por uma célula de hidrogênio. É uma fonte de energia extremamente promissora, mas suas aplicações dependem de grande investimento em pesquisas, principalmente no caso de aviões maiores.

As necessidades de homologação de motores elétricos farão com que sejam adotadas novas abordagens pela autoridade brasileira de homologação (ANAC). Um dos aspectos a ser considerado é o referente a combustível de contingência, que hoje em dia, em função de condições meteorológicas adversas na rota ou no destino, permite a um piloto pode simplesmente aumentar seu abastecimento de combustível em, por exemplo, 15%. Como será possível fazer o equivalente em termos de energia elétrica?

Esta questão pode implicar uma nova abordagem relacionada a requisitos de pilotagem, e à disponibilidade de recursos computacionais já existentes, e em pleno desenvolvimento. Já temos operação de *drones* com pilotagem remota (RPV – *remotely piloted vehicle*) e agora já temos, em testes, aeronaves sem piloto operadas de forma totalmente automáticas. O que teremos no futuro: dois, um ou nenhum piloto?

Pilotos: Dois, Um ou Nenhum?

Usam-se dois pilotos em aviões por segurança: na falta de um piloto, o outro pode assumir. Mais ainda, uma segunda opinião sempre representa um adicional de segurança na tomada de decisões, além de dois pares de olhos observarem mais do que um.

Já há aviões a jato que permitem pilotagem por apenas um piloto, e entre eles estão dois fabricado pela Embraer e homologados como tal, inclusive

[12] https://publish.illinois.edu/fuel-cells/benefits-and-disadvantages/

[13] https://hydrogeneurope.eu/aviation-0

pelo FAA (Federal Aviation Agency): o Phenom 100 e o Phenom 300. No entanto, não há nenhum avião de transporte público regular que tenha sido certificado para operar como tal.

Antes da pandemia o transporte aéreo desenvolvia-se com taxas anuais de crescimento semelhantes da ordem de 5% ao ano, o que fazia sua demanda dobrar a cada 15 anos. Com a pandemia, tais incrementos serão menores mas continuarão a ser significativos, tendo-se estimado que as necessidades de pilotos para a aviação comercial serão da ordem de 605.000 para o período 2020-2039 (Boeing, 2020).

O desenvolvimento de sistemas de navegação aérea abriu uma janela de oportunidade para reconsiderar os requisitos mínimos de tripulação técnica, que é encarregada da pilotagem dos aviões. De fato, as necessidades de cinco tripulantes para os antigos aviões a pistão – piloto, co-piloto, mecânico de voo (*flight engineer*), navegador e radio-operador –, hoje em dia foram substituídas por apenas os dois primeiros. As demais funções foram eliminadas ao longo do tempo em função da maior automação e confiabilidade dos sistemas existentes (na ordem inversa à apresentada). Essa tendência continua a ocorrer, fazendo com que as necessidades de pilotagem direta durante um voo sejam muito reduzidas, talvez da ordem de minutos durante as operações de decolagem e de pouso, cabendo aos tripulantes técnicos (pilotos) muito mais indicar aos sistemas de bordo as operações a serem realizadas, e não propriamente realizá-las.

Os pilotos automáticos que equipam os jatos modernos de transporte resultam em eficiência de pilotagem – medida em termos de velocidade e consumo – muito superior à pilotagem humana. Isto aplica-se a voos normais, e incluem aterragens automáticas, quando normalmente os dois pilotos são substituídos por dois pilotos automáticos até que, se houver discordância de dados entre ambos, a operação automática é cancelada e a humana tem que assumir. Apesar de haver várias situações de emergência em que a pilotagem humana ainda é necessária, as empresas fabricantes de aeronaves (OEM – *original equipment manufacturer*) têm pesquisado, associadas a empresas especializadas em inteligência artificial (IA) operações de aviões de transporte com apenas um piloto a bordo. Notar que já há inúmeras aeronaves sem piloto presencial – os RPV's (*remotely piloted vehicles*) ou UAV's (*unmanned air vehicle*) –, que são os *drones* usados em operações aéreas especializadas (militares, inspeções, agrícolas, etc.).

O desenvolvimento de sistemas cada vez mais sofisticados de IA leva a uma maior sofisticação de sistemas de pilotagem automática, e também de controle de tráfego aéreo, o que criará reais oportunidade de operações de aviões maiores com um piloto (SPO – *single pilot operation*), ou mesmo de aeronaves menores sem piloto (*drones*) para transporte de alguns poucos passageiros (taxi aéreo) com propulsão elétrica.

Atualmente, SPO's com aviões menores como os citados exigem uma carga de trabalho tão maior quanto mais densas, em termos da quantidade de aviões, as áreas terminais (TMA's) dos aeroportos operados. Uma maior densidade, mais ainda em condições meteorológicas adversas que possam exigir mudanças de procedimento, aumenta muito a carga de trabalho de um piloto apenas. No entanto, esta carga pode ser atenuada por novos procedimentos como o uso de CPDLC (*cockpit pilot data link communications*), que reduzem as demandas de comunicação por voz fazendo com que procedimentos exigidos pelo controle de tráfego aéreo sejam direta e automaticamente respondidos pelo avião.

A redução da tripulação técnica para apenas um piloto envolve três aspectos. O primeiro é a necessidade de 763.000 pilotos para a aviação comercial regular prevista pela Boeing ao final de 2020 para os próximos 20 anos, já considerando a pandemia atual. Operações com um piloto (*single pilot operations* – SPO's) poderão representar, segundo a Union des Banques Suisses – UBS, uma economia da ordem de 15 bilhões de USD, sendo que os atuais dois pilotos representam custos acima de 35 bilhões de USD anuais, no mundo inteiro[14]. Considerar que o conjunto de todas as empresas do mundo teve, em 2019, um faturamento de 838 bilhões de USD[15] e lucros de 26,4 bilhões de USD[16] (margem de 3,1%).

O segundo aspecto é o de seguros. Como as empresas aéreas terão grandes prejuízos em 2020, e mesmo em 2021, uma tal economia seria muito bem-vinda. Como o preço de um avião de fuselagem estreita (Boeing 737 ou Airbus 320) pode ser da ordem de 80 milhões de USD, e o de um de fuselagem larga pode chegar a 350 milhões de USD, suas operações devem ser seguradas de forma a cobrir não só a perda do avião em si como danos

[14] https://www.bbc.com/future/article/20191003-the-three-things-that-could-kill-the-pilotless-airliner

[15] https://www.statista.com/statistics/278372/revenue-of-commercial-airlines-worldwide/

[16] https://www.statista.com/statistics/232513/net-profit-of-commercial-airlines-worldwide/

a passageiros e terceiros. Os custos de tais seguros oscilam em torno de 2,0% dos custos totais de uma empresa aérea, e não se sabe se SPO's levarão a um aumento ou redução dos custos de seguros, havendo aspectos que poderão afetá-los em ambos os sentidos. O tempo, e a experiência futura definirão os resultados, considerando as prévias descritas seguir.

A maioria dos acidentes aéreos tem como causa falha humana e, em tese, o emprego mais intenso de pilotos automáticos através do uso de IA poderia reduzi-los. No entanto, tem havido falhas de sistemas automatizados, e dentre as quais as mais relevantes foram os dois acidentes com o Boeing 737 MAX com 346 mortes e que provocaram a suspensão de todas as operações deste tipo de avião (*grounding*) por 20 meses. No entanto, além de falhas de programação, que já aconteceram em outros modelos de aviões da Boeing e da Airbus, existe a possibilidade de interferências ilícitas (*hacking*) que atuem em *softwares* embarcados, influenciando os sistemas de pilotagem automática[13]. Essas interferências, que poderão ocorrer diretamente a bordo ou à distância, e que já foram comprovadas em testes, exigirão medidas muito rígidas de segurança cibernética na homologação destes *softwares*.

Em terceiro lugar, SPO's certamente enfrentarão resistências políticas por parte de entidades laborais, envolvendo, de forma direta, sindicatos e federações de pilotos, o que já aconteceu no passado quando da eliminação dos mecânicos de voo (*flight engineers*) nos aviões modernos. Mas também é razoável esperar resistências políticas por parte de entidades ligadas à formação de pilotos, como universidades e escolas especializadas, bem como de instrutores e monitores, e mesmo de pessoal de terra de suporte a operações de voo.

Os SPO's levarão a novos procedimentos em aviação, um deles ligado a sistemas de bordo, e o outro a pilotagem remota. O primeiro envolve um "botão de pane" (*red button*), que já está sendo utilizado e analisado, para que a pilotagem automática possa ser dotada de um botão a ser acionado em caso de falta do piloto. Isto fará com que o avião, por meio de seus sistemas de pilotagem automática por IA, com registros de todos os aeroportos existentes à volta de sua rota, escolha um e realize um pouso automático. O segundo é o uso de procedimentos já existente no transporte marítimo: o uso de práticos em aeroportos, capazes de assumir as tarefas de aterragem e decolagem de aviões em um dado aeroporto, substituindo os pilotos, humanos ou não, nestas operações.

Mobilidade Aérea Urbana e suas Necessidades

Tem sido estudado, já com aplicações práticas, o uso de UAV's em deslocamentos aéreos de curta distância, substituindo helicópteros e táxis. Essas aplicações consideram geralmente propulsão elétrica, com pouso e decolagem verticais (VTOL – *vertical take-off and landing*), criando o que se chama de mobilidade aérea urbana (UAM – *urban air mobility*). Muito se tem pesquisado, com várias empresas desenvolvendo produtos, como Airbus, Joby e Uber (em parceria com a Embraer), dentre outras (Figura 4).

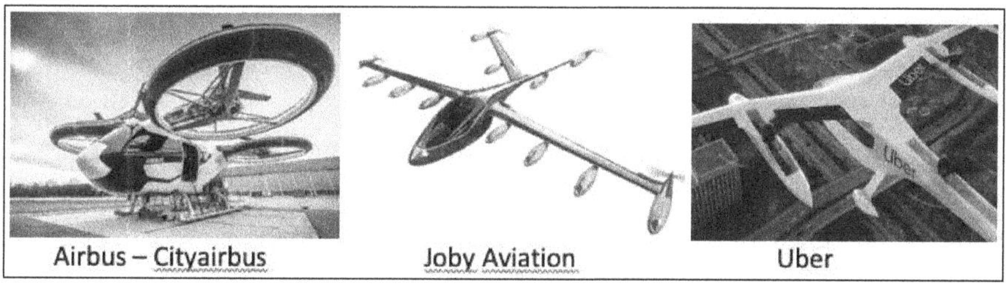

Figura 4: Veículos de UAM – *urban air mobility*

Fonte: https://www.greenbiz.com/article/7-urban-air-mobility-companies-watch

Uma das consequências associadas à UAM é existirem vários veículos, tripulados ou não (*unmaned air vehicle* – UAV's), operando simultaneamente no espaço aéreo de uma cidade, o que poderá gerar conflitos potenciais. Atualmente, a redução deste tipo de problema é feita através do uso de corredores controlados de voo para helicópteros. No entanto, com o esperado aumento de tráfego, esses conflitos potenciais terão que ser evitados por meio de um controle de tráfego aéreo (CTA) especializado. Como se o provável é que a maioria destes veículos de UAM não tenham piloto, eles terão que ser controlados por comunicações automáticas que induzam (re) ações também automáticas de seus sistemas de operação. Isto implicará o desenvolvimento de sistemas de CTA automatizados e integrados aos sistemas de voo destes veículos.

Simplificação dos Requisitos de Segurança

Os padrões de segurança da aviação civil no mundo são estabelecidos pela OACI – Organização de Aviação Civil Internacional (ICAO em inglês), organismo formado por quase todos os países e ligado a ONU. O Brasil participa do Conselho da OACI desde sua criação em 1944/47, e como o quinto maior país em área, a aviação sempre foi importante para a integração de seu território. Considerando a demanda de total de passageiros o Brasil ocupa o 10º lugar no mundo, mas em termos de passageiros domésticos é o 6º país.

Todos os requisitos de segurança são estabelecidos pela OACI na forma de padrões e recomendações de aspectos técnicos voltados à aviação internacional amplamente adotados pelos países, com algumas exceções. O Brasil não adota as recomendações, estabelecidas` pela OACI para flexibilizar os requisitos sem atentar contra a segurança das operações, e que foram aqui transformados em padrões obrigatórios pela ANAC. No entanto, é exatamente a flexibilidade associada às recomendações que permite uma amplitude de requisitos operacionais para estimular a aviação civil sem comprometer a segurança, destacando sempre que os requisitos da OACI referem-se à aviação internacional, cobrindo uma grande quantidade de países com culturas aeronáuticas muito distintas. Assim é que países como os EUA, dono de imensas cultura e experiência aeronáuticas, muitas vezes exigem padrões técnicos flexibilizados em relação aos da OACI para estimular sua aviação civil. O Brasil em boa tradição aeronáutica brasileira que certamente possibilitaria flexibilizar exigências técnicas, como a simples adoção das recomendações da OACI de forma a estimular seu transporte aéreo. Embora isso já comece a ser feito pela ANAC em seu programa Voo Livre, ainda há um bom caminho pela frente para o aumento real da capilaridade de nossa aviação, ou seja, da quantidade de aeroportos que podem ser atendidos por aviação regular.

Um exemplo emblemático de flexibilidade é o CAA (*Civil Aviation Authority*, agência de aviação civil do Reino Unido), que permite a operação de voos regulares de passageiros no aeroporto de Barra, na Escócia, onde os pousos e decolagens são realizados em uma praia, quando a maré está baixa. No Brasil, diferentemente, a operação de voos regulares em pistas maiores de 1.200 m exige faixas de pista com larguras muitas vezes não encontrada nos aeródromos do interior, o que resulta em não poder haver voos regulares em tais localidades. Isto não ocorreria se apenas seguíssemos as recomendações da OACI, voltadas à aviação internacional, que jamais operará em tais aeródromos (ICAO, 2018).

Em suma, é necessário analisar a experiência de países como o nosso em termos de área e importância de aviação (como EUA, Canadá e Austrália) e tentar trazer ao Brasil flexibilizações de requisitos que possam estimular a aviação, em especial a aviação regional. O objetivo precisa ser o de voltar a ter uma maior quantidade de cidades servidas por transporte aéreo regular.

Linhas de Desenvolvimento e Conclusões

Por fim, vale mencionar que a Embraer definiu áreas de desenvolvimento que resumem as tendências tecnológicas futuras, algumas vezes com parcerias com empresas especializadas em desenvolvimentos específicos, estabelecendo uma série de iniciativas, denominadas "verticais de inovação", entre as quais:

- eletrificação, para analisar alternativas de propulsão elétrica em aeronaves, com parceria estabelecida com a Weg (uma das maiores exportadoras de produtos manufaturados do Brasil) e com a EDP Brasil, em motores e baterias, respectivamente;
- voo autônomo (sem pilotos);
- UAM – *urban air mobility*, para analisar veículos elétricos de transporte aéreo do tipo *vertical take-off and landing*, denominado e-VTOL, em parceria com a Uber, através de sua subsidiária EmbraerX e do primeiro *spin-off* desta, a Eve Urban Air Mobility Solutions, lançada em outubro de 2020 ;
- inteligência artificial (IA) e ciência de dados;
- segurança cibernética, de forma a restringir ações de interferência ilícita (*hacking*);
- experiência do passageiro.

Estas verticais de inovação da Embraer consolidam, do ponto de vista de um fabricante de aeronaves (OEM – *original equipment manufacturer*), as tendências tecnológicas futuras do transporte aéreo mundial, que serão vistas no Brasil, que este texto procurou relacionar, de forma compacta e não exaustiva. Essencialmente são:

- cuidados de assepsia em aeroportos
- uso de propulsão elétrica em aeronaves
- pilotagem automática ou com apenas um piloto
- mobilidade aérea urbana

Além disso, mudanças na atuação das autoridades aeronáuticas brasileiras poderão efetivamente estimular um maior uso e o aumento da capilaridade da aviação civil em nosso país.

Finalmente, a formação de especialistas aeronáuticos, em especial os engenheiros, deverá considerar as novas tendências apontadas, principalmente no sentido de integrar tecnologias e especialidades distintas e adotar, tanto quanto possível, abordagens de ensino como as de PBL – *project base learning*, cujo aplicação pela Embraer em seu Programa de Especialização em Engenharia – PEE juntamente com o ITA, mostrou muito bons resultados.

Referências

ACI. *Guidelines for a Healthy Passenger Experience at Airports.* **Airports Council International**. Europe, 2020

Boeing. **Pilot and Technician Outlook 2020-2039**. 2020.

ICAO. Annex 14 to the Convention on International Civil Aviation – Aerodromes, **Volume 1 – Aerodrome Design and Operations**, 8a edição. 2018.

Capítulo 13
O Novo Transporte Aéreo Brasileiro: Nova Década, Nova Infraestrutura, Novas Oportunidades

Erika Spoljaric

Introdução

Quando a pandemia da COVID-19 desaparecer, o mundo provavelmente será completamente diferente em grandes áreas. Na economia, as mudanças estruturais vão gerar oportunidades para um novo posicionamento competitivo do Brasil, se o país avançar no desenvolvimento do transporte aéreo. Um dos passos mais importantes já foi dado: o plano de privatização dos aeroportos vem sendo executado com sucesso e a transformação da infraestrutura aeroportuária já é reconhecida na indústria do país e do mundo. É necessário avançar igualmente na formação de um setor de Aviação eficiente que amplie o acesso ao transporte aéreo por todas as regiões, maior número de empresas aéreas e que o negócio seja lucrativo para todos os atores do sistema.

De forma resumida, há quatro grandes áreas da nova economia global onde o Brasil pode se favorecer ao gerar novos fluxos de viagens à negócios e à lazer que vão demandar serviços de qualidade.

Reposicionamento da Cadeia Global de Suprimentos

O choque na oferta, que começou na China em fevereiro, e o posterior choque na demanda enquanto a economia global se retraía expuseram vulnerabilidades nas estratégias de produção e nas cadeias de suprimento de empresas praticamente no mundo todo. Restrições temporárias de comercialização e falta de produtos farmacêuticos, de insumos hospitalares essenciais e outros produtos evidenciaram fraquezas.

Os países deverão buscar novas parcerias em todos os setores da indústria por meio do movimento de *nearshoring* onde as empresas buscam transferir o trabalho para empresas com custos mais baixos e geograficamente mais perto do país de origem da matriz. A América Latina é considerada como um dos potenciais beneficiados neste processo. Além do México, que já é um importante parceiro dos Estados Unidos, Colômbia e Brasil também podem se beneficiar deste processo.

Economia verde

O relatório da WRI BRASIL[1] destaca políticas capazes de reduzir a pobreza e a desigualdade, contribuir para o cumprimento das metas econômicas e setoriais, estimular o crescimento econômico sustentável e tornar o Brasil mais resiliente a futuras pandemias e outros riscos, como as mudanças climáticas e a destruição de ecossistemas. O estudo apresenta uma extensa revisão bibliográfica dos benefícios e oportunidades de políticas em infraestrutura, indústria e agricultura, e novos resultados de emprego e renda a partir da modelagem econômica sobre políticas de baixo carbono. O que este estudo se propõe é mostrar uma série de elementos contundentes que evidenciam quão apto o Brasil está neste momento para implementar esta nova economia e o quanto o país e seu povo têm a ganhar com ela.

Agronegócio

Na Série de Palestras Técnicas on-line realizada pela EMBRAPA em 2020, o tema Perspectivas do Agro Brasileiro Pós-Pandemia abordado por RODRIGUES, Roberto [2], trouxe o diagnóstico do agronegócio brasileiro e seu desempenho essencial para a segurança alimentar do mundo nos momentos mais críticos da pandemia. Além disso, trouxe uma visão dos grandes temas do futuro da humanidade e como o Brasil se insere em cada um deles:

1. Segurança Alimentar e do Alimento
2. Sustentabilidade
3. Mudança da régua da sanidade
4. Novos hábitos alimentares
5. Possíveis mudanças do comportamento humano e funcionamento das instituições.

Turismo

Haverá uma grande mudança nas tendências de viagens à lazer e a mais óbvia será a busca por destinos mais reservados, sem as aglomerações dos destinos clássicos, e a valorização da natureza e das culturas locais. Não há dúvidas de que o Brasil pode se posicionar como destino de turismo sustentável no longo prazo.

A Importância da Mobilidade para o Crescimento Econômico

A mobilidade é essencial para o desenvolvimento econômico global e promove o avanço social e inserção das comunidades nos benefícios de aumento da riqueza. Os fluxos de comércio e de pessoas pelo modal aéreo é responsável por uma parcela significativa desta atividade. Os mercados de transporte aéreo dos Estados Unidos e do Oeste da Europa são maduros e refletem economias moldadas por um alto grau de mobilidade.

O setor de aviação nos Estados Unidos foi desregulamentado há mais de 40 anos atrás. Hoje, o país gera perto de um terço de todos os passageiros que viajam pelo modal aéreo no mundo por ano. O seu PIB (Produto Interno Bruto) de maior economia global e a extensa malha de transporte aéreo resultam em uma população que viaja muito e com maior frequência por meio do transporte aéreo. França e Alemanha também são países que apresentam o mesmo parâmetro, definido como propensão para viajar, conforme ilustrado na Figura 1: Número de viagens aéreas per capita e PIB per capita. O eixo vertical corresponde ao número de viagens per capita e o eixo horizontal ao PIB per capita.

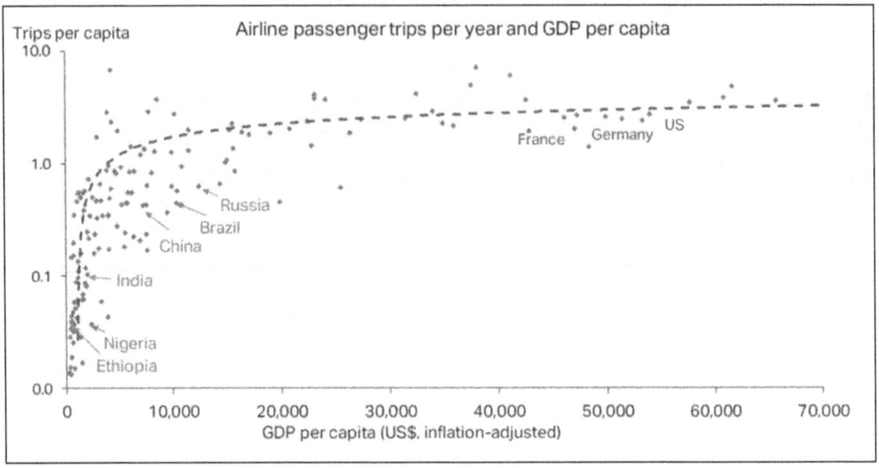

Figura 1: Número de viagens aéreas per capita e PIB per capita
Fonte: IATA (Abril 2020)

É importante observar neste gráfico a posição dos países emergentes, Brasil, Índia e China, que oferecem um grau baixo de conectividade por transporte aéreo quando comparado com as economias maduras.

A indústria americana se desenvolveu por quatro décadas. Realizou o processo de liberalização, viu nascer as empresas de baixo custo, resistiu as crises econômicas globais, as falências, executou a modernização da infraestrutura e se adaptou aos altos e baixos dos ciclos de negócios.

O resultado mais valioso deste longo processo é a ampla conectividade de sua malha de transporte aéreo. O componente principal deste sistema de conectividade é a Aviação Regional que com a frota de aeronaves de menor capacidade, como os E-Jets da Embraer, liga uma vasta rede de mercados, todos com alta frequência e conexões rápidas entre as cidades menores e os grandes centros.

A facilidade deste fluxo de pessoas e de negócios fortalece a economia nacional e é condição essencial para a produtividade de todos os setores que produzem a riqueza do país.

A figura 2 traz alguns parâmetros de comparação do sistema de transporte aéreo entre os países.

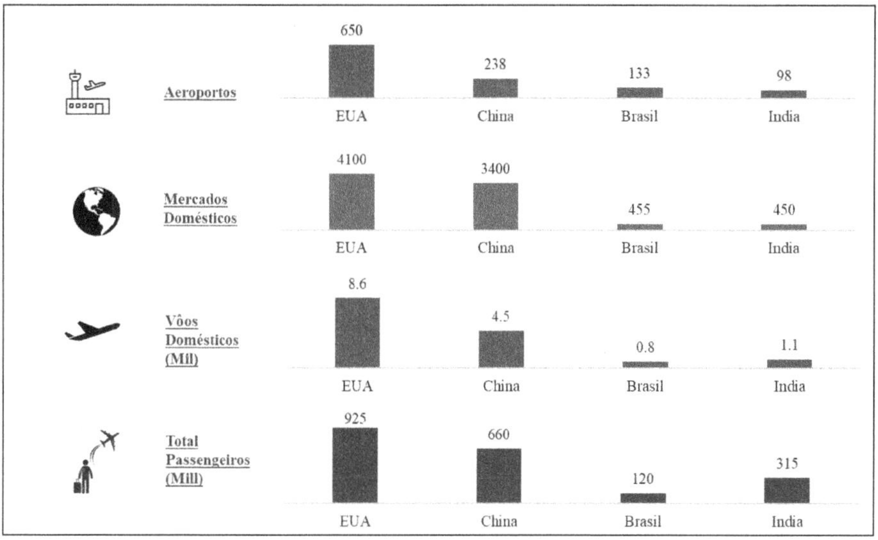

Figura 2: Visão Geral do Transporte Aéreo: Maduro versus Emergente
Fonte: Sabre MI (Abril 2019)

O Brasil, e os outros países emergentes considerados como os mais importantes para a economia global (China e Índia), podem se beneficiar das lições aprendidas pelas empresas aéreas americanas.

Essas lições poderão ajudar no desenvolvimento do Sistema de Transporte Aéreo que será demandado no mundo pós-Covid, condição essencial para o posicionamento competitivo na nova economia global.

Grande Potencial de Novas Ligações por Transporte Aéreo no Brasil

A comparação com o mercado americano é um indicador valioso do potencial de desenvolvimento de conectividade do transporte aéreo doméstico no Brasil. Nosso país, que também tem dimensões continentais com a população distribuída por cidades de pequeno, médio e grande portes, pode elaborar um plano para atingir o mesmo nível, ou similar, de conectividade.

Na figura 3, que mostra a dimensão de acesso ao transporte aéreo em número de ligações Origem-Destino (OD), pode-se verificar que a posição do Brasil é de desvantagem entre os países emergentes quando comparado com os Estados Unidos. Índia e China, no entanto, possuem extensa malha de trens que contribui significativamente para a mobilidade global de seus territórios.

Apesar de cada país ter características específicas que restringem as viagens aéreas, vale destacar pelo menos duas que são comuns a todos – falta de infraestrutura e restrições da malha de transporte aéreo.

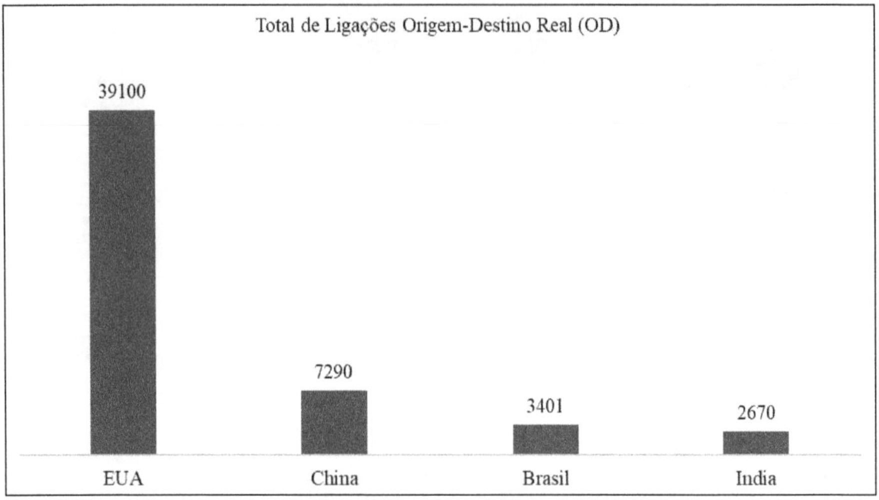

Figura 3: Potencial de Novas Ligações por Transporte Aéreo no Brasil
Fonte: Sabre MI (Abril 2019)

A Figura 4 mostra o perfil das ligações Origem-Destino do Mercado americano. Os pares de cidades com 10 ou menos passageiros por dia em cada direção (PDEW) corresponde a 85% do total de demanda de origem--destino doméstica. Esse perfil mostra que a população tem acesso a uma malha que liga praticamente qualquer cidade a qualquer outra cidade com nível alto de frequência e de forma conveniente.

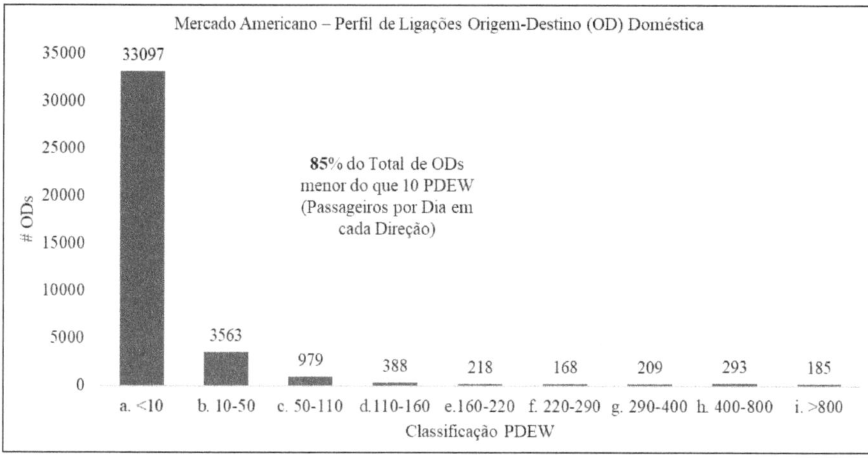

Figura 4: Perfil de Ligações Origem-Destino (OD) Doméstica do Mercado Americano
Fonte: Sabre MI (Abril 2019)

A forma como as cidades são atendidas de forma tão ampla e eficiente é majoritariamente por conexão. A figura 5 mostra a porcentagem de conexão com que cada classificação de PDEW é atendida, onde 95% dos ODs com 10 ou menos passageiros são servidos por uma porcentagem maior do que 70% de conexão. Nos ODs mais densos, como os de maior do que 800 PDEWs, 100% das ligações são atendidas por uma parcela menor do que 50% de conexão, ou seja, são atendidos por voos diretos.

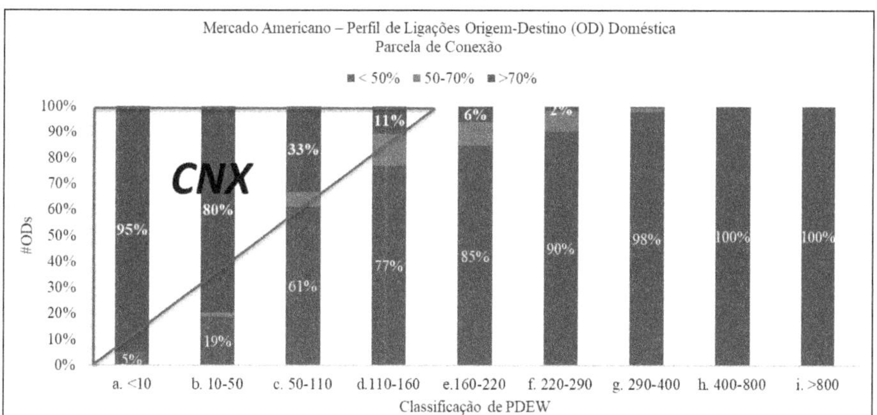

Figura 5: Perfil de Ligações Origem-Destino (OD) doméstica do Mercado Americano (como os ODs são servidos)
Fonte: Sabre MI (Abril 2019)

Esse sistema está traduzido na estratégia de negócios das empresas aéreas. As empresas americanas construíram uma malha em que os mercados de menor densidade são ligados aos hubs de médio e grande portes com as aeronaves menores, operação de Aviação Regional, com várias frequências diárias. Ou seja, a conectividade aérea nos Estados Unidos foi construída através da conexão eficiente por meio de hubs com um perfil de frota que permite que as cidades dos mais variados tamanhos tenham acesso ao modal aéreo, conforme ilustram as figuras 6, 6a, 6b e 6c.

A figura 6 ilustra a definição do que é a operação de um hub. O gráfico representa a operação de um dia típico da semana, no lado esquerdo os voos que pousam no aeroporto e no lado direito as decolagens. Cada quadrado representa um voo com as diferentes cores que representam o tipo de aeronave utilizada (Regional são os jatos de 50 e 80 assentos, Narrow-body menores jatos de 90-110 assentos, Narrowbody jatos de 110-210 assentos e Widebody os jatos com mais de 210 assentos). Essa classificação de aeronaves é específica para o mercado americano devido aos acordos de pilotos da empresa principal com as regionais.

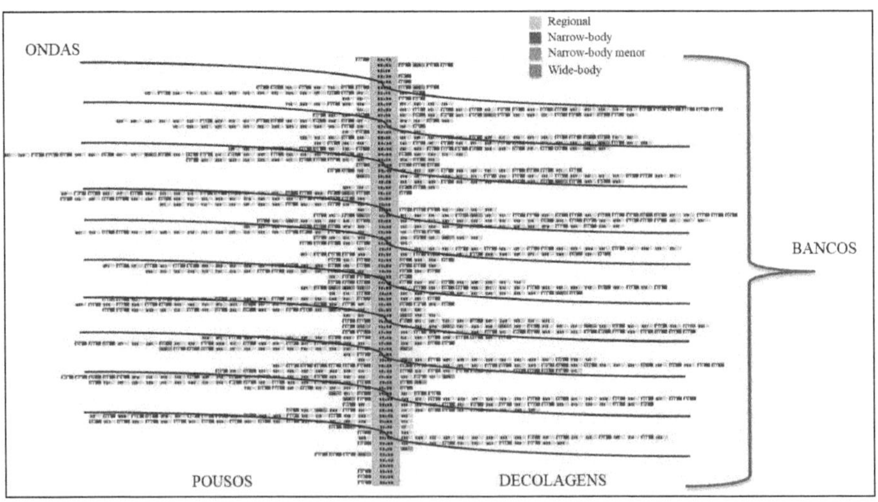

Figura 6: Representação de um Hub Eficiente
Fonte: Autora.

Uma operação de hub eficiente deve apresentar o que se denomina de ondas e bancos. Quanto mais longa a onda, mais destinos são oferecidos.

Quanto maior número de bancos, maior número de frequências diárias são oferecidas em um curto espaço de tempo. Pode-se então definir três critérios para avaliar a eficiência e conectividade de um hub:

1. Grade de horários que ofereça várias frequências diárias para cada destino, por exemplo, um passageiro que tenha uma reunião de trabalho de manhã no destino tenha opção de voltar para a origem em vários horários ao longo do dia.
2. Tempo de conexão do passageiro (ou seja, grade de horários e destinos que seja capaz de oferecer o mínimo tempo de permanência do passageiro em conexão no aeroporto)
3. Número de destinos, que aumenta efetivamente a mobilidade dentro da região ou país.

As figuras 6a, 6b e 6c apresentam então a operação de um dia típico da semana nos hubs principais das três maiores empresas aéreas, United Airlines em Chicago, American Airlines em Dallas e a Delta Airlines no maior hub do mundo, Atlanta.

Figura 6a: Hub da United Airlines em Chicago (ORD – Aeroporto Internacional O'Hare)

Fonte: Sabre MI (20 Abril 2019)

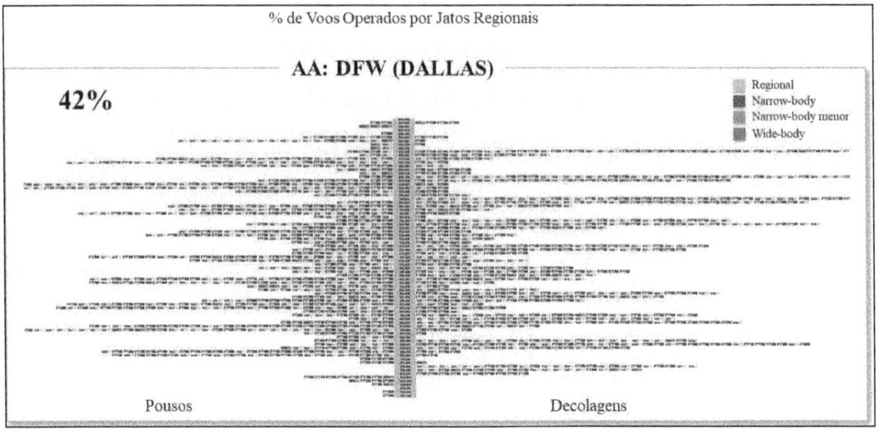

Figura 6b: Hub da American Airlines em Dallas (DFW – Aeroporto Internacional Dallas/Fort Worth)

Fonte: Sabre MI (20 Abril 2019)

Figura 6c: Hub da Delta Airlines em Atlanta (ATL – Aeroporto Internacional Atlanta-Hartsfield Jackson)

Fonte: Sabre MI (20 Abril 2019)

A informação em destaque nestes gráficos é a participação dos jatos regionais no total de voos. No hub da United a participação é de 62%, da American em Dallas é de 42% e da Delta é de 21%, o que é bastante significativo considerando que Atlanta é o maior aeroporto do mundo em volume de passageiros. Ou seja, as menores cidades americanas estão ligadas aos principais hubs globais dos Estados Unidos com a estratégia de operação das empresas aéreas regionais com as empresas aéreas principais. As aeronaves da Embraer operam 56% do total de voos das regionais no mercado americano. A estrutura de custos menor das empresas regionais garante a atratividade da parceria.

A figura 7 mostra que a operação de hub também é eficiente em outros países. Em Amsterdam, no Aeroporto Internacional de Schiphol, a participação da KLM Cityhopper, empresa regional da KLM é responsável por 47% do total de voos. A frota da KLM Cityhopper é composta por aeronaves EMBRAER 175 (88 seats), EMBRAER 190 (100 seats) e a partir de 2021 também o EMBRAER 195-E2 (136 assentos). Para a Europa a classificação de Regional utilizada é de jatos até 150 assentos.

A Austrian Airlines opera os EMBRAER 195 (120 assentos) em Viena que corresponde a 42% do total da operação e a LOT opera os EMBRAER 175 (82 assentos) e o EMBRAER 195 (112 assentos) em Varsóvia, com 87% do total de voos.

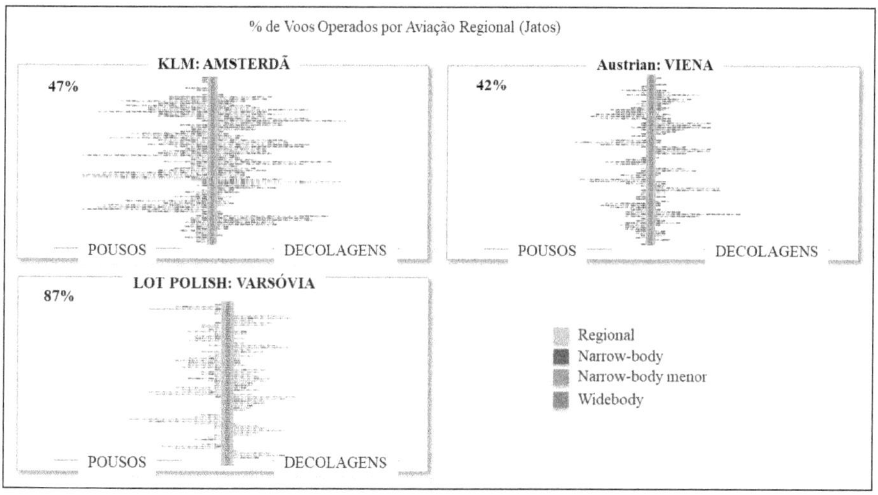

Figura 7: Exemplos de Aeroportos Hub na Europa
Fonte: Sabre MI (20 Abril 2019)

O setor aéreo brasileiro já avançou na expansão da conectividade nos últimos 10 anos, tanto na implementação de hubs regionais como também por voos ponto a ponto. Mas é necessário avançar mais para garantir que a excelência em mobilidade, que será um dos pilares de sustentação do desenvolvimento econômico do país frente as novas oportunidades, seja um facilitador e não um obstáculo para o novo posicionamento do Brasil na economia global pós-COVID.

O Sistema de Transporte Aéreo Brasileiro Está Preparado para Expandir e Apoiar as Oportunidades de Crescimento Econômico do Brasil

Historicamente o Brasil sempre foi considerado como um dos maiores mercados de transporte aéreo. No entanto, diversos fatores sempre limitaram o desenvolvimento deste potencial sendo este comportamento uma característica natural dos países em desenvolvimento. A figura 8 mostra a evolução do crescimento de RPK do mercado doméstico e a previsão de crescimento para os próximos 10 anos. No período de 2020 a 2029 o Brasil vai crescer 4% ao ano, acima da média mundial prevista de 2.4% ao ano. No período a partir de 2022, ano em que o mercado atinge o nível de RPK de 2019, o crescimento é de 5.1% ao ano.

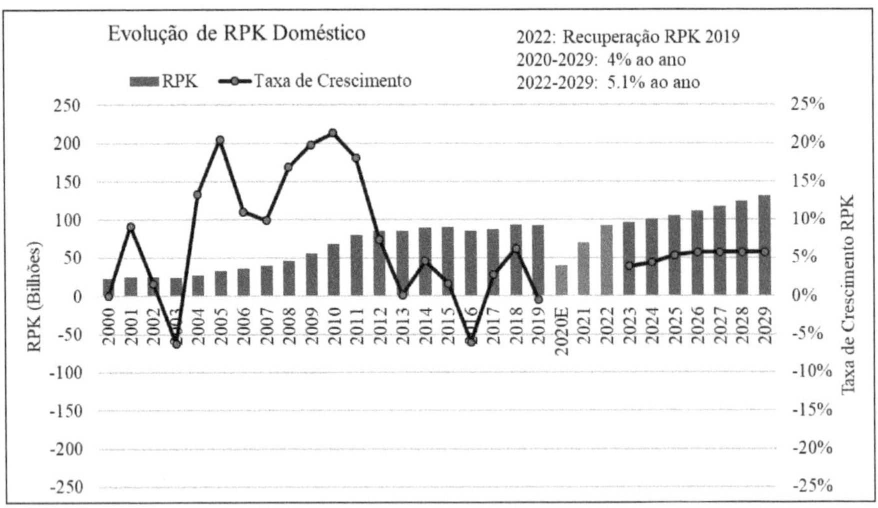

Figura 8: Evolução do RPK Doméstico Brasileiro

Fonte: Sabre MI

Há três fatores que mostram que o país está em um momento histórico de oportunidade de desenvolvimento sustentável da aviação e de expansão do modal aéreo para todas as regiões do país.

A Expansão dos Mercados no Modelo de Multi-Hubs Regionais

Nos últimos 10 anos o perfil de participação de aeronaves em número de voos mudou, conforme mostra a figura 9. Em 2008 a participação de aeronaves de até 120 assentos era de 7% e em 2019 atingiu 31%.

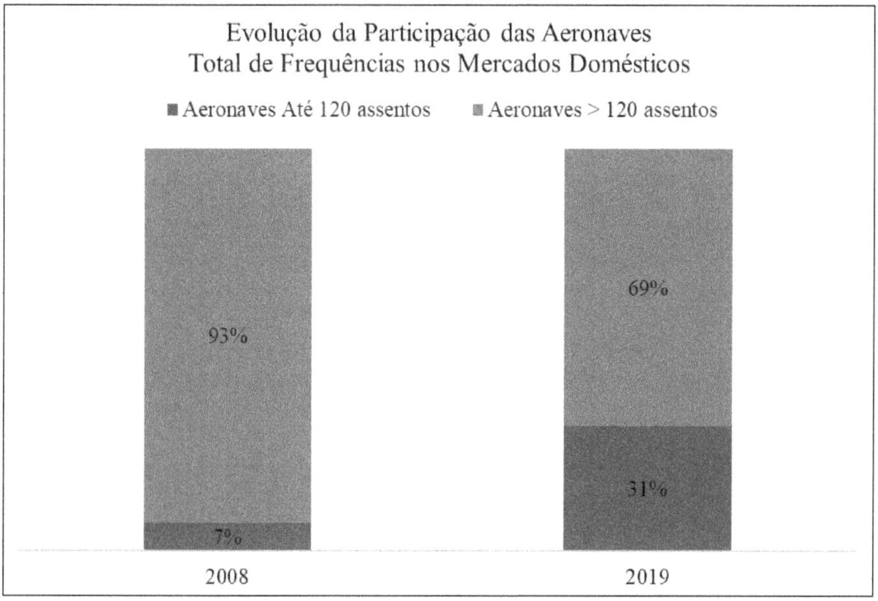

Figura 9: Evolução da Participação das Aeronaves no Mercado Doméstico Brasileiro (2008-2019)

Fonte: Sabre MI

Esta mudança de perfil trouxe uma mudança estrutural nas características do transporte aéreo no país: o aumento de novos mercados.

A figura 10 mostra que o número de mercados novos aumentou 6.4% ao ano desde 2008 mesmo com as variações no crescimento de RPK no período. Os novos mercados foram abertos em sua maioria, 61% do total, com aeronaves até 120 assentos.

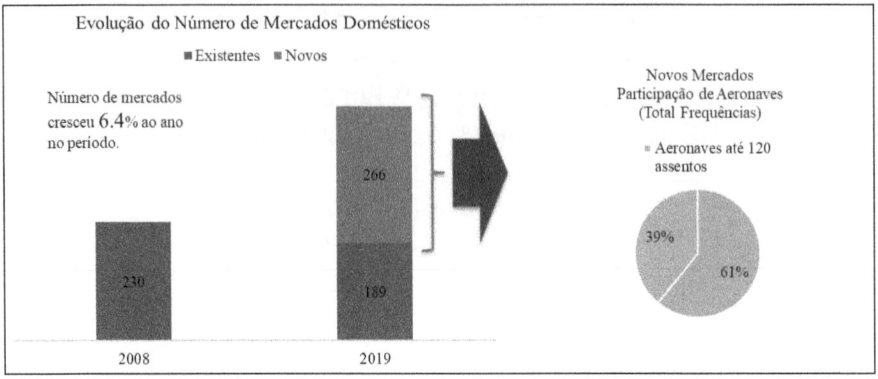

Figura 10: Evolução do Número de Mercados Domésticos
Fonte: Sabre MI

A Azul foi responsável pela abertura de 64% do total destes novos mercados (Figura 11).

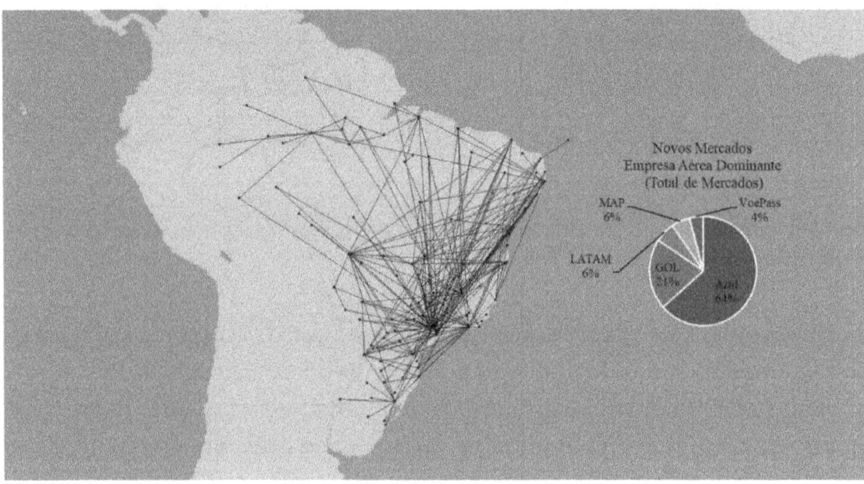

Figura 11: Abertura de Novos Mercados por Empresa (2008 – 2019)
Fonte: Sabre MI

A análise da estratégia de abertura destes mercados mostra a implementação de hubs regionais, similar ao padrão dos exemplos de hubs do mercado americano e europeu, onde a alocação da aeronave menor permite a abertura de mercados onde é possível atender ODs muito pequenos.

As figuras 12 a 18 mostram as características principais dos aeroportos de Campinas (VCP), Recife (REC), Belo Horizonte (CNF), Cuiabá (CGB), Goiânia (GYN) e Porto Alegre (POA), desses mercados novos, onde a Azul constrói sua estratégia de multi-hubs.

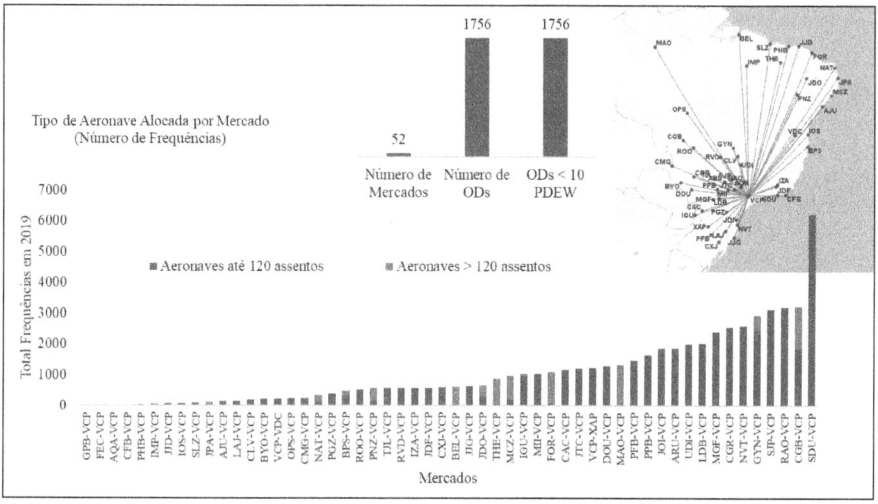

Figura 12: Mercados Novos no Hub de Campinas (VCP)
Fonte: Sabre MI

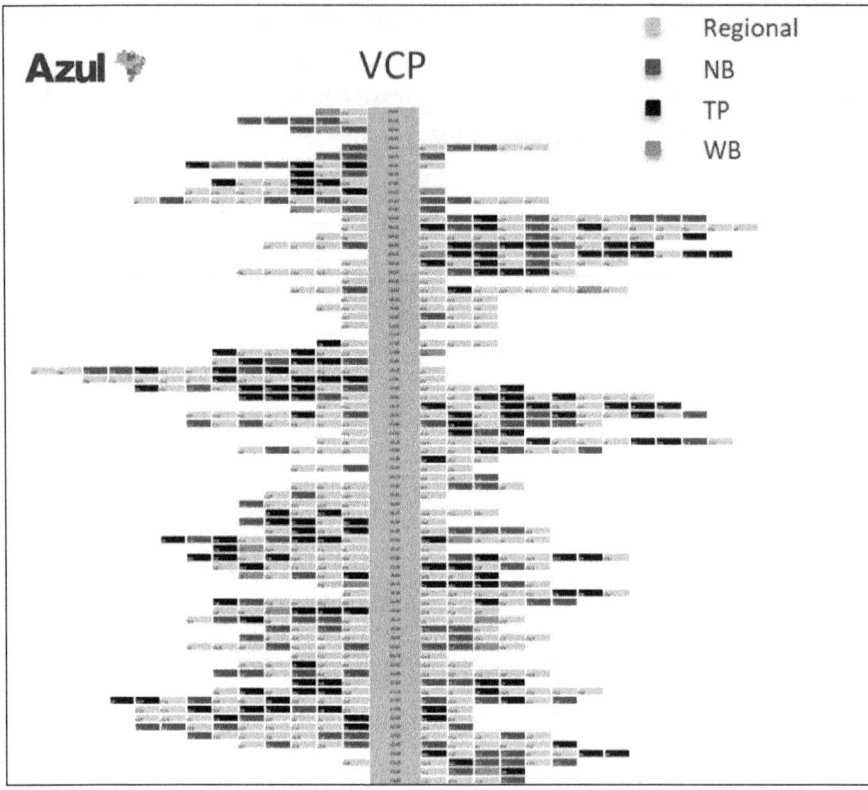

Figura 12a: Hub de Campinas 2019 (VCP)

Fonte: Sabre MI (2019)

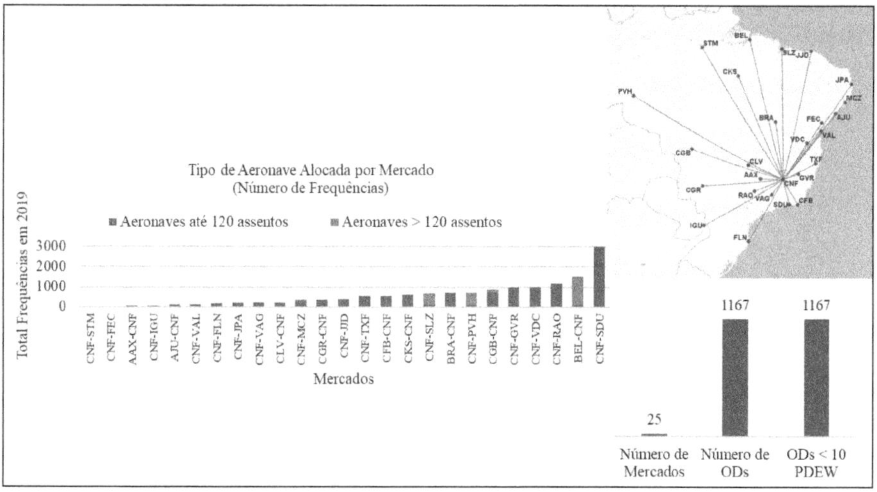

Figura 13: Mercados Novos no Hub de Belo Horizonte (CNF)
Fonte: Sabre MI

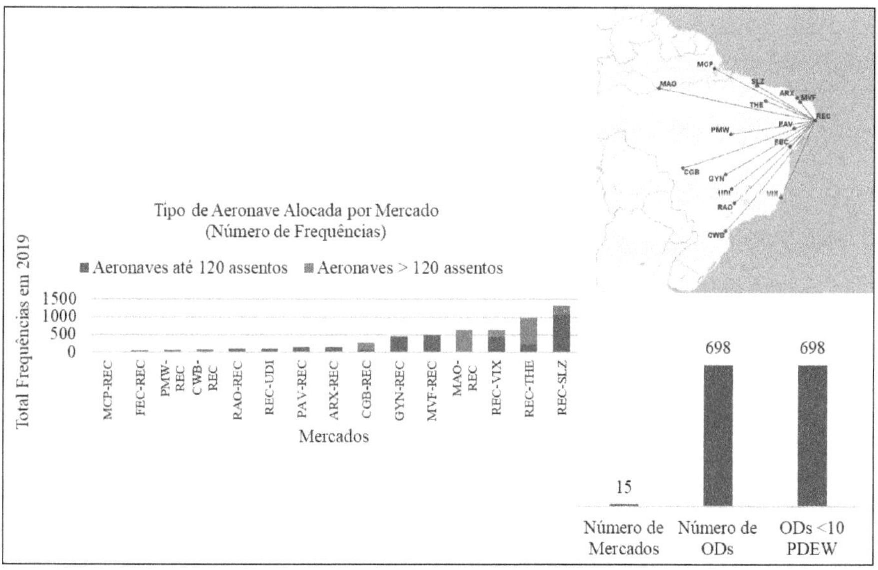

Figura 14: Mercados Novos no Hub de Recife (REC)
Fonte: Sabre MI

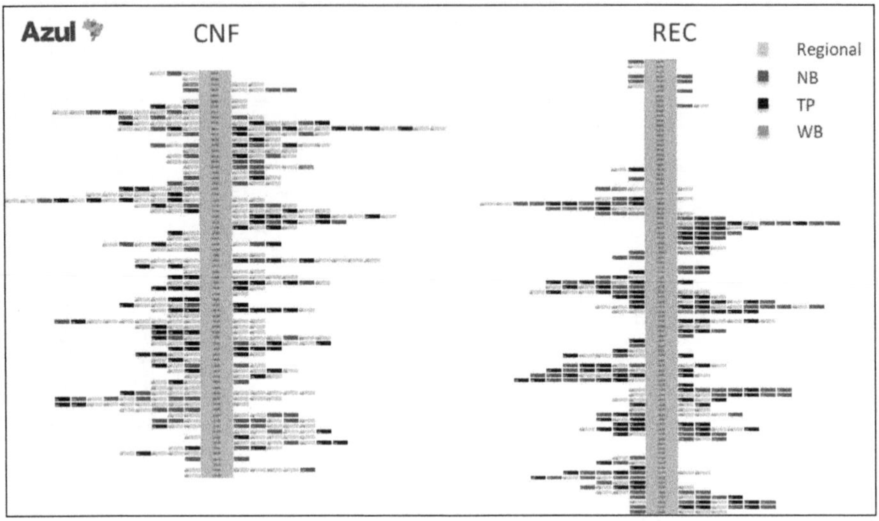

Figura 15: Hub de Belo Horizonte (CNF) e Recife (REC) em 2019
Fonte: Sabre MI (2019)

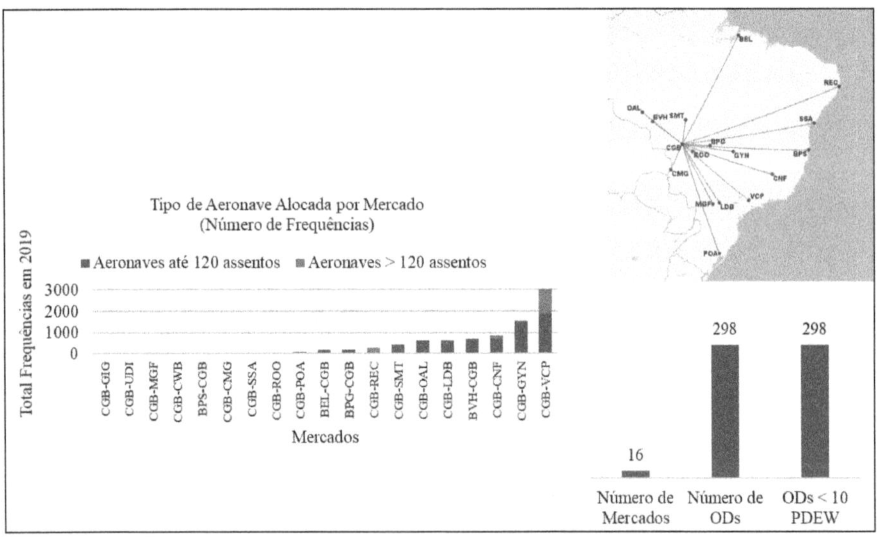

Figura 16: Mercados Novos no Hub de Cuiabá (CGB)
Fonte: Sabre MI

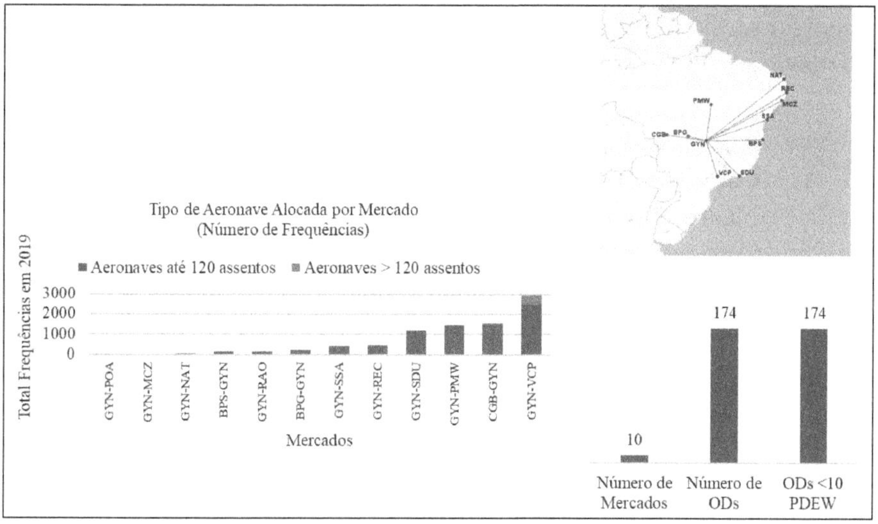

Figura 17: Mercados Novos no Hub de Goiânia (GYN)
Fonte: Sabre MI

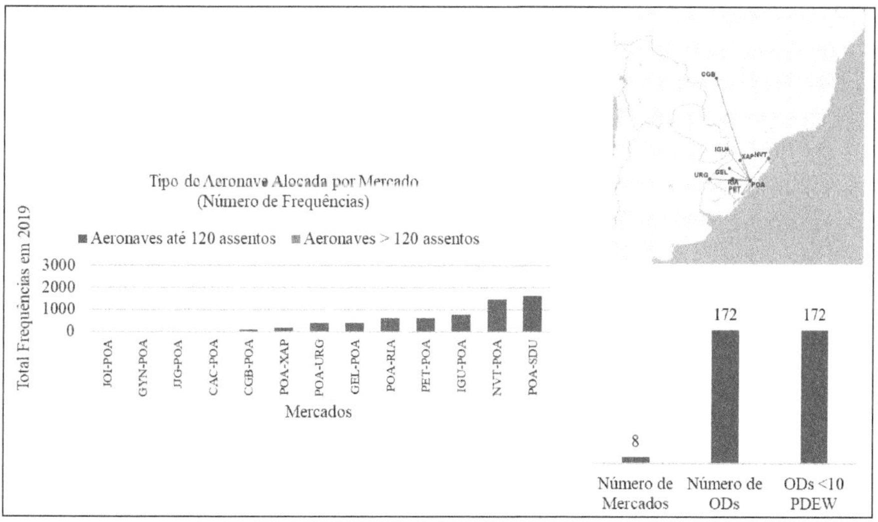

Figura 18: Mercados Novos no Hub de Porto Alegre (POA)
Fonte: Sabre MI

O Brasil está preparado para avançar ainda mais. O sucesso da elaboração, do planejamento e da execução do plano de privatização dos aeroportos merece ser reconhecido como um dos pilares, talvez até o mais importante, do comprometimento do governo brasileiro com a expansão do transporte aéreo como um dos vetores do desenvolvimento econômico.

O Sucesso do Plano de Privatização dos Aeroportos Prepara o Brasil para o Mundo Pós COVID

A falta de infraestrutura aeroportuária é um dos principais obstáculos para o crescimento do transporte aéreo. Os níveis de investimento são muito altos, a dificuldade de alocação de áreas para a construção de aeroportos novos é escassa e a carência de mão de obra especializada dificulta a eficiência de operação em várias áreas técnicas.

O plano de privatização dos aeroportos é uma estratégia aplicada em vários países para resolver esse problema, porém não alcançou as dimensões estratégicas do plano brasileiro.

Primeiro, a abrangência, que contempla todo o território nacional. Segundo, a inclusão não somente de todos os aeroportos das grandes capitais e cidades médias como também das cidades de menor porte. E, terceiro, a avaliação constante de cada uma das fases dos leilões e a avaliação de lições aprendidas aplicadas nas fases seguintes, o que têm tornado a atratividade das concessões cada vez maior e com melhores resultados financeiros, de execução e de operação.

A Figura 19 mostra as etapas concluídas do plano de privatização e respectivos aeroportos em um total de 22. A Figura 20 mostra as duas últimas etapas programadas para 2021 e 2022. Vale ressaltar que esse processo tem atraído as empresas de gestão aeroportuária ao redor do mundo com a participação de todos os principais operadores.

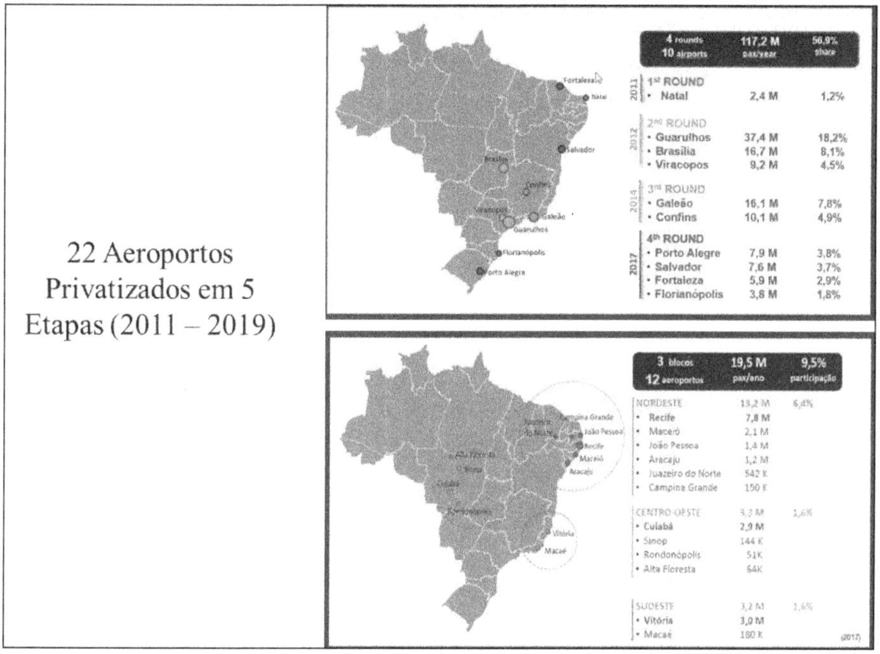

Figura 19: Etapas concluídas do Plano de Privatização de Aeroportos

Fonte: Secretaria de Aviação Civil (SAC, 2017)

Próximos Passos: 6ª e 7ª Rodadas

6ª Rodada (2019-2020)					
Bloco Sul		**Bloco Norte I**		**Bloco Central**	
Aeroporto	PAX 2017	Aeroporto	PAX 2017	Aeroporto	PAX 2017
Curitiba	6,7	Manaus	2,6	Goiânia	3,0
Bacacheri	0,6	Porto Velho	0,8	São Luis	1,6
Foz do Iguaçu	2,2	Rio Branco	0,3	Teresina	1,1
Navegantes	1,6	Boa Vista	0,3	Palmas	0,7
Londrina	0,9	Cruzeiro do Sul	0,1	Petrolina	0,5
Joinville	0,5	Tabatinga	0,07	Imperatriz	0,3
Pelotas	0,03	Tefé	0,05	Parnaíba*	0,01
Uruguaiana	0,02			Paulo Afonso*	0,01
Bagé	---				
TOTAL	**12,5**	**TOTAL**	**4,2**	**TOTAL**	**7,2**

7ª Rodada (2021-2022)					
Bloco Norte II		**Bloco RJ-MG**		**Bloco SP-MS**	
Aeroporto	PAX 2017	Aeroporto	PAX 2017	Aeroporto	PAX 2017
Belém	3,3	Santos Dumont	9,3	Congonhas	21,8
Belém – Júlio César	0,1	Jacarepaguá	0,2	Campo Grande	1,5
Macapá	0,6	Uberlândia	1,1	Campo de Marte	0,12
Santarém	0,5	Montes Claros	0,3	São José dos Campos*	0,03
Marabá	0,3	Pampulha	0,2	Corumbá	0,03
Carajás	0,1	Carlos Prates	0,02	Ponta Porã	---
Altamira	0,1	Uberaba	0,08		
TOTAL	**5,0**	**TOTAL**	**11,2**	**TOTAL**	**23,5**

* Tratativas com os Estados para delegação

Figura 20: Etapas do Plano de Privatização dos Aeroportos Programadas para 2021 e 2022

Fonte: Secretaria de Aviação Civil (SAC, 2017)

A Figura 21 representa a dimensão da transformação da infraestrutura aeroportuária. A relevância dos aeroportos concedidos, o potencial de novas rotas como oportunidade de expansão para as empresas aéreas e os benefícios que cada região terá como pilar para o seu desenvolvimento econômico em suas respectivas vocações.

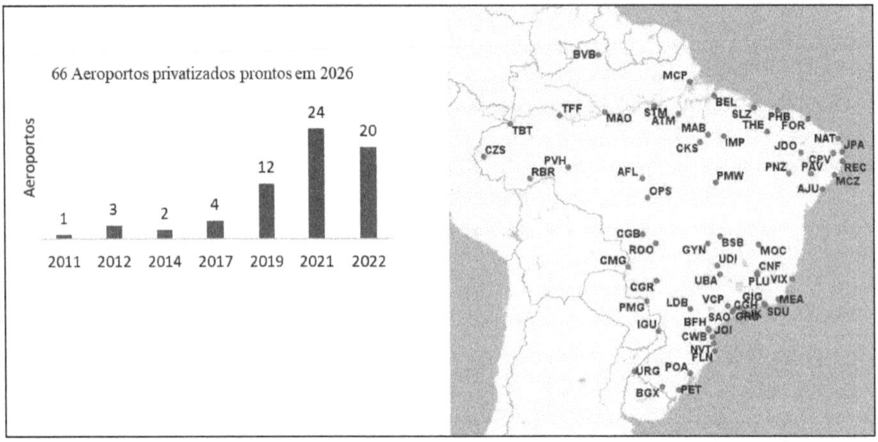

Figura 21: Perfil da Infraestrutura Brasileira em 2026
Fonte: Embraer, Secretaria de Aviação Civil

O novo perfil da infraestrutura aeroportuária vai oferecer oportunidades para a entrada de novas empresas aéreas no sistema.

Potencial da Aviação Regional

A Figura 22 mostra o perfil da frota em serviço no Brasil comparado com os Estados Unidos, em número de voos.

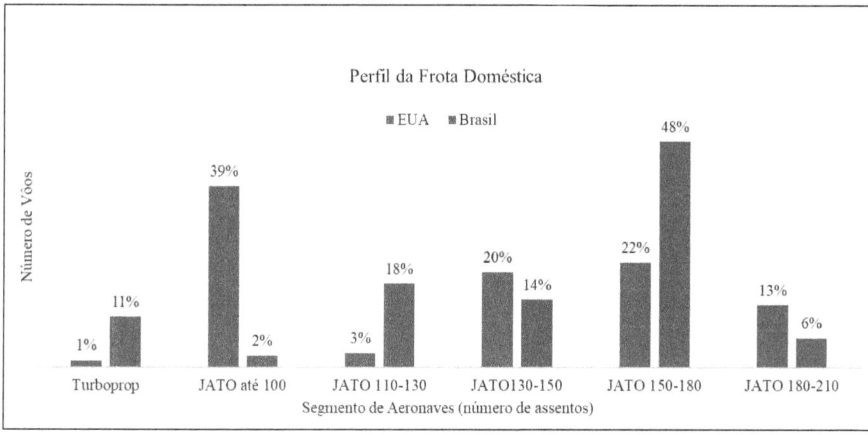

Figura 22: Perfil da Frota Doméstica do Brasil versus EUA
Fonte: Ascend, Embraer (2019)

Utilizando-se uma segmentação de aeronaves mais detalhada, pode-se observar a relevância da aviação regional no mercado americano para aeronaves de até 100 assentos: 40% do total de voos enquanto no Brasil esta participação é de apenas 13%. É importante ressaltar que nos EUA há uma restrição no tamanho (em torno de 80 assentos) e quantidades de aeronaves (relação com o tamanho da frota da empresa "*mainline*") que podem ser operadas por empresas regionais, denominada "*scope clause*". O mais importante no entanto é o contrato de operação da empresa regional com a empresa principal, denominado de CPA (*Capacity Purchase Agreement,* em português Contrato de Compra de Capacidade). De forma simplificada, no contrato de CPA a empresa regional recebe um valor fixo que cobre seus custos e ainda garante uma margem de lucro garantida. Além disso, elimina todos os riscos para as empresas regionais pois todos os custos são de responsabilidade da empresa principal, inclusive o de combustível.

O contrato de CPA permite que a empresa principal aumente sua capacidade com aeronaves que não fazem parte da sua frota. Esta estratégia permite que a empresa cresça rapidamente e acesse novos mercados com a aeronave de tamanho adequado para cada demanda. O ajuste da oferta de capacidade pode ser feito tanto ao longo do dia como ao longo da semana. Além do mais, a estrutura de custos da empresa regional é menor e torna a operação das aeronaves menores altamente atrativa quando comparado com a estrutura de custos da empresa principal.

A Aviação Regional é, portanto, a ferramenta fundamental para criar a malha de acesso ao transporte aéreo, e pode-se resumir seu papel principal neste processo em três principais vantagens:

1. A estrutura de custos mais baixa que favorece a operação de aeronaves menores que fornecem as capacidades adequadas para a demanda das cidades de baixa e média densidades.
2. É a ferramenta para a abertura de novos mercados com qualidade de serviço, ou seja, com volume de frequência que garante a efetiva construção da mobilidade.
3. É a espinha dorsal para a operação de hub tornando possível a conexão de múltiplos destinos que não têm demanda para sustentar um voo.

A flexibilidade da frota em serviço é a ferramenta que vai determinar a transformação da conectividade e a forma mais eficiente de operação de cada segmento de aeronave.

Conclusões

A revisão do programa de desenvolvimento da aviação regional é urgente, e requer a inclusão de novas estratégias, simplificação e eficiência na execução

As abordagens que o Governo Brasileiro vem adotando desde 2012 para desenvolver a aviação regional não obtiveram sucesso e continuam sendo o principal limitante na expansão do modal aéreo no país.

Ainda que o Programa de Investimento em Logística, lançado em 2012, tenha conseguido avançar com a privatização dos aeroportos, o plano não incluiu ações claras para a Aviação Regional.

Em 2014 o governo lançou por medida provisória — convertida na lei 13.097/2015 — o Programa de Desenvolvimento da Aviação Regional (Pdar). Apesar da boa expectativa das empresas aéreas e de fabricantes de aviões, o Pdar nunca chegou a ser regulamentado pela Secretaria de Aviação Civil (SAC) e foi suspenso pelo governo em junho de 2015, em decorrência de medidas de ajuste fiscal.

As perspectivas econômicas positivas pós pandemia demandam a urgente revisão dos planos de desenvolvimento para a Aviação Regional. É necessário rever com celeridade as medidas consideradas nos planos anteriores e incluir medidas adicionais que garantam um plano robusto, simples e amplo para a Aviação Regional. Dentre as iniciativas que foram estudadas no âmbito de redução de custos, deve-se incluir a implementação do modelo de contratação de empresas regionais por empresas principais, semelhante ao modelo de CPA (*Capacity Purchase Agreement*).

Este é o modelo de negócio que o setor de Aviação precisa para favorecer os resultados financeiros positivos que fomentam novas oportunidades de crescimento para as empresas aéreas. O potencial de negócios que é criado nas regiões estimula a criação de empresas aéreas regionais, gera novos empregos em todo o sistema, fortalece os hubs existentes e estimula a criação dessa operação em aeroportos em todas as regiões do Brasil. Além disso estabelece a qualidade de serviço, ou seja, frequências diárias que garantem a inserção das regiões nos polos de crescimento econômico.

O país precisa da Aviação Regional como um dos pilares para construir uma economia forte, ampla, competitiva e que fortaleça os potenciais de crescimento e liderança que o país já possui em setores essenciais para a Economia Global do futuro pós COVID.

Referências

RODRIGUES, R. Perspectivas do Agro Brasileiro Pós-Pandemia. **Série de Palestras Técnicas (SPT) on line Embrapa**, 2020. (Disponível no canal do youtube da Embrapa. Acesso em 15 dez. 2020.)

WRI BRASIL. Uma Nova Economia para uma Nova Era: Elementos para a Construção de uma Economia Mais Eficiente e Resiliente para o Brasil. São Paulo, 2020.

Capítulo 14
Insegurança Jurídica e os seus Efeitos no Serviço de Transporte Aéreo

Ricardo Bernardi

Relevância do Transporte Aéreo e os Efeitos da Crise Desencadeada pela Pandemia do COVID-19

O setor do transporte aéreo tem contribuído enormemente para a economia do Brasil, não apenas conectando as mais longínquas regiões do nosso território, assegurando o deslocamento seguro e eficiente de pessoas e cargas, mas também no plano internacional, inserindo o país entre as grandes potências mundiais, razão pela qual deve ser preservado e fomentado em prol do interesse nacional.

De acordo com estudos realizados pela *International Air Transport Association* (IATA)[1], em termos econômicos, antes da pandemia, o setor do transporte aéreo, incluindo companhias aéreas, respectiva cadeia de suprimentos e consumo de turistas estrangeiros, contribuía com o valor estimado de US$ 18,8 bilhões para o Produto Interno Bruno (PIB) do país, o que equivale a 1.1% do total produzido. Dados coletados pela Associação Brasileira das Empresas Aéreas revelam que o setor da aviação como um todo, incluindo operadores aeroportuários, operadores de serviços auxiliares e a indústria aeronáutica, gerava 557 mil empregos diretos antes da pandemia. Se considerada toda a cadeia de suprimentos do setor (empregos indiretos), consumo dos funcionários e de sua cadeia de suprimentos

[1] https://www.iata.org/contentassets/bc041f5b6b96476a80db109f220f8904/brazil-o-valor-do-transporte-aereo.pdf

(empregos induzidos) e ainda os empregos favorecidos pela aviação nos ramos associados ao turismo, chegávamos à cifra dos 6,4 milhões de postos de trabalho viabilizados ou estimulados.

Conforme os dados do Anuário do Transporte Aéreo disponibilizado pela ANAC[2], no ano de 2019 foram transportados 119,4 milhões de pessoas em voos domésticos e internacionais, o que representou o maior volume de passageiros da série histórica que, não obstante as dificuldades inerentes ao setor, experimentava consecutivos aumentos ao longo dos anos. Estimava-se[3], antes da pandemia, que o setor dobraria de tamanho em 20 anos, o que dobraria sua contribuição para o PIB e elevaria a produção de empregos proporcionalmente. Ainda, caso resolvidos os entraves ao crescimento, com destaque à excessiva judicialização entre os principais, haveria capacidade de até mesmo quintuplicar esse potencial de crescimento, o que colocaria o Brasil em situação similar ou mais vantajosa em comparação a outros países desenvolvidos, onde a participação do setor no PIB fica entre 3,2% e 3,4%.

Mas a pandemia que se alastrou a partir do ano de 2020 foi devastadora para o setor aeronáutico como um todo, em razão da necessidade de isolamento social e restrições a viagens impostas por governos do mundo todo.

Segundo estimativas da IATA[4], no ano de 2020 houve uma redução no transporte internacional estimada em 66% em termos de RPK (Passageiros – Quilômetros Pagos Transportados), o que equivale ao maior declínio da história da aviação mundial desde a 2º guerra. No Brasil, conforme dados disponibilizados pela Associação Brasileira das Empresas Aéreas (ABEAR)[5] a redução em termos de RPK no transporte doméstico atingiu 48,7% no ano. Essa redução implicará uma perda de receita em desfavor das companhias aéreas brasileiras estimada de aproximadamente US$ 10,8 bilhões, o que equivale a uma queda de 57% na comparação com o ano de 2019, retirando US$ 6,64 bilhões de contribuição ao PIB nacional.

[2] https://www.anac.gov.br/noticias/2020/mercado-aereo-registra-maior-numero-de-passageiros-transportados-da-serie-historica

[3] https://valor.globo.com/empresas/noticia/2019/10/03/transporte-areo-no-brasil-deve-dobrar-de-tamanho-at-2037-estima-iata.ghtml

[4] https://www.iata.org/en/iata-repository/publications/economic-reports/airline-industry-economic-performance---november-2020---report/

[5] https://www.abear.com.br/imprensa/agencia-abear/noticias/demanda-por-voos-domesticos-tem-queda-de-487-em-2020-diante-de-2019/

Essa crise sem precedentes exige, mais do que nunca, que se busque um ambiente pautado pela segurança jurídica, de forma a fomentar os necessários investimentos para recuperação do setor em prol do beneficiário do serviço: o consumidor. Se antes as empresas de transporte aéreo já vinham enfrentando dificuldades em decorrência de problemas isolados, como o alto custo do combustível de aviação e o extremo volume de litígios que grassam nossos tribunais e que limitavam o seu potencial de crescimento, agora estas dificuldades poderão impedir a própria sobrevivência de parte delas e podem empurrar o país para o tortuoso e triste caminho do retrocesso.

Mas momentos de crise abrem oportunidades de melhora. Essa é a opinião dos inteligentes que são otimistas por natureza, pela visibilidade aberta e livre de preconceitos que a inteligência lhes proporciona. Resta saber se a sociedade brasileira perceberá a urgente necessidade de despir-se dos preconceitos que se consolidaram nas últimas décadas e reconhecer os erros cometidos, que acabaram por gerar no setor do transporte aéreo uma insegurança jurídica sem precedentes e sem paralelo no mundo, causadora do inigualável volume de ações judiciais.

A Judicialização Excessiva: Um "Vírus Jurídico" Brasileiro

O Brasil é, com larga margem e sem qualquer parâmetro de comparação com qualquer outro, o país com maior número de ações judiciais propostas em face de companhias aéreas. Ao mesmo tempo, paradoxalmente, está entre os países com menor índice de problemas associados ao transporte aéreo de passageiros e bagagens.

Ressalve-se, de início, que estamos utilizando o termo "judicialização" para nos referirmos às ações propostas em face de companhias aéreas na busca de indenizações por fatos que, em outras terras, são considerados corriqueiros e esperados por todo passageiro que opta por se deslocar por via aérea e que, portanto, não configuram, em hipótese alguma, dano indenizável. Mais precisamente, o termo judicialização, para os efeitos deste texto, refere-se a ações de indenização em que se pleiteia dano moral em razão da ocorrência de atraso de voo, ainda que decorrentes de força maior ou fato de terceiro ou motivadas por medidas de segurança de voo, bem como de atraso, avaria ou perda de bagagem, ainda que a companhia aérea pague o valor indenizatório previsto em lei.

Para que se tenha uma ideia da desproporção quanto ao volume de judicialização em território brasileiro, destaque-se pesquisa que realizamos com as três principais empresas aéreas norte-americanas que operam no Brasil. Esse trabalho demonstrou que no Brasil há, em média, uma ação judicial para cada 227 passageiros transportados no ano de 2019, ao passo que nos Estados Unidos, há em média uma ação judicial para cada 1.254.561 passageiros transportados, o que perfaz uma diferença de 552.670%. Em outro giro, tem-se aqui uma ação judicial para cada 1,8 voos operados pelas companhias aéreas analisadas, ao passo que nos Estados Unidos há uma ação judicial para cada 12.685 voos operados.

Segue abaixo ilustração dos dados mencionados no parágrafo anterior, incluindo dados os anos de 2017 e 2018:

Demonstrativo

Bernardi & Schnapp ADVOGADOS

Brasil	2017	2018	2019
Numero de voos	7.263	7.300	5.913
Passageiros Transportados	2.757.432	2.800.698	2.549.978
Ações Distribuídas	7.797	9.044	11.225
Proporção de ações judiciais por voo realizado	1 ação para cada 1,07 voos	1 ação para cada 1,2 voos	1 ação para cada 1,8 voos
Proporção de ações judiciais por passageiro transportado	1 ação para cada 353 passageiros	1 ação para cada 309 passageiros	1 ação para cada 227 passageiros
Estados Unidos	**2017**	**2018**	**2019**
Numero de voos	4.021.779	4.180.050	4.338.321*
Passageiros Transportados	397.754.000	413.407.000	429.060.000*
Ações Distribuídas	353	368	342*
Proporção de ações judiciais por voo realizado	1 ação para cada 11.393 voos	1 ação para cada 11.358 voos	1 ação para cada 12.685 voos
Proporção de ações judiciais por passageiro transportado	1 ação para cada 1.126.780 passageiros	1 ação para cada 1.123.388 passageiros	1 ação para cada 1.254.561 passageiros

Figura 1: Comparação dos níveis de judicialização na aviação: Brasil x Estados Unidos
Fonte: Bernardi & Schnapp Advogados.

Nem que fossem piores os serviços aqui do que em outras terras, nada justificaria essa diferença abissal quanto ao número de ações ajuizadas. Mas sequer é esse o caso. Considerando ações judiciais decorrentes de atrasos de voos, que representam o maior volume de litígios, vale destacar que as companhias aéreas estão cada vez mais pontuais. Segundo o estudo elaborado pela consultoria inglesa OAG (*Official Airline Guide* 2018), em 2018 as quatro companhias aéreas brasileiras – GOL, Latam, Avianca e Azul – estavam entre as 20 companhias aéreas mais pontuais do mundo[6].

Iludem-se aqueles que imaginam que esse alto volume de processos revela um sistema altamente protetivo ao consumidor. Na realidade, demonstra nada mais do que um sistema equivocado, gerador de prejuízos a toda sociedade: consumidores, empresas aéreas e seus empregados, contribuintes e a nação como um todo.

Como dizem as mais experientes mulheres e os mais experientes homens de negócio, não existe lanche grátis. Fato é que em qualquer sociedade, independentemente do regime de governo pretensamente adotado, tudo apresenta um custo, que é pago com produção de bens corpóreos, incorpóreos ou serviços de todas as naturezas. Quanto maiores os custos de produção e menor a concorrência no mercado relevante, maior o preço a ser oferecido ao consumidor, o que de plano já o prejudica.

Estima-se que os custos decorrentes da judicialização no setor aéreo chegaram a algo e torno de R$ 1 bilhão[7]. Esses custos são repassados ao consumidor, não apenas na forma de tarifas mais altas, mas também na limitação de oferta. Hoje temos um regime de liberdade tarifária, com tendência de desregulamentação econômica e incentivo à concorrência, o que propiciou queda nos preços das passagens nos últimos anos, em um bem-vindo movimento de democratização desse modal de transporte, que, antes da tragedia imposta pela pandemia, não era mais restrito às elites, mas havia se tornado cada vez mais ao alcance também dos menos favorecidos. Na medida em que a judicialização aumenta e passa a impactar nos custos, além do próprio aumento no valor do bilhete aéreo, há desincentivo a investimentos e à vinda de novas empresas para o país e em especial às chamadas "low cost" (ou empresas de baixo custo), o que faz com que o consumidor perca a chance de se beneficiar das vantagens que a concorrência mais acirrada traria: mais opções de serviços e menores preços.

Mais precisamente, podemos afirmar que o grande volume de judicialização representa verdadeira barreira à entrada de novas empresas aéreas que pretendam aqui operar, além de dificultar enormemente, desconsiderados os problemas gerados pela pandemia, a sobrevivência das que já

6 https://www.mercadoeeventos.com.br/noticias/aviacao/consultoria-inglesa-coloca-10-empresas-aereas-do-brasil-entre-as-mais-pontuais/

7 https://valor.globo.com/empresas/noticia/2019/10/03/transporte-areo-no-brasil-deve-dobrar-de-tamanho-at-2037-estima-iata.ghtml

operam. Como já preconizou o ex-Ministro do STF Francisco Rezek[8] ao comentar a relutância do judiciário em aplicar a Convenção de Montreal, o que, como veremos, em muito contribui para o alto grau de litigiosidade em nosso pais: "o comportamento errático do foro, no que forja a insegurança para toda a comunidade de jurisdicionados – não apenas para as empresas aéreas transportadoras – tende a ser catastrófico para estas últimas e paradoxalmente lesivo aos próprios usuários. No propósito de atribuir ao consumidor local o máximo de proteção prevista no código, juízes ignoram a completude do escopo da convenção e criam um ambiente de instabilidade jurídica. Isso afugenta investidores e reduz a concorrência, resultando em um mercado mais caro e menos competitivo – além de nenhuma companhia sentir-se capacitada a ofertar em solo brasileiro, diferentemente do que se vê lá fora, passagens aéreas a baixo custo".

O contribuinte também acaba lesado pela judicialização desenfreada, e paga na forma de impostos. Segundo o anuário publicado pelo Conselho Nacional de Justiça (CNJ) denominado Justiça em Números[9], em 2019 o judiciário custou 100,2 bilhões de Reais, ou seja, R$ 479,16 por habitante, confirmando tendencia de alta de custos verificada todos os anos. Apenas com relação a 2018, houve aumento de custos na ordem de 2,6%. Tão grave é a situação relativa a pedidos de indenização por danos morais como fator de aumento do custo do judiciário que o próprio CNJ afirmou:

> *Os assuntos "responsabilidade do fornecedor/indenização por dano moral e obrigações/espécies de contratos" são nós centrais dentro do mapa, o que significa que, em quase todos os tribunais é uma causa frequentemente acionada na Justiça. (pg. 241)*

Os números falam por si. Até quando admitiremos que a população, cada vez mais empobrecida, que conta com um salário-mínimo mensal de R$ 1.100,00 continue a arcar com esse custo de R$ 479,16 por habitante, que, em medida significativa e crescente, é produzido por ações em que se pleiteia indenização por dano moral, parte resultante de meros problemas com bagagem ou atrasos justificados de voos?

Há apenas uma fatia da sociedade que se beneficia dessa situação. Especialmente nos últimos anos testemunha-se a atuação de empresas comer-

[8] O transporte aéreo internacional ante a Justiça no Brasil in Revista do Advogado da AASP (Associação dos Advogados de São Paulo) n. 142, pg. 32.

[9] https://www.cnj.jus.br/wp-content/uploads/2020/08/WEB-V3-Justi%C3%A7a-em-N%C3%BAmeros-2020-atualizado-em-25-08-2020.pdf

ciais que surgiram no bojo desse alto índice de judicialização, e que acabam por se locupletarem ao incentivar litígios em benefício próprio, transacionando créditos com consumidores ou a eles associando-se, para depois ingressar com milhares de ações judiciais em face de companhias aéreas, apropriando-se de parte substancial do valor das indenizações obtidas.

Estas empresas, algumas delas estabelecidas no exterior, criam páginas e perfis na internet, o que convencionou designar "sites abutres' oferecendo ilegalmente assessoria jurídica em violação ao Estatuto da Ordem dos Advogados do Brasil para busca de indenizações em desfavor de empresas aéreas, sob o pretexto de defenderem interesses dos consumidores, quando na realidade atendem apenas ao seu próprio interesse na busca por lucros. Dados colacionados pela ABEAR revelam que apenas no ano de 2019 a atuação destes sites contribuiu para o incremento de ações judiciais em face de empresas aéreas na ordem de 40%.

Para contextualizarmos como é danosa a atuação destas empresas, vale mencionar que a maioria das ações que compõe o que aqui nos referimos como judicialização são propostas perante os juizados especiais, com isenção de custas judiciais. Significa dizer que valem-se de um serviço público gratuito, abarrotam os tribunais com sua atividade de fomento à litigiosidade, abocanham grande parte do resultado destas demandas e a conta fica para o povo brasileiro, que sustenta a máquina do Poder Judiciário, que muito embora seja de importância fundamental para democracia e para a nação, custa 100,2 bilhões de reais. R$ 479,16 por habitante!

Esse é um excelente exemplo de injustiça social e de como aumentar a pobreza e desigualdade de uma nação.

Felizmente, essa prática está sendo objeto de ações por parte da Ordem dos Advogados do Brasil, que diligentemente percebeu a situação e entendeu que a prática é ilegal e que os advogados que a elas se associam praticam infrações éticas.

Demonstrada a nocividade da desmedida judicialização para o país, não há outra conclusão senão admitir que vivemos não apenas a pandemia causada pela COVID-19, mas também outra causada por um "vírus jurídico". A judicialização excessiva, pode ser vista como um vírus que contamina e adoece os tribunais brasileiros, diminui sua eficiência e afeta sua capacidade de prestação jurisdicional. A vacina, no caso, depende de um anticorpo que apenas poderá ser produzido pelo próprio Poder Judiciário, depende da identificação das causas da judicialização, do entendimento da teleologia e aprendizado da legislação especial aplicável à responsabilidade civil do transportador aéreo, e, por fim, da mudança de interpretação acerca das hipóteses em que deve o transportador aéreo ser responsabilizado, particularmente diante da ocorrência de atrasos de voo e problemas com bagagem.

Esperamos que esse artigo seja ao menos uma bússola a indicar o caminho a ser trilhado na busca por essa vacina.

Causas da Judicialização no Brasil: Contextualização

A experiencia demonstra que o problema do excesso de demandas judiciais decorreu das dificuldades de compreensão, tanto por parte do público consumidor, como também do próprio Poder Judiciário, acerca do sistema de organização do transporte aéreo, da legislação aplicável e da experiencia dos demais países do globo que lograram firmar-se como grandes potencias da aviação, e que acabaram por se beneficiar da enorme capacidade de geração de desenvolvimento econômico que o setor pode oferecer.

Mas quais seriam as causas desse alto índice de judicialização no Brasil? Certamente não se trata de um nível pior de qualidade na prestação de serviços, já que, como acima demonstrado, o Brasil e as empresas que aqui atuam alcançaram um dos maiores níveis de excelência no mundo na prestação de serviços de transporte aéreo, tanto em termos de pontualidade e regularidade, quanto de segurança.

Definitivamente, as causas podem ser identificadas a partir da formação de ampla jurisprudência no sentido de:

a) Conceder indenização por danos morais, com características pedagógicas ou punitivas e independentemente da efetiva demonstração do dano (*in re ipsa*), em razão de condutas inevitáveis e situações inerentes ao serviço de transporte aéreo, envolvendo atrasos ou cancelamento de voo, atraso ou perda de bagagem.
b) Negar vigência aos princípios e normas previstos nos tratados internacionais sobre responsabilidade civil do transportador aéreo (atualmente, a Convenção de Montreal), considerados adequados por todos os 139 países signatários, inclusive o Brasil.

Vejamos, a seguir, de que forma a jurisprudência tem causado o problema da judicialização, que na prática tem causado significativos danos ao setor do transporte aéreo e ao país, e como a aplicação da Lei 14.034/20, do precedente resultante do julgamento do Tema 210 pelo STF e em consequência os princípios e normas previstos na Convenção de Montreal, poderiam resolvê-lo, de forma a proporcionar maior segurança jurídica a estas situações.

Não se trata de crítica gratuita aos que pensam de forma diferente, mas sim de um alerta para que se pondere os efeitos de decisões que aparentemente são corretas, na medida que buscam atender aos princípios de proteção ao consumidor, mas ao final desatendem a tais princípios. Conforme muito bem colocado por Luciano Timm na qualidade de Presidente do Conselho Nacional de Defesa do Consumidor ao discorrer sobre o tema do grande volume de litígios envolvendo consumidores em nossos tribunais em diversas ocasiões, "a missão do SENACON é olhar para a floresta e não para a árvore". O Poder Judiciário tem o dever de levar em consideração os efeitos práticos de suas decisões conforme determina o art. 20 da Lei de Introdução ao Código Civil, com redação determinada pela Lei 13.655/18 e, dessa forma, espera-se que enxergue que a busca da manutenção de algumas árvores (dentre elas, várias apodrecidas) está matando a floresta.

O Dano Moral "*In Re Ipsa*" com Caráter Punitivo/Pedagógico como Causa da Judicialização

Sabe-se que danos morais no Brasil possuem natureza dúplice. Servem como indenização efetiva por ofensa à personalidade, a honra e sofrimento ("*pain and suffering*"), mas também como punição ou desestímulo à prática da conduta causadora do dano indenizado (efeito pedagógico). Dessa forma, há um componente punitivo (não compensatório) inerente ao conceito de danos morais na forma como as indenizações a este título são concedidas pelos tribunais brasileiros.

É extremamente comum no Brasil, a partir de valores abstratos que objetivam "proteger" consumidor, a concessão de indenização em caráter punitivo ou pedagógico transvestida na figura do dano moral "in re ipsa" em ocorrências que envolvem atraso de voo ou problemas com bagagem. Segundo interpretação consolidada por parte significativa dos tribunais no Brasil[10], não é necessário sequer perquirir as causas da ocorrência ou se

[10] Recurso Especial 229.541; Recurso Especial 168.976; Recurso Especial 221.215; Apelação Cível nº1122067-48.2017.8.26.0100. 24ª Câmara de Direito Privado do Tribunal de Justiça

houve qualquer dano imposto ao passageiro como condição para se determinar direitos indenizatórios nestas circunstâncias.

Certamente, essa interpretação quanto ao dano moral constitui o núcleo e principal causa do enorme volume de ações judiciais envolvendo companhias aéreas no Brasil em comparação aos outros países do globo.

Descabimento do dano moral punitivo/pedagógico

Com exceção do Brasil, há consenso em todos os países do mundo no sentido de que indenizações a serem concedidas em razão de eventos associados a atraso ou cancelamento de voo, assim como perda ou atraso na entrega de bagagem, não podem apresentar caráter punitivo ou pedagógico. Tratando-se de atividade regulada, tal função disciplinar cabe ao órgão regulador, no caso do Brasil, a Agência Nacional de Aviação Civil – ANAC, nos termos dos incisos VII, X XIII XXXV do art. 8º da Lei 11.182/05.

Nessa mesma linha, dispõe a parte final do art. 29 da Convenção de Montreal, ao referir-se às ações judiciais propostas em face de companhias aéreas, objeto de análise neste artigo: "Em nenhuma das referidas ações se outorgará uma indenização punitiva, exemplar ou de qualquer natureza que não seja compensatória". Observe-se que a vigência desta norma deve ser assegurada conforme já reconhecido pelo STF por ocasião do julgamento do Tema 210 da repercussão geral, tema este mais bem abordado no capítulo V abaixo.

Descabimento dano moral presumido ("in re ipsa")

A Terceira Turma do Superior Tribunal de Justiça entendeu que atraso ou cancelamento de voo não configura dano moral presumido (**in re ipsa**)

de São Paulo; Apelação civel 1062234-31.2019.8.26.0100. 11ª Câmara de Direito Privado do Tribunal de Justiça de São Paulo; Apelação civel 1004477-45.2020.8.26.0100. 22 ª Câmara de Direito Privado do Tribunal de Justiça de São Paulo; Apelação civel 1007593-59.2020.8.26.0100. 13ª Câmara de Direito Privado do Tribunal de Justiça de São Paulo; Apelação civel 1004231-83.2019.8.26.0100. 17ª Câmara de Direito Privado do Tribunal de Justiça de São Paulo; Apelação civel 1024579-25.2019.8.26.0003. 20 ª Câmara de Direito Privado do Tribunal de Justiça de São Paulo; Apelação cível nº 1008594-19.2019.8.26.0099. 24ª Câmara de Direito Privado do Tribunal de Justiça do Estado de São Paulo; Recurso Inominado Cível 1002130-87.2020.8.26.0278. 1ª Turma Recursal cível e Criminal; Foro de Itaquaquecetuba. Tribunal de Justiça do Estado de São Paulo; Apelação 0041903-80.2018.8.19.0001. 22ª Câmara Civel do Tribunal de Justiça do Estado do Rio de Janeiro; Apelação cível n. 0841846-58.2017.8.12.0001. 2ª Câmara Cível do Tribunal de Justiça do Estado do Mato Grosso do Sul; Apelação 0142937-47.2017.8.09.0087. 6ª Câmara Cível do Tribunal de Justiça do Estado de Goiás.

e, por isso, a indenização somente será devida se comprovado algum fato extraordinário que tenha trazido abalo psicológico ao consumidor[11]. Ainda, recentemente, a Lei 14.034/20 incluiu o art. 251-A ao Código Brasileiro de Aeronáutica, que assim dispõe: "a indenização por dano extrapatrimonial em decorrência de falha na execução do contrato de transporte fica condicionada à demonstração da efetiva ocorrência do prejuízo e de sua extensão pelo passageiro ou pelo expedidor ou destinatário de carga."

A norma introduzida pela Lei 14.034/20 foi relevante para colocar uma pá de cal sobre práticas extremamente lesivas e que em muito contribuíram para o aumento do número de ações judiciais. A desnecessidade de produção de prova acerca do dano despersonalizava a demanda judicial, já que permitia que qualquer um, no polo ativo da demanda judicial, pleiteasse indenização por dano moral com fulcro em mera alegação. Justamente por esta razão, o direito indenizatório transformou-se em uma mercadoria imaterial, uma "commodity" amplamente negociada no Brasil e no exterior pelas acima referidas empresas que operam os "sites abutres' fomentando ainda mais a litigiosidade. A Lei 14.034/20 traz solução eficiente a esse problema e sua aplicação, com todo o rigor, em muito contribuirá para a redução do volume de judicialização no Brasil.

Espera-se que a jurisprudência se debruce sobre o problema aqui apontado, perceba as consequências das decisões até recentemente proferidas, e, a partir da legislação em vigor e da correta aplicação do precedente formado a partir do julgamento do Tema 210 (sobre a "ratio decidendi" do Tema 210, vide capitulo V), passe a denegar indenizações por dano moral com efeito punitivo ou pedagógico transvestida na figura do dano moral "in re ipsa", particularmente em situações que envolvam atraso de passageiros e suas bagagens, assim como perda, destruição ou avaria de bagagem, que constituem as principais situações a causar a significativa litigiosidade que tanto afeta o transporte aéreo nos dias de hoje.

Associado ao problema da figura do dano moral "in re ipsa" com efeito punitivo, a alarmante judicialização decorre também de intepretações únicas que surgiram nos tribunais brasileiros acerca da extensão do dever de indenizar em situações de atraso de voo e problemas com bagagem, a seguir analisadas.

11 RECURSO ESPECIAL Nº 1.796.716 – MG (2018/0166098-4)

1. Indenizações Injustificadas em Situações de Atraso no Transporte de Passageiros como Causa da Judicialização

Há significativa jurisprudência no sentido de que o transportador aéreo é obrigado a efetuar o transporte no tempo programado[12], e que qualquer evento a impedir o transporte pontual de passageiros, bagagens e cargas, inobstante a motivação, representaria "risco do negócio", ou "fortuito interno" a ser absorvido pelo transportador.

Nesse sentido, há julgados[13] que obrigam empresas aéreas a indenizar passageiros por danos morais ainda que o atraso tenha decorrido de problemas meteorológicos, muitas vezes sem considerar provas robustas apresentadas em defesa acerca da condição climática impeditiva do voo, mesmo que seja impossível a produção de evidência distinta acerca dos fatos. Há outros julgados que concedem indenização pelo fato de a companhia aérea, nestas circunstâncias, deixar de prover assistência material,

[12] Apenas para que se tenha ideia de como essa questão é tratada no exterior, vale dizer que a regulação nos Estados Unidos (normas expedidas pela agência reguladora norte-americana – DOT – Department of Transportation) deixam claro que companhias aéreas não se obrigam a transportar passageiros nos horários indicados no bilhete: "Airlines don't guarantee their schedules, and you should realize this when planning your trip. There are many things that can-and often do-make it impossible for flights to arrive on time. Some of these problems, like bad weather, air traffic delays, and mechanical issues, are hard to predict and often beyond the airlines' control "– tradução livre: empresas aéreas não garantem seus horários de voo e você deve ter isso em conta quando planejar sua viagem. Existem várias coisas que podem e de fato tornam impossível que um voo chegue no horário. Muitos destes problemas, como mau tempo, atrasos ocasionados pelo controle de tráfego aéreo ou problemas mecânicos, são difíceis de prever e estão frequentemente fora do controle das companhias aéreas. "https://www.transportation.gov/airconsumer/fly-rights

[13] Apelação nº 1005281-63.2019.8.26.0224. 12ª Câmara de Direito, Privado do Tribunal de Justiça de São Paulo; Recurso Inominado Cível nº 1016874-34.2019.8.26.0016. Oitava Turma Cível do Tribunal de Justiça de São Paulo; Apelação Cível nº 1008594-19.2019.8.26.0099. 24ª Câmara de Direito Privado do Tribunal de Justiça do Estado de São Paulo; Recurso Inominado nº 1018927-50.2019.8.11.0001 MT. Turma Recursal única do Estado do Mato Grosso; Apelação Cível nº 1008338.39.2020.8.26.0003. 15ª Câmara de Direito Privado do Tribunal de Justiça do Estado de São Paulo; Recurso Inominado nº 0301236-25.2019.8.24.0091. Segunda Turma Recursal. Tribunal de Justiça de Santa Catarina; Apelação 1.0000.20.018975-1/001. 17ª Câmara Civil. Tribunal de Justiça do Estado de Minas Gerais; Apelação 1.0000.20.462254-2/001. 9ª Câmara Civil. Tribunal de Justiça do Estado de Minas Gerais; Apelação Cível nº 1.0024.11.200633-3/00. 14ª Câmara Cível do Tribunal de Justiça do Estado de Minas Gerais; Apelação Civel 1000132-95.2020.8.26.0048. 15ª Câmara de Direito Privado do Tribunal de Justiça do Estado de São Paulo.

tal como acomodação em hotéis, sem que se avalie se essa conduta seria exigível ou possível[14].

Destacam-se também inúmeras decisões[15] que concedem indenização por danos morais ainda que o atraso ou cancelamento tenha sido motivado pela falta de infraestrutura disponível para decolagem ou pouso ou por determinação da autoridade aeronáutica competente, típica situação que envolve fato de terceiro, além de julgados que entendem que situações de manutenção urgente e não programadas de aeronaves caracterizariam o que se convencionou na doutrina denominar "fortuito interno", de forma a atrair a responsabilidade do transportador aéreo pelo evento.

E para tornar mais grave a situação, tais julgados, em sua grande maioria, para não dizer a totalidade, concedem indenização por dano moral "in re ipsa", conforme mencionado linhas acima, sem buscar prova ou mesmo perquirir se houve algum fato extraordinário que tenha trazido abalo psicológico ao consumidor, apenas com o declarado escopo de punir a empresa aérea, de imprimir à condenação um "efeito pedagógico", como se fosse possível ou lícito à companhia aérea adotar conduta diversa nestas situações.

[14] Apelação Cível nº 1023257.67.2019.8.26.0003. 22ª Câmara de Direito Privado do Tribunal de Justiça do Estado de São Paulo; Apelação Cível nº 70083597179/ Nº CNJ: 0331626-90.2019.8.21.7000) 12ª Câmara Cível do Tribunal de Justiça do Estado do Rio Grande do Sul; Apelação Cível nº 0063656-30.2017.8.19.0001. 2ª Câmara Cível do Tribunal de Justiça do Estado do Rio de Janeiro; Recurso Inominado: 1000711-22.2016.8.11.0009 – Origem: Juizado Especial Cível da comarca de Colider – MT; Recurso Inominado 0703654-92.2018.8.07.0020. Tribunal de Justiça do Distrito Federal e dos Territórios; Apelação Cível n° 0033182-60.2017.8.16.0001. 10ª Câmara Civel – PROJUDI. Tribunal de Justiça do Estado do Paraná; Apelação nº 1055595-31.2018.8.26.0100. 11ª Câmara de Direito Privado do Tribunal de Justiça de São Paulo; Recurso Inominado n. 0010552-22.2018.8.16.0018. 2ª Turma Recursal dos Juizados Especiais – PROJUDI. Tribunal de Justiça do Estado do Paraná; Recurso Inominado n° 0003535-22.2018.8.16.0086. 2ª Turma Recursal dos Juizados Especiais – PROJUDI. Tribunal de Justiça do Estado do Paraná; Recurso Inominado nº 1018927-50.2019.8.11.0001 MT. Turma Recursal única do Estado do Mato Grosso

[15] Recurso de Apelação n. 1000435-35.2020.8.26.0008 – 11ª Câmara de Direito Privado do Tribunal de Justiça de São Paulo; Apelação nº 1039159-94.2018.8.26.0100. 18ª Câmara de Direito Privado do Tribunal de Justiça de São Paulo; Recurso Inominado nº 0013860-25.2019.808.0545. 3ª Turma Recursal. Tribunal de Justiça do Espírito Santo; Apelação n. 0238900-12.2013. 26ª Câmara Civel do Tribunal de Justiça do Estado do Rio de Janeiro; Apelação Civel nº 1006066-72.2020.8.26.0100. 22ª Câmara de Direito Privado do Tribunal de Justiça de São Paulo; Apelação Civel nº 1001609-94.2020.8.26.0003. 15ª Câmara de Direito Privado do Tribunal de Justiça de São Paulo; Recurso Inominado nº 0035229-12.2018.8.16.0182. 2ª Turma Recursal do Tribunal de Justiça do Paraná.

Esses entendimentos, muito embora busquem inegavelmente a proteção do consumidor, partem de uma aplicação equivocada do próprio Código de Defesa do Consumidor, além de revelarem desconhecimento das operações de transporte aéreo e da teleologia das normas especiais aplicáveis, e assim propiciam o desencadeamento do problema da judicialização excessiva que hoje assola o país e tanto prejudica a todos, mormente aquele que se buscou proteger acima de tudo: o consumidor.

Para que possamos indicar o equívoco das decisões que concedem indenizações em situações de atraso no transporte aéreo, é relevante aqui destacar em que circunstâncias a lei, particularmente o Código de Defesa do Consumidor, atribui responsabilidade objetiva aos fornecedores de bens e serviços e em que medida a teoria do risco do negócio a justifica, para que se possa entender a lógica do sistema instituído pela Convenção de Montreal, que na realidade é a lógica adequada à atividade do transporte aéreo em termos de responsabilidade civil.

A questão prescinde de maiores considerações, já que amplamente discutida pela doutrina. O regime da responsabilidade objetiva adotado pelo Código de Defesa do Consumidor parte do pressuposto de que o fornecedor deve ser responsabilizado em caso de defeito ou fato do produto ou serviço, independentemente da caracterização da culpa. Neste aspecto, na medida em que o fornecedor se propõe a produzir em massa e oferecer ao consumidor produtos ou serviços, há uma socialização dos custos associados a eventuais indenizações a serem pagas em razão de defeitos ou acidentes de consumo, que serão devidas em razão dos danos eventualmente sofridos, independentemente de ter o fornecedor agido com negligência, imprudência ou imperícia. Trata-se de responsabilidade resultante de lei. O objetivo é assegurar a compensação do dano e não auferir a culpa do fornecedor para então determinar a reparação.

Como bem esclarece o Professor Rizzato Nunes[16]:

> *O estabelecimento da responsabilidade de indenizar nasce, portanto, do nexo de causalidade existente entre o consumidor (lesado), o produto e/ou serviço e o dano efetivamente ocorrente. Fica, assim, demonstrada, a teoria – e a realidade – fundante da responsabilidade civil objetiva estatuída no CDC, assim como as amplas garantias inde-*

[16] https://migalhas.uol.com.br/coluna/abc-do-cdc/138170/a-base-da-responsabilidade-objetiva-no-codigo-de-defesa-do-consumidor---o-risco-da-atividade

nizatórias em favor do consumidor que sofreu o dano – ou seus familiares ou, ainda, o equiparado e seus familiares.

Percebe-se pelo sistema da responsabilidade objetiva, conforme prevê o Código de Defesa do Consumidor e baseada na teoria do risco do negócio, que a responsabilização do fornecedor independe do elemento culpa, mas em nenhum momento a referida teoria justifica a responsabilização de qualquer fornecedor caso inexistente o nexo causal. Na medida que eventos de força maior ou fato de terceiro rompem o nexo causal, não há como se responsabilizar o fornecedor.

1.1. Descabimento da responsabilidade do transportador aéreo por atraso de voo quando ausente nexo de causalidade

Como destacado no início deste capítulo, há um significativo número de julgados que concedem indenização a passageiros em decorrência de atrasos de voo resultantes de problemas meteorológicos. Evidentemente, limitações meteorológicas são fatores que conhecidamente colocam o voo em risco, sendo dever de prevenção da autoridade aeronáutica e do operador de transporte aéreo atrasar o voo nestas circunstâncias. Não se pode permitir a decolagem ou o pouso de uma aeronave em meio a uma tempestade, furação ou nevasca. Trata-se de indiscutível hipótese de força maior, e não "risco do negócio" não cabendo maiores digressões sobre o tema.

Também conforme destacado no início deste capítulo, há um significativo número de julgados que concedem indenização a passageiros em decorrência de problemas de atraso de voo associados à infraestrutura aeronáutica. Atrasos de voo muitas vezes são causados por problemas de infraestrutura aeronáutica, que impedem a decolagem no horário previsto no aeroporto de origem ou o pouso no aeroporto de destino. Nestes casos, não se pode exigir do transportador aéreo a adoção de conduta diversa senão o atraso da partida ou o cancelamento do voo, inclusive conforme determinação da autoridade aeronáutica competente. Não é possível o pouso ou a decolagem em espaço diverso de um aeroporto devidamente equipado e capacitado, razão pela qual, ausente tal estrutura, impossível se faz a realização do voo conforme contratado. Interpretações no sentido de que fatores decorrentes de ações ou omissões de terceiros constituiriam o denominado fortuito interno, ou "risco do negócio" de forma a atrair a responsabilização do transportador aéreo, devem ser reparadas uma vez que são inconsistentes com a realidade das operações aéreas.

Problemas meteorológicos (força maior) assim como limitações de infraestrutura aeroportuária ou ato de autoridade aeronáutica (fato de terceiro) rompem o nexo de causalidade e devem excluir a responsabilidade do transportador aéreo seja com base na Convenção de Montreal, seja com base no Código de Defesa do Consumidor ou qualquer legislação em vigor.

Justamente com o escopo de assegurar que não se atribua responsabilidade a companhias aéreas em situações de atraso de voos sem que haja nexo de causalidade, o inciso II do parágrafo 1º do art. 256 do Código Brasileiro de Aeronáutica, com redação determinada pela Lei 14.034/20 dispôs que o transportador não será responsável pelo atraso do transporte aéreo contratado se comprovar que, por motivo de caso fortuito ou de força maior, foi impossível adotar medidas necessárias, suficientes e adequadas para evitar o dano, esclarecendo o parágrafo 3º do mesmo artigo que condições meteorológicas adversas e indisponibilidade de infraestrutura aeronáutica constituem, para todos os efeitos, caso fortuito ou força maior.

A Lei 14.034/20 foi criada em meio à pandemia e teve como objetivo viabilizar a sobrevivência e o progresso do setor do transporte aéreo. Optou o legislador por positivar, de forma mais clara e especialmente voltada ao transporte aéreo, o comando legal que veda concessão de indenização quando ausente nexo causal, com o escopo de fornecer instrumentos ao Poder Judiciário para estancar o avanço da judicialização.

1.2. Descabimento da responsabilidade do transportador aéreo por atraso de voo quando comprovada ausência culpa

A legislação especial, notadamente a Convenção de Montreal, vai além ao instituir um regime dúplice de responsabilidade civil do transportador aéreo no transporte internacional.

Os artigos 17 e 18 do referido tratado estabelecem um regime de responsabilidade objetiva em situações de dano em casos de: a) morte ou lesão corporal de passageiros[17], b) destruição, perda ou avaria da bagagem registrada e c) destruição, perda ou avaria da carga.

[17] Observe-se que nesta hipótese, o art. 21 estabelece um regime de responsabilidade objetiva até o limite de 100.000 depósitos especiais de saque. Indenizações superiores a este valor dependem, segundo a convenção, de prova a ser produzida pelo autor, no sentido de que

Por outro lado, o art. 19 do tratado institui um regime de responsabilidade civil subjetiva com inversão do ônus da prova para responsabilização do transportador aéreo por atraso no transporte aéreo de passageiros, bagagem ou cargas. Nesse sentido, dispõe o referido dispositivo convencional que:

> (...) *o transportador não será responsável pelo dano ocasionado por atraso se prova que ele e seus prepostos adotaram todas as medidas que eram razoavelmente necessárias para evitar o dano ou que lhes foi impossível, a um e a outros, adotar tais medidas.*

De plano, mais uma vez destacamos que não parece haver dúvidas no sentido de que o STF já reconheceu a plena validade do tratado internacional ao julgar o Tema 210, sendo essa a "ratio decidendi" do precedente conforme abordado em mais profundidade no capítulo V, a seguir. De qualquer forma, e em vista de possíveis questionamentos que se possam levantar sobre a validade de um regime de responsabilidade subjetiva tratando-se de uma relação de consumo, ainda que sujeita a normas especiais, como é o caso do transporte aéreo, nos cabe aqui analisar a teleologia da norma para justificar a sua vigência.

A criação desse regime dúplice de responsabilidade civil deriva da existência dos chamados riscos do ar e, portanto, é calcado em um dever de atender a princípios de segurança operacional aeronáutica a ser observado pelo transportador aéreo e por todos os sistemas que constituem a infraestrutura aeronáutica, identificados no art. 25 da Lei 7.565/86, em prol da segurança de passageiros, tripulação e terceiros na superfície.

1.2.1. A Segurança Operacional da Aviação e a Responsabilidade Civil do Transportador Aéreo em Situações de Atraso de Voo

As bases que norteiam as normas e procedimentos relativas à segurança operacional na aviação civil encontram-se dispostas no Anexo 19 à Convenção sobre Aviação Civil Internacional, aprovada no Brasil por meio do Decreto 21.713/46. Além das recomendações constates do referido Anexo 19, a Organização de Aviação Civil Internacional (OACI), publicou o

a) o dano não se deveu a negligência ou a outra ação ou omissão do transportador ou de seus prepostos; ou b) o dano se deveu unicamente a negligência ou a outra ação ou omissão indevida de um terceiro. Não abordaremos essa questão porque foge aos limites do tem que nos propusemos a analisar.

Doc 9859, que serve como guia com o objetivo de subsidiar os Estados para dar cumprimento aos termos da Convenção sobre Aviação Civil Internacional no que se refere à administração da segurança de voo.

De acordo com o conceito trazido pelo item 2.1.1.1 do referido Doc 9859, segurança, no contexto da aviação, deve ser definida como "o estado em que os riscos à segurança da aviação são reduzidos ou controlados até um nível aceitável por meio de um processo contínuo de identificação de perigos e gerenciamento de riscos à segurança". O mesmo documento esclarece em seu item 2.1.1.2: "embora a eliminação de acidentes de aeronaves e / ou incidentes graves permaneça o objetivo final, deve ser reconhecido que o sistema de aviação não está totalmente livre de perigos e riscos de segurança. Atividades humanas ou sistemas construídos pelo homem não estão totalmente livres de erros e suas consequências. Portanto, a segurança da aviação é dinâmica e os riscos à segurança devem ser continuamente mitigados. É importante notar que a aceitabilidade de desempenho de segurança é frequentemente influenciada por normas e culturas nacionais e internacionais. Contanto que os riscos de segurança sejam mantidos sob um nível apropriado de controle, um sistema tão aberto e dinâmico quanto a aviação pode ser considerado seguro".

Atualmente, reconhece-se que a segurança da aviação civil depende de um sistema do qual participam Estados, por meio da implementação de programas de segurança na aviação civil e provedores de serviços, dentre os quais as empresas aéreas, que devem manter sistemas de gerenciamento de segurança operacional, tendo, entre os fundamentos, a identificação de oportunidades de se evitar acidentes, com base em um comportamento preventivo e não simplesmente reativo. Conforme bem definido pela Agencia Nacional de Aviação Civil, em sua página disponível na internet ao tratar do Sistema de Gerenciamento de Segurança Operacional, isso apenas funcionará "se conseguir atingir o nível mais alto da organização até suas tarefas mais simples. Todos, desde o presidente ou diretor, até o piloto, o mecânico, a recepcionista ou o assistente de rampa têm um papel importante a desempenhar".

Retomando o tema das causas do atraso, lembramos que podem resultar de força maior (problemas meteorológicos) ou fato de terceiro (limitações de infraestrutura aeroportuária ou determinação da autoridade aeronáutica), o que impede que se forme o nexo causal, impedindo assim a responsabilização do transportador aéreo pelo atraso.

Todavia, há hipóteses em que o atraso na partida de uma aeronave se impõe em razão da necessidade de eventual manutenção não programada de aeronave ou outro fator que possa afetar a segurança do voo. Há circunstâncias em que a necessidade de reparos é completamente imprevista, podendo decorrer de um desgaste não usual de algum componente aeronáutico, um incidente em voo ou em terra ou qualquer outro motivo.

É importante explicar que toda a aeronave se submete a manutenções programadas conforme determinado pelo fabricante até mesmo para que possa manter seu certificado de aeronavegabilidade e ser operada no sistema de transporte aéreo público regular, sempre sujeito à fiscalização da ANAC. Obviamente, o atraso de um voo não pode ser justificado pela necessidade de manutenção programada, ou porque não há passageiros em número suficiente para viabilizar economicamente a decolagem. Não se discute a possibilidade de responsabilização da companhia aéreas nestas circunstâncias. Mas tratando-se de ocorrência extraordinária e que possa colocar a aeronave em risco, a empresa aérea pode e deve atrasar ou cancelar o voo em atendimento aos princípios que norteiam a segurança operacional, com o escopo de garantir a saúde e a segurança de todos os passageiros, tripulantes e terceiros na superfície, sendo censurável responsabilizá-la por essa medida.

A partir dos princípios que fundamentam o dever de garantir segurança operacional, o operador de uma aeronave muitas vezes se vê obrigado a tomar uma decisão sobre adotar ou não uma conduta que pode causar um dano em razão de algum perigo, ainda que incerto. Caso a decisão seja tomada no sentido de adotar a conduta, mas não ocorra o dano, não estaríamos diante de qualquer ilícito. Todavia, caso a decisão seja no sentido de praticar a conduta e em decorrência dessa decisão verifique-se o dano, estaríamos diante de um ilícito, que gera o dever de reparação.

Nestas circunstâncias, em que o transportador aéreo, de forma diligente, atrasa a partida do voo porque vislumbrou risco à segurança, não cabe a responsabilização por dano de qualquer natureza, muito menos por dano moral "in re ipsa" e com caráter punitivo ou pedagógico, como se fosse hipótese de "fortuito interno". Esse tipo de condenação revela um contrassenso, um desestimulo ao cumprimento do dever mais básico do transportador aéreo, qual seja, transportar passageiros com segurança.

A questão deve ser vista sob a ótica da segurança operacional diante de um perigo maior e mais grave, ainda que incerto e desconhecido, mas que se busca evitar com a atitude lícita de atrasar o voo. Trata-se de situação de impossibilidade de conduta diversa.

Com base nesta hipótese, justifica-se a opção dos países signatários da Convenção de Montreal ao criar o referido regime dúplice de responsabilidade civil, a excluir a responsabilidade do transportador aéreo por atraso de passageiros, bagagens e cargas caso este comprove que adotou todas as medidas que eram razoavelmente necessárias para evitar o dano ou que lhes foi impossível adotar tais medidas, ou seja, que não foi negligente, imprudente ou imperito. Ao incluir o elemento culpa como condição para a responsabilização em caso de atraso de voo, instituiu-se um regime de responsabilidade subjetiva com inversão do ônus da prova de forma compatível com o sistema de segurança operacional da aviação, com o escopo de proteger também e principalmente os consumidores do serviço.

Com visto, em caso de dano resultante de morte ou de lesão corporal de um passageiro, de destruição, perda ou avaria da bagagem ou carga, como regra a responsabilidade do transportador aéreo é objetiva. Em termos de reparação, pouco importa se houve culpa do transportador aéreo, bastando evidenciar a ação ou omissão, o dano e o nexo de causalidade. Assim, o consumidor do serviço de transporte aéreo está devidamente tutelado. Por outro lado, em caso de atraso, a responsabilidade depende da culpa do transportador aéreo, porque se busca incentivar a tomada de decisões que busquem a segurança do voo, de forma a assegurar que o transportador aéreo não seja responsabilizado caso atrase a partida de uma aeronave em vista de algum perigo associado ao voo, ainda que incerto e desconhecido no momento em que toma a decisão, em atendimento aos princípios que regem a segurança operacional de voo. Assim o consumidor do serviço de transporte aéreo está devidamente tutelado.

Nestes termos, urge a revisão do entendimento esposado pelos nossos tribunais em situações de atraso de voo, como única forma de se controlar o excesso de litígios no Brasil. Não se pode obrigar empresas aéreas a reparar danos diante de ocorrências fora do seu controle, que quebram o nexo de causalidade, como força maior (fenômenos meteorológicos), fato de terceiro (problemas de infraestrutura aeroportuária ou controle de voo) assim como situações em que a companhia aérea se vê forçada a atrasar a partida de uma aeronave por questões de segurança operacional (tais como necessidade de manutenção extraordinária ou outro fator que possa colocar a aviação em risco). Da mesma forma, não se pode admitir a concessão de indenização por danos morais, independentemente da perquirição acerca do alegado dano (*in re ipsa*) e com efeito pedagógico punitivo, em qualquer hipótese, como abordado no capítulo IV acima.

Apenas com essa mudança de paradigma conseguiremos vencer o vírus da judicialização, oxigenar as empresas existentes, atrair investimentos para o setor, incrementar a concorrência e transformar o transporte aéreo em uma grande fonte de geração de empregos e riquezas para o país, ao final beneficiando o consumidor do serviço.

2. Indenizações Injustificadas em Situações de perda, destruição, avaria ou atraso de bagagem como Causa da Judicialização

Há várias decisões[18] que concedem indenização por dano moral *in re ipsa* em situações de perda ou atraso na entrega de bagagem e com caráter pedagógico punitivo, além dos substanciais valores indenizatórios já previstos nos tratados, e que se aplicariam na hipótese de transporte internacional.

É consenso no mundo todo que deve se proporcionar segurança jurídica em favor de passageiros e companhias aéreas em situações envolvendo problemas com bagagem. Dessa forma, entre outras regras, convencionou-se: a) estabelecer parâmetros indenizatórios em caso de destruição, perda, avaria ou atraso de bagagem e; b) impedir incertezas, vedando-se a concessão e indenização por danos extrapatrimoniais com caráter punitivo ou pedagógico, até porque esse múnus cabe à agência reguladora da atividade, conforme já esclarecido linhas acima.

Também como indicado acima, o art. 251-A do CBA veda a indenização por dano extrapatrimonial em decorrência de falha na execução do contrato de transporte sem que haja demonstração da efetiva ocorrência do prejuízo e de sua extensão pelo passageiro. Da mesma forma, o art. 29 da Convenção de Montreal veda indenização com caráter punitivo, exemplar ou de qualquer natureza que não seja compensatória.

[18] Recurso especial 1.842.066 – RS; Apelação Cível nº 0046954-77.2015.8.19.0001 – 12º Câmara Civel do Tribunal de Justiça do Estado do Rio de Janeiro; Apelação (CPC) 5297688-49.2016.8.09.0051- 1ª Câmara Cível do Tribunal de Justiça do Estado de Goiás; Apelação Cível nº 0092087-11.2016.8.19.0001. Vigésima Câmara Cível do Tribunal de Justiça do Estado do Rio de Janeiro; Apelação nº 1004190-85.2020.8.26.0002. 38ª Câmara de Direito Privado do Tribunal de Justiça de São Paulo; Apelação. 0016813-84.2013.8.24.0008. 6ª Câmara de Direito Privado do Tribunal de Justiça de Santa Catarina.

Observe-se que no transporte internacional o valor a ser pago em caso de extravio de bagagem equivale a 1288 Direitos Especiais de Saque (DES), conforme disposto no art. 22 item 2 da Convenção de Montreal. Na data da última revisão de valores, em 3 de junho de 2019, 1 DES equivalia a U$ 1,38. Dessa forma, o valor indenizatório no transporte internacional de bagagem é de US$ 1,777.44, o que inclui danos de qualquer natureza. Essa é a interpretação adotada globalmente acerca da norma convencional.

Como indicado no capítulo IV, danos morais no Brasil possuem natureza dúplice: indenização efetiva por ofensa à personalidade, a honra e sofrimento ("*pain and suffering*") e também como punição ou desestímulo à prática da conduta causadora do dano indenizado.

Todavia, como visto, o fator do desestímulo, que caracteriza o dano moral punitivo ou não compensatório, não pode compor as indenizações por danos morais em situações relacionadas ao transporte aéreo internacional. Da mesma forma, é vedada a concessão de indenização por dano extrapatrimonial em decorrência de falha na execução do contrato de transporte sem que haja demonstração da efetiva ocorrência do prejuízo e de sua extensão pelo passageiro, nos termos da Lei 14.034/20.

Ainda, o dano moral propriamente dito ("*pain and suffering*") deve ser razoavelmente avaliado. Concordar com a interpretação no sentido de que meros aborrecimentos ou desconfortos, que razoavelmente decorrem de uma situação de perda de bagagem, ensejam automaticamente indenização por dano moral, sem questionar se o fato causou alguma ofensa genuína à honra ou à personalidade do passageiro, equivale a banalizar o instituto, o que acaba por corroer os mais básicos valores com base nos quais se pauta o convívio entre os cidadãos em sociedade. Incentiva-se assim o surgimento de ações oportunistas, em que se usa o caríssimo aparato judiciário na busca de recompensa pecuniária por motivos fúteis.

Quanto a este particular, trazemos a lição do de Rezek[19]:

> *O desprezo dos limites convencionais da responsabilidade do transportador aéreo, o barateamento do conceito de dano moral, a determinação da responsabilidade objetiva, a afirmação abstrusa de que o regulamento internacional se aplica a determinadas situações e não a outras – embora todas integrantes do escopo dos tratados que regem a matéria – e, por último, a inovação forense de critérios que o direito convencional expres-*

[19] O transporte aéreo internacional ante a Justiça no Brasil in Revista do Advogado da AASP (Associação dos Advogados de São Paulo) n. 142, pg. 32.

samente veda e que o próprio direito interno desconhece, como a condenação punitiva ou didática, vêm sendo as erronias de maior incidência nos últimos anos. Isso parece dever-se, por um lado, a uma inexplicável e obstinada rebeldia contra o artigo 178 da Constituição – de linguagem cristalina no que manda observar os tratados regentes do transporte aéreo internacional; por outro lado, já nos últimos meses, à dificuldade em entender na sua inteira extensão, e à luz da mais elementar lógica jurídica, o que decidiu o Supremo Tribunal Federal ao apreciar o Tema 210 da Repercussão Geral em 25 de maio de 2017.

Anote-se que para cuidar de situações excepcionais, em que há efetivo dano e, portanto, demandam indenização superior àquela estabelecida no item 2 do art. 22, a própria Convenção traz a solução. Esclareça-se que o limite indenizatório em tela deixará de ser aplicável caso o passageiro haja feito ao transportador, ao entregar-lhe a bagagem registrada, uma declaração especial de interesse da entrega no lugar de destino, e tenha efetuado – se cabível – pagamento de quantia suplementar. Os limites também não serão observados caso o dano resulte de comprovada ação ou omissão do transportador ou de seus prepostos, que tenham agido com intenção de causar dano; ou, se, de forma temerária, agiram sabendo que provavelmente causariam dano, conforme disposto no item 5 do mesmo artigo.

Em vista deste contexto, parece evidente que o valor equivalente a 1.131 DES é bastante razoável para indenizar danos de qualquer natureza decorrentes do extravio de bagagens, não havendo que se falar em quebra do limite, a não ser nas situações excepcionais previstas na própria Convenção. Tampouco cabem indenizações por dano moral "in re ipsa" ou com caráter punitivo ou pedagógico, como amplamente demonstrado no capítulo IV acima. Essa razoabilidade foi assim considerada pelos 139 países signatários da Convenção de Montreal, inclusive o Brasil, que foi um dos primeiros a firmar o tratado. Desse entendimento depende o fim do vírus da judicialização em nosso país.

A Convenção de Montreal e as dificuldades de assegurar sua plena vigência no Brasil como causa da judicialização

Com o propósito precípuo de criar um sistema legal coerente no âmbito mundial, de forma que os operadores dos serviços de transporte aéreo pudessem ter segurança jurídica e, portanto, previsibilidade, permitindo o planejamento e execução de suas atividades em todo o globo, formou-se uma teia de tratados internacionais a normatizar a aviação civil, na qual se inseria o Sistema de Varsóvia[20] e se insere a atual Convenção de Montreal.

Promulgada no Brasil por meio do Decreto n. 5.910/2006, o escopo dessa Convenção Internacional é harmonizar, entre os países signatários, normas relativas aos documentos de transporte e a responsabilidade civil do transportador aéreo, entre outras questões correlatas. Não houvesse regras de cooperação harmonizadas, não se viabilizaria o transporte internacional de pessoas e coisas entre os países, já que a norma em vigor na origem seria distinta da norma em vigor no destino, tornando impossível a conexão entre os povos por este modal de transporte.

No ano de 2009, em vista do grande debate que se instaurou nos tribunais do Brasil acerca da aplicação ou não das acima referidas Convenções, o Supremo Tribunal Federal (STF) reconheceu a existência de repercussão geral ao tema (Tema 210) em recurso extraordinário interposto pela empresa aérea Air France, ré em ação que tinha por objeto pedido de indenização por perda de bagagem[21]. De maneira similar, o Supremo Tribunal Federal decidiu julgar uma ação ajuizada em face da empresa aérea Air Canada[22], em que se discutia a incidência do prazo prescricional de dois (2) anos previsto na Convenção.

Em 25 de maio de 2017, por maioria de votos, o Plenário do Supremo Tribunal Federal decidiu, no julgamento conjunto do Recurso Extraordinário (RE) 636331 e do RE com Agravo (ARE) 766618 (Tema 2010), que as questões em debate deveriam ser resolvidas de acordo com as regras

[20] O Brasil foi signatário da Convenção de Varsóvia de 1929, da Convenção de Haia de 1955, da Convenção de Guadalajara de 1961, do Protocolo da Guatemala de 1971 e dos Protocolos de Montreal números 1, 2, 3 (não em vigor) e 4 de 1975 – denominada, conjuntamente, "Sistema de Varsóvia".

[21] Nesse processo, o Tribunal de Justiça do Estado do Rio de Janeiro concedera indenização por danos patrimoniais pautado nos dispositivos do Código Brasileiro de Defesa do Consumidor, em valor superior aos limites estabelecidos pela Convenção de Varsóvia (por ocasião do ajuizamento da ação, a Convenção de Montreal de 1999 ainda não estava em vigor no Brasil). A Air France ingressou com Recurso Extraordinário (RE 636331) alegando violação ao art. 178 da Constituição Federal, em vista da negativa de vigência do tratado e por consequência, dos limites convencionais máximos de responsabilidade.

[22] Nesse processo, o Tribunal de Justiça do Estado de São Paulo julgou a ação com base nos dispositivos previstos no Código de Defesa do Consumidor, aplicando o prazo de cinco anos para ajuizamento da ação. Em face desta decisão, a Air Canada interpôs recurso extraordinário – que em um primeiro momento teve seu seguimento negado, mas foi recebido em sede de agravo (ARE 766618) – alegando também violação ao artigo 178 da Constituição Federal.

estabelecidas pelas Convenções Internacionais sobre a matéria, ratificadas pelo Brasil. A tese aprovada por ocasião da análise do tema assim foi redigida: "por força do artigo 178 da Constituição Federal, as normas e tratados internacionais limitadoras da responsabilidade das transportadoras aéreas de passageiros, especialmente as Convenções de Varsóvia e Montreal, têm prevalência em relação ao Código de Defesa do Consumidor".

Mesmo após a aprovação da tese acima transcrita, continuam, e podemos até dizer que se acirraram, os debates sobre a vigência da Convenção de Montreal, o que demanda análise mais circunstanciada do tema.

1. A Força Vinculativa das Decisões em Recurso Extraordinário com Repercussão Geral

Antes de identificarmos a "ratio decidendi" ínsita ao julgamento proferido em razão da análise do Tema 210, é relevante avaliarmos sua força vinculativa, especialmente considerando que resulta de recurso extraordinário com repercussão geral.

Vale dizer que a reforma implementada pela Emenda Constitucional 45/2004 instituiu o regime da repercussão geral como requisito de admissibilidade do recurso extraordinário, afirmando o papel do STF como verdadeira Corte Constitucional e viabilizando a criação de filtros, que são desejáveis para que o Tribunal possa melhor racionalizar o volume de processos a serem julgados, mediante seleção com base em critérios de relevância[23]. Nesse sentido, a admissão de recursos no STF depende da demonstração da transcendência da causa para além dos interesses das partes litigantes, identificando-se um interesse econômico, político, social ou jurídico "erga omnes".

Em outros termos, a força vinculante das teses ou da "*ratio decidendi*" inerentes às decisões em sede de recurso extraordinário em regime de repercussão geral nos parece clara pela própria natureza do instituto[24] e

[23] "A repercussão geral apresenta o chamado efeito multiplicador, ou seja, o de possibilitar que o Supremo decida uma única vez e que, a partir dessa decisão, uma série de processos idênticos seja atingida. O Tribunal, dessa forma, delibera apenas uma vez e tal decisão é multiplicada para todas as causas iguais."
Portal do STF: http://www.stf.jus.br/portal/cms/verNoticiaDetalhe.asp?idConteudo=168512

[24] "Boa parte desses precedentes obrigatórios advém de julgamento de recurso extraordinário. O recurso extraordinário passa a servir como um instrumento para a solução do caso do recorrente e para a definição do precedente obrigatório sobre a questão constitucional

é parte essencial da reforma do judiciário iniciada em 2004 e legislação subsequente, em conformidade com a Emenda 45.

Uma análise sistemática dos artigos 926, 927, 1030 e 1.042 do CPC demonstra a obrigatoriedade de se buscar harmonia entre as decisões dos tribunais e os entendimentos exarados pelo STF em regime de repercussão geral, com o escopo de uniformizar a jurisprudência e mantê-la estável, íntegra e coerente, tudo em nome da isonomia e da segurança jurídica. Ainda que não haja dispositivo legal ou constitucional que expressamente disponha sobre a força vinculativa das decisões com repercussão geral, esta decorre da essência do instituto e de uma análise sistemática da legislação processual[25].

Como bem colocado pela doutrina, a "ratio decidendi", também designada como "holding" nos países que adotam o sistema da "common law", consiste na parte obrigatória de um precedente, e, portanto, equipara-se a uma norma jurídica, diferenciando-se da sua parcela não obrigatória, "obiter dictum". Essa diferenciação é fundamental para que se viabilize a aplicação do sistema da "stare decisis" no país. Portanto, o precedente judicial é verdadeira fonte de direito, sendo a "ratio decidendi" a norma a aplicar-se a determinado caso concreto. Dessa forma, como ensina Macedo[26], "o descumprimento da norma do precedente ("ratio decidendi") não é diferente do descumprimento da norma legal[27]".

nele versada. Como o recurso extraordinário é o principal instrumento do controle difuso de constitucionalidade, os precedentes do Pleno do STF em tais casos passam a ter eficácia obrigatória, transcendendo os limites subjetivos da causa da qual surgiu. A solução do caso vale apenas para as partes (coisa julgada, art. 506 do CPC); mas o precedente tem eficácia erga omnes." (CUNHA, DIDIER JR., 2016. p. 376)

[25] "Assim, cabe reclamação para garantir a observância de acórdão proferido em julgamento de recurso extraordinário com repercussão geral, recursos extraordinário e especial repetitivos e incidente de assunção de competência (art. 988, caput, IV e parágrafo 5º II do CPC/2015, na redação da Lei 13.256/2016). Esses pronunciamentos vêm sendo chamados de precedentes qualificados. A vinculatividade formal de tais decisões é confirmada em outros dispositivos, que deixam claro que a tese firmada deverá ser observada" (MEDIDA, 2017, p.1337). Discordamos, portanto, dos entendimentos segundo os quais a atribuição de força vinculante a precedentes depende de previsão constitucional ou mesmo legal explicita, como defende Nelson Nery: "à exceção das hipóteses enunciadas no CPC 927 I e II, os demais casos arrolados no dispositivo comentado (CPC 927 III a V) não podem vincular o tribunal ou o juiz, por lhes faltar autorização constitucional para tanto". NERY, 2016, P 1966.

[26] MACÊDO, vol. 237/2014

[27] Vale também citar Marinoni: "A "ratio decidendi" envolve análise da dimensão fático-jurídica das questões que devem ser resolvidas pelo juiz. A proposição é necessária quando

Esse dever de manter coerência impõe aos tribunais a obrigação de não contrariar suas próprias decisões (dever de autorreferência[28]), evitando tratamento desigual e, portanto, contraditório, a sujeitos de direito que se encontram em situação equivalente, sob pena de se ferir o princípio da igualdade e causar odiosa insegurança jurídica. Dessa forma, a não aplicação de um precedente a determinada situação, (o "distinguishment" ou o "overruling"), deve ser suficientemente justificada.

Portanto, há que se assegurar o pleno cumprimento, por todos os tribunais do país, da "ratio decidendi" subjacente ao Precedente firmado a partir do julgamento do Tema 210, o que é tarefa urgente e ainda a ser cumprida, já que, à exceção do art. 22 item 2 (para limitar a responsabilidade do transportador aéreo por danos materiais em situações de atraso ou perda no transporte de bagagem), e do art. 35 (que trata do prazo prescricional) a jurisprudência segue propensa a negar vigência a certos dispositivos da Convenção de Montreal, em vista de entendimentos, sem o devido "distinguisment", no sentido de que tais normas seriam incompatíveis com a Constituição Federal, com o Código Civil e o Código Brasileiro de Defesa do Consumidor.

Esse comportamento incoerente e desuniforme dos nossos tribunais no que se refere à aplicação do Precedente resultante do julgamento do Tema 210 tem agravado o já expressivo volume de ações ajuizadas no País em face de companhias aéreas e, portanto, causado crescente insegurança jurídica na sociedade.

sem ela não é possível chegar a solução da questão. É suficiente quando basta para a resolução da questão. A proposição necessária e suficiente para a solução da questão diz-se essencial e determinante e consubstancia o precedente ("ratio decidendi" – holding). Tal é a dimensão objetiva do precedente." Marinoni, 2017, p. 1007/1008.

[28] Conforme definição de Macedo, "autorreferência é um dever de fundamentação específico, pelo qual o magistrado precisa, necessariamente, referir-se ao que foi realizado anteriormente pelos seus pares para decidir adequadamente uma questão similar. Isto é, o Judiciário, ao julgar um caso que já foi por ele mesmo decidido, precisa referir-se à sua atuação, independentemente de sua decisão confluir ou se desviar da linha assumida anteriormente. Essa é uma característica essencial para o bom funcionamento do stare decisis e é capaz de garantir racionalidade e segurança. (Macedo, vol. 237/2014)

2. Precedente do STF Decorrente do Julgamento do Tema 210 e sua "ratio decidendi"

O Precedente surgiu da análise conjunta de uma ação em que se discutia a responsabilidade civil de uma empresa aérea pela perda de bagagem e de um processo em que se discutia o prazo prescricional para propositura de ação de indenização decorrente de danos oriundos de atraso de voo. Nestas duas ações, as rés pleiteavam a vigência das normas previstas Convenção de Varsóvia e da Convenção de Montreal, em vista do que dispõe o art. 178 da Constituição Federal. Posteriormente à admissão do recurso com repercussão geral, várias outras ações foram suspensas, incluindo ações que versavam sobre pedido de indenização por danos supostamente causados em razão de atraso de voo.

Como se percebe, as questões em debate extrapolam a discussão sobre limitação de responsabilidade por dano material no transporte aéreo de bagagem, não sendo esta a sua "ratio decidendi". O precedente em questão tem como "ratio decidendi" a definição no sentido de que a Convenção de Varsóvia e a Convenção de Montreal constituem norma especial vigente no Brasil e, como tal, devem servir como fundamento para responsabilizar o transportador aéreo por danos verificados no transporte aéreo internacional, nos termos do art. 178 da Constituição Federal.

Obviamente foi essa a matéria colocada em debate – vigência do art. 178 da Constituição Federal – por força do seu *status* constitucional. Análises sobre artigos da Convenção, ou seu alcance, realizam-se no âmbito infraconstitucional, fora do campo de atuação do STF, e, portanto, não compõe a "ratio" dos julgamentos proferidos por este Tribunal.

O relatório do Ministro Gilmar Mendes, ao analisar o RE em questão, ajuda a definir com clareza a "ratio decidendi" do tema 210:

> *A despeito de não versarem exatamente sobre o mesmo objeto, no fundo, os dois julgados tratam da mesma questão jurídica, a saber: a definição de qual diploma legal deve prevalecer, nos casos de antinomia entre o Código de Defesa do Consumidor e as Convenções internacionais que regulam o transporte aéreo internacional de passageiros.*

Ao pontuar a questão constitucional debatida, o Ministro Barroso assim esclareceu em seu relatório:

> *Senhor Presidente, ambos os recursos versam sobre a solução de antinomias entre o Código de Defesa do Consumidor e os tratados internacionais que regem o transporte*

aéreo internacional. Nos dois processos, os acórdãos recorridos afirmaram a prevalência do CDC sobre os diplomas convencionais, variando apenas o contexto fático debatido: (i) no RE 636.331/RJ, de que é Relator o eminente Ministro Gilmar Mendes, o Tribunal de origem valeu-se do CDC para afastar os limites de indenização por danos materiais previstos na Convenção de Varsóvia; enquanto (ii) no ARE 766.618/SP, que versa sobre danos decorrentes de atraso de voo, o órgão a quo aplicou o prazo prescricional do art. 27 do CDC (cinco anos), em vez do prazo bienal do art. 29 da Convenção de Varsóvia. 2. Em síntese, portanto, a questão constitucional posta perante esta Corte poderia ser enunciada nos seguintes termos: Havendo antinomia entre o CDC e as convenções que regem o transporte internacional, é correto dizer que o art. 178 da Constituição determina a prevalência destas sobre aquele?".

Enquadrada a questão desta forma, o Exmo. Ministro Barroso concluiu seu voto da seguinte forma:

Portanto, Presidente, por essas considerações, baseando-me sobretudo na circunstância de que me parece inequívoca a opção do constituinte pela prevalência da Convenção Internacional nesta matéria, essa é a conclusão que eu adoto. Esse raciocínio não se confunde com a eventual ideia, que alguém poderia ter, de que se deveria proteger mais ou menos o consumidor, porque aqui nós estamos definindo qual é o estatuto jurídico que se aplica: a Convenção ou Código do Consumidor. Parece-me que, por interpretação constitucional, é claramente hipótese de se aplicar a convenção. Eu concluo o meu voto, portanto, com o seguinte dispositivo: Diante do exposto, concluo no sentido de: (i) Afirmar a seguinte tese em sede de repercussão geral: "Por força do art. 178 da Constituição, em caso de conflito, as normas das convenções que regem o transporte aéreo internacional prevalecem sobre o Código de Defesa do Consumidor."

Não obstante a clareza da situação, como já se ventilou linhas acima, instalou-se significativa confusão após o julgamento do Tema 210. Vários julgados simplesmente têm deixado de aplicar o Precedente como fundamento para decidir demandas similares, tais como ações cujo objeto é pedido de indenização por perda ou danos à carga aérea ou decorrente de atraso de voo. Ainda, temos visto repetidas decisões recusando-se a limitar a responsabilidade de transportadores aéreos ao arbitrarem indenizações por danos morais, sob o errôneo entendimento de que não estariam sujeitos às limitações de valor previstas na Convenção de Montreal, quando na verdade o descabimento de indenização desta natureza decorre de outros motivos, como mais bem elucidado no item capítulo IV deste artigo.

De fato, houve discussões na sessão de julgamento do Tema 210 com o escopo de esclarecer que não se estava julgando a questão dos danos morais – até porque esse aspecto sequer foi objeto do recurso então em análise – bem como para fundamentar a ausência de óbices à aplicação da norma limitadora de responsabilidade prevista no tratado internacional, em vista das conclusões do então Ministro Cezar Peluso, quando da admissão do recurso, acerca de suposta incompatibilidade dos tratados com o disposto nos incisos V e X do art. 5º da CF. De fato, houve expressa manifestação de alguns Ministros no sentido de que a matéria discutida no Recurso Extraordinário nº 636.331 referia-se apenas a danos materiais em caso de perda de bagagem e que, a rigor, os danos morais não se sujeitariam aos limites indenizatórios previstos na Convenção.

Todavia, essas ressalvas e discussões em nada afetam ou modificam o conteúdo do Precedente, que, como afirmado, tem como "*ratio decidendi*" a aplicabilidade da Convenção Internacional em sua integralidade. Menções quanto à ausência de análise dos danos morais ou sua eventual não sujeição aos limites indenizatórios, feitas à margem de uma análise sistemática da Convenção, constituem "*obiter dictum*" e não compõe a parcela obrigatória do Precedente[29]. Até mesmo porque considerações quanto ao fato de os danos morais estarem ou não inseridos nos limites de responsabilidade previstos no art. 22 da Convenção de Montreal fogem completamente à competência do STF, já que envolveria a aplicação do tratado como Lei Federal, tema estranho à Constituição Federal e que, portanto, não podem fazer parte do precedente formado a partir do julgamento do Tema 210[30].

[29] O voto da Exma. Ministra Rosa Weber é prodigo em observações "obiter dictum", nao apenas com relação à indenizibilidade do dano moral, mas também com relação à indenização por morte ou lesão a passageitos, ou mesmo a justificar a regra de limitação de responsabilidade em vista da ausência de caráter de serviço publico com relação à atividade econômica realizada pelos transportadores aéreos, temas estes que, muito embora uteis às conclusões a que chegou a Douta Ministra, são completamente estranhos à matéria analisada pelo tribunal. O próprio voto reconhece essa característica ao tratar de temas diversos: "A propósito, a título de *obiter dictum*, destaco que o tratado em tela não excluiu a aplicação de regras processuais domésticas (art. 28, nº 2, da Convenção de Varsóvia), motivo pelo qual, à míngua de antinomia, entendo cabível, em demandas entre consumidores e fornecedores do serviço de transporte aéreo internacional, a inversão processual do ônus da prova, prevista no art. 6º, VIII, do CDC."

[30] Nesse sentido, há a seguinte menção no voto-vista proferido pela Exma. Ministra Rosa Weber, apresentando em sessão de julgamento do RE 636.331/RJ: "Fosse o caso, contudo,

Percebe-se, e não é demais repisar, que a "*ratio decidendi*" que se infere a partir do precedente em questão consubstancia-se na confirmação da vigência da Convenção de Montreal em sua integralidade, com status de norma de sobredireito, sendo esse o comando extraído do art. 178 da Constituição Federal.[31]

Interpretação restritiva quanto ao alcance do Precedente formado pelo julgamento do Tema 210, como se fosse aplicável apenas a casos envolvendo indenização por dano material por perda de bagagem em transporte aéreo internacional, ou casos em que se discute prazo prescricional, levaria a uma situação de caos, em completa violação ao princípio da isonomia e da segurança jurídica, cuja observação se pretende garantir por meio do regime dos precedentes. Ao invés da coerência, teríamos a incoerência. Ao invés da uniformização da jurisprudência, teríamos a desunificação.

Foi juntamente este o efeito sentido na jurisprudência após o julgamento do Tema 210. Instituiu-se uma visão fragmentada das normas em questão, como se fosse possível admitir a vigência da Convenção de Montreal apenas parcialmente, picotada ao prazer do intérprete da Lei, sem que isso violasse o que se espera de um regime de precedentes adotado pelo País a partir da Emenda Constitucional n. 45 e aperfeiçoado por leis posteriores, especialmente o novo Código de Processo Civil.

de interpretar apenas normas de estatura infraconstitucional, a manifestação desta Suprema Corte não só seria prescindível, como, na realidade, resultaria desconectada do modelo de distribuição de competências estabelecido pela Lei Maior, uma vez que este estabelece o Superior Tribunal de Justiça como Corte responsável por dirimir questões de tal jaez"

31 Após varias digressões, encontra-se muito visível e bem colocada a "ratio dedidendi" do Precedente (Tema 210) também no voto da Exma Ministra Rosa Weber (RE 636.331/RJ) quando assim conclui: "A atuação jurisdicional deste Supremo Tribunal Federal, nos casos concretos ora em exame, torno a enfatizar, está legitimada pela necessidade de apurar a compatibilidade das Convenções de Varsóvia e de Montreal com a Magna Carta – tarefa empreendida nos tópicos anteriores – e de interpretar o exato alcance do comando do art. 178 da Constituição da República. Nesse itinerário, convém, desde já, perquirir sobre a envergadura atribuída pela norma do art. 178 da Constituição da República ao vocábulo "ordenação". Ou melhor, para indagar junto com o Ministro Ayres Britto, se por "ordenação" estaria o texto constitucional aludindo simplesmente a normas de organização do transporte aéreo internacional ou, ao revés, estaria abarcando tudo quanto fosse objeto do mencionado transporte, inclusive o modelo de responsabilidade, o prazo prescricional para deduzir pretensão reparatória em juízo etc. Em tal exercício, reputo que o constituinte empregou o vocábulo "ordenação" de maneira ampla, de modo a prestigiar o compromisso assumido pela República Federativa do Brasil em instituir sistema uniforme de tratamento de demandas envolvendo consumidores e fornecedores do serviço de transporte aéreo internacional."

Ao invés de buscar a uniformidade e coerência das decisões, aprimorando a segurança jurídica produzida pela prestação jurisdicional, essa observância fragmentada da Convenção, decorrente do descumprimento da "*ratio decidendi*" ínsita ao Precedente, instituiu o caos, a incoerência na aplicação da norma e a mais abominável insegurança jurídica, o que acabou gerando, na seara da responsabilidade civil do transportador aéreo, tudo o que se deve evitar: incertezas quanto ao direito vigente, avalanche de ações judiciais, prejuízos às companhias aéreas fornecedoras e passageiros consumidores; ou seja, um verdadeiro desserviço ao país.

Qual seria o sentido de se aplicar uma norma da Convenção de Montreal e deixar de aplicar outra? Se a decisão do Supremo tem como objeto a vigência do art. 178, que conduz à vigência da Convenção de Montreal, simplesmente não há como entender pela incidência de um artigo do referido tratado e afastar a incidência de outro. Por qual motivo deve ser observado o art. 22 item 2, que trata da limitação da responsabilidade civil do transportador aéreo em caso de extravio de bagagens e não se observar o mesmo art. 22, mais especificamente seu item 3, que trata da limitação de responsabilidade em caso de avaria ou extravio de carga? Da mesma forma, porque se aplicaria o art. 35, que trata do prazo prescricional para distribuição de ações em face de companhias aéreas, mas não o artigo 19, que dispõe sobre a responsabilização do transportador em caso de atraso de voo, ou o artigo 29, que veda as indenizações de caráter punitivo?

Em vista do exposto, parece não haver dúvida de que o Precedente formado a partir do julgamento do Tema 210 não pode incidir de forma restrita aos casos concretos que envolvem responsabilidade do transportador aéreo por danos materiais ocasionados por perda de bagagem ou discussões sobre prescrição para propositura de ações por passageiros. Observada a "*ratio decidendi*" do precedente, os tribunais em todo o País devem fazer incidir a Convenção de Montreal em todos os seus termos, o que abrange toda a qualquer hipótese prevista na referida Convenção.

A negativa de vigência de qualquer dos artigos da Convenção de Montreal, portanto, deveria passar pelo crivo do "*overruling*" ou do "*distinguishment*", o que demandaria a devida fundamentação a justificar o afastamento de norma do tratado sem que isso resultasse em violação ao art. 178 da Constituição Federal. Na medida em que o referido art. 178 é claro ao dispor que no transporte internacional devem ser observados os Tratados Internacionais firmados pelo Brasil, estes considerados normas de sobredireito, como bem esclareceu o STF, resta saber qual seria a fundamentação para negar vigência à Convenção sem incorrer em violação ao dispositivo constitucional e dos compromissos firmados pelo Estado brasileiro no plano internacional.

Analisado o tema, podemos chegar a conclusões bastante objetivas acerca da interpretação dos tribunais sobre a vigência dos tratados internacionais que dispõe sobre a responsabilidade civil do transportador aéreo no transporte internacional:

i. O Precedente formado a partir do julgamento do Tema 210, em regime de repercussão geral, deve ser observado por todos os tribunais brasileiros.
ii. A norma encerrada no referido precedente tem como "*ratio decidendi*" a obrigatoriedade da observância da Convenção de Varsóvia, substituída pela Convenção de Montreal, consideradas normas de sobredireito, para que assim se assegure vigência ao disposto no art. 178 da Constituição Federal. Neste sentido, Convenção deve ser aplicada em sua integralidade e não parcialmente.
iii. Aplicada em sua integralidade, vigoram não apenas as normas previstas no art. 22 – item 2 da Convenção, que limita a responsabilidade do transportador aéreo por danos decorrentes de perda de bagagem (vedada a chamada indenização punitiva), mas também o art. 22– item 3, que limita a responsabilidade do transportador por dano ou atraso no transporte de cargas; o art. 19 que prevê a responsabilidade do transportador por atraso no voo com base em um regime de responsabilidade subjetiva com inversão do ônus da prova; o art. 29 que veda a indenização punitiva ou não compensatória; o art. 35, que prevê o prazo prescricional de dois anos para propositura de ação de indenização por fatos ocorridos na prestação dos serviços de transporte aéreo internacional; assim como todas as demais normas previstas na Convenção.
iv. Negada a vigência da Convenção em sua integralidade, ausente a devida fundamentação, violam-se as seguintes normas jurídicas: a) o Precedente resultante do julgamento do Tema 210, b) **o inciso VI do** § 1º do **art. 489 além dos 926 e 927 do Código de Processo Civil,** c) o art. 27 da Convenção de Viena e finalmente, d) o art. 178 da Constituição Federal; sem falar no ilícito em que incorre o Estado Brasileiro no âmbito do Direito Internacional.

Conclusões

Buscamos, neste artigo, proporcionar um panorama da relevância do transporte aéreo, demonstrando, em linhas gerais, a contribuição do setor para o país e a gravidade dos efeitos da pandemia causada pela COVID-19.

Neste contexto, destacamos como a extrema judicialização afeta o país, na forma de um "vírus jurídico" que adoece o Poder Judiciário em prejuízo de consumidores e contribuintes e buscamos demonstrar as causas desse fenômeno, consubstanciadas na concessão indiscriminada de indenização por dano moral "in re ipsa" com caráter punitivo ou pedagógico e na recusa em se assegurar vigência à Convenção de Montreal, não obstante o expresso reconhecimento de validade do tratado pelo Supremo Tribunal Federal por ocasião do julgamento do Tema 210.

Abordamos também as intepretações que surgiram nos tribunais brasileiros acerca da extensão do dever de indenizar em situações de atraso e cancelamento de voo e algumas ocorrências com bagagem, e identificamos de que forma violam a legislação especial aplicável.

Quanto ao Tema 210, procuramos identificar sua "*ratio decidendi*" para demonstrar que o precedente reconheceu não apenas a validade do art. 22 item 2 da Convenção de Montreal, que prevê a limitação de responsabilidade do transportador aéreo em caso de perda ou avaria de bagagem e do art. 35, que trata do prazo prescricional para propositura de ação de indenização por danos verificados no transporte, mas também de todas as normas previstas no tratado, conforme determina o art. 178 da Constituição Federal.

Melhor compreendidas as características dos serviços de transporte aéreo e, consequentemente, a partir da adequada interpretação das normas do Código Brasileiro de Aeronáutica, com as alterações introduzidas pela Lei 14.034/20, da Convenção de Montreal, e, ainda, aplicando-se o Precedente resultante do julgamento do Tema 210 com a necessária amplitude e de acordo com a sua "*ratio decidendi*", será possível proporcionar significativa redução do intolerável índice de judicialização hoje enfrentada por esse setor. A mudança de paradigmas conforme defendido neste artigo é fundamental, principalmente neste momento em que a aviação encontra-se extremamente afetada pela crise imposta pela pandemia, cenário em que a litigiosidade crescente, a continuar como está, impedirá a recuperação das atividades relacionadas ao transporte aéreo, em prejuízo não apenas dos consumidores do serviço, mas da nação como um tudo.

Referências

CUNHA, Leonardo José Carneiro da; DIDIER JR., Fredie. Curso de direito processual civil. Meios de impugnação às decisões judiciais e processo nos tribunais. 13. ed. Salvador: JusPodivm, 2016.

DIDIER JR, Fredie Souza. Sistema Brasileiro de Precedentes Judiciais Obrigatórios e os Deveres Institucionais dos Tribunais: Uniformidade, Estabilidade, Integridade e Coerência da Jurisprudência. **Revista da Faculdade Mineira de Direito.** V. 18 n. 36, 2015.

MACEDO, Lucas Buril de. Contributo para a definição de "ratio decidendi" na teoria brasileira dos precedentes judiciais, **Revista de Processo** | vol. 234/2014 | p. 303 - 327.

MACEDO, Lucas Buril de. O Regime Jurídico dos Precedentes Judiciais no Projeto do Novo Código de Processo Civil. **Revista de Processo.** Vol. 237/2014. p. 369.

MARINONI, Luiz Guilherme in Novo Código de Processo Civil comentado / Luiz Guilherme Marinoni, Sérgio Cruz Arenhart, Daniel Mitidiero - 3. Ed. - São Paulo: **Editora Revista dos Tribunais,** 2017.

MORSELLO, Marco Fabio. Responsabilidade civil no transporte aéreo. São Paulo: Atlas, 2006.

NERY JUNIOR, Nelson. Código de Processo Civil Comentado/ Nelson Nery Junior, Rosa Maria de Andrade Nery - 16 ed. Ver. Atual. E ampl. - São Paulo, Editora Revista dos Tribunais, 2016.

REZEK, J.F. *Direito dos Tratados.* Rio de Janeiro, Forense, 1984.

REZEK, J.F. O transporte aéreo internacional ante a Justiça no Brasil. **Revista do Advogado da AASP (Associação dos Advogados de São Paulo).** n. 142, 2019.